▶父亲乔治和母亲维妮夏
的结婚照。他们的婚姻
延续了63年。
（彼得·彼得森提供）

◀我的父母在美国科罗拉多州度蜜月。
（彼得·彼得森提供）

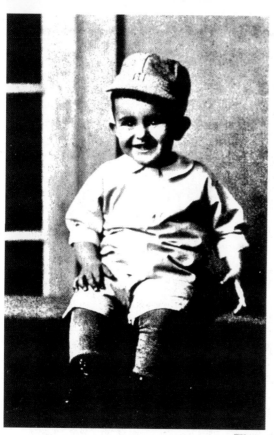

◀1927 年的"小彼娣"（这些长筒袜和
鞋子是传统的希腊服饰）。
（彼得·彼得森提供）

▶我和小妹妹伊莱恩。
她在一岁时的突然夭折让我们非常痛苦。
（彼得·彼得森提供）

▶ 你明白我为什么不喜欢穿传统希腊服装
了吧？左边那个是我的弟弟约翰。

（彼得·彼得森提供）

▲ 这是我80岁生日时与孙子孙女们的合影。为什么我的9个孙子孙女（杰克、赞德、博、
德鲁、史蒂芬、卡里、亚历山大、伊丽莎、克罗艾）都长得这么英俊漂亮呢？

（彼得·彼得森提供）

▲ 我和喜欢高尔夫球的 3 个儿子试图在奥古斯塔国家高尔夫球俱乐部拔得头筹，结果以失败告终。

（彼得·彼得森提供）

◀ 在 1993 年美国外交关系协会的一次访问中，我带女儿前往中国。

（彼得·彼得森提供）

▶ 我的儿子约翰，全票当选
雪松苑的镇长。
（彼得·彼得森提供）

▲ 母亲和我们兄弟俩的幸福时光。
（彼得·彼得森提供）

▲ 我的妻子琼·甘兹·库尼和她的两个朋友：埃尔默和格罗弗。

（彼得·彼得森提供）

▲ 美国青年商会中10位35岁以下的杰出青年，包括我、肯尼迪总统的得力助手及演讲稿撰写人西奥多·索伦森、前国防部长哈罗德·布朗以及宇航员古斯·格里索姆（Gus Grissom）。

（彼得·彼得森提供）

▲ 尼克松总统（右）在认真倾听我的汇报。

（白宫官方照片）

▲1972年，我宣誓就职美国商务部长时，尼克松总统与我家"嬉皮士们"相聚的一幕。

（《星期日世界先驱报中部杂志》1972年5月14日照片）

▲ 拂绿波：我很高兴能在与尼克松"白宫卫队"这群<u>鲨鱼</u>共同游泳的时候，发现这只海豚摇滚明星。

（彼得·彼得森提供）

◀ 苏联贸易部长和美国商务部长共享沙皇待遇。

（《国家的商业》1972 年 11 月封面照片）

▲ 苏共总书记列昂尼德·勃列日涅夫（右上）倾听我（左下）对新美苏关系的看法。

（美国外交关系协会提供）

▲1971 年 8 月 15 日在戴维营。这个会议永远地改变了
美元的地位，也关系到黄金兑换窗口。

（白宫官方照片）

▲ 我在避免与亚西尔·阿拉法特握手吗？

（美国外交关系协会提供）

▲ 菲德尔·卡斯特罗。他不是一个少言寡语的男人！

（美国外交关系协会提供）

▲1997年，大卫·洛克菲勒和我身着哈萨克民族服装，与哈萨克斯坦总统纳扎尔巴耶夫在一起。
（美国外交关系协会提供）

▲ 我和戈尔巴乔夫先生会面。
（美国外交关系协会提供）

▲1992年，与前参议员沃伦·鲁德曼和保罗·桑格斯一起成立反赤字组织协和联盟。
（美国外交关系协会提供）

▲1986年在白宫。即使我将我对增长的财政赤字和贸易赤字的担忧告诉
里根总统，他仍如此有魅力。
（白宫官方照片）

▲ 与科菲·安南（右一）、莱斯利·盖尔布（左一）、亨利·基辛格（左二）、大卫·洛克菲勒（左四）和塞勒斯·万斯（右二）一道开创美国外交关系协会。

（美国外交关系协会提供）

▲ 我就是执着的象征。

（彼得·彼得森提供）

▲ 与克林顿总统握手。他也可以成为一个很好的听众。

（彼得·彼得森提供）

▲2006年在白宫的一次晚宴上。布什夫妇（左）、安南夫妇（中）和彼得森夫妇（右）。

（白宫官方照片）

▲ 在对第三世界债务问题经过一番严肃的讨论之后，我和波诺（U2 主唱）决定小小娱乐一下。

（彼得·彼得森提供）

▲ 你有什么办法能不仰视保罗·沃尔克呢？

（彼得·彼得森提供）

▲2007年圣诞节。黑石CEO史蒂夫·施瓦茨曼和"黑石版"圣诞老人在一起。

（彼得·彼得森提供）

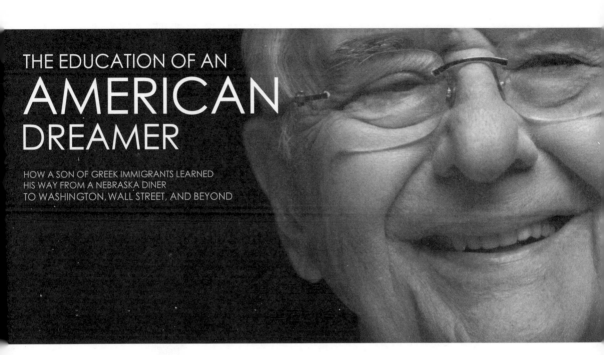

THE EDUCATION OF AN
AMERICAN
DREAMER

HOW A SON OF GREEK IMMIGRANTS LEARNED
HIS WAY FROM A NEBRASKA DINER
TO WASHINGTON, WALL STREET, AND BEYOND

黑石的选择

黑石创始人彼得·彼得森的人生七堂课

[美] 彼得·彼得森 (Peter G. Peterson) ◎ 著

施轶 ◎ 译　　巴曙松 ◎ 审校

浙江人民出版社
ZHEJIANG PEOPLE'S PUBLISHING HOUSE

回望过去，

我遇到的机会最后都成了二选一的题目——

眼前利益还是长远利益。

而我的选择都是——

长远利益。

满怀爱，钦佩与感激

献给我的父母

乔治欧斯·彼得罗普洛斯和维妮夏·帕帕帕梧罗

黑石的投资哲学与黑石奠基者的人生感悟

巴曙松

中国银行业协会首席经济学家
北京大学汇丰商学院金融学教授

在金融危机的冲击下，全球金融市场以不同的方式进行了结构的转型与调整。在中国金融市场上，最引人注目的现象之一就是迅速蓬勃兴起的股权投资行业。

在强调投资眼光、专业判断能力、市场把握能力和社会资源动员能力的同时，无论是在数量还是规模上，迅速扩张的中国股权投资行业都迫切需要找到参照，这种参照应该是现实的而不是理论的、第一手的而不是隔靴搔痒的投资家与投资机构。就如同巴菲特成为许多投资者学习的榜样一样，股权投资同样需要一些参照。

在众多关于股权投资的案例之中，黑石对中国的股权投资行业来说尤其具有参考价值。这不仅是因为黑石一波三折的成长经历，还因为中国的主权财富基金恰好在危机爆发之前投资黑石而出现了为数不菲的账面浮亏。

我认为，金融实践的重要价值之一就是把书读薄。参与第一线的操作之后，再回过头来看理论分析著作，就会发现，实际上其中最关键的环节就是少数的那几步，笼统地进行理论分析往往容易忽略这些关键环节。从这个意义上说，**中国的股权投资正处于加速发展的起步阶段，从黑石这样一家有国际影响力的股权投资公司入手，分析私募投资的决策过程、私募股权基金的运作机制、私募投资的理念，更有实践意义上的参考价值。**

当然，本书并不是一本理论色彩浓厚的私募投资分析教科书，更多的是一本关于黑石投资哲学和黑石奠基者人生感悟的著作。

本书讲述了黑石集团创始合伙人彼得·彼得森的成长经历。这个出生于追求美国梦的希腊移民家庭的穷小子，青年时因抄袭论文被麻省理工学院开除，后分别进入西北大学商学院和芝加哥大学商学院深造，辗转从事过广告业、制造业和资产管理行业，还曾跨入政界担任美国商务部长和白宫经济顾问。离开政界后，彼得森利用自己积累的人脉关系，与曾在雷曼一起共事的史蒂夫·施瓦茨曼共同创立了这个管理资产达几百亿美元的股权投资机构——黑石集团。

从内容上看，本书与我主持翻译的另外一本著作《资本之王：全球私募之王黑石集团成长史》（*King of Capital*）共同构成了一份完整的"黑石成长史"。《资本之王：全球私募之王黑石集团成长史》一书对黑石集团运作的细节进行了较多的介绍，读者可以清晰地感受到黑石历史上每一次重大的机遇与挫折、高潮与低谷，体察出在每一笔重大交易的背后都有着不为人知的努力和风险。从书中叙述的经历可以看到，黑石的两位创始人和黑石集团的步步惊心与步步为营，对于起步阶段的中国股权投资行业尤其具有参考价值。

可以说，由这两本书共同构成的"黑石成长史"，为读者提供了一个近距离了解私募股权产业运作模式的窗口。在本书中，彼得森认为自己的投资哲学非常简单：**"我始终相信在一个机构中，道德规范应该放在第一位。从黑石成立的那天起，职业道德和诚信一直都是最重要的。"**正是基于这一理念，彼得森强调**"永不进行敌意收购"**，他深信这一投资立场将帮助黑石与其他企业建立更加有益且持久的关系。同时，出于减少裁员、为员工提供稳定工作的考虑，黑石创立了重组咨询等反市场周期的业务。彼得森的这些做法都与华尔街一度风行的短期化行事风格有较大的差异。但是，放到金融业发展历史的大背景下来观察，正是彼得森的这些更富有洞察力的投资理念成了黑石集团的护身符，使黑石在 20 世纪 80 年代末的并购浪潮中得以幸存且进一步壮大，也使黑石在各大投行于金融危机中折戟沉沙的险峻时刻依然屹立不倒。

在品味彼得森的人生和投资故事之余，**我更关注的是黑石集团成长史中折射出的私募股权行业发展轨迹、它对实体经济的推动作用以及中国股权投资行业可以从中借鉴的地方。**

从美国金融市场的发展历程看，私募股权投资产业的先驱之一应该是 KKR 公司。20 世纪 80 年代，石油危机导致美国经济动荡，许多公司的市值都已低于重置成本，KKR 从中看到了机会，开始通过杠杆收购来对企业进行收购重组，这不仅引领了第四次并购浪潮，而且开创了一种新的金融服务业态。黑石集团正是在这一并购浪潮中应运而生的。虽然杠杆收购会给私募股权基金带来沉重的债务负担，但 20 世纪 90 年代的美国经历了 10 年高增长、低通胀的时期，联邦基金利率一直维持在 5% ~ 6% 的水平，当时美国的股权投资基金有较好的金融环境来控制债务成本并获得丰厚的收益。近 20 年来，随着退休基金和保险业资产规模的迅速扩大，长期投资产品愈加成为这些机构青睐的对象。而私募股权投资的期限较长，在相对平稳的市场环境中，这些私募股权投资的绝对收益率通常明显高于股票和固定收益证券，这些条件一度迎合了市场需求，使私募股权投资迅速成为华尔街和全球金融市场上冉冉升起的新星。

2008 年，金融危机席卷全球，美国一些海外私募股权基金的有限合伙人无法兑现出资承诺，一些私募巨头因此出现了一定幅度的亏损，比如黑石集团 2008 年第四季度亏损达到 8.271 亿美元。面对金融危机的考验，股权投资基金开始逐步改变原有的投资策略，有的开始探索降低投资风险，增加对风险较小领域的投资，例如从投资初创期的创新型企业转向投资成长期和成熟期的企业；有的则在行业选择上更加集中和保守，并开始参与一些中小型并购交易，同时大幅度减少杠杆收购；有的则在此基础上将更多的注意力转向新兴市场。

2005 年以来，中国的股权投资产业开始出现快速发展的态势。特别是创业板等推出之后，中国的股权投资基金无论是在募资、投资和退出规模上都取得了显著的进展。不过，由于中国股权投资产业发展时间还不长，股权投资基金发挥的作用还不是十分明显，特别是在目前股票上市发行受到较严格的管制的情况下，市场往往认为监管当局会对上市公司进行挑选，股权投资基金是否参与公司筛选对保证 IPO 质量意义不大。另一方面，严格的管制令

IPO 资源处于相对稀缺的状态，促使股权投资基金过于追求短期化，过于注重 Pre-IPO 的投资，相应地，对小企业在扩张期的资金投入就容易忽视，这也会相应削弱私募股权产业对资本市场的正面影响力。

不过，随着参与股权投资的资金越来越多，依赖 Pre-IPO 获得短期暴利的空间越来越小，竞争也越来越激烈，而且随着上市发行管制的不断放松，业务风险也在不断加大，因此，从趋势上看，中国的股权投资基金会逐渐步入更激烈的市场化竞争阶段。例如，发行上市的市场化程度提高等因素会促使更多的股权投资基金将更多的资源投向处于创业早期的企业，并做好产业和区域投资布局，加强与不同金融机构的密切合作，积极拓展多渠道的资本退出方式。显然，在这样一个日益市场化的环境下，黑石的成长经历将提供更多的参考价值。

追逐梦想

我是从几个角度写成此书的。首先是作为贫穷的希腊移民之子。我的父母在他们17岁时来到美国，身无分文，只有小学三年级的文化水平。他们工作，然后省钱，如此往复，为自己和孩子创造生活。很幸运，我是他们劳动和付出的受益者。因为他们，我才得以在美国这个有着无限可能的国度接受教育，追逐梦想。

其次，我从5个孩子的父亲、9个孙儿的祖父这一角度来著述本书。我希望我的晚辈们能享有我曾享有的机遇，能明白他们也可以践行美国梦。"美国梦"是美国的说法，但其实它并不只属于美国。**它是一种机会，一种通过由自我目标激发、不受人为限制的进取心和才能来塑造生活的机会，一种长江后浪推前浪的机会。**

然而，我担心年轻一代的美国人可能无法享有我曾拥有的机会，我担心按照美国当前的趋势，压在后人身上的债务负担可能会限制他们的选择空间，阻碍他们的雄心壮志。

我著写本书的第三个角度是作为美国前商务部长。在理查德·尼克松担任总统期间，我在政府任职，见证了尼克松总统努力建设中美关系所带来的深远影响。自那以来，我一直密切关注中美两国的经济发展状况。不得不说的是，近些年来两国的巨大反差让我惊讶不已。

改革开放以来，中国从一个小规模新兴经济体成长为世界第二大经济体，并且有希望在未来超越美国成为世界之首。2005—2010 年，中国的经济以每年 11% 左右的速度增长，人均收入也以几乎同样飞快的速度提高。[①]近几十年来，中国的贸易呈指数增长，为自身积累了将近 3 万亿美元的外汇储备。

中国还有着世界最高的储蓄率。如今，它正动用储蓄对未来的发展进行投资。在过去的 30 年中，中国在基础设施方面的支出年增长率达 20%。[②]自 2007 年以来，风能产量已提高了 7 倍，这使中国成为全球可再生能源的领军者。[③]中国的高速公路里程已与美国州际系统相当。除此之外，中国还拥有世界上规模最大的高铁网络。[④]这些投资能促进商业和生产力的发展，因为农民和企业能借此更快速地把产品运往越来越广阔的市场。

在过去的几十年中，美国关注的是消费和借债，而不是储蓄和投资。在最近的金融危机发生前，美国人仅储存工资的 1%。我们的消费狂潮是由债务（包括个人债务和公共债务）推动的。联邦政府的公共债务超过 9 万亿美元，其中的 1 万亿多美元债务由中国持有。[⑤]

美国人看到远方等待他们的是堆积如山的债务。由于美国退休职工的数量在未来 20 年会增长 75%，养老金、医疗费、所谓的政府津贴和退休计划将缺乏拨款，使美国不得不大量举债。加大举债将导致利息支出的增加和税收的飞涨。到 2035 年，美国利息支出将达到国民生产总值的 13%，这几乎等于如今联邦政府在教育、研发和基础设施方面拨款的 3 倍，美国的经济将缺乏增长的能量。

中美两国的故事并不是相互独立演绎的。中国是美国的重要债权国，它对美国债务的购买使美国人能扩大消费，美国每年消费的商品中有超过 3 600 亿美元的商品来自中国。[⑥]中国为美国人提供看似无穷无尽的信贷来购买中国产品，这种情况对两国的长期健康发展都是不利的。美国面临愈加严峻的债务问题，而中国则面临需求不足的问题。因为国内

---

① 《华尔街日报》2011 年 1 月 18 日。
② 《华尔街日报》2008 年 9 月 11 日。
③ 《金融时报》2011 年 1 月 5 日。
④ 截至 2016 年年底，中国的高铁运营里程已占世界高铁运营里程的 60% 以上，位居世界第一。——编者注
⑤ 这段中的数据是 2011 年的数据，截至 2018 年 4 月，美国的债务已超 21 万亿美元。——编者注
⑥ 美国 2010 年统计数据。

需求过低，中国的经济增长过于依赖外国消费和出口。

大量的外汇储备和受控制的汇率同样增加了中国的通胀压力，这会使中国的财富缩水。中国的高储蓄率值得称赞，但前提是这些储蓄要确保用于能带来良好收益、促进未来经济增长的生产性投资。此外，由于中国 65 岁以上公民的比例在 2050 年有可能达到现在的 3 倍 ①，因此中国也许面临着比美国更艰难的人口结构挑战。中国的储蓄额将因此下降，所以当今中国更需要明智的投资。

中美两国的相互依赖同样受地缘政治的影响。如果美国继续依靠中国为逐渐增长的债务埋单，那么美元的地位将受到影响。这一点在最近一次的金融危机中可见一斑。在这次危机中，美国决策者不得不考虑，债权国会对联邦住房机构的有关决定作何反应。与此同时，如果中国继续严重依赖出口来推动经济增长，那么它将有可能激发其他国家贸易保护主义的抵制。在美国，中国已被许多人，包括许多国会议员，视为竞争威胁和失业根源。

任何友谊都有关系紧张的时候，但如果双方的关系因过多地受经济问题的影响而愈加复杂，双方就很难在各种领域展开合作。在 21 世纪，中美两国要想成功，就需要在一系列领域中合作，包括贸易、商业、环境、能源以及国家安全等领域，从而解决双边的商业利益问题，让两国的经济回到能为两国 17 亿人民提供工作和机遇的可持续增长轨道中，这对双方来说是互利共赢。

在本书中，我讲述了我的人生轨迹和职业经历，那段时期正是美国发展为世界最强大的经济、政治和文化国家之时。在接下来的半个世纪，中国在世界舞台上将有同样的崛起。我不变的希望是，未来的美国人民和中国人民能继续做朋友，共同享有改善生活水平、实现自我梦想的机会。

---

① 《华尔街日报》2011 年 2 月 15 日。

扫码获取"湛庐阅读"APP，
搜索"黑石的选择"，
一览彼得森人生故事中重要的那些人。

什么是彩蛋

彩蛋是湛庐图书策划人为你准备的更多惊喜，一般包括
①测试题及答案 ② 参考文献及注释 ③ 延伸阅读、相关视
频等，记得"扫一扫"领取。

▷ **01**　　**为生存奋斗**
大萧条时期的小小生意人　/ 001

8 岁的我开始在父亲的咖啡厅帮忙，我会站在长柜台前的收银台，负责收钱和找零。父亲把繁荣时候所存的一半储蓄都寄回了希腊。年少的我还不能完全领会父母的行为所蕴含的道理。其实这个道理很简单：回馈社会。

▷ **02**　　**钱能买到的最好的教育**
我的未来不在卡尼　/ 030

研究市场动态，分析掌握的信息，制订应对措施，这些都是非常有用的。如果方法正确，它能改变人的行为，影响深远，不仅能帮助我在学业上取得 A 的成绩，还可能对我未知的将来大有帮助。

▷ 12 胆小鬼没有立身之地
雷曼兄弟从悬崖边缘归来 / 230

在我看来，华尔街是一个容身艰难和充满竞争的地方，胆小鬼或懦弱者在这里没有立身之地。我正经历的是对雷曼兄弟的致命一击。没有任何一家一流的金融公司敢对客户的诚恳、信任、信赖和忠诚掉以轻心，也不会用这些无形资产去做某种交易。如果这种两面三刀的行径泄露出去，那它将严重败坏雷曼的声誉。一定要清扫背叛者……

▷ 13 这场大战不可能有赢家
和雷曼分道扬镳 / 263

琼警告过我："他可是个贪心不足的人，你给他一块指甲，他可能会要你一只胳膊。"与雷曼决裂在我看来是场两败俱伤的大战，好在我从中收获了宝贵的职场经验：为摆脱尴尬、焦虑或恐惧而急急忙忙投入一项新的工作，反而会令你无法摆脱过去。人是要生活和工作在将来的，所以应该多想想今后的事……

▷ 14 我要成立一家真正的企业
黑石的诞生 / 277

我认为华尔街还是有度量接纳一家新型的精英式企业的，在这样的企业里，所有员工不论长幼不论资历，都能相持相助相亲相爱，没有尔虞我诈，没有窝里斗。我就想成立一家这样的公司。它不仅是商业上的成功，还是文化上的成功。这种文化肯定不能与雷曼相同，我要极力避免雷曼式的"萧墙之乱"重演。我要成立一家真正的企业。

我们花了两年的时间建立新基金和新的联盟公司，不断摸索投资之路，才成长为私募股权的大玩家。我始终相信一个机构应该将道德规范放在第一位，从黑石成立的那天起，职业道德和诚信一直就是最重要的。未来的 10 年，我们需要以积极的经营策略而不是简单的金融工程来实现公司的价值。

我想我们应该不断提醒自己有这样一个永恒不变的方程式：等号的一边是消费，另一边是储蓄及对未来的投资。我们可能曾经尝试过，但却没能成功想出一个在消费的同时又能存储同样多美元的妙招。所以消费越多，储蓄就越少。

反纳粹神学家迪特里希·潘霍华的至理名言曾让我醍醐灌顶："要判断一个社会是否道德，就看它馈赠予后人一个什么样的社会。"今日享受免费的午餐，而明日让儿女支付沉重的账单，我感觉这个问题我不能再回避了。

为生存奋斗
大萧条时期的小小生意人

> 8 岁的我开始在父亲的咖啡厅帮忙，我会站在
> 长柜台前的收银台，负责收钱和找零。父亲把
> 繁荣时候所存的一半储蓄都寄回了希腊。年少
> 的我还不能完全领会父母的行为所蕴含的道理。
> 其实这个道理很简单：回馈社会。

灯塔，美食之家 1923

20 世纪 30 年代，我在内布拉斯加州的卡尼市长大。小城建在广阔的平原上。城市虽然不大，但足以创造每天 24 小时就餐的客源。父亲的咖啡厅就是提供全天候服务的，父亲为其取名"中央咖啡厅"。

咖啡厅与联合太平洋火车站只隔了半个街区。月夜中，它闪亮的霓虹标志向火车站轮班的员工和抵站的旅客示意：不管目的为何，这些旅客都已来到了美国的中心点。正如 1733 公园游泳池旁的牌匾上所写的那样，卡尼市处于波士顿和旧金山的中点处，到两地的距离均为 1 733 英里。小时候，我曾在这个公园玩耍。

父亲曾就职于铁路行业。那时，他做的是没人愿做的工作：在蒸汽弥漫的火车守车里洗碗。守车里住着内布拉斯加州西部铁路的铺轨工人。洗碗的职业使他学会了做菜。与安装铁路道钉、牵拉铁轨或和金属丝打交道相比，他更喜欢下厨，但是

铁路工人无法在内布拉斯加州冬天严寒的环境下继续作业，所以父亲到冬天就失业了。后来一个需要厨师的马戏团经过这里，父亲就跟他们走了，负责马戏团场工、高空杂技师和驯兽师的伙食。那时大约是 1917 年，距离他离开希腊登上美国金海岸已经 5 年了，5 年前 17 岁的他只有小学三年级的文化水平，完全不懂英语。

此后，他又做了好几种厨师工作，对饭店的生意运作也有了更深刻的了解。他开始学习英语。通常来说，他的雇主都会为他提供食宿，这令他积攒下一大笔钱。最终，在有了一定的经验和积蓄之后，他开始自主创业。他先后在列克星敦市、内布拉斯加州和艾奥瓦州购买餐厅，然后迅速卖出。最后，他定居卡尼市。这是一个有发展潜力，但竞争并不激烈的小城。这里有一所大学，可以为他提供廉价又聪明的劳动力；有几户希腊家庭，这让他备感亲切；还有一块靠近火车站的市中心空地。他买下这块地，创办了中央咖啡厅，咖啡厅的霓虹标志不仅是穿梭于卡尼市的旅客们的灯塔，也是市民们的灯塔。

这个永不熄灭的霓虹标志写着"美食之家 1923"。1923 年是父亲创办咖啡厅的那一年。咖啡厅 24 小时营业，可以说，25 年来它从未停止营业。一年后，他与母亲结婚了，再过两年就有了我。在我 8 岁的时候，也就是 1934 年，我开始在咖啡厅的柜台上做收银工作。

小时候，融入当地社会是我最大的挑战。要做到这一点很难，因为虽然我想成为地道的美国人，但父母却坚持希腊传统。他们奋力把我拽向一个方向，而我却朝另外一个方向前进。为了塑造自己的生活，所有的孩子都努力摆脱家长的影响，而我要摆脱的却是与另一个国度之间的深刻渊源。

希腊青年立足美国

我父亲名叫乔治·彼得森（George Peterson），这不是他的原名，他的原名是乔治欧斯·彼得罗普洛斯（Georgios Petropoulos），从字面上看，他的姓氏可以译为

"彼得的儿子"。在我成长的那些年里，他常告诉我他很后悔改了名字。"我不想让任何人以为我不为自己的民族感到自豪。"他说。不过，他将更重要的东西保留在心中了，那就是他的基本价值观。

父亲出生在一个名为瓦利亚的小镇，位于希腊南部伯罗奔尼撒半岛的群山上。小镇很穷，而他的家庭是小镇上最穷的家庭之一。根据家族里的说法，我的祖父彼得喜欢在苹果树树荫下睡觉，而不愿去干活。当阳光直射他的双眼，将他弄醒时，他会重新找一处有阴凉的地方睡下。他的懒惰丝毫没有影响他的妻子，也就是我的祖母执着地追求皇家般的优雅。每每遇到陌生人，她都会伸出手去，接受吻手礼。他们竭力维护一个花园，因为很少下雨，他们必须用桶去附近的小溪打水。他们养鸡生蛋，养羊产奶。每当一只小羊崽诞生，他们都会在孩子们的抗议声中宰杀一只公羊，孩子们可是把这些动物当宠物对待的。父亲有 6 个兄弟，1 个姐姐。他们住的是二层楼房。由于人多，他们挤着睡在铺满地板的草席上。天气好的时候，他们就睡在露天的院子里。一年四季，他们都不穿鞋。我的祖父母穿的则是用废弃轮胎制成的鞋。因为买不起时钟，他们只能通过太阳的位置判断时间。阴天的时候，时间就只能完全靠猜了。

上学是后来才想到的。在当地，女孩可接受 6 年教育，男孩则可享有更高的教育，但前提是必须支付学费。每个星期一，孩子们都会走 40 多公里的山路，前往一个大点儿的村子，因为那里的学校要好一些。到那儿之后，他们会和其他男孩一起入住青年旅舍，到周末再步行回家。父亲的人生轨迹却并非如此。对于父亲那些上学的兄长们，祖母会为他们各烤一块面包，然后用刀切成 5 份，再配上自制的奶酪，以便让他们知道每天能吃多少。后来，他们开始向往到美国去。

父亲的兄长尼克（Nick）是第一个去美国的。1912 年，他在密尔沃基市的一个肉类加工厂找到了工作，因此能够汇钱支付父亲去美国的船票。那一年，"泰坦尼克"号沉没了，而父亲所乘的船却安然无恙。他身处船腹深处，那里恶臭异常，令他十分想念新鲜空气。通过爱丽丝岛①，他进入了美国，随后前往密尔沃基市。办完移民手续后，他立即去找了尼克。他的第一份工作是水果摊小贩。然而由于听不懂顾客说什么，这份工作泡汤了。举个例子，有顾客说"拿几个苹果"，他会拿出一麻袋苹果。然而很快，尼克就为他在自己工作的肉类加工厂找了一份工作。这是父亲为了摆脱穷困所参加的第一份正式工作：把牛蹄和牛角放入碾压机里加工成肥料。即使是在今天，很多移民也愿意做这类工作，因为对他们来说，能在美国立足是那么重要。让人窒息的粉尘从碾压机中飘出，工人们一手往机器里放原料，一手用湿布捂紧鼻子。保持这些姿势使他们的手臂和肩膀酸痛无比。这几乎令父亲要放弃工作返回希腊，但他还是坚持了下来，并晋升到切肉的岗位。在这一岗位上，他学会了如何不浪费地把猪肉和牛肉切成块。之后，他又换到铁路局工作。正如尼克所做的那样，他把姓氏改成了彼得森。他后来后悔改名，大可以怪罪联合太平洋的计时员，因为他们说每次父亲讲自己的名字，他们都不懂那是什么意思。父亲因为负责铁路工人和马戏团员工的饮食而存下了一些钱，并开始把目光转向咖啡店的创建上。此时的他已成长为20多岁的年轻人，期望找到一个能共结连理的女人。

我母亲名为维妮夏·帕帕帕梧罗（Venetia Papapavlou），住在尼阿塔。尼阿塔位于希腊南部斯巴达城的东南面。与彼得罗普洛斯家族相比，帕帕帕梧罗家族是富裕的。我的外祖父雅尼·帕帕帕梧罗（Yanni Papapavlou）有一片土地和一栋大房子，当地人都称呼他大约翰。和村子里的其他居民一样，他的生活中没有电，也没有自来水。雨水会被储存在名为双耳瓦罐的大土罐里，充当饮用水。家里有个蓄水池，能用于为花园浇水，因此他们不用到小溪打水。

房子周围点缀着琳琅满目的作物：橄榄树、杏树、无花果、柠檬树、小麦和葡萄，但只有种植橄榄树才算得上是一种商业行为。大约翰有一台橄榄油压榨机，榨出来的橄榄油能为他带来利润。他用赚来的钱购买更多的橄榄树苗。工人的工资是用他们收割的作物来结算的：每摘4蒲式耳的橄榄，受雇的采摘工人就能获得1蒲

---

① 这是一个人工岛，是美国主要的移民检查站，是美国移民的象征。——编者注

式耳，大约翰会为他们压榨成橄榄油。那些负责采摘葡萄和为制作葡萄酒而踩葡萄的工人则可以把大量的劳动成果留给自己或卖掉。

母亲记得当时外祖母迪米特胡拉（Demitroula）会把每餐都准备得很丰盛。饥饿的邻居们知道帕帕帕梧罗家会给予他们食物，就连当地的校舍也能享受到外祖父的慷慨解囊。在那里，他会拿出许多小布袋，里面装满了葡萄干、水果和杏仁。周末，他会用这些东西进行易货交易，这也算是一种社交活动。他会拉出他的马，让孩子们坐上马车，然后去镇上把几袋水果和果仁换成其他东西。孩子们被统称为幼年大约翰。交易结束后，如果还有果袋剩下，他会选择送人，而不是带回去。

大约翰和迪米特胡拉关系融洽，趣事颇多。举个例子，他的马车在尼阿塔是独一无二的。他总是坚持让迪米特胡拉和他一起坐在前排，在那时，很少有这样显示男女平等的事情。但大约翰会笑着警告她，如果她胖到连裤子都穿不下的话，那么他会让她走在马前，充当"现场扫雷员"①。当然，他从未把这一威胁付诸实践。

大约翰是相当慷慨的。他有一个老年邻居，名叫斯塔夫罗斯（Stavros）。这位邻居依靠自己那头名叫"帮助者"的毛驴采集野生浆果或蔡茶，那是希腊山茶，也叫牧民茶。斯塔夫罗斯会用采集到的部分东西换些小钱或是以物易物。一个星期天，大约翰和他的3个孩子从教堂回家。当经过斯塔夫罗斯的小房子时，他听到一阵喧闹声，于是便停下来看个究竟。他发现斯塔夫罗斯正在责备他死去的毛驴。"看看'帮助者'都对我做了些什么，"老邻居呼喊道，"它怎么能这样对我？"

大约翰也认为"帮助者"是个没心肝的牲畜，但他开玩笑说它只是初犯。斯塔夫罗斯却一点儿也笑不出来，他命令大约翰离开，永远不得再踏入他的领地。离开后，大约翰买了一头毛驴。第二天，他又来到老邻居的家，想以孩子们的名义把这头毛驴送给他。当大约翰敲门时，孩

---

① 指排查战后布满希腊乡村的地雷的危险工作。

子们也在，他们看到愤怒的斯塔夫罗斯再次让大约翰离开。大约翰很悲伤，对孩子们解释说，他们只能把毛驴送给别人了。深受感动的老邻居看了毛驴一眼，随即收下了这礼物，并不停地祝大约翰身体健康、长命百岁。大约翰却说："你最好还是祈祷新驴子健康长寿吧！"

后来，尼阿塔的生活变了。年轻人纷纷离开家乡，去寻找更好的工作。没有这些劳力，大约翰无法栽培作物，而像母亲那样的年轻妇女找到丈夫的机会也少了。终于有一天，大约翰没了法子，只得决定让其中的 3 个孩子去投奔已在美国的其他家庭成员。1920 年 9 月中旬的一天，距离我父亲来到美国已经 8 年了，母亲维妮夏和帕特拉（Patra）、迪米特里欧斯（Demetrios，后改名为詹姆斯）三兄妹与迪米特里欧斯的新婚妻子阿德曼迪娥一起登上了一艘从比雷埃夫斯开往纽约的船。在船上，他们苦苦熬过了 19 天地狱般的日子。整个旅程，乘客们都在疾病的折磨中度过，最后这艘船驶过了自由女神像，并于 1920 年 10 月 4 日抵达爱丽丝岛。与父亲一样，母亲踏上美国的土地时年仅 17 岁。

母亲还有一点跟父亲一样，那就是她随后穿越了半个美国大陆。和一小群希腊移民一起，她登上火车，前往内布拉斯加州的弗里蒙特市，弗里蒙特市位于奥马哈市的西面。一切都已经安排好了，她将成为约翰叔叔和娃索·佩特罗（Vasso Petrow）婶婶的女管家，并负责照看他们的 3 个孩子。约翰是个企业家，在弗里蒙特市拥有一家餐厅和一家彭尼百货商店（J. C. Penney），母亲来美国的船票也是由他支付的。

维妮夏很快就明白了她将为美国之行付出的代价。她既要打理叔叔的房子，照顾他们的孩子，还要在他的餐厅干活，而她的工作是没有休息日的。正如父亲一样，她怀念希腊的美好生活，因为这里的生活太苦太累，但返乡是不忠的表现，于是她迫使自己向前看。3 年半后，她 21 岁了。约翰叔叔认为是时候为她找个婆家了。对母亲来说，这并不是一个坏消息。

内布拉斯加州的希腊圈子很小，彼此的联系也很紧密。约翰知道在哪里能为一位漂亮能干的年轻女士找到合适的结婚人选，父亲就是其中的一个。中央咖啡厅的成功使他声名远扬，甚至传到了距卡尼 250 多公里的弗里蒙特市。

1924 年 3 月末的一天，3 个单身男子同时到约翰·佩特罗家拜访。据母亲说，其中一个人就像华盛顿·欧文（Washington Irving）笔下的伊卡伯德·克莱恩（Ichabod Crane），瘦高笨拙，全身只剩下四肢、膝盖和肘部。第 2 个男子显然平凡无奇，不能勾起母亲任何回忆。第 3 个就是父亲，他身上有阿卡韦瓦须后水的味道，乌黑的头发从前额向后梳，因为抹了幸运虎牌焗油膏而闪闪发亮。3 个未婚男子坐在佩特罗家的客厅里，相互打量着。母亲为他们端上水和果汁，这样就有机会观察哪个适合自己。

"你喜欢哪个？"当她端着空盘子回到厨房时，叔叔这样问道。

40 天后，她和父亲结婚了。

组建彼得森家庭

事实上，他们结了两次婚。第一次是在 1924 年 7 月 6 日。那天，他们在道奇县法官温特斯廷的办公室里交换了婚姻誓言。这是法律要求的，也是正式的，但除此之外，他们还需要希腊教堂的权威认证。几天之后，一个在内布拉斯加州和艾奥瓦州部分地区活动的希腊东正教牧师，在奥马哈忙完之后，抽出时间为我的父母举行了教堂式结婚仪式。

那天，在彭尼百货商店营业前，母亲的叔叔约翰在商店里划出了一块区域，召集了他的希腊朋友和亲戚。婚礼中，约翰叔叔把维妮夏交给了父亲，而父亲的一个表兄弟则充当伴郎。父亲母亲都为婚礼做了精心打扮，父亲穿着租来的燕尾服，母亲则身着白色婚纱，戴着一个雪纺绸编制的靓丽帽子，她拿着的花束也很漂亮。据说，那是一个喜庆的婚礼，但是在正式的婚纱照上，他们显得很不自然。两人都面无喜色，对着照相机，摆出了近乎严肃的表情。在希腊东正教仪式中，丈夫排首位，妻子排在第二位，在婚姻中，丈夫是"妻子的头儿"，母亲严肃的表情可能是由此导致的。随后，大家一起到佩特罗家的农场享用婚礼午宴。

我想那些日子是艰难的，因为夫妻俩只有些许共同点：他们都是希腊人，都必须为生存而奋斗。出身穷苦人家的父亲工作很努力，日子也过得很清苦，而母亲则更加热心和天真率直。如果他们能优势互补，日子该过得有多美好啊！然而，他们之间的性格分歧很快就显现出来了。

婚后，他们决定到科罗拉多州度蜜月。这并不是一个浪漫的选择，而是出于家庭职责的考虑。父亲的阿姨住在科罗拉多州的斯普林斯市，她是父亲在美国最亲的母系亲人，他想把新娘带去给她瞧瞧。母亲认为蜜月的日子值得记录，于是买了一个布朗尼相机，并拍了一些照片。不知为何，父亲并没注意到相机的存在。

回到卡尼后，他们生活如常，开始照料家务，母亲则冲洗了胶卷。一天，他们从中央咖啡厅回家，咖啡厅与家隔了7个街区，那时家里的财政还负担不起一辆车。其间，母亲向父亲展示了那些照片，而父亲的反应肯定吓着她了。

他一阵暴怒，对她瞒着自己拍摄和冲洗照片的"鲁莽妄为"和"失礼"大发脾气。他认为这是不顺从的表现，并且购买相机也是未经允许的。因为做了这种事情，他的新娘不能再跟他一起走路了：他命令母亲穿越马路，在对面的人行道上走回去。

怎么看待这件事呢？由于母亲的性格和文化背景，她不会埋怨自己的婚姻，但在这件事发生多年以后，是母亲，而不是父亲，将这个故事告诉了我。事实上，她是等父亲去世后才向我透露的，尽管我早就断定她对许多事情抱有不满。父亲过世后，母亲变了，与我先前所熟知的她判若两人。成为寡妇后，她很快乐，那是一种我以前从未见过的快乐。她说话的声音变得轻松而愉快，那些与她一同在希腊长大的表兄妹们都说她又变回以前那个维妮夏了。最终，她摆脱了我那专横的父亲对她的束缚。

她一向都是一个慈爱的母亲，我在很小的时候就十分清楚这一点。她能事先知道我想要什么，这可把我宠坏了，也使我在以后的人生中遇到了一些麻烦，因为其他人，包括我的那些生意伙伴和女朋友，并不能和母亲一样料到我想要的是什么。母亲的溺爱也让我想到了一些妙语。当犹太同事们跟我讲一些有关他们母亲瞎操心和对他们使用权威的事情时，我会听他们逐个道来，等他们都说完了，我会说"希腊的母亲使犹太母亲看起来像犯了疏忽罪一样"。

大概 3 岁时，我开始留意周边的世界。那时，我已经和父母回希腊看过他们各自的家乡了，但是那会儿我只有两岁，所以那次的返乡之旅我早已不记得了。

我人生中最早的那些记忆便是和母亲看了一场由艾尔·乔森（Al Jolson）主演的电影，片名为《歌唱愚人》(*The Singing Fool*)，电影讲述的是一个歌手在对他垂死的儿子演唱《可爱的孩子》(*Sonny Boy*)。观众被这早期的有声电影深深触动，伤心不已。记得当时我在漆黑的电影院里跳了起来，喊道："我就是那个可爱的孩子!"面对人们的目光，母亲耸了耸肩，笑着搂我入怀。

之后不久，在 1929 年，母亲生下了妹妹伊莱恩（Elaine）。我想，女儿的到来大概在某些方面使母亲的生活变得完整，这是我作为儿子所无法做到的。母亲就像又经历了一次生命一样，伊莱恩将完成母亲今生未完成的梦想。她诞生的那一年，我和母亲都很快乐。

接下来的那个夏天，父亲和母亲驱车前往弗里蒙特市的佩特罗家共度周末，那时我们已经拥有一辆福特 T 型车。有两件事是值得庆祝的：7 月 4 日是美国独立日，还有就是 7 月 6 日是他们的结婚 6 周年纪念日。

走之前，他们把我们两兄妹交由一户希腊家庭照看。然而在周末结束前，伊莱恩却经历着可怕的犬吠样咳嗽。父亲接到电话后匆忙赶回来，可是，已经太晚了。她于 7 月 6 日，也就是父母的结婚周年纪念日，死于义膜性喉炎，年仅 1 岁。义膜性喉炎是一种儿童疾病，这是常见的轻微病毒感染，会阻塞上呼吸道。这种疾病的高发期应该是冬天或早春时节，而不是夏天。哪怕是最危急的情形，它也很少致命，但这次，幸运女神却没有眷顾伊莱恩。

伊莱恩的死本身就已令人难以承受，而事情又发生在父母的结婚纪念日，这更加重了他们的痛苦，因为原本父母的婚姻关系就十分紧张。父亲是个禁欲主义者，相比之下，伊莱恩的离去带给母亲的痛苦显然要大得多。

之后，母亲变得十分阴郁，而且她无法摆脱这种心情。伊莱恩死时她已经怀孕，但两个月过后，她不顾身孕，重返工作，结果早产了两个月。当时她打电话给父亲，说她子宫收缩得很厉害，需要去医院一趟。父亲那时在咖啡厅，他告诉母亲他正在烘烤馅饼，离不开。他选择了派别人送母亲去医院。弟弟约翰就是在母亲的悲痛中来到这世上的。

虽然约翰看起来很可爱，但他并不能使母亲的心情平复。我也不能使母亲快乐，尽管我很渴望再次看到她的笑容，感受她的体贴。在伊莱恩夭折后，母亲的人生就像那个内布拉斯加州的冬天那般凄凉。"把我推进我宝贝儿伊莱恩的墓穴吧！"有一次我听她对爸爸这样说道。哪怕是弟弟小的时候，母亲都不愿抱他，弟弟对此一直耿耿于怀。

以前，我总感到自己与众不同，受到溺爱，感到很温暖，也很安全，而现在，一切都已不再了。伊莱恩死后，母亲变了，变得冷漠无情，变得很奇怪。为了让母亲高兴起来，我努力变得完美，变得令人喜爱。

一次在厨房里，只有我们两个人。我站在角落的暖气调风口上，试图抓住从地下室升上来的暖气，但是父亲为了省钱，总把热量调得很低，所以我在那儿直打哆嗦，双手抱着自己，而脚则不停地跳动着。这是我特意为她跳的小小舞蹈，希望能吸引她的注意。可是她却坐在对面的桌子旁，肩上披着大披巾，手指不停地拨动着发梢，眼神空洞。有时，她会重复哼一首伤心小曲，那应该是一首希腊哀歌，但更多的时候，她只是坐在那儿，一声不吭。

这是最令人担心的。沉默就像一只黏糊糊的手，为了摆脱它，我会说：妈妈这个，妈妈那个，妈妈，妈妈，妈妈……可回应我的却是更多的沉默。这就是为什么直到今天，我讲话的时候还会有些停顿，别人可能会说是很多停顿。在我看来，沉默就是一块黑色的幕布。

熟谙弗洛伊德学说的心理学家告诉我们，孩子与母亲在情感上的分离是十分痛苦的，因为孩子突然意识到他或她不再是世界的核心。当这种分离在很小的时候发生，而且是因为突然的悲剧或创伤而发生时，这种痛苦是格外剧烈的。的确，这正是我所感受到的。

一年就这样过去了。由于餐厅没人帮忙，父亲想尽办法让母亲回去工作。他决定先带母亲去明尼苏达州罗切斯特市的梅约医学中心就诊。在 20 世纪 30 年代早期，梅约医学中心就已经是一家治疗各种内外科和精神科疾病的大型医疗机构了。母亲在那里待了两三个星期，回来时，她的诊断结果为"神经紊乱"。说法变得真快，起初说是"忧郁症"，接着加重为"神经衰弱"，而现在是"神经紊乱"，再后来就变成了耸人听闻的"精神失常"了。如果是现在，她的症状会被描述成"临床抑郁症"，一种使人记忆逐步衰退的病状，小说家威廉·斯泰伦（William Styron）[1] 称之为"看得见的黑暗"。那个年代没有有效的精神药物。治疗的主要方法分为自我休息和心理咨询两部分。母亲获得了休息，却没能得到心理咨询。

这个时候，布罗斯女士（Mrs. Boulos）开始出现在我的生活中。只有在后来回想的时候，我才发现内布拉斯加州卡尼市的移民多得令人震惊。我们居住的小社区离市中心有 7 个街区的距离，里面不仅住着希腊人，还有这位可怜的黎巴嫩女士。

她信奉天主教，她家的厨房总是充满新出炉的披塔饼的味道。由于母亲在家休

---

[1] 美国著名当代小说家、普利策奖获得者，著有《苏菲的选择》等。——编者注

养，家里静得有些寂寞，而布罗斯女士为我们提供了逃离寂寞的另一片天地。弟弟约翰学会蹒跚走路后，我会在工作日的早上，牵着他的手，一起走过后院，来到布罗斯女士家的厨房门口，然后飞快地冲进她温暖的厨房。这样，我们离开了思绪游离的母亲，享受另一个女人的溺爱。她比母亲年龄大些，孩子都已成年。她肯定喜欢和孩子们在一起，因为我们一来，她就会忙这忙那，还会给我们端上热腾腾的披塔饼，当我们在餐桌旁玩玩具时，她会抚弄我们的头发。

母亲是否讨厌我们转向一个替代她的女人，我永远都不会知道。也许她反而因为没人打扰而感到轻松。对于我们在布罗斯家玩，她和父亲都不曾担心过，因为布罗斯女士一家既是邻居也是朋友。约翰慢慢长大，变得越来越健壮，他试图抢在我之前跑到布罗斯家的门口，但谁先到并不重要，因为她对我们两个都很热情。

储蓄就是储蓄，不能时不时拿出来点儿

在我的童年，父亲对我的照顾很少。随着我越来越懂事，他在我眼中的形象逐渐成为一个漫不经心、经常不在身边的父亲。一般我只能在深夜见到他。有时，如果我在一个工作日早起的话，大概 6 点钟，我就能看到他出门上班。在刚刮完胡子后，他会猛地冲进厨房。他的脸颊泛红，头发向后梳得很整齐依然油光闪闪，他穿的是管理中央咖啡厅的制服——黑裤子和白衬衫，领带则卡在衬衫纽扣之间，以防被弄脏，还有就是黑鞋子和白袜子，之所以穿白袜子是因为白袜子不易吸收热量和水分，能使脚更舒服。准备完毕后，他便出门了。出门前，没有拥抱，没有亲吻额头，也没有任何言语，有的只是他走后厨房门发出的一声轰响。

每个星期六晚上，我们一家都会在咖啡厅共进晚餐。即便在那个时候，父亲也会不停地起身，去招呼客人。星期天，我们都会在家一起吃午饭，但总是很匆忙，午饭一般都在上午 11 点半开始，这样，父亲就能在中午时赶回咖啡厅。他晚上下班回家时，通常是 21 点或者更晚。与出门时不同的是，下班后的他看起来疲惫不堪，后梳的头发变得凌乱，脸上的胡茬使早上泛红的脸颊显得灰扑扑的。白袜子也

没起到预想的效果，因为他痛苦地站了 15 个小时。当端坐在厨房的餐桌边时，他卷起裤脚，用湿布裹住曲张的静脉，并把脚浸泡在一盆加有泻盐的水里。

他很少与我们兄弟俩或者母亲交谈，我从未见他拥抱过母亲。他不会和我们开玩笑，不会和我们坐在一起读书给我们听，也不会询问我们每天是怎么过的或者我们在学校里都学了些什么。他从不料理家务，例如，他从未修剪过草坪。然而，这并不是因为他不关心我们，而是因为他似乎只懂得通过全身心地投入咖啡厅的工作，通过改善我们的生活和未来，来表达他的爱。**他就是后来人们所说的"工作狂"。不幸的是，我继承了他只顾工作、忽视家庭和人际关系的性格倾向。**

伊莱恩大约是在 1929 年 12 月股票市场崩溃的 8 个月后去世的。大萧条使大批职员下岗，也使工资大幅下滑，还导致了各种各样的变化。当时我还太小，并没注意到这些变化。20 世纪 20 年代的大部分时间里，由于农作物过剩、干旱和抵押债务，农业一直处于萧条期，所以卡尼可能并没有在大萧条中发生多大的变化。猪群和牛群照样通过联合太平洋铁路贩运，它们是前往奥马哈牲畜场的不归客。我依然记得，当时到处都鼓励节俭，咖啡厅和我家也不例外。使用咖啡厅唯一的洗手间时，你会发现父亲贴在手纸架上的标语："明明一张能擦干，为什么还要用两张。"这并不是一个问句。对我父亲来说，"使用大户"的行为是对他的极大侮辱。

不过起码顾客还是可以自己决定用多少的，而在我们家就不一样了，我们必须在一套严格的规则下过日子。父亲制定这些规则，是为了让我们不浪费一丝一毫。最令人无法忍受的规则是关于每个星期六晚上洗澡的，从来没有一条规则如此严格地规定儿童的等级排序。

洗澡前，一浴盆冒热气的水被放到我们的小浴室，而浴室在冬天通常很阴冷。父亲是第一个进入浴盆的。我猜经历了一天的劳累，一浸入热水后，他会舒服地叹一口气。在他涂着肥皂、冲洗完毕出来后，就轮到母亲了。母亲洗完之后，才轮到我和约翰。我们俩在这洗过两个人、变得微温的水中洗澡。我根本不知道我的身体是洗后更干净，还是洗前更干净。

整个冬天，客厅一直关着门，里面也没有暖气，小客房也一样。父亲在客厅中间砌了一道墙，客房就是这么来的。客房是对客人开放的，他们来得很勤，经常是没打招呼就来了。这也算是内布拉斯加州希腊移民的一个习惯，他们都喜欢把移民同胞的家和餐厅当成路边旅店，在那儿免费过夜和享用美食。在我们家，父亲为所有家具都套上了一层塑料保护膜，以此保护这些装饰品，这是父亲的另一项节俭措施，而客人则要学会忍受这一点，但母亲喜欢招呼这些客人，她把他们的来访看作很好的社交机会。

有些客人待的时间会很长。放学回家，我总会发现又来了一些父亲的希腊亲戚。他们穿着奇怪的衣服，带着用麻绳捆绑的陈旧手提箱，入住我们的客房。他们会待上几个月，这段时间里，他们会在咖啡厅上班。后来我才知道，原来一切都是事先安排好的：他们用劳力换取食宿和小额工资，这样他们就能在美国有立足之地，也能继续发展，这跟我父亲当年的历程一样。不过，和那些来我家临时休息的客人不同，他们是母亲的负担，因为她要为他们收拾、洗衣。如果他们没在咖啡厅吃饭的话，母亲就要为他们做饭。父亲说这样能省下工钱。

此外，父亲还节省了同线电话的开销。"同线电话"这个词语激起了我那些孙子、孙女们的兴趣，直到后来他们才知道这指的是 3 户人家共用的电话线。如果与你共用电话的邻居很爱打听，那么他就会偷听你与别人的谈话。除此以外，我还记得如果有人离开房间不关灯的话，母亲就会大叫："把灯关上！"她明白如果父亲知道这事儿，就会很生气，并朝她大喊"节俭"。即使在今天，当我离开房间时，我也会"把灯关上"。

除了手纸使用，父亲在咖啡厅还有很多节俭措施。为了降低成本，他会去菜市场买隔天的蔬菜和水果，每样东西他都是以低价购买。利用这些材料，他烹饪了一些在卡尼还算不错的菜肴。他的一些最受顾客青睐的菜肴，比如猪肉卷，都是用隔天卖剩的材料做出来的。肉是他在餐厅厨房里自己切的。在密尔沃基市肉类加工厂的工作经验，使他看到一块猪后腰肉就知道这块肉能切成几小块。他会用肉锯和切肉刀把一块大约20斤的牛肉切成若干片牛排、短肋肉、肥肉、瘦肉和骨头。瘦肉是为炖煮菜肴和汉堡包准备的，而骨头是熬制高汤用的。整个过程，几乎没有一点儿浪费。

中央咖啡厅的菜品价格很实惠，在今天看来非常便宜。最受欢迎的菜肴可能要数"特制辣牛肉套餐"了。套餐包括一块馅饼、一杯咖啡和一种开面三明治，三明治是一片涂上土豆泥和肉汁的白面包片，面包上堆着几片烤牛肉，所有的加起来也才30美分。咖啡单独算是5美分一杯，可以无限制续杯。除此之外，炖牛肉、鸡肉炖面条、肝烩洋葱、大豆蹄髈、汉堡包和先前提到的猪肉卷构成了午餐的主菜单。晚餐是17点30分开始供应（在卡尼，我们的午餐叫"dinner"，而美国其他地方的午餐叫"lunch"）。顾客们喜欢的晚餐有牛排、排骨、牛肋和烤猪柳。此外，还有土豆肉汤、奶酪通心粉、四季豆、白面包片和简单的沙拉，甜点则有水果派或者冰激凌。饮料的选择依次是咖啡、牛奶、冰茶和水。菜单中没有希腊菜。葡萄叶包饭会让卡尼市民感觉匪夷所思，因为他们喜欢白米饭和切好的牛肉块。母亲的拿手菜是果仁蜜饼，由蜂蜜、坚果和极薄的酥皮面饼调制而成，里面会加很多黄油。即便是这一绝活，也不能摆在餐柜上，因为顾客会觉得太奇怪。后来，内布拉斯加州跟随全国潮流，于1934年废除禁酒令。之后，父亲把啤酒列入菜单，但没有添加葡萄酒或烈酒。在禁酒令解除前，许多人都触犯过这条法令，我母亲就是其中之一，她用传统的做法，把我们家后院种的葡萄做成葡萄酒：在地下室的一个盆子里，用脚把葡萄踩碎。

虽然父亲采取了诸多降低成本的措施，但中央咖啡厅仍是卡尼唯一一家拥有白色桌布的餐厅。所有的15张桌子都是"4人桌"，也就是每桌能坐4个人。摆在墙边的柜台还能容纳18人。每张餐桌上都有一块桌布、白色的餐巾布和整洁不锈钢餐具。餐厅后面的厨房里有大洗碗槽，专门洗这种餐具。当然，柜台是没有桌布的，但是柜台的顾客同样可以使用餐巾布。这个明显与父亲的"节俭"相悖的措施让餐厅拥有了一种品质感，也使它在卡尼显得与众不同。

父亲每天都会改变菜单，这取决于当天他在菜市场能买到什么菜。每天早晨，当享用早餐的顾客们喝着咖啡，吃着薄饼、华夫饼、咸肉和鸡蛋的时候，他的第一个任务就是把双面的迪特表单卷入方形的安德伍德牌大型打字机，把午餐和晚餐的菜单打出来。伏在打字机上，他很不熟练地用一个手指按键，直到完成菜单，然后把打好的表格放入迪特牌手动复印机的滚筒中，用便宜的纸张复印表格。这些复印件有复印油墨的味道，现在这个味道只有一定年龄的人才回想得起来。打出来的紫色字母像孩子们在地板上堆的木板字一样不整齐，有的高，有的低，还有的倾斜，这一切全归咎于那台过老的打字机。这个奇怪的、墨迹很浅的菜单与表面上豪华的白色桌布那么不和谐……

8 岁收银员的超级推销术

1934 年禁酒令解除的时候，8 岁的我开始在咖啡厅帮忙。我会站在长柜台前的收银台，负责收钱和找零。刚上手，我就喜欢上了这个工作。处理这些数字，我游刃有余。顾客们常常会瞥一眼我找给他们的钱，试图寻找那从来不曾找到的错误。

在收银台的成功让我更有底气了。为了使咖啡厅顾客不断，父亲创建了一些价格机制，其中有一个规定是，如果顾客提前为下一次用餐付费，就能得到 10% 的奖励，即如果顾客提前付 5 美元的餐券费，就能享有价值 5.5 美元的食物。许多餐券放在柜台上的小箱子里，一旦到收银台上班，我就会主动挑起责任，仔细观察谁的餐券快用完了。有些顾客只要再买个 10 美分的馅饼就会用完价值 5.5 美元的餐券。当他们在收银台前搜索身上的零钱时，我会跟他们讲："您要买新的餐券吗？这一张就要用完了。"大多数情况，他们都会再买，而不会小题大做。但在大萧条时期，即使有 10% 的回馈，能为下一顿提前支付 5 美元的顾客也已经不多了。有时，让顾客续买餐券也会遇到抵触情绪。这时，我会尝试用强有力的推销术说服他们。在往后的日子里，我的这一推销本领不断提升，我对它也很依赖。此外，从小就学会如何避免直接被别人拒绝也是很有价值的一课。有时，我会在顾客用餐的时候，在餐桌边徘徊，寻找推销机会。一次，我甚至沿着街道，一路追着一个本地的服装店店主，仅仅因为他忘了为那杯咖啡付 5 美分。我没去了解像他这样的顾客是否认为我纠缠不休或很令人讨厌，我的目标是提高业绩，获得认可，也许还有赢得我那冷漠的父亲的称赞。

当然，对许多人来说，大萧条不仅仅体现在如何凑齐 5 美元，然后获得 50 美分的优惠上，它要严重得多。数以百万计的人一无所有。我们在卡尼的所见所闻就足以让我们知道整个国家都在挣扎，也知道大家应该试着相互照顾。一些食不果腹的失业者会来中央咖啡厅的后门乞讨食物。父亲从没赶走过一个乞食者，但也不会免费赠送食物，他知道这关系到这些人的自尊，因此他总是让他们付出一些劳力来换取满盘的炖菜。这是他对"工作换福利项目"（welfare-for-work program）的解读。许多人没能来到咖啡厅的门口，但父母还是设法用其他方式帮助他们。

美国大平原农民在 20 世纪 20 年代所经历的窘境持续到了 20 世纪 30 年代，使崩溃的国家经济雪上加霜。那时，干旱接连不断。

20 世纪 30 年代中期，我还是个孩子，但我记得那时沙尘暴会让中午变得漆黑一片，弥漫的砂砾使人和动物呼吸困难。由于没人出门，咖啡馆没有一点儿生意。在学校，老师会打开电灯，试图继续教学，但是没人能在黑褐色的环境下集中精神，因为你会听到尘土不停地撞击玻璃，令窗户和门在风中嘎嘎作响，十分可怕。声音响个不停，就像有一个厉声的闯入者在爬墙而入似的。没人能阻止密集的砂砾从窗户的缝隙和门底飘入。在家里，当我们收到风暴将至的警报后，尽管母亲已经让我和约翰帮她用玻璃纸或者蜡纸把窗户封死，但尘土依然能飘进来。风暴结束后，我们需要使用好几个桶才能把那些尘土清理出去。与这风暴相比，蝗灾则更为糟糕。当蝗虫群从天空扑向小麦地和棉花地时，它们也会遮蔽天空，吞噬所有的作物，清空花园，并在马路和人行道上形成翻扭跳动的蝗虫队伍。走在路上时，它们会在你的脚下嘎吱作响，令人作呕。

这些异常严重的灾害的受害者通常是移民而来的农户。在我们学校，有些孩子会一连几天都穿同一件脏外衣。他们坐在自己的位置上，看起来脏兮兮的，身上满是灰尘，而且看起来很饥饿。对于这些孩子的家庭，我的父母会送上装满食品的篮子。那时，母亲已不再抑郁，她发现忙碌是抵抗抑郁的最佳方式。因此，她为那些有需要的孩子做围巾、帽子、袜子和连指手套。此外，她还做面包，通过面包售卖活动，施惠于卡尼的穷人。他们的善行不局限于美国，父亲还会把钱和母亲做的衣服汇往他们各自的家乡，为家乡谋福。父亲把繁荣时候所存的一半储蓄都寄回了希腊。他们的榜样行为我至今都不会忘记。

那时，年少的我还不能完全领会父母的行为所蕴含的道理。其实这个道理很简单：回馈社会。可我的父母从未在美国得到过任何人的帮助，除了最宝贵的礼物，也就是当他们来到美国的时候，这个国家所提供的机会。由于这个机会，他们有了今天的生活和成功。**他们认可文明社会的契约，即这是一条双向的马路，有来有往，通过帮助那些时运不济的人，包括那些近在咫尺和远在天边的，他们答谢了这个国家赐予他们的礼物。**

虽然沙尘暴和漫天的蝗虫令我害怕，我也对那些饥饿的人和穷苦农民很同情，但归结起来，大萧条中，人们更倾向于以自我为中心。有两三个本地理发师在咖啡厅用餐后没钱结账，因为他们的顾客开始不愿去理发店理发了。为此，父亲制定了双边交易协议，即食品换服务。每当我和弟弟需要理发时，父亲就把我们送到其中一个轮到的理发师那里。如果轮到的理发师技艺不精湛，我就会拥有一个碗状发型，让我看起来像那些农场孩子，（根据我的想象）他们的头发是他们父亲用修枝剪或钝的剪刀在家帮他们剪的。我讨厌让那些理发师为我理发，我还会就此事与父亲理论，但最终，我没有选择，因为正如他解释的那样，他们只能靠理发来偿还欠咖啡厅的债。此外，他也不会因为自己的儿子太自负，不愿意接受不完美的发型，而让那些人变成赖账者。通常我会在理发之后用剪刀重新修剪，希望能弥补头发受到的破坏，但是这从未奏效。直到后来，我才认识到大萧条是如何迫使人们节俭的。从这个经历中，我学到，**即使是在萧条时期，也千万不要吝啬你的花费；而在经济景气的时候，应该节俭再节俭。**

在我们家，父亲严格地要求我培养储蓄习惯。他从当地的信贷储蓄银行弄了一个储蓄罐，但存进储蓄罐的钱不是为一般的小风小雨，而是为将来的大风大浪做准备的。他不允许我用储蓄罐里的钱买想要的东西，比如速拍相机。在他看来，储蓄就是储蓄，不能时不时拿出来用。我要一直往储蓄罐里塞钱，直到它很重很重。只有在那时，父亲才会把它打开，让我把硬币都倒在床上。看到这些钱，我感觉自己很富有，但不幸的是，我不能用这些钱。我要清点这些钱，还要把它们堆放在包装纸中，然后带去银行，把它们存入我的储蓄账户，这样，我的账户里的钱越来越多。之后几年，父亲严格监督我的储蓄过程。这些个人存款帮我支付了大学的学费。

必须成为全校最乖、成绩最好的学生

少年时期，我做的许多事情都是为了取悦父母。为了取悦父亲，我想证明我能达到他严格的要求。至于母亲，我只想重新获得她的关怀，并让她开心。那时，年纪尚小的我天真地以为我能填补伊莱恩的死给她带来的空白。

从梅约医疗中心回来后，母亲恢复得时好时坏。好的时候，她能在厨房找到魔术师般的手感。

她是个很棒的面包师。每当我下午放学回家，都有温热的奶油土司、一大锅热巧克力和希腊糕点等着我。奶油土司是她用自制的面包制作的。母亲做的果仁蜜饼或撒上蔗糖粉的杏仁酥饼，令人欲罢不能。她的食婆饼也同样让人着迷，这种饼是用三角形状的薄面团揉在一起进行油炸，然后洒上蜂蜜、坚果和肉桂制作而成的。

因为我把取悦母亲当作一件重要的事情，所以享受她的美食就成了我的责任。我设想，我吃得越多，她就会越开心，也会越来越关注我，这就像一只追着自己尾巴的狗。我吃再多，也不能使伊莱恩复生，令母亲脱离抑郁，但我还是不停地尝试。由于总吃刚出炉的涂满奶油的美食，我成了个胖乎乎的孩子。正是从那时起，我学会了如何抵制这些美食的诱惑，但至今，糕点还是令我痴迷。我的妻子曾经开玩笑说，如果我站在一个糕点店旁，而这时街上走过一个裸体的超模，那我肯定对糕点更有兴致。我对食物的嗜好也使父亲的一项节俭计划落空了，他想让约翰穿我留下的衣服，但是我的衣服对苗条的约翰来说太大了，因此他只能买新衣服。

当然，多吃一些母亲做的点心并非什么难事，但这并不是我唯一所做之事，我还做了其他事情讨好母亲。

有一年，当母亲节快来临时，我们的小学老师组织了一个手工活动：让大家为自己的母亲做一个纸质首饰盒。但我想做的要比这个礼物更好。我想办法弄到了雪花石膏，这是正规的首饰盒制作材料。然后，我开始把它雕刻成一个我认为最好的礼物。当别的孩子在课后玩耍时，我在专注地准备我的礼物。我不是很擅长运动，所以与喧闹的操场相比，我更喜欢准备这礼物。后来，当我把盒子送给母亲时，她笑着抱住了我，夸奖我的体贴，夸奖我能为她着想。接着，她就把盒子收了起来，而我从未见她用过。

伊莱恩的死给母亲带来的悲痛是我无法体会的。有一次，我问她为什么不在楼下的客厅里放一张伊莱恩的照片，毕竟装有我和约翰照片的银色相框就放在客厅的边桌上。"看着照片令人难以承受，"她说，"你知道我把它挂哪儿了吗？"她把伊莱恩生前唯一的照片挂在通往阁楼的楼梯边的墙上。"每当我想她，想看看她时，我就会上那儿，打开灯，对她倾诉，然后大哭。"

5岁那年，我在爱默生小学开始了一年级的学习。这是卡尼市几所公立小学之一，那时还没有私立学校。不管是在农场种植、商店管理，还是在为大学做准备方面，如果有人认为用税收做资金来源的公立学校没有能力在这些方面培养优秀的青少年，那么卡尼人会感到很生气。从爱默生小学到初中，再到朗费罗高中，我认为自己必须成为全校最乖、成绩最好的学生。确实，我做到了。虽然有点儿难以置信，但我确实不记得曾做过什么很调皮的事。我累积了很多奖励好学生的金星，并且基本上各科成绩都是 A。唯一一门得 B 的科目是生物学，原因是我不会画书上提到的青蛙。九年级时，我开始痴迷地练习吹单簧管。我甚至还说服父亲给我买了飞歌公司生产的一个设备，它能把我吹的曲子录进软塑料磁盘，这样我就能听自己的演奏，进而修正自己的错误。一年多以后，我对门德尔松小提琴协奏曲的第三和第四乐章已经很精通了。当然我一向对"精通"这个词用得比较随便。高中时，我是乐团和管弦乐队的首席，并被选为内布拉斯加州管弦乐培训班的首席单簧管手，这个培训班由州内各地的高中音乐人组成。

我想成为一个地道的美国孩子

我对父母的极力讨好有时也是有限度的。他们是美国公民，但又执意忠诚于希腊，包括它的宗教和习俗，这种矛盾也部分解释了为什么有时我会与他们的意愿相悖。如果把内布拉斯加州比作一片大海，那么卡尼市的希腊社区就是其中的一个孤岛。这种孤立在许多方面对我造成了负面影响，其中影响最恶劣的是母亲每次让我穿着专门为上学准备的衣服。

她让我穿她亲手做的蓬松裙子和女装风格的衬衫，衬衫的领子上还有褶裥花边。多褶边的白色衬衫配上灯笼裤和黑色漆皮高帮鞋，这让我看起来和同学们相隔了好几个世纪。上小学一年级的第一天，其他同学都穿着背带裤、牛仔衫和休闲靴，我穿的却是方特勒罗伊小爵爷式的服装。同学们都盯着我看，起初很好奇，然后掩面而笑，而我则尴尬地红着脸。那天下午回家后，我向母亲抗议，但她坚持让我穿这些衣服上学。约翰上一年级时，也是如此。虽然这样的日子只持续了几年，但那时，我却感觉每天都度日如年。

　　如果到了复活节等特殊的日子，情况会更糟。在这些日子，我们所穿的衣服正是希腊人民在跳舞或者作为国王御林军时所穿的服装。整套服装包括袖子宽大的衬衫，衬衫底部像裙子一般散开，另外还有马甲、装饰性腰带以及紧身裤，小腿上还裹有吊袜带。

　　穿着这些，想融入美国生活几乎是不可能的。后来，我开始寻思母亲之所以让我们穿这些女性化服装，是不是因为想把我们打扮成伊莱恩。如果是那样的话，即使我们了解她的动机，也无法减少这些具有民族特色且女性化的服饰给我们带来的尴尬。当地的其他希腊孩子都不必穿这些服装。至少，我的儿时伙伴格斯·波洛斯（Gus Poulos）、约翰·米歇尔（John Mitchell）[1]能理解我的苦恼，但那些主流的非希腊裔每次看到我和弟弟穿这些衣服都会偷笑。

　　我的名字似乎也和我过不去。母亲叫我彼娣（Petie）。这是一个很可爱的小名，可它会引起误解，这是我在上初中的第一天所了解到的。那天，老师在点名，突然她停了下来："彼娣·彼得森，这是男孩还是女孩？"整个教室哄堂大笑。事后，我坚持要求母亲告知学校我的名字叫彼得，但她总是叫我彼娣。此外，在伊莱恩死后，为了保护我们，母亲总是对我们的各项活动都管得很严。她不让我和约翰玩接触性运动。当我们在公共游泳池游泳时，她坚持要在边上看着。记得有一年7月4日，母亲对比尔叔叔（父亲的弟弟）的大意行为抱怨不已，他在点燃樱桃爆竹的引信时，引信突然崩飞，弹到了我的眼睛。她甚至不让我们爬后院的樱桃树，而它的树干离地面还不到2米。因为这一切，其他男孩说我娘娘腔。我想，他们说得没错。约翰没得到这个称呼，因为他更热爱运动。他还是个顽皮鬼，有时很不老实。这使他博得了周围人的好感，尤其是母亲。

　　就连一些家庭习俗好像也妨碍我融入学校。我们家会定期收到来自母亲故乡的花草茶，这种茶叫作蔡茶。母亲会把它放在箱子里，并储藏在阴冷的地下室保鲜。我们有两种蔡茶：一种是母亲让我早上喝的，母亲称它为"健脑食品"，她说这茶

---

① 米歇尔的姓氏是由米歇尔波洛斯（Mitchellopoulos）缩写得来的。

能让我变得很聪明；另外一种是甘菊，母亲会在晚上喝，因为能帮她入眠。

有一天上课，老师问我们早上都喝些什么。大部分同学都说他们会喝牛奶或阿华田（瑞士著名麦芽饮料），轮到我回答时，我说"蔡"。

"什么是蔡？"老师问道。我不知道应该叫它蔡茶，于是就解释说，它就是蔡，喝的时候我会加蜂蜜。接下来的对话是这样的。

我说："喝它很有益，它很甜，还能让我变聪明。我每天早上都喝它，因此我能聪明一整天。"

"你妈妈也喝吗？"

"不，她喝另外一种能助她入眠的蔡。"

"这东西你妈妈是从哪儿弄到的？"老师继续问。

"是从一个箱子里拿出来的。黑暗的地下室里有个箱子，妈妈会去那儿，取出些蔡放到罐子里，随后再把罐子放在橱柜里。她每天早上都为我准备蔡，而她则在晚上喝另外一种蔡，这样她就能入睡了。"

这些奇怪的行为显然引起了警戒，让人联想到兴奋剂、鸦片剂和奇怪的异国风俗。因为在我明白这些之前，老师对我说："要不你让妈妈来一趟，向我解释什么是蔡，然后我们就可以向其他同学介绍了。"这是我与别人不同的另外一个例子，被老师单独询问令我很尴尬。

虽然我能参加一些朋友的生日聚会，但我自己却从未举办过生日聚会。希腊传统规定，我们不能庆祝自己的生日，只能在命名日（Name Day），即 6 月 29 日进行庆祝。根据教会日历，这是为纪念圣彼得所设的节日，但命名日是让成年人庆祝的，小孩仍不能庆祝。这又是一个例子，表明我不能成为一个地道的美国孩子。

在我上初中的时候，母亲已不再要求我打扮得像个希腊民间舞蹈艺人了，但故国希腊还是像阴影一般笼罩着我，有时我感觉这阴影单调而沉闷。上初中意味着我要开始上希腊语课程了。每次上完常规的学校课程后，我还要在卡尼初中的一个教室学习希腊语。授课的老师都是希腊东正教的牧师，他们来自 64 千米外格兰德岛的一个东正教堂，那是距离我们最近的教堂。他们搅黄了希腊学生的课后生活。本来，我们可以踢足球、打篮球或玩弹珠。他们的职责是教会我们母语的表达和写作能力。授课的第一步是对我们进行微妙的思想灌输：每次上课，老师做的第一件事就是把一小面蓝白相间的希腊国旗放到桌子上。他们身穿黑色长袍，拖着长长的胡须，授课时表情严肃，气氛很沉闷。当我们吃力地掌握奇形怪状的 24 个希腊字母，并理解它们所组成的单词时，会有非希腊裔的同学经过走廊，他们会投来异样的眼光，仿佛在说："真怪！"

我在希腊语的学习上出类拔萃。我的希腊语学有小成，能给远在故乡的希腊亲戚写信，也能看懂他们的回信。在家里，我会背长篇希腊诗歌给母亲听，在教堂和命名日庆祝上，我也会背这些诗，但慢慢地，我越来越不想学了。

父母的希腊文化习俗像一个漩涡一样把我卷入其中，而我却只想逃离漩涡，成为一个地道的美国孩子。这样，我就可以去圣公会教堂了，在那儿我是教堂辅祭，无须顶着夏天的热浪或冬天的雪花，坐好久的车前往格兰德岛，参加冗长的东正教礼拜。这些教堂礼拜会在连珠炮弹似的希腊语中持续 3 个小时，令人难熬。而四旬斋更是非常折磨人，斋期第一天的礼拜结束后，我们才能吃到食物，这是一片代表耶稣身体的圣餐面包，哦，饥饿的我多想再吃一片啊！

然而，父母相信希腊教会至上，相信希腊东正教是基督教的正统，因此我还是要遵循教规，参加教堂礼拜。当教徒们双手合十的时候，手会先碰额头，再到肚脐，接着是右胸，最后才是左胸。他们坚持认为天主教徒先碰左胸的做法是错误的。如果我不遵从或是质疑他们的理论，父亲就会请来很多希腊东正教牧师和主教。他们会坐在我身旁，帮我做所谓正确的姿势。他们会说同样的话，那就是，我应该把世界上所有的宗教都当作一棵树，而希腊东正教才是树的根和树干，天主教和新教仅仅是树枝而已。

两种文化间的冲突一触即发

对信仰执着的父母很难接受一个事实：上帝给了我一双近视且色盲的眼睛。在七年级的时候，我几乎要坐到老师的大腿上，才能看清黑板上的字，连看书也要把头埋进书里。每当去卡尼唯一的电影院看电影时，我总是选择前排位置。当小伙伴们要分队玩垒球时，我总是最后一个被挑选，因为我看不清球。冬日的午后，当玩大富翁游戏时，我要把身体倾向游戏盘，才能看清我转的骰子所显示的数字。"胡说八道，"当我告诉母亲我眼睛可能有问题的时候，母亲是这么回答的，并且补充说，"我和你父亲的眼睛都是很好的。"

最后，当校医院的护士坚持要我去找个验光师检查时，我照做了。验光师给我镜片，让我看视力检查表。根据我看检查表的清晰度，他不断地给我矫正镜片，我看得越来越清楚了。随后，他要求看看我当时戴的眼镜，以判断我近视的度数。当我告诉他我从没戴过眼镜时，他惊呆了。比他更震惊的是，戴上他配的眼镜后，13岁的我看到了有生以来最清晰的世界。我真的不知道原来我漏看了这么多景色：

我看到汽车牌照上原来是有数字的；我看到商店的橱窗上写着售卖铲子，打折出售裤子等；我看到远处中央咖啡厅的霓虹标志牌上写着"美食之家1923"；我看到一个半街区外的电影院正播放乔治·奥布赖恩（George O'Brien）主演的《多色沙漠》（Painted Desert），而不需要再跑到影院入口的遮檐下去看。在家里，当我拿起门前阶梯上的午报时，我发现我再也不需要把报纸贴在脸边就能看清上面的内容了。几天后，我知道我再也不用眯着眼睛看事物了，除非阳光很刺眼。

不过，父母还是相信我的视力应该跟他们差不多。同样，他们也不相信我是色盲。事实上，父亲坚持做了色觉测试。当测试结束时，他用怀疑和责备的眼神看着我。他想，这么聪明的孩子怎么能在这么简单的测试上不及格呢？我所认识的世界和父母心中的世界之间的鸿沟越来越大，而诸如此类的经历使这鸿沟越发戏剧性。

青春期的到来使这两个世界的分歧越来越大。我与非希腊裔女孩的来往是他们最难接受的。卡尼没有与我处于同一年龄段的希腊女孩，因此我必须与非希腊裔女孩交往，可每当我对美国女孩有兴趣，父母的评价就总是毫不客气。母亲的评价最苛刻，她认为美国女孩都糟糕透顶。

尽管如此，我还是交了一个女朋友。她叫琼·克里斯特曼（Jean Christman）。她的父亲是卡尼唯一一家面包店的老板，也是中央咖啡厅的常客。我没有马上和父母讲我与琼交往的事情。后来，当我想带她参加高中舞会时，我只能坦白交代了。我认为因为有主顾关系，父母的反应才没那么激烈。因此，我们顺利地一起参加了舞会。除了在咖啡厅，父亲很少与美国人或美国女孩接触。我不记得父母带我去过非希腊人家里做客。其实，父母不愿与美国人交流，更多的是出于担忧，而不是真的厌恶他们。父母只弹希腊乐器，和那时或如今的许多移民一样，他们担心以爵士乐、摇摆乐（相当于如今的嘻哈、说唱）以及让人想入非非的广告为代表的美国流行文化会教坏孩子，摧毁他们的价值观，甚至担心他们会因此藐视长辈的习俗和规矩。

父亲严格地教育我，让我尊重他和他所定的规矩。哪怕我在晚上迟5分钟回来，他都会打我。打我之前，他总会问我选手心还是手背，而我总会选择手背，因为打手背好像没那么痛。我对父亲这种威吓式的极端管教方法极为愤怒，但我总是默默承受，而我的朋友们都无须承受这样的折磨。

在我读高三的那一年，两种文化间的冲突一触即发。那一年，我负责争取家长们的支持，在灯光明亮的学校体育馆举行一个由女老师监督的交际舞会。

我是从比尔叔叔的妻子海伦妮（Helene）那儿学的交际舞。她是出生于美国的希腊人，母亲不喜欢她。因为海伦妮不仅跳美国舞，而且喜欢新鲜事物，比如她喜欢在商店里买衣服，而不是穿家庭缝制的衣服。我设想在舞会上请一个摇摆乐队，专门演唱战争时代的美国热门歌曲，如吉米·朵西（Jimmy Dorsey）的《橘红》（Tangerine）和格林·米勒（Glenn Miller）的《月光鸡尾酒》（Moonlight Cocktail），还想让人结对在硬木地板上跳舞。我费尽心思筹划这个舞会，却刻意对父亲隐瞒此事。后来，我们把舞会提议交由家长投票决定，令我难堪的是，父亲就是 5 个反对家长之一。我确信他这样做是为了减少我与非希腊裔女孩交往的机会。尽管如此，舞会还是在灯火迷人的体育馆照常举行了，学校的女老师则在一旁监督。

高中的舞会仅仅是印证我们生活发生改变的一个小例子。真正的改变则发生在我上高中时。那年，15 岁的我在读十年级。那是一个星期天的早上，我前往一个希腊朋友家收听广播中的音乐。突然，音乐停止了。惊慌失措的广播员报道说，日本飞机偷袭了驻珍珠港的美军舰队。我们聚精会神地听着，听到细节时，我们吓得不敢出声，战舰沉没、战机被摧毁、士兵用手枪对抗来袭的轰炸机。我甚至不确定当时我们俩是否知道珍珠港在哪儿。

我迅速跑回家看母亲的反应。她从不听广播，因此不知道这个消息。那天晚上，父亲回家后，一脸阴沉。虽然有时我会听到他在刮胡子的时候，哼唱《上帝保佑美国》(God Bless America)，但我从不知道原来他对美国的热爱如此之深，就如对希腊一般。当描述这次日本对"世界上最伟大的国家"的偷袭时，他的声音是颤抖的，眼眶里也充满了泪水。第二天早上，所有人都知道了珍珠港的位置。在学校，从七年级到高三年级的学生都在讨论珍珠港事件。与他们一样，老师们指着世界地图或转动地球仪，向我们展示太平洋的战况，所有人都惊呆了。早上 11 点半的时候，学校所有人员都集中在大会堂，倾听富兰克林·罗斯福总统在国会联席会议上发表的演讲。收音机旁挂着几个扬声器，好让我们听清楚。我们听到罗斯福总统走上演讲台，开始了一段简短却充满激情的演说："昨天，也就是 1941 年 12 月 7 日，这是一个永远烙上耻辱的日子……"当他讲完后，我们在震惊之余更多的是感到愤怒。之后的日子里，学校里每个符合年龄条件的人，包括我，都志愿参军。不幸的是，高度近视使我无法入伍，约翰也因年龄限制而无法参军。我们这些未参军的人，打算种植"胜利菜园"。另外，我们也要做出牺牲，那就是限量使用奶油、糖、肉、汽油和轮胎。妇女则纷纷去工厂上岗。我们都通过购买战争债券来维持战争所需的武器、弹药等军用物资。

中学的最后几年过得特别快。我在咖啡馆的职责已不单单是收银员，而是几乎负责所有杂务：洗盘子、上菜、收盘子和拖地。父亲每天付我一美元的工资。周末，我会在卡尼乡间俱乐部度过。白天，我在那儿上高尔夫课，并学习如何做一名高尔夫球童。晚上我要在俱乐部做服务生，就当是为白天的课交学费。后来，我当过球童，每局能挣50美分，有时还能拿到10美分小费。读高三的时候，也就是我组织舞会的那一年，一批建筑人员来到卡尼，在城郊建一个新的空军基地。这批人的到来意味着父亲将有更多的生意和收入。一天，在咖啡厅柜台工作的我遇到了一个工头。他的职责是监督基地的机场跑道施工。后来，他成了咖啡厅的常客，我也总是为他端上特别大块的馅饼。最后，我终于鼓足勇气询问他那边有没有适合我的工作。"星期六来吧，看看有没有工作让你做。"他说。

他派我看管建筑工人施工后留下的一堆杂物。这份工作很轻松，我只要坐那儿盯着垃圾堆，保证没人把它们偷走就好了，手还可以放在火堆旁取暖。那天下班前，他告诉我，我做得符合要求，可以拿到周末加班费，还给了我一张支票，这可是18美元啊！

那天晚上，当我走进咖啡厅的厨房时，父亲正在专心地切牛肉片。他的袖子是卷着的，围在衬衫前面的围裙上沾满了血。看我进来，他用手腕把前额的头发往后撩了撩，然后对我说："大人物，新工作感觉如何？"我期盼了几年的一刻终于来临了。"爸爸，其实我很喜欢这份工作。你大概想知道他们付了我多少。"说着我把支票放到了操作台上。

看着支票，他哑口无言。我相信以前他工作的时候，经常一天都赚不到18美元。在大萧条期间，尽管咖啡厅不分工作日和周末、昼夜不停地营业，一年的收入大概也只有25 000美元。这些收入要用来养家糊口，雇用两个厨师、一个洗碗工以及杰克·瑞恩（Jack Ryan）。几年来，一直是杰克一个人上晚班，什么都是他做的：烹饪、上菜、洗碗，但他从来都挂着一张笑脸。另外，父亲还要支付 4 个女服务员每人每天一美元的工资，包吃，可自留顾客小费。中央咖啡厅的收入使父亲能经常汇钱给远在老家瓦利亚的亲人，而给母亲尼阿塔老家亲人汇钱的次数则要少些。另外，他往这两个地方寄去很多衣柜大小的箱子，里面装满了旧衣服。有了咖啡厅的生意后，父亲向我承诺，在我高中毕业后，他要为我提供"用钱能买得到的最好的教育"。后来，在我拿到纽约州摄政奖学金后，兑现这一承诺的概率越来越大。卡尼小城隶属于水牛县，这个奖项的获得者必须在水牛县统考的考试中获得第一名。获奖后，只要在纽约就读大学，就能获得这笔奖学金。

摄政奖学金清楚地表明我的未来不在卡尼。桌上那 18 美元的支票也说明了这一点。我认识到原来我还有好多选择，但我并不知道这些选择到底是什么，我想亲自去探索。同样，我也知道或者说是感觉到，我将去其他地方寻觅。很快，我就要离开家乡，离开父母，进入一片可以拥有独立生活的世界了。

The Education of an
American Dreamer
彼得森的启示录

▷ 他们认可文明社会的契约，即这是一条双向的马路，有来有往，通过帮助那些时运不济的人，包括那些近在咫尺和远在天边的，他们答谢了这个国家赐予他们的礼物。

钱能买到的最好的教育
我的未来不在卡尼

◁

研究市场动态，分析掌握的信息，制订应对措施，这些都是非常有用的。如果方法正确，它能改变人的行为，影响深远，不仅能帮助我在学业上取得 A 的成绩，还可能对我未知的将来大有帮助。

200 美元，罕见的礼物

这一天终于来临了。1943 年春天，我以年级（共 180 人）第一名的成绩毕业于朗费罗高级中学。我很愿意也很期盼离开卡尼，去寻求一段更加宽广、更能接触社会的经历，而且最好不要有那么多希腊习俗。至于我是否已经准备好则另当别论。

我决心申请麻省理工学院。由于长期卓有成效的理工科教育，麻省理工学院成了优异的代名词。父亲有个朋友叫赫伯特·库欣（Herbert Cushing）。库欣博士是内布拉斯加州州立师范学院（Nebraska State Teachers College）卡尼分校的校长，也是咖啡厅的常客。他告诉父亲，麻省理工学院是最好的选择。父母很重视库欣博士的意见，因为他的博士学位是一个移民家庭想让孩子达到的最高成就。库欣博士还说，我很可能考不上这所大学。当时战争还没有结束，麻省理工学院把大量精力花在军事研究上，从研究雷达系统到后来为世人所知的原子弹，教学变得不那么重要了，因此它决定只招一小部分大学新生。这样，它的教职工就能专注于军事研究了。这自然让我更加努力去获得入学资格。如果说我的高中生涯让我明白了什么的话，那就是**我可以用不懈的勤奋达到想要的目标。我能比几乎任何人都做得更多、学得更勤奋。**如果只有这么努力才能成功的话，我会那样做的。为了考取麻省理工学院，我在内布拉斯加州州立师范学院学了半年的物理和数学。

1943 年末，我收到了录取通知书，沾沾自喜地想："跟你说过我会成功的。"1944 年的春天，我整装待发了。

就读麻省理工学院是一个复杂的选择，从某些方面来说，还是一个糟糕的选择。一方面，我想远离卡尼。1773 公园游泳池旁的那块标牌让我知道：如果波士顿与卡尼相距 1 733 英里，麻省理工学院也就在 1 733 英里开外。这就意味着我要乘两天火车才能到达那里。大学的假期不长，而且在战争年代，交通也很糟糕。因此如果我不想回到封闭的希腊社区的话，我就有了一个很好的借口；另一方面，我仍旧不是做工程师的料。虽然我的数学很厉害，但在那些计算机尚未发明的岁月里，工程学要求有基本的绘画能力。我画一块能让别人认识的砖头都很费力，更何况是画桥梁之类的复杂事物。此外，我机械方面的智商也很低。即使是在今天，我都不知道怎么打开联邦快递的信封，那些"需要组装的"玩具和家具更是超出我的能力范围。综合这些因素，当时我就不应该选择麻省理工学院。

从丹佛到芝加哥的联合太平洋火车是一辆流线型火车，途经卡尼市。它会在晚上经过卡尼。下午的时候，我把准备的东西放入手提箱，手上拿着一件火车上要穿的外套。时间差不多了，我合上手提箱，拖着它坐上我家的车。父亲示意我坐在他旁边，母亲则和约翰坐在后排。从家里到火车站不需要多少时间，途中可以看到中央咖啡厅的霓虹标志。到火车站后，我们一起走向候车站台，在那儿等待火车。这一刻，我的心中既期待又害怕。母亲焦急地拿掉我外衣上根本不存在的绒毛；约翰让我给他寄明信片；父亲则将一团 200 美元的旧钞塞入我的手中，让我把钱放入钱包。200 美元中，有些是我自己用储蓄罐存下的，有些则是他给的，那是罕见的礼物。"这些钱要慢慢花。"他说。

　　很快，我们听到了西面驶来的火车的鸣笛声，它的前灯也渐入眼帘。不一会儿，它进站了。一个巨大的柴油动力机头拖着 12 节车厢。卡尼是个短暂的停靠站，停下的火车蠢蠢欲动，渴望再度前进。我拥抱了母亲，拿过她为我准备的点心盒，里面的点心供我晚上在火车上食用；我也与弟弟握了手，我会想他的。对于约翰，我既嫉妒又钦佩，因为他有着无忧无虑的性格，敢于摆脱世俗的束缚，并且没有因此受到什么惩罚，这是我不敢尝试的。一直以来都是我履行着长子的职责，而现在我告诉他要好好照顾母亲。父亲找到了卧铺车厢，然后把我的手提箱放在铺位的上方，示意一个想上前帮忙的搬运工离开。我没想到他居然给我买了一张卧铺票，但他不想付给搬运工小费却是意料之中的。毕竟，中央咖啡厅的服务员很少收到小费。列车长在站台上发出指令："所有人都已上车了。"父亲把手搭在我的肩上，看着我的眼睛说："儿子，我说过我会让你接受钱能买到的最好的教育。我知道，你会好好表现的。"这更像是一个命令，而不是一个预测。说完后，他猛然转身，缓慢地走下台阶，朝站台走去。

　　前边远处，汽笛声响起，火车开动了。我朝站台方向望去，那里有我忧郁的母亲和挥手的弟弟，还有一旁缄默的父亲。我终于自由了，不用再遵从希腊习俗，不用再面对母亲的悲伤，不用再忍受严厉而又专横的父亲。现在，我可以做我想做的了，那就是做一个完完全全的美国人。然而，看到他们站在站台上，我感到莫名的不安。毕竟，我知道我一直过着封闭的小镇生活，从来没去过"东部地区"。听说那边人都是"城市滑头"。我知道我能在卡尼与别人竞争，但换成波士顿或纽约呢？

　　在火车上，我感觉自己就像一个小镇来的乡下人，游离在老于世故的州际火车旅客之间。但令我高兴的是，似乎没人看不起我。后来，当同行乘客准备睡觉时，我却高兴不起来了。因为上一分钟，他们还穿着平常的衣服，然后却都已穿上了睡衣和睡袍。我没想到卧铺车厢里的乘客会穿睡衣。顿时，唉，这就是卡尼的聪明人！我的脸红了起来，心中似乎在呐喊："我是一个没出过远门的乡下人。"

　　那晚，我穿着裤子躺在床上，辗转反侧地想着这个失误。我想我可能根本没有那么聪明，这令我很不安。我喜欢了解一切，喜欢掌握一切事态。那个夜晚很漫长。最终，东行的火车遇到了东升的太阳，我从床铺上起身，期待其他人都已换上白天的装束，这样，我就可以再次混入其中，而不必与众不同。随后，我洗了把脸，也刷了牙。可是当我拍拍口袋，确认没有丢任何东西时，却发现钱包不见了。我感到极度恐慌，于是在身上找了一遍又一遍。最后我才断定：钱包真的不见了！

我的脑中充斥着可怕的想法。难道与我同行的乘客见我是个无助的乡下人，在昨晚偷走了我的钱包？难道在上车的时候，我把钱包落在了卡尼？我骄傲地前往新世界的旅程都快进行一半了，也穿着裤子睡了一晚，裤子的皱痕说明了一切，却把父亲给的钱给弄丢了。他说这钱可是要用好几个月的。到底哪里不对劲呢？我环顾四周，视线停留在行李架上的箱子上。至少，箱子还在，但这并不是一个吉利的开端。

我跑到车厢的尽头。在那儿，我找到一个搬运工，尴尬又害怕的我吞吞吐吐地说明了自己的情况。"别担心，孩子。我们会找到钱包的。"他同情地说道。随后，我带他来到了我的床位。他开始搜找钱包。一分钟后，他转过身来，咧齿一笑，还做了个夸张的动作，然后拿出了我的钱包。原来钱包被夹在床垫和墙之间的缝隙里了。对他表达了无尽的谢意后，我带着失而复得的财富前往餐车吃早餐。当我坐下看菜单的时候，卡尼之外的世界再次给我当头一棒。这里根本找不到类似中央咖啡厅的主食和花 5 美分就可以无限续杯的咖啡。在这里，我看到一杯咖啡的要价是 40 美分，是我熟知的价格的 8 倍，简直只有富人才能享用。钱包失而复得后，我告诉自己不能乱花钱。于是，我羞怯地起身离开。一路上，咖啡的香味诱惑着我，也折磨着我。

返回卧铺车厢后，我面临着另一个财务抉择：该付多少小费给那个搬运工。我感觉这是我欠他的。以前在中央咖啡厅当服务生的时候，我收到的最大的一笔小费是 10 美分，而在卡尼乡间俱乐部，当我在高尔夫球场为 18 洞的 4 人组比赛整理草坪的时候，我得到的小费也是 10 美分。这样权衡后，我想，给这搬运工 20 美分应该够了。我给了他两个 10 美分硬币，他把钱放在手掌上打量了一下，然后抬起头来笑眯眯地看着我。"孩子，"他把硬币塞入我的手中，轻声说道，"这钱你留着。我能感觉到你比我更需要这钱。"

这时，火车已经驶入了芝加哥市郊。我的视线转到了窗外，映入眼帘的是废车场、存放废弃轮胎的仓库、数排小商店、木屋，然后是更大的房子：仓库和小工厂。再后来，灰白的城市建筑耸现入我的视野，我已经来到了中西部的中心城市。

在这里，联合太平洋的火车站与卡尼那个完全不一样。车站的人比卡尼的全部居民还要多。这使我第一次感到大城市的孤独和冷漠。在卡尼，大部分居民我都认识，也在咖啡厅服务过其中的许多人。而在芝加哥，我谁都不认识。在这里，早上交通高峰期，街上的人都很匆忙。商人穿着工作服，打着领带，戴着帽子，腋下还夹着报纸。他们大步穿梭在人群之中，女商人也是如此。与男性一样，她们携带公文包。在卡尼，只有律师才带着公文包，而且律师都是男的，卡尼的街上也很少这么拥挤，人们的步伐也没这么快。这是我第一次感受到不同的生活方式和节奏。穿着卡其裤的士兵簇拥在一起。他们吸着烟，满心欢喜地等待返乡的火车，也有些是忧郁地等待重回军事基地，或者是意大利战场，或者是太平洋战场。

拖着行李箱，我为钱包能重新回到后边的口袋而感到欣慰。在火车站，我找到一家餐厅。那里，咖啡的售价是 15 美分，再花 50 美分还能享用鸡蛋、土豆和烤面包这一早餐组合。在卡尼，65 美分的一餐比这里要好得多，但我必须时刻提醒自己，我已经不在卡尼了。

旅程中舒适的日子结束了。父亲让我在乘坐卧铺到达芝加哥后，换乘硬座车厢到达目的地。于是，我走到波士顿方向的硬座车厢区域。在那里，我看到车厢里挤满了乘客和旅行袋。一些旅客或是在走道上占一块地方，或是在两车厢间的通过台占一片空间，其他乘客则无法享用这种"奢华"，只能站着。我在叠高的行李堆和车厢尽头通过台的窗门间找到一丝空隙挤了进去。一旁，一群军人围成一圈，正玩着纸牌和骰子游戏，还互相传着啤酒。车厢里弥漫着很重的烟味。

火车经过克利夫兰后，我的喉咙开始疼痛，吞咽口水都开始困难了。我以为这是烟味造成的，于是走到一个敞开的窗户旁呼吸新鲜空气，但疼痛不但没有好转，反而恶化了。当火车穿过宾夕法尼亚州进入纽约州时，我发烧了。这一情况继续恶化，我几乎要昏倒在走道上。当火车抵达马萨诸塞州西部的时候，我终于在走道上找到了一个位置。我盘腿坐下，等待旅程的最后一站。几个小时后，波士顿到了，我跟跟跄跄地走下火车。两天前我刚离开卡尼，渴望更广阔的天地，而现在可怜的我几乎只剩下残骸。

那个年代，总有高年级的接待人员来迎接入学新生，起码受邀加入兄弟会的人都是有这种待遇的，我就是其中之一。来接我的是西塔西兄弟会的成员，在确认我是彼得·彼得森后，他仔细地打量着我，然后说道："我们必须去医院。"来到这片新天地才几个小时，我就要接受紧急扁桃体切除手术。唉，这就是我来到向往的新世界的开端！

麻省理工学院，我来了！

扁桃体切除手术后的几天，我在兄弟会的一处地方住下。这时，我的接待员克里斯（Chris）来到我这里，说是要看看我的衣橱。我打开小衣橱，向他展示了我的衣服：几件衬衫、毛衣、裤子和一双鞋子。他若有所思地点了点头。一分钟后，他告诉我："知道吗，彼得，你需要一套新衣服。可以买那种既可以当夹克衫穿，又可以充当运动衫的衣服。这样，一件衣服就可以当两件用了。"口头上的花钱比真正掏出钱要容易多了，毕竟我身上就那么点儿钱，好在我买到了一件不到50美元并且还能四季穿的深蓝色衣服。另外，我还花几美元买了两条领带，这也是克里斯的建议。往后的日子里，每当遇到一些需要正式服装或是运动衫的时候，我就很欣慰不用再为这个发愁了。

不过克里斯没能说服他的兄弟会伙伴们接纳我，把我从一个内布拉斯加乡下人变成一个新英格兰老手。根据西塔西兄弟会的规章制度，我是不能入选的。但是，一个名为菲谬三角洲的兄弟会接纳了我。这些新兄弟们开始在一段时间内对我进行"教育"。短期来看，他们的课程令人痛苦，但长远来说，这些是极其实用的。他们告诉我，很多时候口才决定着成败。

尤其在那个年代，任何一个入过大学兄弟会的人都知道，要想成为正式成员，就必须经历一段被羞辱的岁月。为了让会中兄弟知道他是配得上他们那个圈子的，申请入会者，或者叫宣誓入会者，必须经历一段考验期。考验期内，宣誓入会者要完成各种低贱的任务，要忍受会中兄弟的辱骂和肉体惩罚。如果一个宣誓入会者没能快速端上咖啡，那他会接到一个"摆好姿势"的命令。这就意味着他要脱掉裤子，弯下腰，然后会中成员会用戒尺打他。这种戒尺一般都打了洞，那样疼痛就会更剧烈。但是与更有创意的羞辱方式相比，这些还不算什么。正是因为接受这些有创意的羞辱，我才遇上了萨莉·凯斯（Sally Keith）。

"世界上第一辆无人驾驶车"

萨莉·凯斯是波士顿最有名的脱衣舞女。她的绰号是"流苏摇摆女王"。已婚的夫妇和大学生纷纷前往波士顿的斯科雷广场。因为酒吧和滑稽娱乐场所就在那里。萨莉·凯斯在著名的克劳福德剧场表演。娱乐城内有一个夜总会，提供"每夜三场炫丽表演秀"。据说，在两场表演间的休息时间，那些已婚妇女会在女厕所里模仿萨莉·凯斯的表演，但无一成功。一天晚上，兄弟会让我去那里，完成一个极其困难的任务：带回萨莉·凯斯的丁字裤。

为了让这个任务变得更加有趣，兄弟会的兄弟们不让我带一分钱。在去剧场的路上，我搭到了一辆车，但它没把我带到目的地，剩余的路程就只能步行了。到那儿之后，我告诉后台入口的保安，我要向萨莉·凯斯讨要一条丁字裤。他摇了摇头，好像以前听过这些说辞一样。"你是个什么样的人，孩子，难道是一个堕落的人吗？"他低声咆哮道。

我向他述说了自己的窘境，并透露如果拿不到她的丁字裤，那么我的背部将会有更多戒尺惩罚后的血印。"他们会打我的，来，我让你看看。"说着，我开始笨拙地解开腰带。

"停，别再解了。"他说。然后他放行了，警告说如果我 10 分钟内不出来，他会亲自轰我出来。

这个老剧场的后台区域像迷宫一般，走道纵横，到处是小房间。天花板上悬吊着许多幕布和绳索。我找到一间标有"凯斯小姐"的房间，轻轻敲了下门。"进来。"里面传来一声带有波士顿味儿的声音。我推开房门，羞怯怯地走了进去。这时，我发现自己正面对着拥有一头铂金发的滑稽表演女王。这个小更衣室到处都是服装——睡袍、绣花的绸缎短裤、剪短的上衣、插有羽毛的高顶帽、靴子和许多双高跟鞋。当时，她肩上披着一件鲜艳的丝质长袍，薄薄的乳罩使她的乳沟清晰可见。我挣扎着把视线从她的乳沟上移开。她化着浓妆，看起来比广告上要老一些，广告上的她看起来不到 30 岁。但她看起来很热情、富有同情心，也很奔放。我曾看过一篇关于她前往荣民医院看望受伤老兵的报道。当我向她解释我的困境时，她笑着从抽屉里取出一条丁字裤。"给你。"她若无其事地说，伸手把一块织物递给我。我结结巴巴地表达了谢意，转身就要离去。这时，她补充说："来看我的表演吧，带上你的朋友们。每次来的都是已婚男子和哈佛男孩儿，我想看到一些工程师。"这个邀请我们哪里会拒绝。在朋友们看来，认识萨莉·凯斯是一种身份的象征。

尽管诸如此类的娱乐让我眼花缭乱，但我还是会想，父亲会怎么看待这些与希腊传统不一致、与卡尼生活方式相悖的娱乐呢？我相信当父亲送我去接受"钱能买到的最好的教育"时，肯定不会想到这些。

如果说拿到萨莉·凯斯的丁字裤算是一次美妙经历的话，那么我的下一个任务则与美妙二字相去甚远：我要偷到波士顿喜来登酒店总服务台的电话机，然后在一小时内把它带回兄弟会会堂。一方面，这涉及偷窃和破坏公物；另一方面，我又必须这么做，因为如果做不到的话，我就要接受 25 次的"摆好姿势"惩罚，那么几天之内，我的屁股就别想碰凳子了。同样，这次我也要身无分文地出发。

我设法在当地的一家修理店借到一把锉刀。之后，我进入酒店，并和总服务台的职员聊了起来。我对他说，我的大家庭要来波士顿，我想知道酒店有哪些住宿可供选择。接着，我让他帮我去做许多事情，如重新把图画挂在酒店房间内。每次他离开，我都会用锉刀在电话线上挫几下。当时如果有专门切线的钳子，事情就会好办得多，但是由于机械智商低，我不知道该怎么用钳子。大厅的另一边传来了清晰的哼笑声。转过身来，我看到两个兄弟正坐在太空椅上吸烟。他们看着我挫电话线。最终，在职员又一次离开的时候，我成功地把电话机和电话线分离。抱着电话机的我跑出酒店，而我的那些折磨者们则笑开了花。事后，我有点儿良心不安，那个服务员该怎么向他的老板解释我那令人愤慨的恶作剧呢，兄弟会的伙计们坚决不让我把电话机还回酒店，因为那样等于自投罗网。

还有一次，他们明知道我不抽烟，也讨厌烟味儿，还把我推入一个储藏室，让我把一根大约一英尺长的雪茄抽到只剩一英寸。在里面，时间过得很慢，我感觉待了好几个小时。最后，我冲了出来，双眼发红，气喘吁吁，感觉自己好像要一直咳嗽下去一样。

这次恶作剧在常人看来不算什么，但对我这个一生都讨厌雪茄和香烟的人来说却不一样。这些仅仅是一个男生进入另外一个世界所必需的历程，算是新世界向我展现的放荡不羁的一面。在这里，没有家庭的保护，没有家乡的拘束。此外，这个历程还包括那个年代常规的两项诱惑，那就是酒和女人。我对这两样东西都知之甚少。在朗费罗高中的时光里，我可能会喝一两杯啤酒，但完全没有过性行为。后来，我发现我们兄弟会在校内的会堂是集酒吧和（免费的）妓院为一身的地方，这让我大开眼界。我们的派对上总会有叠得很高的果汁喷趣酒，里面掺杂着劣质酒精。这些酒精使参加派对的拉德克利夫学院和韦尔斯利学院的女生们失去控制，并渐渐失去知觉。她们会被带到楼上的卧室，她们很多人醒来后会发现自己处在不同程度的裸体状态。至于后来她们有没有投诉，我们就不得而知了。此外，校方因致力于战争时期的研究，也从未责备过我们。

我曾和校内的朋友们探讨过到底是韦尔斯利学院的女生好，还是拉德克利夫学院的女生好。这两个私立女子学院是当地约会市场的主要组成部分。我们的调查结果是，隶属于哈佛大学的拉德克利夫学院与我们要近些，因此也方便许多，同时，那里的女生也非常漂亮。但也有小道消息表明，拉德克利夫学院的女生不如韦尔斯利学院的女生有魅力，但令人烦恼的是，哈佛男生垄断了拉德克利夫学院的女生市场。经过这样的一番市场分析后，我们决定在韦尔斯利学院这块市场发展。然而即使是在这片市场，哈佛大学也占有很大的份额，因此我们的第一步是要先引起那边女生的关注。我们决定发挥工程学生的相对优势，即我们在技术上的本事，但这并不是我的强项。我们一个有天赋的同学重新组装了朋友的一辆车，这样我们可以在车的底座上对车进行控制。我们在车身上贴上一些标语："世界上第一辆无人驾驶车。"然后，就向韦尔斯利学院进发了。课间休息时，我们驾着车在校园里四处兜风，但没人坐在驾驶座上。我们向路人边笑边挥手。其间，我们会轮流派一个人蹲在车的底座上，根据上面兄弟的指示，操控方向盘及控制踏板。这一绝活吸引的观众数量超乎我们的想象。

既然我们已经成功地引起了市场的关注，下一步，我们决定冒充哈佛学生，并且写了一首歌，希望借此搞臭哈佛学生的名声。

美女，美女。

我们是哈佛学生组。

我们不粗鲁，也不粗暴。

但请怜悯我们吧，我们是如此的意志坚定！

事后，我遇到了一个漂亮又有魅力的韦尔斯利女生。但除了享受认识这个女生给我带来的满足感外，我还要探索更深层次的东西。从这件事中，我得出结论：**研究市场动态，分析掌握的信息，制订应对措施，这些都是非常有用的**。如果方法正确，它能改变人的行为，影响深远，不仅能帮助我在学业上取得 A 的成绩，还可能对我未知的将来大有帮助。

的确，由于战争还在继续，人们有种及时行乐的想法。尽管报纸和新闻短片报道说，美国及其盟国正节节胜利，人们还是相信每一天都是最后一天，要趁现在及时享受生活。

见识财富和权力

那年夏天，我迎来了 18 岁生日。一天后，也就是 1944 年 6 月 6 日，诺曼底登陆让人们相信希特勒的日子不多了。随着夏天逐渐走向尾声，盟军不断击垮纳粹分子，人们对胜利的信心也随之增强。我通过了菲谬三角洲兄弟们对我的考验，成功加入了这个兄弟会。我还见识了麻省理工学院的光辉和学生们的机智。

一天，我们在上微积分课，简·斯特里克（Jan Strick）教授正往黑板上写一个非常复杂的方程式。这时，一个矮胖且满脸胡须的男子拖着脚走进了教室。他走到黑板边，擦掉了方程式的一部分，然后嘴中念念有词，写下了一些数字和符号，斯特里克教授和我们在一旁莫名其妙地看着。写完后，男子走出教室，离开了这栋教学楼。当时外面寒风瑟瑟，他却只穿一件短袖棉衬衫。他就是著名的诺伯特·维纳（Norbert Wiener）教授，他总是一副若有所思的样子。那时，他正研究能用来发明防空炮的方程式，这种防空炮在战争中大大增强了美国舰艇的自卫能力。后来他还带领科研队开辟了控制论领域。

虽然维纳教授的成就我无法企及，但至少我没有在与同学的学业竞争中被淘汰。这些同学比我训练有素得多，他们大多毕业于著名的私立中学，如安多福中学、埃克塞特中学、圣保罗中学和乔特中学等，而我最失败的一门课是由个人原因所致，与卡尼的公立学校无关。在一门名叫画法几何的课上，授课教授让我们在脑海中想象一个物体从不同角度看分别是什么样的，然后把想到的东西画下来。在提交作业后，教授让我去他办公室，解释为什么我的作品取得了如此惊人的成绩——他教这门课 27 年来给出的最低成绩。他不理解我为什么会选工程学为我的主修专业。渐渐地，我也开始问自己同样的问题。

在校期间，我还结识了一个毕生好友。他叫吉恩·蒲柏（Gene Pope），也来自一个移民家庭：他的父母都是意大利人。从某方面来讲，我们很相似：人们听到彼得·彼得森这个名字，总以为我是北欧人，我很高兴他们能这么想；而吉恩·蒲柏这个名字在美国很常见，但他的原名叫杰内罗索（Generoso），是以他父亲的名字起的。我只知道他是一个很好相处的家伙，住在纽约，所以当他让我在那个暑假去他家玩时，我欣然答应了。由于暑假时我还要上辅导班，而每个学期间的休假又太短，所以长途跋涉地回卡尼不大现实。我会经常用希腊文写信给父母，也会打一些简短的电话，以防花太多长途电话费。当我告诉他们我将到一个有相似身世的同学家玩时，他们很高兴。出发去他家的那天，我和吉恩在波士顿南站等候开往纽约的火车，我以为吉恩家是靠经营杂货店或其他小生意为生的，所以我设想自己将在一个家境不好但很热情的人家度过几天。通过对吉恩的观察，我一直认为自己的这一推断是正确的。

当广播宣布火车进站时，我和人群一道涌进硬座车厢，希望抢到一个位子。可吉恩制止了我。"等等，彼得，"他喊道，"我们往这边走。"我跟着他走向一节豪华车厢。检票员看了看他给的车票，然后示意我们走向两个预留的位子。我知道这两张票不但很贵，而且很难得到。因为在战争年代，全国的运输网络都很吃紧。我很想知道吉恩是怎么弄到票的，但我极力压制住了自己的好奇心。这时，火车开始驶出波士顿，我也坐在了豪华座位上。接着，我们聊了刚刚结束的考试和我们的暑假计划，还有就是我们希望约到什么样的韦尔斯利女生。不一会儿，我已然忘了自己正坐在火车的豪华车厢里。

纽约的中央火车站比芝加哥的联合太平洋火车站还要繁忙。在出站途中，我们经过火车站大厅。在那儿，我停下脚步，敬畏地凝视着高耸的窗户和拱状的顶棚，夹杂着粉尘的阳光从那儿射入，顶棚上还涂着各种星座图案。当我们走在路边时，一辆豪华轿车正等着我们。车的司机热情地迎接了吉恩，吉恩叫他托尼。我告诉自己，他们只是私人朋友，而同是意大利人的托尼只是帮吉恩一把罢了。

在到达目的地后，我才了解了真相。他家位于第五大道1040号的公寓大楼内，大楼在85号大街的路口，而大楼对面便是中央公园。杰奎琳·肯尼迪曾在那里住过一段时间。车开到大楼前时，一个身穿制服、戴着白色手套的门卫连忙从罩有天棚的大门跑出，为豪华轿车开门。"蒲柏先生，"他对吉恩说，"见到您真好。"吉恩向他介绍了我之后，门卫对我说："欢迎彼得森先生。如果需要任何帮助，请与我联系。"最终，我明白了：我的朋友吉恩·蒲柏很有钱。

走进他家的公寓后，一切疑虑都消失了。我呆呆地审视着巨大的客厅，客厅有两层楼高，墙壁由红丝绸装饰。我还看到了精美的家具、摆满书籍的图书馆和特大的餐厅。大理石石阶从一楼通向二楼。二楼有许多卧室，而且都是内置独立卫生间的。以前我还以为这种超乎想象的奢侈只存在于皇宫或是富人宅邸，而不会出现在其他建筑内的公寓套房里。当一个衣着正式的管家把我的行李带入"我的"卧室，并开门向我展示"我的"卫生间时，我想我已经身处一个电影里才有的布景了。以前在卡尼的时候，母亲从来没有得到别人的任何帮助，更不要说有穿着制服的管家和女佣人了。吉恩衣柜里的财富令我难以想象：里面有8套或10套衣服，6件运动夹克。在学校时，我从未看过他穿这些名贵的衣服，也没听他提起过他的家境。

原来，吉恩的父亲杰内罗索·蒲柏（Generoso Pope）先生跟我父亲一样，也曾是一个铁路工人，但蒲柏先生后来从事的事业要比我父亲的大得多。他曾在一个名为克鲁尼尔沙石的公司工作。后来，他买下这家公司，并把它发展成大型建筑材料供应商。此后，他又收购了《意裔美国人进步报》（ *Il Progresso Italo-Americano* ）和《美国快报》（ *Il Corriered' America* ），前者是美国最大的意大利语日报，后者是美国的一份周报。后来，我了解到蒲柏先生是意大利移民中的第一个百万富翁。往后的日子里，我还得知他在政界也很有影响力。

蒲柏家的晚宴是我首次参加的有意义的社交活动。在那里，我观察到人们在致力于重大目标的同时，玩得也很愉快。许多州长、市长和州级官员都经常来参加晚宴。晚宴上的食物精美至极。在一次晚宴中，有人递来了一个银色浅盘，盘内装有一堆裹着精美亚麻布、棕色的呈铅笔状的细细的食物。我从没见过这种东西，扫视桌子一圈，也没见有人在吃，所以最后我开口发问，于是我认识了面包条。

蒲柏女士是一个很有魅力的女人，她肤色浅黑，有着黑色的眼珠。在跟你讲话时，她会一直盯着你的眼睛。跟她丈夫一样，她也是个意大利人，但她说着一口完美的英语，毫无口音。她是一个完美的女主人，优雅地管理着蒲柏家庭。她问我在纽约有什么没看过的或有什么想看的。我的答案是：一切。每当我们出去逛纽约城时，蒲柏一家都极尽地主之谊，我也能感受到他们对纽约的热爱。在纽约期间，他们带我玩了好多地方，比如在 MET 歌剧院观看《波西米亚人》（*La Bohème*），在无线电城音乐厅看洛奇舞，参加罗杰斯和哈默尔斯泰因的音乐酒会，以及在瑞吉酒店顶楼欣赏中央公园。每次出去，我都会听到恭恭敬敬的门卫、商店衣帽间女服务员"蒲柏先生，蒲柏先生"地叫，我估计他在娱乐消费时所付的小费比中央咖啡厅一天的收益还要多得多。

在那个年代，人们常把所有显要的美籍意大利人都与黑手党联系在一起，无论他们之间是否真的有关系。据说，蒲柏先生与弗兰克·克斯特洛（Frank Costello）有来往，而此人与卢西阿诺（Lucky Luciano）交往密切。此外，弗兰克还扮演着连接犯罪世界与合法商业运作和政治的角色，比如蒲柏家族及其朋友们所涉足的商业和政治活动，但这些并没影响我和吉恩的友谊。在麻省理工学院的时候，我们总是形影不离。在往后的人生里，每当事业上需要合作，我们都会完全信任对方。

大一巨变，我被开除了

我和吉恩的亲密友情一直持续着，但在大一结束前，我的学生生涯却发生了巨大的改变。吉恩有个纽约朋友，名叫罗伊·科恩（Roy Cohn），比我们小一岁。后来在 20 世纪 50 年代的时候，参议员约瑟夫·麦卡锡（Joseph McCarthy）对共产党人发动政治迫害，罗伊·科恩则因成为他的左右手而变得声名狼藉。再后来，罗伊·科恩成了一名有权势的律师，曾使用涉嫌违法的方式帮助他的客户。那时，他只是哥伦比亚大学纽约哥伦比亚学院的一名本科生，但很明显，许多有地位的人都很关注他。那年夏天，我们在纽约市北边的拉伊参加了韦斯切斯特尔乡村俱乐部的一场舞会。当晚，我和吉恩在舞池里面追逐女孩子，罗伊·科恩则在吉恩父亲那一桌与显要人物聊天。毫无疑问，罗伊·科恩才华出众。他的一篇学期论文精辟独到，他很高兴把这篇论文与我和吉恩分享。

在麻省理工学院，学期论文事实上就是一种商品。在我们兄弟会有一个档案柜，里面都是学期论文，会员们经常会一字不漏地拷贝下来，然后交上去。我们从未用抄袭或作弊这样的字眼来形容自己的行为，但我们都会为它找到可以令自己心安理得的理由。毕竟，世界大战尚未结束，而我们要想为赢得战争贡献自己的一份力，就应该发明一些新式武器或是研究出能更有效地侦查德国潜艇的方法，而不是花心思去写原创论文。在纽约蒲柏家的社交圈子中，我变得越来越老于世故，应对这种令人愉悦的新社交生活，我也越来越得心应手。与学校教育相比，这种教育似乎更加重要。

我从未在学校作过弊。父母在诚实这一品质上严于律己，对我的要求也是如此。我从来不需要作弊，但我知道什么是作弊。我们班有一个技术奇才会用相机拍下化学和微积分公式，然后把这些公式弄到手掌大小的手抄纸上，以满足考试之需。我想，这才是作弊。对别人的论文做大幅修改，然后将其变成自己的，我觉得不算是作弊。

长话短说，我对罗伊·科恩的一篇论文做了些修改，其实是做了很大的修改，然后作为自己的论文上交。论文的题目是 *casusbelli*，这是一个德语单词，可以粗略地翻译成"宣战的理由"，这包括各国在发动战争时可能会找的正当理由，也包括它们是怎么找到这些理由的。吉恩把罗伊·科恩的论文一字不改地上交了，但他跟我不在同一个班级。我不知道我论文中的哪部分让教授起了疑心，反正论文交上去不久，我就收到了让我去院长办公室走一趟的通知。于是，丈二和尚摸不着头脑的我去了院长办公室，看到院长用两根手指像捏尿布一样捏着我的论文，我的教授则站在一旁。我会意地打了一个寒战。可能知道罗伊·科恩论文的不仅有我跟吉恩，大家都知道了。我承认自己用了他人的论文作为写作思路，但我辩称自己也付出了很大的努力。我这样向他们解释着，心想最坏的结果就是这门课挂红灯，但学院肯定注意到了我"借鉴"的篇幅，于是决定杀鸡儆猴。几天后，兄弟会的信箱里多了一封来自院长办公室的信，信上说我被开除了。这时正值 1944 年秋天。

出众的出差者

羞愧完全不能表达我当时的感受。我该怎么向诚实至上的父母解释呢？因为作弊被学校开除？他们夜以继日地在中央咖啡厅工作，省吃俭用为我提供"钱能买到的最好的教育"，而我却因作弊而被剥夺了教育机会，这竟然成了我对他们表达"感谢"的方式。父亲真的太诚实了，每当他在卡尼的埃尔克斯俱乐部玩扑克时，他总是输家，因为他摆不出一副扑克脸。虽然对于我的辍学，我自己都解释不清，但我仍有一丝希望。这一开除并不是说我完全没有机会重返学校，学院领导说如果我能找到一份工作，并借此重新恢复声誉，那学校还是可以给我恢复学籍的。我不敢把真相告诉父母，于是决定先把事情压一压，等找到一些好的说辞再将这件事告知父母。

吉恩也同样感到羞愧，他的感受可能比我更深，因为他平安无事地度过了这一关。反思自己的过错后，我开始把这次失足看成意外的收获、一种莫名其妙的运气。

我已经想清楚了，我不是做工程师的料。无论接受多好的教育，对机械知识的不知所措、对绘画的一窍不通，这种基因上的限制使我根本没办法与其他优秀的同学相比。另外，我并不能把对数学的精通应用到工程学上去，因此与身边有才能的未来工程师相比，我很吃亏。那时，我还没有形成自己的职业原则：尽力发挥自己的长处。我只知道我需要找一片领域，在那儿我可以把自己的数学才能应用到人际关系或商业情境中，而不是浪费在物体构造和机械装置上。但要想在将来有任何发展，我都必须先把履历上的污点抹去。

在一次电话中，我告诉父母我要在麻省理工学院辐射实验室的采购部申请一个职位。我根本不知道这个实验室所进行的实验将对战争有多么重要的影响。那时，盟军已经在欧洲战场占了上风，但在太平洋战场，日本人本着战至最后一兵一卒的决心血洒太平洋岛屿。为赢得战争，美国加紧步伐，想赶在敌人之前研制出一种能给予敌人致命打击的超级武器。我的工作申请被批准了，这样一来，我就能继续待在菲谬三角洲兄弟会的会堂，也能继续积极的社交生活。不同的是，我不再上课，而是出差为实验室采购部件。

奇怪的是，我似乎是一名非常出众的出差者。虽然仅仅是一个职位卑微的18岁小办事员，我却能想办法挤上票已卖光的航班。我采购的东西并不都很特别，每次我都是先买到部件，然后再用船运的方式将其运回剑桥市。我采购的通常是战争中不易买到的管道和衬垫。我知道我必须抓紧时间采购，也明白实验室"立刻"就要它们。我还知道我的工作证件上写着"曼哈顿"，但我不知道这意味着什么。

只有在1945年8月15日日本宣布投降后，曼哈顿计划的细节才浮出水面：那个辐射实验室参与了这个计划。我突然明白我所采购的部件中，有一些是用来制造原子弹的。父母十分高兴我为战争做出了贡献。

战争结束后，离开家乡已 18 个月的我重返卡尼。我打算秋天时回到麻省理工学院，然后再考虑往下的路该怎么走。可就在这时，我发现计划有变，因为内布拉斯加州的库欣博士向西北大学写了一封热烈的推荐信，强调我在学籍被暂停的那段时间里对辐射实验室所做的贡献，随信寄往西北大学的还有我的入学申请书。1945 年秋天，西北大学校方批准了我的入学申请，对此，我心中一直心怀感激。西北大学商学院的院长明显与麻省理工学院有过私人纠葛，他告诉我他很同情我的遭遇。

融入西北大学，靠自己的力量成事

一些人称西北大学为"中西部的乡村俱乐部"，因为西北大学在派对方面名列前茅，但我很难相信还有哪所大学的课外生活能与我在麻省理工学院所见到的酒色生活相比。事实上，在派对方面，西北大学也确实比麻省理工学院差远了。

地理位置的差异是其中一个原因。西北大学位于伊利诺伊州的艾文斯坦，处在密歇根湖湖畔。艾文斯坦是芝加哥北部郊区的一个小镇，这里同样也是基督教妇女戒酒联合会的家乡。几年前，基督教妇女戒酒联合会没能阻止全国范围内对禁酒令的废除，但在它的家乡小镇，禁酒令依然有效。在艾文斯坦，酒的销售是非法的。虽然这并不意味着饮酒犯法，但显然，这种规定影响了人们饮酒，对兄弟会的影响尤其大。

另外，西北大学在性方面也很拘谨。它规定女生若要去兄弟会会堂，只能待在一楼的客厅，客厅还要灯光明亮，这与麻省理工学院的自由政策（或者说根本没有任何政策）形成了鲜明的对比。

我于 1945 年秋天来到了西北大学。很快，我便爱上了这所学校，它非常适合我。经历了麻省理工学院兄弟会的狂欢放纵之后，我融入了西北大学更加健康有益的社交生活。那里有着对"10所大学橄榄球联赛"的激情和一系列的学生活动。那里的女生也比以前学校的漂亮！我记得，或者我认为是这样的，麻省理工学院的女生很少，而且大多数女生都紧绷着脸。男同学对她们也不友好，把她们称作"狮子兽"。相反，西北大学的女生开放、有活力、不装腔作势。她们都拥有苹果般的脸颊，头发飘逸，笑容随和。那一年，吉恩来我这里观看返校节。当游行花车队经过，各式各样的"女王""甜心"从高处向我们挥手时，吉恩总说一个比一个漂亮。我们一起参加的那些兄弟会和女生联谊会的舞会同样有着各种令人炫目的惊艳女孩。

菲谬三角洲兄弟会在西北大学有一个分支。这个分支即将和一个名为阿尔法·陶·欧米茄的兄弟会合并。后者是一个更大、更有历史，也更知名的兄弟会，因此我的兄弟会生活和社交生活并没有受到影响。回想过去，具有讽刺意味的是，大学兄弟会和女生联谊会的生活类似希腊的生活方式，我是如此渴望它们，并把它们作为主要的交友圈和社会往来，但对自己希腊父母的习俗做法我却唯恐避之不及。更具讽刺意味的是，我是兄弟会成员中极少数的或者说是唯一一个能说写希腊语的人，而校园中的希腊人都在效仿希腊的生活方式。

父亲寄给我的那点儿生活费使我不能参加西北大学所有的社交活动，但来到西北大学后，我找到了一个能为自己赚点生活费的办法。一个名为"三三角洲"的女生联谊会要为会堂的餐厅招一名服务生。在中央咖啡厅锻炼了这么多年，我对这种工作再熟悉不过了，我能一只手臂端三盘菜肴，对收拾餐桌同样十分熟练。这个岗位只付伙食费，并没有工资，不过这样我就能省下饭钱了。由此，我就可以有更多的钱带女生去听音乐会、看电影或跳舞了。"三三角洲"能反映出在校女大学生的总人数，因为这个联谊会对女生非常有吸引力。对我来说，能见到这么多女生也算是我工作的奖金了。我带其中的一些女生看过芝加哥交响乐团的表演，通常我会用省下来的钱买两张便宜的季票，那些座位都是由橡子做成的。

经历了这些后，我在社交方面的信心似乎也在增长：在麻省理工学院和首次拜访吉恩家时所带有的生涩已离我远去。我成长为西北大学的社交达人，活跃于希腊和非希腊圈子。

1946 年，我受邀出任年刊《教学大纲》（*Syllabus*）的广告经理。这是一份重要的工作，因为广告销售支持着期刊的出版发行。同年秋天，一名叫乔·米勒（Joe Miller）的西北大学行政官员让我联合组织 1947 年的瓦阿姆表演（Waa-Mu show）。这是一个有着悠久历史的学生时事音乐剧。瓦阿姆这个名字来自 1929 年节目首次上演时的两个参演团体，分别叫女子体育协会和男子联盟。两个团队名字的英文首字母组成了"瓦阿姆"。这个演出在战争期间曾一度中断。克劳斯·利特曼（Cloris Leachman）在 1946 年的战后节目首次复演中出演。之后许多演艺人才再次在这个盛典上登台亮相。

在几个月的剧本编写和排练后，音乐剧于第二年春天推出。我帮助制片人寻找作家、音乐人和舞者，也负责广告和推广，这些都是实现一场成功演出所必需的幕后工作。我的工作量很大，因为瓦阿姆是一个以品质著称的表演，但是这该多么有趣啊！我可以和一些杰出的人才合作，包括喜剧演员保罗·林德（Paul Lynde）和女演员夏洛特·雷伊（Charlotte Rae），两人参与了 1947 年的瓦阿姆表演。此外，我也与谢尔登·哈尼克（Sheldon Harnick）合作。歌曲《屋顶上的小提琴手》（*Fiddler on the Roof*）和《费奥雷洛》（*Fiorello!*）就是他填的词，后者为他赢得了普利策奖。

对我来说，那是价值观的塑造和形成时期。如果说吉恩·蒲柏一家让我见识了财富和权力的话，那么我在西北大学的 3 年则教会了我如何靠自己的力量成就事业。我发现原来我很擅长后来人们所说的一心多用，而且我也喜欢这样工作。我的兴趣很广，如果单做一件事情的话，我就会觉得很枯燥。那时，我并不知道自己有这方面的倾向，但总的来说，我已经习惯了这种工作模式，以后的人生道路上，我也会如此走下去。

除了联合组织瓦阿姆外，我还当选了阿尔法·陶·欧米茄兄弟会的主席，因为我原来所在的兄弟会已经被合并，但并不是一切都很顺利，我也遇到了一些挫折。此前，我也参加过学生会主席的竞选，不幸的是，只获得第二名，但与另一件更令人沮丧的事情相比，这还不算什么。

我有一个黑人朋友，跟我一样，他也热衷于校园活动，也是一个品学兼优的好学生。我推荐他加入我们的兄弟会。于是我们举行了一次投票表决，表决的形式是把一个投票箱互相传递，兄弟们各自匿名地往箱内投入白弹子或黑弹子，白的表示同意，黑的则是反对。令我震惊的是，投完票后，我打开箱子一看，里面居然有好几个"黑球"。这件事情让我明白了当时的社会风气。

然而，我还是很高兴能在这个中西部的核心地带，周围的人都认为尽管彼得·彼得森一头黑发，他却应该是来自瑞典的北欧人。

我思索着如果人们知道我不是北欧人，而是希腊人，还会不会这么欢迎我。毕竟，我们希腊人也会遭到那些心胸狭隘和心怀歧视之人的排挤。父亲告诉我，在他 1923 年刚开中央咖啡厅的时候，当地的三 K 党会在餐厅贴上"不要和希腊人一起吃饭"之类的标语，因为卡尼居民都是白人，这些三 K 党找不到可以恐吓的黑人目标。每次叙述这段历史的时候，父亲总会补充说："这些人不算真正的美国人。"

学会对症下药

尽管社交生活繁忙，我还是在学习上保持着优异的成绩。对此，我那些兄弟会的兄弟们都感到十分好奇，一些人认为我经常出现在优秀生榜单上完全是因为我很聪明。其实不是这样的，我的秘密是我学会了如何对症下药。

我清楚大多数教授都是知识的布道者，他们传授的是自己真正相信的知识。仔细观察，你就会发现，人们在谈论他们喜欢的话题时，动作会格外丰富，声音也会充满激情。换句话说，我不仅听他们授课内容的表面意思，而且会听其中的弦外之音，并用课堂笔记本记下教授们的弦外之音。考试快来临的时候，我会看着自己的这些笔记，想着教授当时强调的语段，然后仔细阅读这些段落，直到记住为止。不管试卷上的问题如何，我都会想办法把能激起教授热情的那些要点写出来。其实，我无非就是在奉承他们。我知道这有点儿不厚道，但这些行为每次都能为我带来 A 或 A+。

然而这种察言观色的能力为我带来的最有价值的东西却并非这些分数，不过当时我并不知道那是什么。在这些课堂上学到的知识不仅帮我荣登优秀生光荣榜，而且让我学会倾听和观察别人，这些后来对我早期的职业生涯发挥了巨大的作用。

死亡边缘

在上大四的时候，我的未来却突然岌岌可危。通常情况下，我的体力和脑力都是很充沛的，足以应付学业、社交和课外时间的舞会，但在我毕业前的那个冬天，我却突然开始嗜睡。我会在上课的时候睡觉，在看电影、看书或看笔记的时候也会睡觉，甚至吃完饭就想打瞌睡。我想肯定是因为瓦阿姆的准备工作、兄弟会的主席职责、诸多课程和"三三角洲"食堂的服务生工作，使我睡眠不足，但是几个星期后，我突然发起了高烧。于是，我去学生医疗服务处问诊。那儿的护士决定让我住院观察，但住院期间医生并没有对我的病做出诊断，不仅如此，我还多了一个病症，那就是背部剧烈疼痛。一个年轻的实习医生认为这是由医院病床上的橡皮垫导致的！几天后，我出院了，可昏昏欲睡的症状仍然伴随着我。

我这种不正常的疲倦引起了兄弟会伙计们的担忧，其中一个敦促我去找他父亲看看，他父亲是艾文斯坦的泌尿科医师。我照做了。听完我对自己"嗜睡症"的描述后，科巴斯医生问我还有没有其他症状。当我告诉他背痛时，他皱着眉头说："让我明确一下，彼得，你说你老是昏昏欲睡，发着高烧，还有剧烈的背部疼痛，对吧？"我说："是的。"

几分钟内，他通过向我的静脉注射染色剂，对我的泌尿管进行了 X 光检查。我想检查结果肯定很惊人，因为当 X 光片出来时，我听到他对一同开诊所的大儿子说："天呐，巴德，你快看看这个。"

神神秘秘了片刻之后，他让我进来。原来是我的左肾使他如此惊讶，我的左肾已经膨胀到气球那么大。"你这是尿毒症，"他告诉我，"只有动手术才能挽回你这条命。"没过几个小时，我就已经在医院了。第二天，一个护士用轮椅把我推到了手术室。科巴斯医生把我身上一条错位的血管切除，正是它阻碍了尿液正常地从肾脏流到膀胱。由于到不了膀胱，尿液向我身上的其他部位扩散，使我中毒，最终导致我昏昏欲睡。

这个持续了几个小时的手术拯救了我的生命，也恢复了我的精力。1947 年 8 月，我以优异的成绩毕业。我已经准备好用新学的知识投入工作，参与到美国的主流社会中去了。

业绩斐然的不合群零售推销员

关于结婚，我早就打算好了。自大三以来，我一直与新闻专业的一个漂亮女生约会。她叫克丽丝·克林吉尔（Kris Krengel），来自爱达荷州的双瀑市，是一个名叫阿尔法·施·欧米茄的女生联谊会的成员。

我是在她们联谊会举办的一个交谊舞会上与她相遇的。那里的点唱机上叠着许多舞碟，我们两个都很擅长跳舞，伴随着舞蹈音乐，我们一直玩到深夜，彼此都很开心。那晚之后，我们经常见面。那时，在上大二的克丽丝是《西北大学日报》

（*The Daily Northwestern*）的编辑之一。那是一个学生经营的报纸，在西北大学和艾文斯坦发行。她的同学和编辑部的其他成员给予她很高的评价。在我大四那年，我们经常约会。我把我兄弟会的别针交给了她，这是在校的希腊裔学生的一个惯例，通常在给别针后不久就订婚。我们用"适合"这个词来形容对方，诚然这个词缺乏激情。在我毕业之前，我们约定在第二年她毕业后结婚。

回顾第二次世界大战结束后的那些年月，显然，我们计划在她毕业后就结婚是意料之中的事。在那个年代，男女结婚比现在要早多了。一旦毕业，你就要开始过日子，而过日子意味着工作、妻子以及孩子。在大萧条和第二次世界大战的双重创伤下，这样一种所谓的正常生活是人们所渴望的。女性承受的压力特别大，如果她们不能在毕业后的一年左右找到婆家，那么人们就可能称她们为老小姐。我想克丽丝肯定认为我是养家糊口的好对象，因为我获得了荣誉学士学位。另外，她想走已婚的联谊会姐妹走过的路，而我只想通过娶一个"合适"的非希腊裔女孩来巩固自己的美国人身份。我知道父母肯定不会同意，所以等到1948年夏天婚礼举行前，我才告诉他们这个消息。

克丽丝将在1948年毕业。我一边等着她毕业，一边开始寻找职业生涯的第一份工作。在西北大学，我获得的是零售学学位。之所以选择这一专业，我想大概是因为我觉得我父亲好歹也算是一个零售业从业者吧！这个专业要求学的课程跟职业学校的课程设置差不多，实用科目包括零售库存控制、促销推广等。克丽丝的叔叔在俄勒冈州的波特兰市有一些关系，他答应帮我在那里找一份工作。就这样，我于1947年带上自己的毕业证书前往西部。

当火车抵达波特兰的时候，天空正下着雨。接下来的几个雨天里，我找到了一个便宜的小住处，也参加了克丽丝叔叔为我安排的几个工作面试。不久，我在一家名为"罗伯特兄弟"的百货公司找到了工作，并被安排在玩具部。这份工作没有头衔，也没有明确的职责。进入深秋后，伴随着频繁的下雨天，圣诞的购物季节也临近了，这样我就要越来越多地去了解，仓库存有哪些玩具，而哪些又是孩子们喜欢的。很快，我了解到没人知道公司的仓库里存放着什么。在那个电脑尚未发明的年代，唯一能知道仓库存货的方法就是亲自去查看和统计。我花了好一阵工夫在湿冷多尘的仓库里走动，统计玩具的箱数，并用带横隔线的笔记本将它们分类。为了抵挡西北部的寒冷天气，我总是把雨衣的纽扣扣到脖子上。

在晚上和周末，我会在百货公司的玩具部，听着挑剔的孩子们为自己想要的玩具尖叫。有一些小孩拿不定主意，而其他的则是相信圣诞老人的袋子或者他们父母的钱袋是深不见底的。"难道我上大学是为了接待这群孩子？"我问自己道。

我会把孩子们对玩具的偏好记录下来，然后据此对玩具的采购做出建议。在我提出建议之后，一般我们采购的商品都能刚好符合顾客的需求。圣诞节之后，百货公司的老板之一比尔·罗伯特决定把我晋升为另一部门的采购助手。

不过，那时我已经想明白了，零售业不适合我。显然，我的想法违背了传统的职业规划逻辑。按照惯例，每个人都要先选好自己的工作领域，一般会选与大学所学专业有关的，然后步步为营。如果接受那个采购助手的职位，很可能不久后，我就能再次得到提拔，可能之后我还会成为男装采购负责人，然后，一个更大的零售企业把我挖走。我可能会慢慢爬到更高的职位，获得更高的头衔，当然还有更高的工资。这就是常理下我可能要走的发展道路，但我不想沿着这条路走下去，甚至早在那时，我就发现自己的兴趣和激情不在零售业上。我喜欢分析市场走向，喜欢置办符合市场需求的库存，但我不是那种喜欢与陌生人虚情假意地交谈的人。如果有同事不能很快理解我所想的或是不能理解为什么我会那么想，我就会对他们发脾气。我经常拿他们与母亲相比，母亲对我的想法和需要有着本能的理解。简单地说，我不是一个合群的零售推销员。一个不适合做销售的人却学了零售专业，显然我的职业选择是错误的。所以，我并没有依照亚当·斯密的经济学理论，而是选择利用我的相对优势。于是，当圣诞节后的销售开始时，我离开了罗伯特兄弟公司，动身返回芝加哥。我只在波特兰待了 4 个月。我记得到波特兰之后，就没见过阳光。

彼得森的启示录

▷ 如果说我的高中生涯让我明白了什么的话，那就是我可以用不懈的勤奋达到想要的目标。我能比几乎任何人都做得更多、学得更勤奋。

▷ 很多时候口才决定着成败。

▷ 我的秘密是我学会了如何对症下药。仔细观察，你就会发现，人们在谈论他们喜欢的话题时，动作会格外丰富，声音也会充满激情。

▷ 我并没有依照亚当·斯密的经济学理论，而是选择利用我的相对优势。

小聪明和大智慧
最年轻的广告狂人

一个希腊小子当上了著名广告公司的副总裁，
而且只有 27 岁，我晋升得实在太快了，但很快
我便悟到了那句名言的真谛："不能相信太过美
好的事物。"我必须离开麦肯，我下定决心，以
后再也不在一个自己不信任、不敬仰、没有共
同根本价值观的老板手下工作。

"市场内幕"的初级专员

回到芝加哥后，3 个同是西北大学毕业的兄弟正在找工作。他们在艾文斯坦一起租了个两室一卫的公寓。4 个人一起分担租金总比 3 个人要好，因此我也住了进去，并开始寻找工作机会。几周后，通过西北大学教授的引荐，我来到一家小型市场调查公司工作。这家公司的办公室坐落在芝加哥市中心的南喇沙利道 39 号。工资很低，只有 50 美元一周，2 600 美元一年，大概等同于 2009 年的 22 000 美元，我的室友们也赚得不多。为了省钱，我们自己做饭，尽管大多做得很难吃。我们中只有一个人有车，所以每次要去一些公共交通工具到不了的地方时，我就得求他借车给我。我非常喜欢我的工作。它提升了我的技能，磨炼了我的心智。于是我全情投入，每天早晨都随上班大军赶往芝加哥。

公司的名字叫作"市场内幕"（Market Facts）。它做的调查范围很广，有个人用品，像牙膏、肥皂、化妆品、啤酒等，还有耐用消费品，比如割草机、农场工具、

家电、汽车。我是公司的"初级专业人员"，这是对像我这种初出茅庐的年轻小伙子的惯常称呼。我的职责之一就是进行采访调查，为的是得到不同人群对商品的大致看法。出调查题目的人会参考我的访谈，然后提炼更精细、更能反映问题的题目，让被调查者，也就是我们所说的受访者回答。

我访问的人都是从居民区地址簿里挑出来的。我顺着楼里漆黑的走廊逐个敲门，空气中弥漫着饭菜的味道，地上堆着破旧的玩具。我站在门外，看着住户的身影走近猫眼，他们也观察着这个站在门外、戴着眼镜、看上去无害的年轻人。不管去哪儿，我都会因住户的不同而更换着装：我会穿着 T 恤和卡其裤去穷人区；穿着西装、打着领带去富人区。有时你必须全力劝说才能让他们开门。我会在必要的时候打出同情牌，跟受访者说，如果做不成访问，老板就会扣我的钱。

我衣橱里的衣物并不多，只有一套西装，去富人区的时候我会穿着它。有一天，助手不小心用烟头在我的裤子上烧了个洞。我的工资水平买不起一套新西服，于是我到裁缝那里，问这个洞能不能补好，他开出的价钱立马让我打消了这个念头。随后我在芝加哥高架火车旁，找到一家位于华巴希大道上的商铺。这家店名叫"本（店家的名字）帮您配裤子"，非常富有创造力，擅长为旧衣服换新貌。老板是个留着胡子的矮个子，戴个圆顶小帽，操着犹太口音。我忙来忙去试裤子，试图找到最配的那条。无奈因为是色盲，这个任务对我来说更加困难。老板在一旁默默地忍着怒气，突然，在一辆路过的火车的隆隆声中，他开始大声说话。

"嘿！小子！"他说，"你听到火车声了呀？"我疑惑地看着他。

"那火车是什么颜色的？"他问道。

我也不知道。"我不记得了。"我回答说。

"妈的，你以为人家会在意你的裤子颜色吗？"

这次经历让我明白了一个道理：自己在乎的，别人不一定在乎。其他人远不会像我这样在意我的裤子。在本问我之前，我已经选了一条我喜欢的裤子，转动各个角度对着光，观察着。我记得我付了他 5 美元。其实后来，每次当我从容地穿着这条裤子出去时，都没有人提出说觉得我的裤子和西服不配。打那以后，每当我要参加一些需要穿礼服的重要聚会时，为了省时间、省麻烦，我都会直接从工作地点过去，就穿着一套深蓝色西装、普通白衬衫，然后戴上随身携带的黑色领结和腰封。我认为没人注意过我的打扮，即使有那么几个注意到了，他们也不在乎。

那个时代的市场调查者最想知道的是：为什么消费者喜欢遵从某种购物方式？对这种购物动机的调查是各种调查中我做得最多的。

- 通用食品和品食乐公司前段时间都推出了一种蛋糕材料简便包。该商品的销量不如预期。原因在哪里？动机调查揭示了主妇们心中颇为有趣的小矛盾。她们的确觉得省了很多弄面粉和搅拌的时间，可正因为这样，令她们不悦的事发生了：做蛋糕这项工作变得过于简单了。要知道，战后丈夫们都在外工作，而妻子们大多闲在家里，烹调技术是她们自我认同感的重要组成部分，而这个认同感会因简便包的出现而消失，简便包因其使用过于简便而减弱了她们的自我价值感。要想让这个简便包更受欢迎，就需要反向思考，让这个简便包的使用变得麻烦些，比如说需要主妇们打个蛋到简便料里蛋糕才能做成，这样她们才会觉得蛋糕是她们做的。

- 自动洗衣机的销售也需要让主妇们有自我价值感。我们做了个关于梅格塔新型洗衣机的调查。调查显示，洗衣的过于简便让许多主妇感到不安。调查后，我们尝试换一种方法诠释这种产品，也就是梅格塔洗衣机可以省肥皂和热水，用梅格塔洗衣机的主妇是很节俭的。这个方法很好地抵消了洗衣机的弱点。

- 福特汽车公司委托市场内幕调查公司调查消费者购买汽车的心理。我在其中负责的就是观察汽车购买者如何买车。旧的说法是，顾客喜欢"踢踢轮胎"，以此判断汽车的价值，而我观察到顾客买车时并不会去踢轮胎，很多顾客都喜欢通过开关门的声音来判断汽车是否坚固，如果坚固的话就说明这车开起来很安全。顾客们看重的就是安全。福特以动力著名。它开发了 V-8 引擎，虽然这吸引了一些顾客，可其他顾客却偏爱旧款 T 型汽车，他们觉得与旧款 T 型汽车相比，福特汽车安全系数不够高。动机调查为此提供了证明。我们请分别拥有福特、雪佛兰和普利茅斯汽车的人来填空："遇到紧急情况的话，一辆汽车必须有……"我们要受访者不假思索地回答，因为这样才能揭示他们最真实的想法。开雪佛兰和普利茅斯汽车的人大部分都填写"刹车"，而开福特车的人一般都填了"动力"。

我们还做了**一个主题理解测试**，让测试者根据一个模糊的图讲一个故事。有一幅图展现了车祸现场的景象，车的牌子是模糊的。很多人在看到这幅图后的描述中都把这辆车描述成福特汽车。调查结束后，我们建议福特在未来产品的设计和销售上多注重其安全性，强调其刹车的质量，让车门关上时发出结实的咚咚声。我发现这次调查的结果非常有趣，而这种趣味是零售业工作所无法提供的。

工作的每一天都让我有奋斗和开心的理由。它还证明了，**要充分利用自身的相对优势**。

1948 年，克丽丝顺利毕业了，我们计划在她父母家举行一个简单的婚礼。她父母住在双瀑市，位于爱达荷州的中南部，博伊西和波卡特洛的中间。尽管我在最后时刻才通知父母，他们和约翰还是在那个夏天从卡尼赶来参加了我的婚礼。弟弟对我这么快就结婚感到很高兴，重要的是我还娶了个正统的美国女孩。我的父母，如我所预期的那样，对我没娶个希腊人感到很不高兴，可他们很好地隐藏了不快的情绪。克丽丝的父母周到地尽了地主之谊，但很快他们就察觉到了父母的不自在，因此，她们把随后的婚礼和宴会都安排得很低调。

我察觉到了岁月在父母身上留下的痕迹，特别是父亲。他已经 53 岁，腿脚有些不灵便，腿疼和静脉曲张时常困扰着他。他的黑发里夹杂着灰色，前额和眼角爬满了皱纹。不过也有好的一面。大萧条过后，经济迅猛发展，空军基地搬去了卡尼，农业也开始繁荣了，中央咖啡厅因此迅速发展。餐厅的好收入让父母可以更多地帮助留在希腊的乡亲们。

在一定程度上，为了得以继续实施他的善行，父亲正计划着一个大改变，这是他在双瀑市跟我见面时自豪地告诉我的。起因是杰克告诉父亲，他不想再在晚上工作了，不过他想继续留在餐馆。这么多年来，杰克一直在通宵上夜班，等卡尼的黎明来临时才下班。一番思考之后，父亲抓住了这个机会。"一天 24 小时，一年 365 天，这太久了，"他说，"我不想再这样继续下去了。"他提升杰克为经理，并改变了营业时间。现在咖啡厅从早上 6 点营业到晚上 9 点。杰克当经理后，父母得以抽出时间去旅游。他们打算尽量多回几趟希腊，现在他们有钱享受生活了。在等待餐厅变革的期间，母亲一直在收集旅游手册，计划他们的第一站。这一天终于来了，1948 年年末，餐厅第一次晚上停止营业，当时父亲摸摸自己的口袋想找钥匙锁门，可他突然发现他没有钥匙，餐厅从未关过门。他匆忙找到一名做锁匠的顾客帮他配钥匙。又过了一周，父亲才记得晚上要关掉餐厅的霓虹灯。

我和克丽丝在爱达荷州的度假胜地阳光山谷度过了一晚的蜜月。我们仅仅能承担这些，当时我们没有余钱享受其他。回到芝加哥后，我们搬进了一间大屋的其中一个单间卧室，房子位于芝加哥的郊区帕克里奇。克丽丝利用自己的新闻学学位在美国医学会找到了工作，从事公共关系。我们过了一段舒心的生活，两人都有工作，每个月也有富余的钱。不过我在工作上花的时间比她多得多，以至于最后克丽丝认为我忽略了她。我不想承认这个事实。不过受父亲的影响，我热衷于把精力都放在工作上。当年父亲由于对中央咖啡厅热情投入而忽略了母亲，而现在我正走他的老路。

很快，我做了个决定。这个决定让我无暇顾及家庭生活，更无暇照顾克丽丝。我们的婚姻生活岌岌可危。

芝加哥大学商学院里的大智慧

转眼就到了 1950 年，我逐渐意识到本科所学的零售知识对我没有什么帮助了。我仍然认为市场调查对商业决策至关重要，不过我需要更好的商业教育，我要读工商管理。

我原计划回西北大学，不过母校的商学院离得太远了。一次，我走在公司附近的街道上，正想着要怎么办，猛然看到了芝加哥大学商学院的牌子，就在南喇沙路 19 号。

我对这个商学院一无所知，不过它离我的办公室真的很近。单凭这个就给了我足够的理由去了解情况。我问了周围的人，他们给我的意见是"研究型的""很理论""很启智"。还有人说，那里的教授强调建立在大量数据基础上的分析。其中最重要的评价就是，这个专业"很学术，不太注重实践"，这个意见对我至关重要，因为我已经积累了很多实践经验。接下来，我开始了激动人心的学习过程，知识累积、大脑风暴和无休止的分析。这次旅程改变了我、我的政治信仰和朋友关系。我的职业和生活方式也随之改变。以前，我从未经历过如此大的改变。

当时我对商业并不十分了解，可当踏进南喇沙路上那座并不起眼的建筑物时，我推翻了之前的许多想法，对自己的才智也有了全新的解读。之前我觉得自己非常聪明，在西北大学成绩优异，也是学校的风云人物，并在 24 岁时踏入了芝加哥大学商学院。可当我见到老师们专心致志地在讲台前阐述自己的理论时，我突然明白了什么是小聪明，什么叫大智慧。我的老师米尔顿·弗里德曼（Milton Friedman）和乔治·施蒂格勒（George Stigler）都只有 30 来岁，他们提出的经济学理论都为他们赢得了诺贝尔奖。

弗里德曼个子虽小，智慧却不少。他的身高只有 1.65 米，可他对生活的洞悉和热情却多得少见。弗里德曼超人般的自信和率真的说话方式，常让人备感压力。当讲到市场时，他常这样说："我对时间的预测有时可能不那么准确，可我预测发展的方向却从来没出过错儿。"他时常提起自由市场。他说自由市场蕴含无穷的力量，如果不被凯恩斯主义者操纵、不被干预、持续开放的话，会发展得非常好。之后在华盛顿，我有幸亲眼见识到所谓的真实经济，也就是政治经济。最近，我见识到无限制条件下的资本市场的崩溃如何让我们受难深重。如果弗里德曼还活着的话，我很可能会对他说："弗里德曼，我必须跟你说，今天的经济情况远比你想象的复杂。"即使这样，课堂上弗里德曼对待其他人的看法也像猫玩玩具那样，变着法儿地摆弄，似乎只是为了好玩。

施蒂格勒则是另一种人。他把自己的智慧演变成深邃的幽默。当时广告业逐渐成为美国商业的重头戏，而商业批评也如影随形。施蒂格勒拿那些责怪广告误导观众的人们说事儿，他说："那就像责怪服务员太胖一样。"他也曾做过古典研究，研究过度监管产生的威胁，以及管理产业的官员们是如何想监管一些行业，却最终成为这些行业的俘虏的。施蒂格勒常告诫我们，不要冥思苦想一些根本不存在的选择。

他们的言语都很有说服力，直到现在我都受他们阐述的基本规则的影响。他们的教育一直伴随着我，远比我在西北大学接受的零售课程管用。我经常会想象，如果当初没进芝加哥大学商学院的话，我的生活会变成什么样。运气在其中扮演了很重要的角色，如同我离开麻省理工学院一样，多亏了我的运气。

我计划在 5 个季度内结束夜校课程，拿到 MBA 学位。这比大部分人都要迅速。在此期间，我仍继续在市场内幕调查公司工作。下班后我就开始上课，一周 3 个晚上，每次 3 个小时，课结束后我就赶火车回帕克里奇。如果幸运的话，晚上 11 点就可以到家，然后倒头就睡。我会利用周末的时间来写作业，因为我的目标是全优毕业。另外，我会规定自己完成一篇论文，这并不是作业，可是我想得到更好的成绩，我是班里唯一一个这么做的人。我会选择一些容易的题目来做研究，好减轻我的压力。当时市场内幕调查公司和莫顿公司用的是同一家法律顾问公司。莫顿公司因违反《反垄断法》而被联邦贸易委员会起诉。我写了一篇研究这家公司产品定价和贸易行为的论文。因为有共同的法律顾问，所以我能在他们的办公室做调查。

所有这一切都损害了我和克丽丝的关系。我重复着父亲犯下的错误，忽略了自己的妻子。父亲曾尝试建立一个有保障的环境，让母亲在没有父亲陪伴的情况下能够开心。我也曾坚信用物质就能换取母亲的爱，就像我为她做的那个首饰盒，就像我事业上的成就。我走了父亲的老路，我以为我的 MBA 学位和上升中的事业能给克丽丝安慰。

唉！克丽丝要的不是这个。1950 年年末的某一天，她说想和我离婚，这是我始料未及的，也从侧面体现了我的迟钝和对工作的全神贯注。弟弟约翰当时在西北大学，当我向他和另一个好朋友诉说这件事时，我伤心地哭了。不过也正由于我醉心于事业和学习，离婚后的悲伤期并未持续太久。这次分手错全在我，我承担了忽略婚姻的责任，同意和克丽丝离婚。之后我回归单身生活，和曾经的兄弟会朋友们住在一起。我们出去约会，一起聚会，那是毕业后我们过得最开心的一段时光。

1951 年，我拿到 MBA 学位的一年后，商学院向我抛出了橄榄枝，请我当营销学的副教授。请没有博士学位的人来教研究生，这种情况实属罕见，特别是还在那么有名、人才众多的院校里任教。这个邀请非常诱人，不过我还是拒绝了。一方面，商学院给出的工资比我现在挣的少一半；另一方面，我想继续在社会中摸爬滚打，在实践中学到新知识，市场调查的潜力仍让我着迷。不过我还是同意每季度在商学院的夜校教授一门课。

我觉得商学院之所以找我任教，除了我的论文和优异的成绩之外，还因为我的工作得到了一些人的注意。我并不满足于懂得某样知识，我喜欢把知道的东西写下来，甚至是教给别人。虽然只有 20 多岁，可我已经累积了很多人脉，大多是我做调查时合作过的人，这让我的世界不只局限于一间小小的芝加哥市场调查公司。我收集的名片越来越多。

那时，我又开始约会了。萨莉·洪伯根（Sally Hornbogen）是个有魅力、惹人喜爱的女孩。她是西北大学的大一学生，来自密歇根州马凯特，之前在和我的一个兄弟会朋友交往，可后来军队把他派出去了，他走后，我们情愫暗生。

我们至少有两个共同点。首先，我们都喜欢古典音乐，而且她钢琴弹得非常好。那时我还有芝加哥交响乐团的季票，位置非常好，我们几乎每周都去。另外，我们都喜欢跳舞。很早之前，我姊姊海伦妮在卡尼教我的舞蹈终于派上用场了。

"我喜欢艾克"

我第一次参与选举投票是在 1948 年，当时我刚满合法投票年龄：21 岁。我把票投给了民主党人托马斯·杜威，他当时的对手是哈里·杜鲁门总统，结果杜威落选。当 1952 年选举再次到来时，我对政治燃起了前所未有的兴趣。

我尝试着回想当时为什么会把票投给杜威，其中一个原因是当时我试图确立自己年轻商人的资历和地位，据我所知，每个商界高管都是共和党人。另外，我固执地认为杜鲁门是堪萨斯市一个失败的男装店主，也是个失败的总统，他当时的支持率只有 20% 多，就和小布什在任职末期时那样，可是我错了！当读到大卫·麦库罗（David McCullough）写的《杜鲁门传》（Truman）著作后，我才知道他做过的正确、艰难且勇敢的决定比我知道的其他总统所做的要多得多。

尿毒症手术让我没有像同龄人那样进入朝鲜战场，不过这场发生在第二次世界大战不久后的战争确实是个巨大的惨剧。美国的年轻人又一次被派去打击敌对的意识形态，只不过这次不是法西斯主义，而是共产主义。随着苏联派出米格战斗机、中国对朝鲜增兵，朝鲜战场上演了冷战中的首次热战。死亡数字持续上升，战争规模继续扩大。之后，随着朝鲜半岛因两方对峙而一分为二，双方进入了非正式的停火状态。

朝鲜半岛的僵局一直持续到 1952 年，在那之前，民主党统治美国已有 20 年了。

其中杜鲁门总统执政了两届，第一次是在 1945 年，富兰克林·罗斯福在第 4 任任期中去世后，他继任了，第二次则是通过竞选上任。杜鲁门政绩突出，尤其擅长处理国际关系事务。他对国际组织给予了大量帮助和支持，其中包括联合国、世界银行和国际货币基金组织。他还负责执行马歇尔计划，该计划旨在重建欧洲遭受战争灾害的国家，并使欧洲成为对抗共产主义的堡垒。杜鲁门还提出"第四点计划"，目的是向发展中国家提供美国的技术、知识和设备，帮助发展中国家进行现代化建设。此外，杜鲁门总统炒掉道格拉斯·麦克亚瑟将军的举动可谓勇敢异常。当时，诸如麦克亚瑟之流急需一记强棒来提醒他们，人民才是国家的主人。

芝加哥大学商学院的大部分职员都是市场导向的财政保守者，清一色的共和党人。我尊重他们的想法，不过同时我也在观察有潜力的参选人。最后我决定加入劝说艾森豪威尔将军参加党内选举的队伍，这个队伍异常庞大。艾森豪威尔的主要对手是俄亥俄州的参议员罗伯特·塔夫脱（Robert Taft）。共和党领导核心明显更中意塔夫脱。

在我看来，艾森豪威尔比一般政客要优秀许多。在他的领导下，美军赢得了第二次世界大战。作为盟军总司令，他是个常胜将军，可他本人的形象和战士却扯不上关系。他的笑容温暖而真挚，微秃的头配上耿直的话语，让他像个可敬可爱的父亲。

1951 年，乔治·弗莱（George Fry）的一通电话让我第一次踏入艾森豪威尔的阵营。弗莱当时正在伊利诺伊州帮艾森豪威尔招募选举助手，不过他给我打电话并不是为了这个。我和他名下的咨询公司合作过一些市场调查项目，他一直想雇用我，我没有接受，不过我利用这个机会向他表示了我对支持艾克（艾森豪威尔的昵称）的兴趣，并陈述了一些关于如何把艾克推销给公众的初步想法。弗莱对此很感兴趣，并授权我做一些调查来证明我的想法。我说服芝加哥大学的知名社会学家劳埃德·沃纳（Lloyd Warner）帮我做义工，他曾就美国人对社会阶级的看法做过调查。我们开始使用最新访谈和动机调查技巧与人交谈。每个访谈里，我们最后都会把问卷放到一边，和受访者展开自由的谈话。通常情况下，人们会因访谈结束而更放松，这样回答内容反倒比较丰富。

"我就是喜欢艾克，"他们说，"没什么原因，我很信任他。他就是那种你可以把任何事情都交给他做决定的领导人。"

弗莱把调查结果交给了共和党宾夕法尼亚州参议员詹姆斯·达夫（James Duff）。他当时正帮艾森豪威尔在全国范围扩充竞选团队。接下来，我把备忘录发到了全国竞选总部，告诉他们艾森豪威尔将军在人民心中的父亲形象，人民都相信他会做出正确的决定。我们建议他不要卷入传统政治和消极的竞选活动中。1951年秋天，"我喜欢艾克"的徽章和其他周边品陆续推出。我从来无法知道我们的工作到底产生了怎样的效果，不过我始终觉得把注意力放在艾克招人喜欢这一特点上，而不是单纯注重他的具体政见是非常正确的。

"我喜欢艾克"成为有史以来最成功的总统竞选口号之一。艾森豪威尔的优势使他不用参加共和党的核心会议，也不用参加初选。他当时仍在法国领导着北约军，直到1952年6月1日才回国。之后第4天，他宣布参选。6周后，他在第一次投票中就大胜塔夫脱。这次取得提名的过程非常顺利。

温情和信任是艾森豪威尔大选时使用的王牌，当时他的对手是伊利诺伊州的州长、民主党人阿德莱·史蒂文森（Adlai Stevenson）。史蒂文森是个辩才，他赢得提名部分归因于他在民主党提名大会上做的关于施政方针的演讲，那次演讲精彩绝伦。可是选民们却不这么看，他们觉得他城府太深。我们做访谈时，人们都主动提出，他们觉得史蒂文森"是个正直的人""是个思考者""有点儿复杂"。可当提到艾克的时候，受访者们的情绪好像被点亮了，语言也充满感情。选民们根本不用细数艾克做过的事情，就单纯地觉得他合适。他们喜欢他，也相信他为他们做出的决定。我非常相信我的调查结果，甚至还和同事们赌了500美元：艾克一定会在伊利诺伊州打败史蒂文森，即使那个数目是我输不起的。

11月4日，在艾森豪威尔位于芝加哥的竞选总部里，我收看着黑白电视机上的选举情况。结果艾森豪威尔赢了，在伊利诺伊州，他的票数比史蒂文森多出40万。当然，我也赚了500美元。这也让我更加意识到有目的的调查是多么重要。

当竞选团队邀请我参加艾克的就职演说时，我立马答应了。我带上了萨莉，当时我们还没结婚。我们乘火车到达华盛顿，住在海伦家，她是约翰·佩特罗叔叔的女儿。海伦刚从希腊来美国的那段时间，我母亲曾带过她，后来她嫁给了乔治·维纳——华盛顿一名杰出的律师，按照希腊传统，我们受邀到他家住。

艾克于1953年1月20日就职。其间有许多庆祝节目，包括传统的游行、舞会、音乐会、好莱坞和百老汇明星云集的表演，还有一些其他聚会。我穿着租来的礼服和萨莉加入庆祝人群中，喝着鸡尾酒，吃着丰盛的自助餐，我的脑海中突然浮现一个思绪："天呐！我已经把卡尼抛到脑后了！"

不能相信太过美好的事物

卡尼就像汽车后视镜中的画面一样，离我越来越远。所有卡尼的一切都不在了，除了我身上一直具有的一些特性，比如我的完美主义和我对工作的全心投入。

我希望这些品质不会破坏我的婚姻，但老实说，我没有真正把这些放在心上，起码不能长久地记住。

1953年7月，我和萨莉在她位于马凯特的家中结了婚。马凯特位于密歇根上半岛的北岸，当时苏必利尔湖上吹来的风仍带有一丝寒气，这种感觉同婚礼中她父亲对我的注视一样。丹尼尔·洪伯根博士在中西部是大名鼎鼎的眼科医生，可在我看来，他很严肃，也很难亲近。

这次，我的父母没有出席。他们不知道婚礼的事，我没告诉他们。我曾经和弟弟约翰促膝长谈，讨论父母不认可自己孩子和非希腊人结婚的事。这回我已经是第二次这样做了，约翰和我一致认为如果他们来的话会把气氛搞砸，所以最后约翰当了我的伴郎（约翰非常受欢迎，以至于他的朋友至少有 21 个都请他当过伴郎），婚礼结束后我才打电话告诉父母。父母对此备感伤心，不过一年后，随着我们第一个儿子的出世，他们的心也就软下来了。

我们给第一个孩子取名约翰，和我的外公、弟弟同名。他出生时，我又一次暴露了工作狂的本质。萨莉当时还有一周就要生产了，我却决定在这期间挤时间出个差。事实证明，这个决定错得离谱。当她快要生的时候，我还在巴尔的摩。接到消息后我立马往回赶，但到的时候孩子已经出生 8 个小时了。当我走进她的病房时，萨莉很生气，可当我抱着我们的孩子，喜悦溢于言表时，她的气就消了。孩子的到来大大缓解了我们和父母的关系，萨莉在他们眼中不再是个非希腊女孩，而变成了他们可爱孙子的妈妈，萨莉对他们的温柔态度也让他们非常喜欢。

到那时，我已经当上市场内幕调查公司的副总裁整整一年了。我的老板比尔·奥戴尔（Bill O'Dell）教了我很多东西。他教我怎样才能不给员工施加太大的压力。记得在波特兰从事第一份工作时，我动不动就批评同事，而且大部分时候不是因为要提出建设性的意见。当他们对我的论点一时理解不了时，我甚至会以轻蔑的态度对待他们。这可能部分归结于我太年轻、太冲动。我在市场调查和分析上的工作表现引来了很多注意，请我给商业团队和学术团队做演讲的邀请纷至沓来，超乎我的预期。我很享受这种被公众注意的感觉，就像我很享受我的工作一样。

我的工资涨了 5 倍，从刚开始的一周 50 美元到一周 250 美元，一年 12 000 美元。我有能力买很多好看的西服。我购物的地点也改到了布克兄弟，那里是英国新教后裔的时尚堡垒，当时我想模仿他们，特别是东部的那些。

1953 年春季的一天，我的秘书急急忙忙地告诉我，西德尼·韦尔斯（Sidney A. Wells）来电话了。韦尔斯当时是大型麦肯埃里克森广告公司（以下简称"麦肯"）芝加哥分部的头儿。他打电话来是想赞赏我们新用的市场调查方法。我想他应该参加过或至少听闻过我的演讲。另外，他给我提供了一个工作机会，这是我始料未及的。

麦肯芝加哥分部的市场部经理，工资翻倍，25 000 美元一年，一年内升我为副总裁。他说我将成为有史以来最年轻的广告公司副总裁。这个机会很有吸引力，我甚至觉得连调查都不需要做就可以直接过去。这个工作中可以得到的金钱和机会是现在这个公司所无法提供的。毫无疑问，我又换工作了，迎接我的是充满挑战的广告业。

作为市场部经理，我负责调查、媒体和销售。对后面两项我一无所知，不过第一天工作的忙碌让我无暇顾及这些。我像是进入了一个漩涡，它把我带到最好的俱乐部和餐馆，享受豪华午餐（虽然对此我不是很享受），参加灯光四射的新品发布会，在新电视节目启动宴会上吃菲力牛排和虾，这些场合通常是电视台高层为吸引赞助商而设的。

不久后，我悟到了这句名言的真谛："不能相信太过美好的事物。"我也开始明白为什么麦肯会给予我这么丰厚的报酬。

麦肯芝加哥分部 80% 的收入都来自印第安纳州标准石油公司，然而《反垄断法》的裁决使标准石油陷入危机。标准石油的全国公司网络分裂成了互相竞争的几个公司。当洛克菲勒的标准石油托拉斯被支解成互相竞争的小公司后，麦肯受到了非常明显的影响：广告来源减少，因为那些公司不想共用一个广告公司，他们不想自己的对手了解他们的广告计划。

此时，争取继续与印第安纳州标准石油公司的合作是至关重要的。为此我亲自去见了阿朗索·皮克（Alonzo W. Peake）。

阿朗索·皮克是公司的总裁兼首席执行官，之前在底层油田工作，然后慢慢升为总裁。他为人老派，仍偏爱用高硬领来映衬自己的性格。走进他的办公室，我注意到他桌旁的地上放着一个圆形的铜容器，直到他侧身往里吐了一口嚼过的烟草，我才知道那个容器是痰盂。随着他的动作，容器发出叮的一声。随后，当我陈述我的观点时，这叮叮声也毫不间断。

我和皮克谈论着他们公司生产的一种叫"Permalube"的机油。对我来说，它的广告卖点在于它是首个添加洗涤剂的机油。我们的调查显示，车主们担心机油里的油泥会弄坏车的发动机。所以我们认为这款机油最好的销售方式就是，告诉消费者它在汽车开动时，可以同时清洁车的引擎。

我拿出我的公事包，里面装满了图表和其他数据，这些数据都是我们用最新的调查方法得出的。皮克好像很没耐心听下去，他不停地嚼着烟草。最后他终于暂停了一下，轻蔑地看着我说："嘿，小子，你是在说Permalube，最顶级的机油，对吧？"

"皮克先生，是的，没错。"我马上附和道。

"那你直接这么说不就好了？"

市场调查确实太复杂了。我们按照皮克说的那样，打出了广告语："Permalube，最顶级的机油。"几周后，我们失去了这个客户，公司上下都很震惊。

我被派去挽留这个客户，结果却失败了。当时我感觉很糟，甚至担心自己会被炒掉。不过根据纽约同事传来的消息，标准石油公司之所以离开，与高等法院下达的最新决定有关，与广告好坏没有关系。

之后，我的工作职责变成了拉客户。我浏览了麦肯公司过去向客户推介自己的方式，并很快下了结论：过去，麦肯公司并没有凸显自己的创造性，注意力被过多投放在麦肯做过的广告、得到的奖项上，而不是放在客户上。可其他的广告公司也有这些特点，也得过很多奖。我决定着重挖掘潜在的客户和他们的消费者，关注他们的需求。这就意味着，在推介自己之前我们要做些调查，摸清客户及其消费者的需求，做好事前准备工作。这样一旦签到客户，我们就能占得先机。

我们开始找寻新的商机。客户的产品、分布、形象和消费者分类，透过这些调查我们能提出很多建设性的意见，不只在广告方面，还包括新产品、包装和推广方面。

此举得到了很多赞扬，特别是在我们强调我们想更了解他们公司之后，赞扬声就更多了。他们是自己领域的专家。我们只花了几周来研究他们为之献身的事业，我们可以提供意见，可最终决定权在他们手里。我们给那些高管留下了很深的印象，他们非常喜欢和广告人一起工作，因为我们会的不仅仅是做广告。

慢慢地，我们的客户越来越多，填补了一些失去标准石油公司这个大客户的损失。看起来麦肯芝加哥分部有救了，我的工作也有救了。我感觉很轻松，甚至骄傲，不过这些同接下来我所遇到的事情相比都算不了什么。

27 岁的广告公司副总裁

马里恩·哈珀（Marion Harper）是麦肯的领导者。他奢华的办公室位于纽约莱克星顿大道某栋大楼的高层。马里恩最早在麦肯的传达室工作，后来升到调查部门，最后当上总裁。他当上总裁那年是 1948 年，当时的他只有 32 岁。我和他打过几次交道。马里恩个子很高，微秃，非常聪明，口才也很好，是个架子十足的人物。与其他同时期的广告人不同的是，他对数据分析非常痴迷。芝加哥分部的头儿李奥·贝纳（Leo Burnett）和纽约 DDB 广告公司的比尔·伯恩巴克（Bill Bernbach）都是广告界的传奇人物，精明能干。在他们看来，市场调查阻碍了创意思考。他们认为正确的思路会自然而然地产生，就像阿拉丁神灯那样。马里恩却不这么想，他的想法比较刻板，他觉得在制作一个广告之前，一些结构性元素必须到位。我的想法则介于马里恩和传奇人物们之间。在我看来，给创意人员提供我们对目标顾客的洞悉，可以达到最棒的效果。当时我有点儿质疑马里恩对好广告的定义。他和执行总裁进行了谈话。他谈到了"转移动产"和"建立股东价值"，并提议建立比普通公司提供的合作层次更深的合作关系。

1954年春天，当秘书告诉我马里恩在线上要和我通话时，我认为这仅仅是一个普通的商务电话，可他却开门见山地说："彼得，我们决定让你管理芝加哥分部。"

"天哪，马里恩，你为什么要这么做？"我脱口而出。我在麦肯待了不过两年多的时间，而且我才27岁，现在他居然让我去管理一个有着两百来号人的分公司。

他用漠不关心又有点儿滑稽的语调回答："既然你问了，我就告诉你吧！我们连标准石油公司这个客户都失去了，还担心什么更大的损失呢？"

因为那极具信任的投票，我摇身一变成了麦肯的副总裁，负责掌管芝加哥分部。这次晋升太过美好，以至于一时之间我都难以接受。怀疑的想法在我的脑海里挥之不去："想想看，一个希腊小子当上了著名广告公司的副总裁，而且他只有27岁。"最后，我鼓起勇气向一个商场老手请教了当一个著名广告公司的副总裁到底意味着什么。他的回答让我回到了现实。"别把名号看得太重，"他说，"一个公司可以有好几百个这样的头衔，重要的不是当副总裁意味着什么，而是当不上副总裁意味着什么。"

身为副总裁，我的第一个决定就是加大创意的深度。我在麦肯纽约分部找到了我要的人。小切斯特·波西（Chester L. Posey，以下简称"小波西"），工作在其父亲老波西的阴影下，他的父亲是高级副总裁，并且是资深创意人员之一。当我问小波西他愿不愿意到芝加哥当我们的创意总监时，他抓住了这个机会。小波西比我年长3岁，他曾于第二次世界大战期间在太平洋地区服役，头衔是海军中尉。他同意我的看法，也认为创意发掘应和市场调查紧密联合在一起。

- 小波西和我想用我们市场导向的宣传论点赢得来窝狗粮公司这个客户，可我们遇到了一个问题，狗主人们到底是如何与狗狗建立亲密关系的呢？还有就是，他们把自己生活的哪些方面投射到宠物身上呢？

  我们知道很多城市里的狗主人都担心自己的狗肥胖和锻炼不足。我们的调查显示，他们担心自己的宠物超重、不运动，所以我们把来窝狗粮标志为

"专门为缺乏锻炼的城市狗狗准备的摩登狗粮"。

小波西制作了富有创造力的广告，广告中，一个肥胖的老烟枪"沙发土豆"正看着电视，脚下躺着同样肥胖的、打着瞌睡的狗狗。在狗狗的梦里，场景转换到了户外，一只又瘦又健康的狗穿梭在草地上，开心地越过栅栏。

为了让广告成真，我们告诉来窝狗粮公司的人，说我们认为他们应该在狗粮里多加些蛋白质，并减少脂肪的含量。我们还建议混入一些可食用色素，再多加一些肉类，这样顾客们就会理所当然地觉得来窝狗粮的含肉量更高了。公司接受了我们的建议，并得到了惊人的结果！来窝在拥挤的狗粮市场中所占份额从 12% 上升到了 17%。

● 我们在花生酱广告的竞争中更深层次地探究了人类的特性。彼得潘公司的花生酱是装在罐子里用真空盖子封上的，证明尚未被人开启过。四季宝花生酱广口罐上的封口则没有特别的标识。我们的结论是：不同的容器吸引着不同的人群。他们的心理在心理学上被称为"肛欲期"和"口欲期"。心理停留在肛欲期的人如果走进一间房间，就会不自觉地想摆正墙上的画，清理烟灰，他们的优点是整洁和干净，这也是为什么他们会选择彼得潘公司出产的罐子。而心理停留在口欲期的人则不一样，他们只想快点打开罐子，这样，四季宝就成为他们的选择。另外，彼得潘公司的真空盖子开的时候会变形，所以会关不好，从而使花生酱接触空气，水分蒸发。

我们是否可以设计一个罐子，让这两种人都受用呢？我们确实这么做了，让彼得潘处于口欲期的顾客采用了宽口罐，为挑剔的顾客准备了纸封的盖子。这么做了之后，彼得潘公司的业绩有所上升。

● 我们甚至会用到儿童心理学。在与专为婴儿提供肉类的瑞士孩童肉类公司合作时，我们观察了母亲给婴儿喂食的情形，发现他们在吃到食物之前都会先做个鬼脸。我们用不着就婴儿对事物的过度反应而对他们进行询问，因为他们在下意识地模仿母亲。我们建议把婴儿食物变得更美味一些，例如把火腿蘸上适量的葡萄干酱。这样做的结果是，客户的产品销量上升了。

芝加哥分部不再是业绩不佳的分部。现在，我们签下的新的重要客户有时甚至比纽约分部还要多，有一年，我们新签的合同量占到麦肯全美 16 家分部总量的 3/4。马里恩决定来我们分部，看我们是怎么做的。当时，我们正争取腾思防酸剂公司。由于其广告量非常大，很多公司都在抢着和它合作。在演示中，我们给腾思的高层提议，让他们制造多种口味的产品，并为老顾客提供特别装，这个设计是为了展示我们对产品和顾客的了解。在我们结束演示后，管理层做了一个前所未有的决定，他们决定和我们合作。马里恩是个很难满足的人，不过我们的这次行动却得到了他的关注。

芝加哥分部的运气越来越好，我的工作也越来越顺利。回首往事，我必须毫不谦虚地说我在广告业发挥得很好，甚至比我以往从事过的任何职业都要好。这份将分析和创意融合在一起的工作似乎很适合我，我也确实从中得到了好处，当时我的工资是年薪 50 000 美元。

吉姆，我们的第二个孩子，出生于 1956 年。我相信这次我不会缺席了。当时我和萨莉还住在艾文斯坦北部的一套两居室内。我们从结婚起就住在那里了。现在有了吉姆，我们就开始了找房子的旅程，最后决定在更北一点的郊区，伊利诺伊州的凯尼尔沃斯落脚。著名的乔瑟夫·希尔公立小学就在那里。我们买的房子有 4 间卧房、3 个卫生间，另外还有个小型带卫浴的工人房，整套房子像宫殿一样。后院有足够的空间让孩子们玩手球，侧边的空间还可以变成溜冰场。我和萨莉推着童车，带着孩子们沿着宁静的街道散步，他们，特别是约翰，非常喜欢这样的散步。他总能在天上找到吸引他注意力的东西，鸟、飞机和云彩……这是我们搬到新家后养成的第一个习惯。第二个则是我的周末高尔夫行程，我渐渐对高尔夫上瘾了，回头想想，我确实是放了太多时间在打球上，而没有在家陪萨莉和孩子们。

在这繁忙的几年中，我很少探望我的父母。父亲投在餐厅上的精力逐渐减少。他们按照约定踏上了希腊这片故土。父亲对瓦利亚的捐助规模颇大，比如出钱修路或安装排水系统。我们在凯尼尔沃思的房子很大，这样我就能邀请父母前来小住了。这是我第一次邀请父母来我家。他们住了些日子，在这段时间中，他们宠着孩子们，孩子们叫他们"亚亚"和"帕帕"（现在我已经是9个孙子孙女的"帕帕"了）。在孩子们看来，父亲已经没那么严格了，虽然他对母亲仍然那么拘谨、严肃。萨莉的父母则比较冷淡，这好像是德国家长的特点。他们从不久留，只有在去佛罗里达东岸的霍布桑德度假和回来的路上才会来家里待上几个小时。

广告业的原则，必须把柠檬变成柠檬汁

我和我麦肯的同事们都很年轻、成功且情绪高昂。身在这个圈子里，你难免要玩文字、图片游戏。广告这个行业本身就不那么严肃，它吸引着爱玩又富有创意的人。在麦肯芝加哥分部里，我们通过制造精致的恶作剧来捉弄同事，这种游戏经久不衰。

埃尔默·里奇（Elmer Rich）在我还住在艾文斯坦的时候就成了我的好朋友。他的家族掌管着赛蒙斯车蜡公司。小波西和我当时正为这家公司做广告。我特地邀请里奇一家来我们家吃晚饭。我像往常那样，执着于晚餐的各个细节。我特意列了个单子，里面列的每一种酒都是我猜里奇家想在我们家看到的，我只是想假装我们家在这方面拥有和他家一样的精致水准。我去当地卖酒的商店，买了很多种露酒和白兰地，还买了各种水果、坚果和烈性甜酒，我自信地觉得我一定能满足客人们的奢侈要求。

> 那个重要的晚上终于到来了。晚餐进展得很顺利。波西夫妇和里奇夫妇对一切都很满意，他们笑谈甚欢。在甜点盘撤了之后，我问他们想要些什么餐后酒。
>
> "嗯……"小波西带着顽皮的目光说，"我想要一杯格拉巴酒。"他对我微笑。
>
> "格拉巴酒？"我说。

"没错，格拉巴酒，"他回答，"你肯定知道的，彼得。没错吧？"

"当然。"我说。其实我真不知道。

"意大利人是从他们酿酒剩下的材料中提取它的，法国人管它叫渣酿白兰地，众神之酒。我想喝的就是那个。一杯就好，谢谢。"他手指微抬。

我能以我的房子打赌，小波西绝对是从酒文化字典中找到格拉巴酒的，他比我知道的多不了多少。可是这次他赢了，我的酒柜里确实没有格拉巴酒。其实他在早些时候就发现了这个漏洞，这是我后来才知道的。当时的他装出惊讶和失望的表情，假装很为难，他拒绝了我给他提供的上等白兰地。"不用了，"他语气像是他的好朋友去世了似的，"我只想喝那个。"

我们没和赛蒙斯公司做成生意，不过小波西和埃尔默成了好朋友。他们互相分享他们淘气的幽默。

一个圣诞节的早上，我打开前门取报纸，看见一个扎着红丝带的大盒子。我想把它搬起来，可却搬不动。当时穿着浴袍和睡衣的我觉得很冷，只好当即拆开丝带，掀开一角，看看里面是什么。里面黑咕隆咚的，什么也看不到，我只好把盖子抬高了几寸，里面的东西看起来很像毛料。当盖子全部打开时，我看见一只巨大的血淋淋的黑熊毫无生气地待在箱子里。

我感觉这是小波西和埃尔默的手笔。我的第一个想法就是在住我隔壁的埃尔默和他的妻子、孩子来我家喝圣诞蛋奶酒之前，把这个东西丢掉。我知道他会假装对这个盒子产生好奇，等盒子打开后假装惊讶地问到底谁会送我这么个礼物。

"这不可能，彼得森先生，"执勤的警官说，"我需要告知您，动物尸体会对健康造成危害，请您尽快处理。"

"我要怎么处理它？今天可是圣诞节啊！"我说。

"我不知道，"他说，"或许你可以烧了它。"

要埋掉这个已经僵硬的熊大概得把半个圣诞节早晨赔上，我需要在冻硬的土地上挖个大洞，然后我意识到这正是小波西和埃尔默希望我做的事。

广告行业的原则之一就是必须把柠檬变成柠檬汁。这个沾满血的熊就是个大柠檬，那要怎么把它变成柠檬汁呢？嗯……对了！可以变成熊皮毯子。如果我可以把这只熊变成熊皮毯的话，就把它做成柠檬汁了。

我找到离我最近的动物皮剥制师，打电话告诉他我的想法。好的，他说他可以把熊做成熊皮毯，不过圣诞节他不工作。我再三请求，跟他解释我的处境。最后，他同意了。约翰和吉姆当时分别是 8 岁和 6 岁，另外还有个不小心问了我这箱子里是什么的邻居，他们一起帮我把箱子搬到我的车尾箱，随后我把它送到剥制师那里。

应对恶作剧的核心原则就是，受害者不能让做恶作剧的人发现其痛苦和担心，也不能透露受害者已知这是个恶作剧的事实。所以埃尔默来的时候，我们什么也没说。

几周后，剥制师打电话来让我去取熊皮毯。毯子很棒，上面有熊的眼睛，下巴呈咆哮状。我把它放在起居室，然后开始等待时机。

几天后，我们在埃尔默家享用早午餐。他们的大儿子跑到我旁边说："彼得森先生，我爸快被你逼疯了，那只染血的熊到底怎么样了？"哈哈，我心想：我猜对了。孩子继续说："爸爸和波西先生花了很多时间和钱。他们雇了个猎人去捕熊，然后花钱把熊从威斯康星州用船运过来。爸爸还去求艾文斯坦医院院长，让他同意把熊放在停尸间直到圣诞节。然后他们把它装起来，半夜运过来。他们都非常奇怪你那边怎么一点儿消息也没有。"

这种感觉实在太棒了！我举办了另一场晚餐会，埃尔默和波西是我的座上宾。

餐会中，我装着不经意地领着客人去参观我的起居室，那熊毯则在壁炉前的地上做咆哮状。"我想敬酒，"我举起酒杯说，"虽然不知道应该敬谁，不过我真的很感谢那个给我们这只熊的人，因为我一直想要张熊皮毯子。我敬那个慷慨的人。"

"你这个混蛋！"小波西和埃尔默同时叫道。随后，那只熊便成了那晚的主角。

从此之后恶作剧再未发生，至于其中缘由，我也不清楚。

道德困境岔路口的终极选择

1956 年，我 30 岁了。一天，我又接到了一个重要的电话，是马里恩从纽约打来的。原来他又在对麦肯进行重组，这次，他想让我当他的高级助手。马里恩一共只有两名助手，我的任务是协调中西地区、西南地区和西部地区的地方分部，另一个助手则掌管着东部地区的分部。另外，他还让我成为五人董事会中的一员。我的办公地点仍然在芝加哥分部，这方便我到不同的地方管理其他分部。同时，在纽约我也会拥有一个大办公室。

我又一次感到非常惊讶。我确信我成功了。不过随着我在广告业越爬越高，我的生活慢慢被一个又一个的客户危机给框住了。我花了很多时间赶飞机，有时甚至是客户来之前的一整个晚上都在准备陈述。我的行李永远是打包好的，以至于到后来好不容易回到家时，我甚至怀疑孩子们还认不认得出我。

可最后让我离开的并不是我的工作量，而是我对马里恩领导能力的质疑，我还质疑他的诚实正直。

作为麦肯的首席执行官，马里恩等于它的统治者，这么说毫不夸张。1957 年，公司的盈利下滑，以至于高管坐飞机都得坐普通舱，我们被迫裁员。广告这个行业是建立在群众基础上的，辞退待了好几年的员工，这个过程是痛苦的。然而在这紧缩开支的过程中，马里恩居然单方面授意麦肯购买一架飞机，而且买的还是一架道格拉斯 DC-7 型号，一架有 4 个引擎的商务机。螺旋桨驱动的它可承载 110 名旅客，可是马里恩却把它限定为管理层专用，即大部分时间供他自己使用。我对他这样使用公司的钱感到很生气，以至于有一天，在和美联航空首席执行官帕特·帕特森（Pat Patterson）吃饭时，我吐露了我的想法。有人说如果餐桌上有彼得·彼得森和帕特·帕特森的话，妙语肯定不会少。然而帕特告诉我的话一点儿都不好笑：美联使用 DC-7 有好多年了，它的缺点就是特别耗油，就算客满，它也无盈利可言。"彼得，那架飞机纯粹是在烧钱。"他说。

除了买飞机之外，马里恩还做了件比这严重得多的事情，那已经是商业违法行为了。他的这件事破坏了公司对员工的承诺。麦肯拥有分红制的退休信托基金，这是大多数麦肯员工唯一的退休计划。基金采用的是保守且平衡的投资组合，其目的是在保全资本的情况下，缓慢增收，给麦肯员工退休保障。"审慎者"规则就是应用在这种养老金和退休基金的投资上的。虽然我离退休还很远，可是我很清楚地知道，谨慎是唯一可靠的方法。在芝加哥大学商学院做学生和老师的经历让我明白了信托责任和规避非必要风险。我想在这其中，父亲的谨慎和我对大萧条的记忆也扮演着重要的角色。

可马里恩的野心太大了。在他看来，麦肯是一个不受拘束、拥有各种各样传播技术的帝国。这种想法让他非常关注公共关系和专业广告，在我看来这是非常靠不住的。为了集资完成这些广告，他在董事会上提出了一个议案，让分红制的基金套现其大多数投资，并将钱投入新的麦肯股票中。这个看法有几点错误：

● 广告本身就是危险多变的行业，其好坏取决于商业环境和客户的时运，而客户的时运至少有一部分是靠广告提升的；

● 把钱投在一个公司的股票上也不属于风险分摊。

当我在董事会上发表讲话，问谁会在这个计划中掌控股票金额时，马里恩宣布他将担任基金的受托人。

麦肯不是国有公司，没有陪同董事会来监督决策的制订。我告诉董事会，我对马里恩想做的事情表示严重怀疑。这个决定会让我们员工的钱遭受风险，而马里恩则可以一石二鸟，得到扩张所需的钱和对公司的控制权，这种控制没有必要且并不常见。我是唯一一个持反对票的人。

在随后的几个月里，我说了很多，做了很多不属于我工作范畴的事。最后，我写了篇文章，其中囊括了我对广告行业未来的想法和麦肯在其中的定位。我认为，顾客主导的市场经济正在蓬勃发展，广告公司在其中的范畴慢慢超越了写新闻和制作电视广告，开始帮助产品发展、改变包装和提高销量。

我为我的想法举了很多例子，并把它复印给同事们看。大家都表示赞同，我的猜想也得到了肯定。出于好意，我给马里恩也送去了一份，希望得到他的意见。

我猜想他可能会以自己的名字将其发布出去。虽然我这份东西有帮助制定企业战略的目的，可马里恩终究是老板，制定战略是他的责任。另外，我还想到，如果他不同意的话，这件事就到此为止了。

可实际发生的情况却出乎我的意料。我往他办公室打了几次电话，想得到他的看法，可他从来也不回。开始我觉得他可能否决了我的看法，只不过不想伤害我的感情。然而几个月后的一天，我正在看《广告时代》(Advertising Age)，这是广告业的行业杂志。在杂志的意见板块里，我看到了我的文章，一字不落，甚至连标题都没改，署名为马里恩·哈珀。编辑寄语说，文章在接下来的几期中会继续连载。

我非常惊讶。他没有跟我商量就这么做实在是太让人难以接受了。马里恩是个聪明人，不过现在我终于知道了，他并不正直，以后我再也不会相信他了。

除了辞去工作，继续人生之路外，我别无选择。我和萨莉说明了我和马里恩的意见冲突以及我的怒气，她表示理解。"你会没事的，"她说，"现在我们不缺钱，我也从来不怀疑你的工作能力，你会找到好工作的。"

我对马里恩缺乏信任是我必须离开麦肯的重要原因之一。还有另外一点，我的生活被这种高频率、歇斯底里的会议计划和出差透支了。

当我又一次出差回来时，我的儿子吉姆，当时他只有 18 个月，惊讶地看着我，好像正在想："这是谁啊？"这也促使我做了决定。

我和小波西分享了我的看法，也给马里恩捎了这个消息，当时正逢麦肯全球管理层会议。那时公司的分部已遍布全球 10 多个国家，这次会议所有的管理层都会来。我从芝加哥来，当到达莱辛顿的办公室时，我得到了马里恩私下见面的邀请。我以为他至少会为《广告时代》的事道个歉，可他提都没提一下。相反，他说话的口气倒像是刚知道我要离开一样。他用夸张的辞藻描述了我的功绩，并表示他会在会上发表一个声明，宣布我即将成为公司的总裁，而他自己则会变成董事长，并继续当他的首席执行官。他说我们会一起成就大事。不过我已经下定决心，没有任何事情能够改变，就连这个工作机会也不能。我和马里恩不会成为工作伙伴。

我义正词严地告诉他："谢谢，不用了。"他看起来很吃惊。难道我不知道只有 31 岁的我可以成为世界上最大的广告公司之一麦肯的总裁吗？我当然知道，可是，我的答案不会改变。

会议随后召开。我和我的管理层同事到齐后，马里恩宣布会议开始。他首先阐述了我们公司国际版图的扩张情况，之后，他说，有一个人未来可以帮助他来领导这个公司。我暗自笑了笑，难道他的团队中有另一个彼得森吗？可事实是，这个引领麦肯走向未来的人不是别人，正是彼得·彼得森，他说了我的名字。我脑中嗡的一声，我们之前的谈话像是没有发生。同事们为我的晋升欢呼，马里恩甚至让我起身向大家鞠躬。

马里恩可能觉得他能掌控那天的情况，又或者，他觉得我不可能拒绝那样一个机会。不过在我看来，他的声明恰巧证明了他根本素质的缺失。他太自负，以至于接受不了挫败。当会议结束时，我再一次告诉他我不会留下，我反复强调，直到让他确信。

几周后，在做完了收尾工作后，我离开了麦肯。当时我 31 岁，已婚，有两个孩子，没有工作。我下定决心，以后再也不在一个我不信任、不敬仰、没有共同价值观的老板手下工作了。

The Education of an
American Dreamer
彼得森的启示录

▷ 别把名号看得太重，一个公司可以有好几百个这样的头衔，重要的不是当副总裁意味着什么，而是当不上副总裁意味着什么。

▷ 谨慎是唯一可靠的方法。

▷ 不管去哪儿，我都会因住户的不同而更换着装：我会穿着 T 恤和卡其裤去穷人区；穿着西装、打着领带去富人区。有时你必须全力劝说才能让他们开门。我会在必要的时候打出同情牌，跟受访者说，如果做不成访问，老板就会扣我的钱。

提出正确的问题
投身制造业

▷

进入贝灵巧，我首先感受到的是自己的无知，
但这也让我刚好成了"煤矿里的金丝雀"。在市
场调研中，我学到这样的道理：提出正确的问
题，对制造出合乎消费者要求的产品大有裨益。

1958 年年初，我决定离开麦肯公司，我想多陪陪萨莉和儿子们，以前总是出差，
没能经常伴他们左右。我母亲却考虑颇多，她觉得我没了工作，需要家庭的安慰和
支持，现在是时候回到卡尼了。她说父亲在中央咖啡厅工作了 35 年，我回来教书，
他一定会双手赞成，其他人也会欢迎我归来。大家都知道我以前是个好学生，就业
机会肯定源源不断。我有 MBA 学位，而且在芝加哥大学商学院教学成果也不错，
就算说我能接过父亲老友库欣博士的衣钵，当上内布拉斯加州州立师范学院的院
长，也不是什么天方夜谭。那些目标很远大，但我清楚，卡尼只是我生命中的一段
过往，我不会再回去了。

接到查克·珀西（Chuck Percy）电话的时候，我还在准备求职信。当年他也是
艾森豪威尔的支持者，我们俩是在 1951 年说服艾森豪威尔参加总统竞选的活动中
认识的，当时我们常常讨论我对艾森豪威尔好感度的调查。现在我们都住在凯尼尔
沃思，就隔着两个街区，我们感情不错，常在一起打网球。他只比我大 10 岁，可

是已经担任贝灵巧公司的董事长兼首席执行官 8 年之久。在我的心目中，他就是一个传说。我们俩还有一个共同点：芝加哥大学商学院。珀西也是从那里毕业的，而且还是商学院的董事，他对我在学院里的营销课教学有所耳闻。

贝灵巧公司是一家老牌制造商，专营教学用电影器材、缩微胶卷和视听投影仪。第二次世界大战期间，公司曾将生产的摄影机改装成军用，此后积极扩大公司消费类产品生产线。麦肯接手他们的广告后，我就熟悉了这家公司。有时，我会跟珀西在他家打上几局网球，休息时我们经常会谈论一些产品开发的问题，聊聊作为一家占据摄影和视听设备高端市场的公司的老总，他会面临怎样的挑战。长期以来，柯达都是贝灵巧的竞争对手。在从麦肯辞职之前，我还曾为贝灵巧公司的高管们做过一项报告，为他们如何在同柯达竞争时占据上风出了一些主意。

"彼得，"他在电话中说，"我有些事想跟你商量一下。这很重要，我马上就派直升机去接你。"不到半小时，我就在珀西所在的凯尼尔沃思湖畔居所前的空地上着陆了，飞机降落的时候卷起了一片沙云。这样着陆可能不合法，但这趟旅行的确很快、很刺激，总共用了不到一刻钟。珀西这个营销大师，知道怎么打动我。他在湖畔迎接我的到来，一边进屋一边跟我聊着家常，一点儿时间都没浪费。他说他很欣赏我在贝灵巧广告方面所做的营销工作。因为我曾经建议，让他们集中精力，对付那些倾向销售高利润高端产品的重量级大摄影机交易商：他们更看重贝灵巧，而不是柯达等公司出产的价格和利润都相对较低的器材。而我在公司中提出的关于经销商促销、销售人员奖励措施和产品展示的建议，都比贝灵巧重要广告项目的支出底线便宜许多。

他也没有过多客套，就为我提供了贝灵巧第二执行副总裁的职务，进入董事会，享受 10% 的加薪，还有不少股票期权。好家伙，股票期权比我的现金收入价值都要高好多呢！

我惊呆了。以前我只知道自己对广告业务比较在行。我觉得下一个招募我的应该是麦肯的竞争对手，但珀西却反对我继续留在广告业。之后，我才告诉珀西我正考虑离开麦肯。他说这样做没错儿，因为我这人"太严肃正直"，不适合从事这种本质上没什么前途的工作。他这样说令我有点不舒服，说白了，他的意思就是：跟运营公司这种真正制造、销售产品的行业相比，广告到底还是很浅薄的。他说得也没错儿，我们这些干广告的，的确花了太多时间、太多精力把芝麻做成西瓜，有时甚至还是做无米之炊。

珀西提供的这份工作让我受宠若惊，也跃跃欲试。就这样，我离开了一个相对还有些优势、多多少少也算得上是专家的领域，转战到一个还需学习的世界。当时我对此多少还有些担心，但珀西对我能力的信任也让我有了一些新认识。在他的影响下，我觉得其实事情也没那么艰难，而且能跟珀西一起工作让我激动万分。他当时已经是国内一个颇受尊敬的人物，人们不仅敬仰他在商业上取得的成绩，还赞赏他对社会政策的高瞻远瞩。我知道，民主运动还未见端倪时，贝灵巧就已经是美国聘用少数移民后裔的排头兵了，而且进入这儿的董事会后，我就能经常与一些芝加哥的商界大腕接触了，比如联合航空公司、西尔斯、罗巴克和内陆钢铁公司这些企业的首席执行官。

我和萨莉商量了一下，但真的没必要考虑太多。1958 年春，我加入了贝灵巧。

最拉风的相机

新老板指派给我的第一个任务就是度假。

"彼得，我知道你工作一直很用心，"珀西说，"去度个假吧！"于是我在贝灵巧前 3 个星期的工资，就是在百慕大的沙滩上与萨莉和儿子一起度假时得到的。当时我们刚知道萨莉怀上了我们的第三个宝宝，我也好好地与约翰、吉姆玩了一阵子，然后休息，展望未来。

我们跟孩子们在沙滩上玩得很痛快。非常不可思议的是，约翰被波浪深深地吸引住了，后来我们才明白原因为何，而天生爱好运动的吉姆则喜欢上了沙滩足球。

5月21日，我回公司报到。当时我晒得黝黑，却整装待发。新办公室和从前在市中心的麦肯真是太不一样了。

贝灵巧在芝加哥市西北角，位于芝加哥同艾文斯顿的交界处，公司处于一座普通的二层老楼中。主管办公室被设计成了斯巴达风格，只有一扇窗户，可以看到外面的停车场。办公楼内有一间小屋，地面铺着油地毡块，窗户上配着铝百叶窗，主管们就在这里用餐。旁边有一座大型加工厂，那是珀西刚建的，几千名工人就在那里装配贝灵巧的电影和视听设备，整套设施面积大概有14万平方米。我马上明白了，为什么需要"更广泛的营销方式"，因为公司需要运营这样庞大的设施，需要使效率达到巅峰。

我在公司是三把手，珀西是首席执行官、董事长兼总裁，二把手是第一执行副总裁威廉·罗伯茨（William Roberts），他是珀西的朋友，和珀西一样也是基督教科学派信徒。我的上级是罗伯茨，但是令人尴尬的是，他的姐夫卡尔·施赖尔（Carl Schreyer）是公司的营销副总裁，需要向我汇报工作。

我曾听神学家保罗·田力克（Paul Tillich）这样说过："**20世纪人类最大的问题就是，含糊其辞还不知惭愧。**"在贝灵巧的时候，我何止是不知惭愧、含糊其辞，刚开始甚至是一问三不知。任执行副总裁的那段时间，我的第一项工作就是执行高级营销官需要完成的工作，这也是我的专长，但是没过多久，我就开始承担起消费者摄影视听业务，这是公司收入的大部分来源。制造业对我来说是全新的，创造高质量产品，并大量出产的过程似乎需要无数个步骤，而我对这些都一无所知。

贝灵巧的工程师们大概对我相当不放心。他们耐心地为我做过多次产品演示，帮我熟悉公司的产品。我用起电子器材来有多笨手笨脚，他们估计都看在眼里，但这也有个好处，我刚好成了"煤矿里的金丝雀"，可以发出早期预警信号：要是我用贝灵巧相机有问题，设计人员就得连忙赶出个新版本，好让广大非专业消费者能够轻松使用。

因此，我把贝灵巧所有的高级摄影器材都带回家——试水。然而，想拍到满意的影像，还真不简单：我们向家庭用户出售的 8mm 摄像机通常有一个内置的镜头旋转台，带有 3 种不同焦距的镜头，三角形旋转台突出来，看起来怪怪的。不管拍摄对象离镜头太近还是太远，都需要停下来，转动旋转台，换镜头，调整距离。

一天，我把这些麻烦事告诉工程师，他就向我展示了一个无须旋转的变焦镜头。我爱死这个镜头了！它不仅好用，而且能让我在摄影中得到全新的自由：不用再担心鼓捣旋转台的时候，孩子们会跑得太远，使用放大功能就可以继续拍到他们。

回到家中，我又把邻居和客人们当成小白鼠来试验，他们的反应同样强烈。我将此称为"哇"效应。他们透过镜头观看，摆弄透镜圈将镜像放大缩小，接着就大呼"哇"。

我不明白为什么这样的镜头设计只面向专业客户，于是问首席光学工程师："我们为什么不把变焦功能安装在大众市场的相机中呢？"

他回答的语气中带着轻蔑："您说为什么，这样的变焦镜头安在大众市场产品中难道不是浪费吗？"

我说："这我明白，但是有什么法子把成本压下去吗？"

就算我们减小变焦倍数，放弃一些特写和远距离放大功能，产品在市场上也能产生秒杀效果。

这时，电视界又见证了新的进步。20 世纪 50 年代末，电视节目风靡一时，体育频道更是如此。我自己在家就目不转睛地盯着体育频道，同其他体育迷交谈，发现大家都是如此。

在这里，产品开发的另一个概念诞生了。我将此称为"发明问题"。在市场调研中，我学到这样的道理：**提出正确的问题，对制造出合乎消费者需求的产品大有裨益**。于是我问设计人员，我们能不能嵌入关于体育频道的技术。没过多久，一名工程师就问我："您觉得慢动作功能怎么样？"

这下子，轮到我"哇"了。要是能用慢镜头一帧帧拍出宝贝儿们走出的第一步，那该有多棒啊！如果能看到自己打高尔夫时挥杆动作的慢镜头回放，那该多有趣，最起码也能从中学习，别再打这么多左曲球和右曲球了。我应允了这个建议。

于是，Zoomatic 这款拉风相机就问世了，当时可是轰动市场，但是后来它也出现在了美国最悲惨的现场：亚伯拉罕·扎普鲁德（Abraham Zapruder）就是用它拍下了时任美国总统肯尼迪遇刺的清晰画面，而该事件也让 Zoomatic 成为史上被研究、分析次数最多的相机之一。

得益于这些技术创新，我们的产品魅力四射，但我们也需要从其他方面增加销量。研究数据过后，高额的固定成本让我吃惊不已。不管我们的相机、投影仪销量是 1 万台还是 100 万台，加工、销售组合、厂房以及机器，这些方面的成本都无法得到显著的削减。

我看到了一个切入点，可是该怎样说服经销商，让他们用心销售贝灵巧产品，在固定成本和当前销售水平的基础上使销量有实质性提高呢？

我们向重点经销商解释了我们的成本结构，并告诉他们，如果其销量高出我们的计划水准，他们就可以从盈利中分一杯羹：销量若是超出前一年，就有机会以贝灵巧股票形式得到分红。如果成为公司股东的话，他们的利益就与公司的盈利和未来直接挂钩。我们将该计划称为"盈利伙伴"。

计划进展顺利。1958 年，消费产品销量直线上升。公司市盈率尽管已经漫步云端，也仍同销量一样继续攀升。华尔街将贝灵巧称作"成长型企业"，在当时严峻的经济环境下，公司仍取得了伟大的成就。

不过，我们的竞争对手仍旧强大。在家庭摄影市场上，我们公司的份额同柯达持平，但柯达的广告支出是我们的 30 倍，他们砸出 3 000 万美元，而我们只花了 100 万美元而已。柯达能有这样的成绩，是因为他们在高利润的胶片市场上几乎处于垄断地位。美国国内出售的彩色胶片，95% 都是柯达生产，就连贝灵巧照相机里面用的也都是柯达胶卷。这和吉列公司有些相似，它出售剃须刀片，也出售剃须刀来改善盈亏状况；柯达靠高利润的胶卷吸金，在摄影器材市场上却盈亏不定。我们呢，只出售设备。

赞助机遇，贝灵巧特写镜头

1958 年年末的一个星期六早上，我和两岁的吉姆坐在卧室里看电视，寻找他最喜欢的卡通节目。当时还没有遥控器，转动频道调节器的时候，我发现其中一个频道在播放纪录片。于是，我不顾吉姆的号叫锁定了这个频道，因为这个频道让我着迷。这个频道播出的是一个介绍中国的节目，是自 1948 年以来第一个描述中国的电视节目。我思索着为什么哥伦比亚广播公司（CBS）会在星期六早上的卡通节目时间播放这个纪录片，那个时间段很少有成年人坐在电视机前。

记得数月前，哥伦比亚广播公司的爱德华·默罗（Edward R. Murrow）曾慷慨激昂地批评各大电视广播公司把周末重要的新闻节目降格为一种"知识贫民区"。他主持的公共事务系列节目《现在请看》（*See It Now*）因质疑参议员约瑟夫·麦卡锡推动的反共政治迫害而名声大噪，但由于赞助商美国铝业公司的退出，这个节目的时间档已被智力竞赛节目《64 000 美元问题》（*The $64 000 Question*）取代。参议员曾就他这个节目开过听证会。现在，我突然有个想法：或许贝灵巧可以插手？公司那点儿广告预算只能让我们在播放牛仔剧和侦探剧的时候做些广告，而柯达的名字却显示在像迪士尼系列电影之类的大型剧目中。休假结束后的第一个工作日，珀西来接我上班，我向他表达了我的想法。

　　"要不我们向一个电视网提出赞助合作？我们可以这么跟它的负责人讲：'先生，你遇到了困难，我们也是如此。你们在华盛顿陷入越来越大的麻烦，因为你们没有履行公共服务的责任。虽然我们的广告预算很小，但我们的梦想却很大。假如我们愿意赞助黄金时段播出的公共服务节目，那么我们将承担制片费，你们也将拥有完全的编辑自主权。这两样正是你们现在所缺乏的。节目的主题也由你们选，无论是公民权利、人工流产，还是其他。但节目必须在黄金时段播出，而且要取名为《贝灵巧特写镜头》，您意下如何？'"

　　珀西沉思一会儿说道："你认为这会给我们带来有利的推广，而不仅仅是露个脸，对吗？"

　　"这是我的理论，"我说，"但请记住，这仅仅是一个理论。"

　　回到办公室后几分钟，珀西拨通了弗兰克·斯坦顿（Frank Stanton）的电话。他是哥伦比亚广播公司的总裁。这位名声显赫的总裁为哥伦比亚广播公司赢得了"蒂芙尼广播网"①的美名。正因如此，我们选择它作为赞助对象。

　　过了不久，我和珀西飞往纽约，参加在哥伦比亚广播公司总部举行的会议。公司总部设在麦迪逊大道和52号大街的路口。会上，我向斯坦顿和该公司的董事长詹姆斯·奥布里（James Aubrey）提出了我方的想法。很明显，他们此前也认真考虑过这个想法。因为当我结束发言后，斯坦顿说："我们喜欢这个主意，只是有一点意见，节目的名字必须是《CBS报道，由贝灵巧赞助推出》。"

　　这一点我们很难妥协，可又无可奈何。此外，还有一个问题令斯坦顿十分担忧，他要我们就此做出明确表态："两位先生说让我们在节目主题和内容上有完全的自主权，此话当真？"

　　我们随即向他表明了我们的诚意。

---

① 蒂芙尼是珠宝界的卓越品牌。

"相信我，你们俩与众不同。"他说道。

我是所谓的"洛克菲勒共和党"的一员。这是一个正在快速消失的人群。我常开玩笑说这类共和党人仅剩两个人了，那就是我和大卫·洛克菲勒。我们俩都认为要在财政问题上保守，而在社会问题上则要持温和或自由主义态度。幸运的是，珀西也有着类似的观点。与绝大多数的首席执行官不同，他和我一样，愿意插手一些有争议的问题，如公民权利和人工流产的合法性与否。

这样，由爱德华·默罗主持，弗雷德·弗雷德利（Fred Friendly）制作，"贝灵巧赞助推出"的《CBS 报道》（CBS Reports）在 1959 年 10 月 27 日首次播放。

那个年代，美国与苏联展开了激烈的太空竞赛，《CBS 报道》的第一期节目就是详细介绍一个把卫星送入轨道的火箭，从它的早期制造到最终的发射。节目中，默罗采访了维尔纳·冯·布劳恩（Wernher von Braun）博士。他是一位德国火箭科学家，当时为美国国家航空航天局（NASA）工作。当看到火箭在发射的几秒钟后失控坠毁时，观众既欣赏到了惊险的一幕，也领略到火箭工程的困难和挑战。其他一些早期节目则要比这个有争议得多。

在其中一期节目里，来自巴黎圣母院的神父特德·赫斯伯格（Ted Hesburgh）与来自旧金山圣公会的主教詹姆斯·派克（James Pike）就流产问题展开辩论，公众对此反响强烈，褒贬不一。我很欣赏这个节目激起公众如此大的反应。节目播出后，恶意邮件如洪水般涌向哥伦比亚广播公司和我们公司。节目的另外一个赞助商高炉古德里奇公司因这期节目而宣布退出赞助。它的退出引起了更多的关注，也使继续赞助的贝灵巧显得更加高尚。

节目收到的赞誉远盖过对它的批评。《芝加哥每日新闻》（Chicago Daily News）上发表的一篇社论令我尤为喜欢。文章的标题是《写给一个赞助商的情书》（Love Letter to a Sponsor）。公司不断收到各式各样的赞赏，更重要的是，我们的品牌认知度、形象和市场份额都在上升。

基于我们为数不多的广告预算，我们赞助了 9 个节目。由于我们的节目不多，这样观众就感觉我们的纪录片确实很特别，不是那种常规的电视节目阵容。有一天，我接到哥伦比亚广播公司总裁詹姆斯·奥布里的电话。他请我下次去纽约时，与他见上一面。

抵达纽约拉瓜迪亚机场后，一名司机让我上了一辆超长的豪华轿车，奥布里正在车后座等我。我一向讨厌这种车。或许孩子们坐这种车去参加舞会，可以炫耀一把，但商人坐这种车谈生意，就显得太浮夸了。另外，这类车耗资太大。我以为这次会谈会激起我的兴趣，却没想到它居然让我恼怒。聊了不多久，我就明白为什么电视圈称奥布里为"阴险者"了。

"彼得，"他对我说道，"《CBS 报道》是个巨大的成功。观众很喜欢这个节目，政府也很欣赏，可问题是我们想推出更多的此类节目。我们将在明年把节目增加到 39 个，每个星期都选一个黄金时段播出一次。你会加入我们这个项目吧？"

听到他的提议后，我很震惊，怒火很快便涌上我的心头。我们已经把所有的广告预算都拿去支持他们的节目了，况且他也知道哪怕再多一个节目都会超出我们的能力范围。他早就明白这一点，却要我们把赞助额增加到 450 万美元，那可是原先的 4 倍呀！

"当初我们并不是这么约定的，"我回答说，"你知道我们只能赞助 9 个节目。"我直截了当地告诉他这违背我们原有协议的精神，我们不会同意。

"你不认为应该先和查克·珀西商量一下吗？"他问道。

"不，不用和他商量，"我告诉他说，"珀西和我一样了解我们的财务状况。他也知道我们承受不起那么多赞助费。"

贝灵巧退出赞助的消息传出后，奥布里只能自食其果。因为"阴险者"找不到任何赞助商，而他们先前已经宣布了节目的扩编，所以他们只能自己承担所有 39

个节目的成本。多亏默罗和弗雷德利的努力，扩编后的《CBS 报道》继续受到观众的青睐。但由于失去了这个媒介，我们的品牌宣传又回到了起点。

退出赞助后不久，我们又迎来了另一次赞助机遇。我的一生中常常有这样的运气，这种运气令我的生命更加灿烂。事情是这样的：

在我们与哥伦比亚广播公司终止合作的消息传出前，美国广播公司（ABC）的总裁奥利·特雷斯（Ollie Treyz）打了个电话给我。那时是电视时代的早期，CBS 和美国全国广播公司（NBC）占据了业内主导地位，而实力相对薄弱的 ABC 排在第三位。很明显，ABC 已经认识到纪录片能有效地为其赢得声誉，吸引观众、联邦通信委员会和国会的关注。特雷斯直白地告诉我，他的公司必须走这一路线。

"彼得，我不喜欢求人，"他说，"但我必须见见你。我们公司在华盛顿遇到了大麻烦。我知道你正赞助《CBS 报道》，但我想说服你赞助我们。"

我告诉特雷斯，我会听听他的想法。随后，他来到芝加哥，向我呈现了一个绝佳的提议：ABC 将以《贝灵巧特写镜头》为名播出 29 个纪录片。此外，我们将提供赞助，把温斯顿·丘吉尔写的 6 章节的第二次世界大战史拍成系列纪录片，节目将由著名的理查德·伯顿（Richard Burton）主持。所有的一切都以我们的名义赞助推出，而我们只需付 60 万美元。我接受了他的提议，特雷斯甚是兴奋，我也一样。

于是，我们成了黄金时段播出的《贝灵巧特写镜头》节目的赞助商，而 ABC 拥有完全的编辑自主权。节目涉及许多国际和国内的敏感话题。其中，《假如你是我》（*Walk in My Shoes*）把黑人在美国的处境拍成了剧集，赢得了不少顶级奖项；《不，美国佬！》（*Yankee No!*）向美国人宣传，苏联正通过邻近美国南海岸的古巴威胁着我们的安全；《红与黑》（*The Red and the Black*）则记录了苏联对非洲的渗透。

当然，正如先前赞助 CBS 的时候那样，也有一些节目受到了公众的批评。在一个节目画面中，一户黑人家庭搬进路易斯安那州的一个白人社区后，遭到了白人的石击、监视和诅咒。因为这一画面，该州的立法机构禁止州立机构购买贝灵巧的产品。尽管如此，我们的营业额却仍在继续攀升。通过做这些有益于公众的事情，我们的业绩也上去了，这种感觉相当好。

营销试验，直邮销售爆火

对 CBS 和 ABC 的纪录片进行赞助的同时，我又展开了另一项营销试验。多年来，贝灵巧一直认为家庭摄影市场会有实质性的扩张，甚至是成倍扩张。然而，我们却看到了早期的滞胀迹象，珀西建的工厂占地 14 万平方米，造价昂贵，却明显无法得到充分利用。

每天一睁开眼，我满脑子想的全是怎样提高销量，有时甚至连做梦都在想。我越来越抑郁了。

一天，在摄影会展上，一个男人走过来跟我攀谈发牢骚："彼得森先生，您的市场人员都不听我的建议，您可能会听吧？"

"请讲。"我忍着没有看手表说，其实待会儿我还有一个会要赶。

"直接邮递。"听他这么一说，我更想找个借口赶紧离开了。但他用胳膊挡住了我，我还真没料到他会用这招，于是只好接着听下去。

他的意思是用直邮的方式销售完整的电影器材组合包，包括一架照相机、一架投影仪、一张屏幕，加上接片机和动画电影，然后再在包里扔几个"免费"电影胶卷。我怎么也想不起那个男人的名字叫什么了，但他说自己已经通过直邮销售了好几十万个电力工具包，贝灵巧没理由不采取同样的手段销售电影器材。他将帮忙决定组合包的内容，也会帮我们拿到最好的邮件发送单，条件是他要对每个售出的组合包收一笔佣金。

我以前见识过零售商如何有效地向顾客推销我们的电影摄影机。的确，根据长期的经验，我们公司相信顾客在买家庭摄影仪器前要亲自验证仪器，并且会要求一个他们认同的专业人士向他们展示如何使用。因此对这个邮递员的意见，我们公司那些有商学院学历的营销人员是坚决反对的。他们认为销售电影摄影机和投影机必须由销售人员进行。

"这些都是我在卖电力工具时别人告诉我的。"这个男人说。然后他用一副略带夸张的语气说："想卖一个电钻，必须让顾客感受使用的感觉；想卖一把圆锯，必须让顾客们用用看。事实却不是这样，你应该听听我的意见。此外，你可以尝试多种包装组合，然后根据反馈，选一种最好的包装组合。"他提醒我们，这跟大多数营销和广告项目不同，因为在营销和广告项目中，商家都是在不知道市场反馈的情况下做出承诺的。

回到办公室后，我们的团队展开了讨论。此后数月里，我们一直在讨论这个问题，讨论的结果不是留待下次继续讨论，就是意见不一。最终，我认识到这些无休止的争吵使我们付出了高昂的机会成本。**有时，人们把大量时间花在讨论某一问题上，因而失去了做其他有益事情的机会。**有了这番认识后，我们找到了那个邮递员。出于讨论无果引起的沮丧，我们向他提议：你愿意与我们合作，送一种特定的设备包装组合试试水吗？为表明你是真的信心十足，你需要承担这次试验的一半费用。他同意了。

我们把那些家有儿女的中等收入家庭作为这次试验的目标，因为他们很有可能要买家庭拍摄套装。我们打算用低于 200 美元的价格把拍摄套装卖给他们。为了进一步吸引他们，我们还承诺退款，但为了把退货可能性降至最低，我们还有一个附加条件：若要全额退款，顾客不但要还回设备，还要把用过的胶卷也一并送回。这一招很奏效，因为对顾客来说，这些胶卷很珍贵，它们捕捉了家庭成员在一起的许多镜头，而这些瞬间是不可能再次经历的，所以很少有人想送回这些胶卷。

出乎我们意料的是，这种有针对性的邮递销售居然成功了。1961 年是直邮销售的巅峰，通过这一渠道售出的设备占我们全年业绩的近 20%。直邮销售的火爆使我们担心经销商会不满，其实大可不必，因为经销商们相信顾客在使用我们邮递卖出的低焦距简便设备后，会开始去他们店里买更高级的（也更贵的）摄影机。同时，为了追求新的收入渠道，我们还开始运用在直邮销售方面积累的知识销售其他产品。

彼得森测验，用户不会随身携带说明书

1961 年春季的一天，我们正在收集对 ABC 节目《贝灵巧特写镜头》的褒扬之语（也有一些指责之声），并商讨如何通过直邮销售最大限度地开发家用摄影市场。这时，珀西走进我的小型办公室，还锁上了门。奇怪，通常我们之间的讨论都不会是私密形式的，我不知道现在到底是怎么回事。"彼得，"他说，"我已经做了一个决定。"

"我要辞去公司总裁一职，"他接着说，"继续担任董事长和首席执行官，但我想让你出任总裁。"稍作停顿后，他说："你觉得呢？"

"我有点儿受宠若惊。"我说。我还不到 35 岁，来公司也才 3 年，而且我感觉自己还没准备好。我知道珀西肯定为公司做了一个长远的规划，但是我不知道他为什么这么急。

不久以后，我的困惑就解开了。珀西是一个很会鼓舞人、很有魅力的领导者。他是个乐观主义者，能把人们带入他所设想的未来。正因如此，他很适合担任公职。

事实上，此前艾森豪威尔总统已任命他带领一个任务小组，研究美国未来的方向。虽然当时我并不知道事情的原委，但我知道珀西想致力于公职和政治。他之所

以在那个时候选择下放权力，是为了集中精力竞选一个公职。与此同时，他继续担任首席执行官是为了确保他所选的接班人能带好公司。毕竟从 29 岁管理这家公司以来，珀西已经在贝灵巧待了 12 年。

同样为贝灵巧公司付出毕生心血的比尔·罗伯特（Bill Roberts）却成为我晋升的直接受害者。此前，大多数人（包括我和他自己）都认为比尔是铁定的接班人。我想珀西在与我谈话前，肯定已经知会过比尔了，因为在我接任总裁后不久，他就转投安派克斯公司去担任首席执行官了。那是一家制作录音带、录像带以及录音机和录像机的公司。

与此同时，董事会批准了我的任命，公司也向外界发布了新闻公告。一时间，我成了媒体的宠儿。

那一天，记者的电话不断。回到凯尼尔沃思的家中时，我发现有一个摄影记者在我家外面等着拍一张我的照片。根据公司的新闻公告，年仅 34 岁的我是这家美国《财富》300 强企业中最年轻的总裁。那时，母亲正好在我们家。她亲眼看到了那些闪耀的闪光灯和她那被要求在照相机前摆各式各样姿势的儿子。摄影师和记者们一离开，她就跟我讲述了她对这件事的宝贵意见。她说："彼娣，我看不懂你。你为什么要忍受这些疯狂的东西呢？你完全可以回卡尼拥有自己的事业啊！"当然，母亲指的是中央咖啡厅。

我的朋友乔治·施蒂格勒的反应同样非常有趣，他是芝加哥大学商学院的一位老教授。在一次芝加哥大学商学院的社交聚会上，他简短地对我表示了欢迎："现在，我想为大家介绍一位年轻总裁，他所在的公司曾被称为成长型企业。"

乔治这一随口幽默却道出了一个残酷的事实。我们家储藏室的货架上堆满了用黄色盒子装着的电影胶片。我们投影仪上的保护套都蒙上了灰尘，它已好几个月未被掀开过了，同扫帚和拖把一道被放在车库的角落。原先，大家觉得制作家用电影很新鲜，但如今这种新鲜感已渐渐消失了。我们家很少看自己拍的家用电影，部分原因是每卷胶片只有两三分钟的时间，而我的机械能力有限，不会编辑和剪片，其他人也有同样的经历。每次拜访朋友时，我把他们也算作非正式的消费者调查对象，我发现他们也把黄色盒子和电影放映设备堆放在储藏室，弃而不用。

一向乐观的珀西让我不要担心，说我这是在自寻烦恼。他说家用摄影市场一年比一年大，同时还说建设那 14 万平方米的厂房是正确的投资行为，现在不是灰心的时候。确实，我的思想偏向悲观，但我善于分析。于是，我们决定雇用 AC 尼尔森市场调研公司，来追踪调查我们在市场份额方面的占有情况和市场的整体情况。对悲观者来说，调查的结果简直是一个噩梦。

不出我所料，家用摄影市场果然在收缩。更糟糕的是，一些低成本、高技术含量的日本企业也开始进军这个市场，比如已经占据了高档照相机市场最大份额的佳能公司。

这下我们没法子了，只能和日本人合作。我们与佳能成立了一个合资项目，佳能将制造特定模型的照相机，用以弥补我们生产线的不足，而我们将负责营销这些产品。这些产品中，一些标明是佳能产品，另一些则挂着"贝灵巧 & 佳能"的牌子。我们急需这些相机。合作的短期内，双方的销售量和市场份额都得到了提升。但佳能不需要长期借助我们的品牌，我能觉察到他们有更长远的目标和雄心：直接向美国消费者推销他们所有的产品。他们后来确实这么做了。

贝灵巧总裁的名头确实让我沾了公司不少光。比如青年商会曾授予我"1961年美国十佳杰出青年"称号。这一荣誉虽然很喜人，但与我父母两年后得到的荣誉相比却显得黯然失色。先前我已经描述过父母对他们在希腊的家乡和亲人们的慷慨之举，比如母亲会把自制的衣服装在许多冰箱大小的箱子里，寄回老家尼阿塔，父亲则会出钱为处于伯罗奔尼撒山上的瓦利亚小镇修建一条主街道，他就是从那小镇出来的。因为他们的善举，1963 年，华盛顿的希腊大使馆宣布瓦利亚的主街道将重新命名，新名字将会是"乔治·彼得罗普洛斯与维妮夏"大街；此外，父母还将获得"一级金质奖章"。在驾崩前一年，希腊国王保罗多次访问美国。在其中一次访问期间，他把奖章颁给了父母。有个希腊公民称父亲为"一个人的马歇尔计划"，对此，我感到骄傲，也很受鼓舞。

1963 年，我已经在总裁职务上干了两年。当我正应对家用摄影机产业越来越恶化的市场走向时，珀西卸下了另一个职务。他将在 1964 年竞选伊利诺伊州的州长，而 36 岁的我将接替他首席执行官的职位。

从现在开始，我要为公司的 15 000 多名员工负责。我必须保护他们的工作岗位，稳定公司的股票价格，并且还要在股东允许的前提下为公司各级员工发放红利，而当时的情形是，我们最大的业务——家用摄影仪器在市场上的份额已经江河日下了。

我琢磨着唯一能度过这次危机的办法是另辟蹊径，创造新产品。这就是你们会感谢我的原因，因为我激发了大型手提式录音机的创作灵感。没错，就是后来人们喜欢的大型手提式录音机。

我想简单介绍一下当时的背景：

当时，我们发现那个没被充分利用的大型林肯坞工厂不但可以生产摄影机，还可以制造录音机。认识到这一点后，我与公司的产品开发工程师费尽心思，想造出一个使用方便的录音机。我扮演的角色就是笨手笨脚的机械盲，缺乏最基本、最简单的机械知识。我会提出一些问题或是消费者需求，然后他们会想办法解决这些问题。工程师们似乎很喜欢这种有创意的合作，我也是。

那个年代还没有盒式磁带，必须通过录音机的音频磁头才能运转录音带，但因为录音带很细、富有弹性且非常轻，所以很难装入音频磁头。早些时候，在配合公司技术人员开发产品时，一个工程师告诉我他们这一行的一个基本前提就是想尽办法利用物质的优点，而不是费力去解决它们的缺点。怎么把这一理论用在录音带上呢？我向那些工程师发出了这样的疑问。于是，短短几天后，他们发明了一种能自动把录音带吹入音频磁头的风扇，这样就不用手工安装了。

接着就是发明大型手提式录音机了。我观察到年轻人开车时常喜欢把音乐开到最大，让人感觉鞋底都在震动。于是我问工程师们能不能开发一种便携设备，那样年轻人就能在车以外的地方也能享受同样的"震撼"感觉。很快，工程师们就成功地把盒式录音机、播放器和音响合为一体，为用户提供了可携带、可调高音量的音乐播放器。我们把它叫作贝灵巧大型手提式录音机。这种设备后来创造了历史，或者说至少是历史的一个显眼脚注。

当然，在这种设备的影响下，之后许多收听设备也陆续出炉了，如轻型收音机、便携耳机，这样大众就有了更大的选择余地。

我是测验产品能否让顾客满意的最后一关，即可怕的"彼得森测验"。恰恰因为我是一个机械盲，所以我能向工程师们真实地展现产品中许多令顾客不满意的方面，他们对我这一关测验有点儿紧张。

当我笨手笨脚地鼓捣着设备，试着了解某一步骤该如何操作时，他们会在一旁担惊受怕地看着，然后指着说明书的一页对我说："可是彼得，38 页上有解释呀！"

"但是伙计们，用户不会随身携带说明书的，"我通常会这么跟他们讲，"为什么我们不能把产品本身设计得简单点儿呢？"

听完后，他们会叹一口气，然后重新去制图板边工作。不过他们几乎总能想出一种更简便的操作方法。

现在，我离开贝灵巧已经许多年了，但我始终相信许多公司都可以用"彼得森测验"来测试他们产品的用户满意度。起码那种出售在飞机上食用的饼干的包装的公司可以试试我的测验，因为这种包装很难打开，当然，前提是在读者读这本书的时候，航空公司还向乘客们分发饼干。

▷ 有时，人们把大量时间花在讨论某一问题上，因而失去了做其他有益事情的机会。

▷ 在市场调研中，我学到这样的道理：提出正确的问题，对制造出合乎消费者需求的产品大有裨益。

要么改变，要么消亡
贝灵巧的困境

我越来越感到公司职责给我带来的疲惫。这不仅是身体上的疲惫，还包括精神上的。我要重复面对许多没有多大回旋余地的商业问题，我在思考自己到底还能忍受多少令人痛心的部门精简和成本削减的预算审查。在贝灵巧，我面临的挑战是巨大的……

必须帮助约翰

1958 年 12 月，也就是我在贝灵巧公司工作的第一年，我们的第 3 个儿子大卫诞生了。他是个很可爱的宝宝，从一出生，我们就很爱他。那时候，长子约翰差不多 4 岁了，吉姆才 2 岁，但我们明显觉察到了约翰和吉姆之间的差别。吉姆能迅速连贯地说出整个句子，并且显示出了对周边世界越来越多的认识。我和萨莉为吉姆能如此聪明而喜出望外。

约翰则是个很博爱的孩子。他很可爱，性格温和，令人感到亲切。周边世界的所有事物都能令他十分开心。比如周末时，我们会和坐在婴儿车里的约翰一起绕着凯尼尔沃思散步。他会用手指着周围的鸟儿、猫狗和天上的飞机，继而欢快地鼓掌，那双乌黑的眼睛总是炯炯有神，但他从来都只是对周围的事物感到高兴，而不会对它们有丝毫的好奇心。在那时，我们并没有觉得这有什么不对劲儿，直到后来吉姆出现，我们才有了参照。像所有父母一样，我们不倾向于寻找孩子的毛病，我们总是满怀希望地看着孩子成长。一开始，我们并没有发现吉姆更聪明，因为约翰的各方面能力都还没有发育完全，但是渐渐地，他们之间的巨大反差使我们清醒了过来。我们被迫找专业人士评估其中缘由。

我们先是咨询了约翰的儿科医生。医生向我们推荐了一名"专家"。"专家"给约翰做了几个测验，证实了我们的担忧：约翰确实有认知缺陷。不过他解释说，症状并不严重，还说约翰很可能可以高中毕业。我们接受了这个诊断结果，也没再寻求特殊的帮助，但是他与吉姆和同龄孩子之间的差距越来越大，越来越惊人。随着约翰恢复的希望逐渐变小，我们的心也越来越痛。每当深夜孩子们睡着的时候，无法入睡的我们就点着微弱的床头灯交谈。有时，我们会忍不住痛哭流涕。最终，经过这些令人心痛的讨论后，我们决定面对现实：必须帮助约翰。

我们找到芝加哥大学附属医院的首席神经学家。在对约翰进行了一整套测试后，他给出的结论是约翰的状况非常好，但我们认为约翰的反应确实是迟钝的。为了解开心中的疑惑，我们开始寻找能让约翰最大限度发挥潜能的技术。后来，我们在费城找到了人类潜能开发研究所。

那时已经是 1960 年了，这个研究所的两个创始人格伦·多曼（Glenn Doman）和卡尔·德拉卡托（Carl Delacato）此前曾在《美国医学协会杂志》（*JAMA*）上发表过一篇文章。文章描述了他们在进化论基础上形成的理论，用来帮助智力迟钝的儿童。这个理论大致是让孩子们回到智力起点，用进化论的语言来说就是"重新塑造"孩子们的发展。也就是说让他们重新经历以前满地爬的过程，好像他们还是小宝宝一样。这就好像他们仍旧在经历进化之路，由鱼到爬行动物再到哺乳动物，最终才进化成人。据他们说，这个方法是为了再给那些孩子们一次机会，让他们重新正确地经历一次人类的演化。

《美国医学协会杂志》上的这篇文章大幅提高了这个研究所的知名度，但同时也引起了许多争议。多曼是个物理治疗师，而德拉卡托则是一名教育心理学家。传统的神经学家质疑他们的理论。但读到这篇刚发表的文章时，我们觉得这个理论听起来很可行。我们对约翰的治疗仍旧充满希望。如果这把钥匙能开启我们可爱的儿子那隐藏的潜能，那么我们愿意一试。之后，我们带约翰去了费城，找到了多曼和德拉卡托。在热情洋溢地向我们介绍了这个项目后，他们也为约翰做了一次检查。他们告诉我们，这次检查要用改装过的拍立得兰德摄像机为约翰的大脑拍一张图片。由于一心希望治好约翰，我们居然听信了这种业余摄像机能充当复杂分析仪器的说法。当他们宣布约翰符合他们的治疗项目的条件时，我们接受了他们的帮助。后来，我们听说不管孩子状况如何，他们都会说符合治疗项目的条件。

随后的两年间，我们按照他们的治疗方法帮助约翰。这是我能想象的最痛苦的方法了。那时，约翰已经能正常走路了，但这种"塑造"过程还是要持续进行。"塑造"就是让约翰模拟类似游泳、蠕动、爬行等动作，而为了能重新"塑造"大脑，这些动作要持续反复地做，起码这个理论是这么说的。于是，每天会有 4 个人在铺着地毯的客厅里，分别抓住约翰的手脚，按照理论要求的方式活动他的手脚，而且一天要进行好几次。这些主要由萨莉负责。与此同时，她还要照顾另外两个孩子并履行一个企业总裁妻子的职责。另外，她还要协调朋友们和雇来的人帮助约翰进行每天的"塑造"，这使她非常繁忙。一般在周末或是晚上，我会尽力帮助她。后来，我们把约翰的治疗场所由客厅转到了地下室。我们用油毡铺满地下室，创造一个光滑的地面，这样他爬的时候就不会受伤。地下室的训练更多由我来完成。为了指导约翰，我会四肢伏地，奋力在地下室的地板上迅速爬动，这使我的肘部和膝盖剧烈疼痛，精神也愈加疲惫。

很难想象那两年萨莉是怎么熬过去的。我还好，起码还有公司的事务和工作狂般的工作热情能让我转移注意力。如果说这个治疗方法有任何效果的话，那就是体现在约翰身上的社会潜能开发。所有帮助他的人都关爱着他，值得欣慰的是，这些关爱换来的是他的快乐。他那阳光、欢乐的性情使帮他治疗的那段时间变得好受许多，尽管我们在情感上和身体上都已经筋疲力尽了。

　　不过约翰的情况却未见好转。于是，在约翰9岁的一个下午，我们咨询了一位真正的专家。这位儿童心理学家在伊利诺伊州的艾文斯坦工作，孩子成长中的问题是他的专业领域。他和约翰独自待了两个小时，其间，我和萨莉焦急地在外面的一间办公室里等待。等待过程中，我们不停地翻着旧杂志，抿着机煮咖啡。时不时地，我们的眼神会相交，但很快就又会转移方向。我们不敢交谈，因为我们害怕我们的希望会破灭或者产生不该有的悲观情绪。终于，心理学家出来了。"进来吧！"他同情地对我们点了点头。我们进了他的办公室，约翰则在隔壁房间里愉快地等待。

　　诊断结果非常明确，约翰是个智力迟钝的孩子，那时是这么称呼的。他的智商是60~70，相当于6岁孩子的智力，而且他的智力不会再提高了。奇怪的是，这位心理学家是第一个为约翰做智商测试的。

　　有时，即使对坏消息早有心理准备，真正听到它时，人们也还是会肝肠寸断。这位医生知道我们需要在私密的地方发泄情绪，于是示意我们去他办公室外的阳台。在那里，我们相拥而泣。哭完后，我们带上约翰，神情茫然地开车回去。路上，我们没有只言片语。没有言语能形容我们当时的感受，但是如果说有什么值得我们欣慰的话，那就是约翰和以前一样快乐。唯一不同的是他变得更加安静了，像是对我们的忧愁有所察觉似的。那天晚饭时，我们对吉姆和大卫，尤其是对约翰，装作一副若无其事的样子。后来，孩子们都上床了，我们也闲下来了。于是，我们又开始了新一轮的哭泣。发生在约翰身上的这个悲剧将持续一辈子，而我们也将面对这个现实。

　　尽管如此，还是有一方面让我们很欣慰。许多现在被认为有学习障碍的孩子都有行为问题，包括他们无法自控的暴力行为，而随着年龄的增长、身体的发育，这种暴力行为会自然而然地加剧。幸运的是，约翰的性情十分温顺，总像孩子一样有一颗好奇之心，从未有过暴力行为。

　　有了值得信赖的最终诊断结果后，我们采取的第一个措施就是为约翰寻找一个合适的、能让我们放心的学习和生活环境。芝加哥的公立学校不招约翰这样的孩子。就这样，我们一边继续在家照顾约翰，一边忙着为他寻找一个安全欢快的学习住宿场所。

神奇的兰德博士

当我们艰难地为约翰寻找合适的学校时，公司的压力也一直没有减缓。那时，我奋力地为贝灵巧寻找正确的发展道路。在电影器材市场急速收缩的背景下，我进行了一轮又一轮的裁员，同时不停缩减公司的规模。于是，我委托企业管理咨询公司麦肯锡调查是否有开辟新生产线的可能，以及该如何增加林肯坞工厂的生产订单，造价昂贵的林肯坞越来越被闲置了。此外，我也用心留意公司的发展机遇。1967 年的一天，我在报纸上看到一则惊人的信息：宝丽来公司的摄影仪器全都不是自己生产的。我以前从未考虑过宝丽来，但它突然成为明显能带我们走出困局的对象，而且我们也许也能帮助它。很快，我认识到要与宝丽来打交道，关键在于埃德温·赫伯特·兰德（Edwin Herbert Land）博士。他是宝丽来的创始人，公司的照相机也是由他发明的。

知道这一点后，一向喜欢分析的我快速了解了关于兰德的一切。

虽然人们普遍称他为兰德"博士"，但实际上他并没有博士学位。当年，他中断了哈佛大学的学业，专心开发偏光镜片和偏光胶片。后来，这两项成果为他带来了名誉和财富。他是一个奇怪的发明企业家，有着超过 500 项的专利，这一数据仅次于托马斯·爱迪生。20 世纪 30 年代，他成立了宝丽来公司，并在 1947 年推出世界首款一次成像相机和快速胶卷（胶卷冲洗只要 60 秒）。两年后，另一款兰德照相机的问世立即引起了市场轰动。这款相机有许多款式，这些款式都是用钢材或人造皮革为材料制作的优质品。相机里有一种波纹管式的镜片装置，使用时，用户可以推出镜壳，用完后镜片可以被收回一个薄平的装置内储存。从 20 世纪 50 年代到 60 年代，兰德的一次成像照相机越来越受顾客青睐，尽管它的零售价一般都在 100 美元以上，有时还大大超出这个价位。从研究报告中，我获悉他想在某个时候进军傻瓜相机市场。长期以来，这个巨大的市场一直被柯达布朗尼相机所占据。贝灵巧可以通过林肯坞工厂为兰德生产这类相机。

在联系兰德博士前，我做了一些消费者调查，这样我就能和他讨论为什么宝丽来拥有无穷的魅力。早前，我在市场内幕公司工作的时候学了主题类化法和市场行为研究法，这回可派上用场了。为此，我拍了两组照片。第一组照片中，一个人在聚会上用 35mm 的静物照相机四处拍照；另一组照片则显示一名聚会参与者使用宝丽来的相机进行拍照。有了这组照片后，我召集了销售讨论组，并让组员说说从照片中看到了什么。大部分人都认为那个拿着 35mm 的伙计非常滑稽，他的自我沉醉行为扰乱了聚会，因为他老让人们停下来摆姿势。相反，讨论组喜欢那个宝丽来相机使用者，理由是他融入其中。他拍下了聚会人员的欢乐瞬间，并且把拍得的照片与大家分享，使聚会更加其乐融融。因此可以得出，这个宝丽来相机用户提高了社交气氛，而另外一个则是气氛破坏者。

有了这个结论后，我打通了兰德在马萨诸塞州剑桥市的办公室电话，告诉他我手头上有些他会感兴趣的研究资料，于是，他邀请我去见他一面。

宝丽来公司的办公室与麻省理工学院仅隔几个街区。我曾在麻省理工学院度过一段坎坷的岁月，包括在校学习和为辐射实验室的采购部工作，这是我多年来第一次返回这个地方。兰德博士的办公室不大，也很朴实。办公室在一座看似仓库的陈旧大楼内。看到他让我不禁想起自己，起码我们身躯很像——我们都是矮壮之人，额头很宽，头发茂密乌黑。除此以外，我觉得他很优雅，有点儿像文艺复兴时代的人。因此，很快我就对他产生了好感。他能立刻就跟别人谈得来，而且富有智慧。他几乎对所有事物都有好奇感，与人聊的话题覆盖面也很广。

我向他展示了那组照片，告诉他我们讨论小组对此的反应。他很喜欢我们得出的结论，我与他就此展开了详细的讨论。事实证明，我的猜测没错，他确实想进军柯达布朗尼相机所占据的那片市场。

大约过了一个星期，他打来电话说他认为我们能成为好搭档，共同推出新款大容量的宝丽来 Swinger 相机。这是一款布朗尼式的黑白相机。普通大众用不了 20 美元就能享有这款拍立得相机。兰德告诉我，他预计这款相机一年能卖 300 万台。"贝灵巧有兴趣生产这款相机吗？"他问道。"我们当然有兴趣。"我回答说。

很快，在他的邀请下，我再次来到剑桥市，仔细检查他组装的 Swinger 相机原型。我来见宝丽来创始人之前做的另外一个准备就是研究他的各式相机，熟悉它们的优缺点。我发现其中一个缺点就是，相机在拍照时需要小心地聚焦，不然照片会很模糊。的确，他的一些早期相机后面会附有一张卡片，提醒用户每一步的使用方法，其中就包括聚焦后再拍照这个建议。

拿着他向我展示的这个模型，我盯着相机的目镜进行了数次拍摄。鼓捣完毕后，他询问我的看法。我觉得用户会很容易忘记聚焦，于是我对他说，我认为这一点对 Swinger 相机不利。我很不愿意告诉他这一点，担心此举会引发他的抵触情绪。

听完后，他若有所思地点了点头，然后从我手中拿走相机起身离开。"请在此等我一下。"他对我说。几分钟后，我开始担心我的坦诚触怒了他，把这次交易搞砸了。

大约过了半个小时，他面带笑容地回来了。"彼得森先生，看看这个怎么样。"他说。看了相机的观景器后，我发现他在相机里装了一个他称之为"潜望镜"的东西。事实上，这个镜片仅仅是在用户瞄看观景器的时候显示镜片的距离设置，它能提醒摄像者注意聚焦。这玩意儿让我惊讶不已。据说，兰德相信如果全心投入一个问题，就会常有创新的结果。有时，他会一连工作几天，奋力解决一个症结点，而这次，他只花了半个小时就有了这个结果，果然名不虚传。

他似乎很高兴，一来是因为我指出了这个问题，二来是因为他如此迅速地提供了解决方案。"彼得森先生，"他说，"我们能成为一对搭档。"

经过如此几次往来，我们之间的友谊愈加深厚，当然这也为我们带来了实惠。记得当时生产和销售的需求十分迫切，Swinger 相机为我们带来了 2 000 万美元的销售额。

相处久了之后，我发现我和兰德在一些重要的价值取向上不谋而合。他打破当时的性别偏向，招聘和培训了许多女性来担任科研人员。后来，他通过宝丽来招聘非裔科学家和职员，以此支持平权运动。我们时常会一起度过几个小时甚至几天，来推进我们的商务伙伴关系。这些会面都与我们在致力于 Swinger 相机开发时默契的合作方式一样。我从顾客的角度提出问题和需求，而他的任务则要困难得多：找出解决方案。

在我们合作的这段时间里，我总有一些顾虑萦绕心头。坦白地说，我担心兰德会用他那高超的发明能力创造电影拍摄器材，后来他的确这么做了。与宝丽来的静态照相机一样，这类摄影机能快速冲洗拍好的电影胶片。最终，兰德向我吐露了他这个超级机密的项目。

每当兰德有事临时通知我去讨论的时候，我总能有准备地飞往剑桥市。1970 年的一天，我在早上 6 点钟接到了他给我的电话，这次确实比较突然。那时候我已改叫他为丁（Din），丁在前天晚上通宵工作，他经常如此。这次，他希望我能在那天早上飞去见他。到了之后，我发现长时间持续工作使他看起来衣冠不整，因为他没有时间换衣服。他自豪地向我展示了一款快速摄影系统的模型，这让我大吃一惊。宝丽来的照相机系统能拍出正像图，而这种快速摄影系统像其他摄影机一样产生负像，但速度却非常快。然后，人们可以把生成的影片装入一个配套的投影机。这样，无须对胶片进行冲洗就能直接放映。

"你认为如何？"兰德问道，"坦诚点，你总是很诚实。"

我把他的话当成一个命令。他在光化学领域的技术成就非凡。在这么小的时间跨幅内，他能从创造照相机发展到创造投影机，确实了不起，但我还是谨记，在这个发明过程中，我所扮演的角色就是最终消费者。凭借在技术和机械方面的愚钝，我可以帮他制造一种产品，让那些对机械一窍不通的消费者能用着顺手，而不会出现抓狂沮丧的情况。在表达意见前，我深吸了一口气，打算跟他讲他需要回到制图室重做，我认为我们的友谊应该足够深厚，为此，我打算赌一把。

"丁，这玩意儿很不错，"我说，"但是我发现了一个问题。"

"请告诉我，是什么问题呢？"这就是他为何如此与众不同，他从来不会把我的这种回答当作一种奚落或价值判断，而仅仅把这当作一个尚需解决的问题。

我告诉他这款摄像机所展现的光化学技术十分优雅，简直令人难以置信。然而，把胶片装入摄影机和投影机的方法不但不优雅，而且很烦琐。这不是顾客期待中的宝丽来产品，也不能让顾客即时满意。我在想能否用一个胶卷盒代替这整个过程，就像盒式录音磁带那样可以直接从摄影机转到投影机。如此一来，用户从拍下到观看电影的过程就会很便利。当天下午，我前往飞机场准备离开，而丁已经开始着手研究这个问题了。

回到芝加哥后，贝灵巧的工程师们摇头叹气地说，兰德永远也制作不出这样一种胶卷盒。他们说小小的盒带空间里没办法实现那么多复杂的变化，因此我们应该放弃生产这种产品的念头。

两个星期后，兰德再次在清晨给我打来了电话。他的声音听起来很疲惫，但却很兴奋。"你能今天早上来剑桥一趟吗？"

当我到达那里时，他递给我一个完全可以使用的胶卷盒。在我们上次会面之后，他回家洗了个澡，刮了胡子，换了套衣服，然后又重返办公室。为了解决上次那个问题，他在办公室一连工作了两个星期，连睡觉都是在办公室的沙发上。他把随后发明的摄影机称为"宝丽来自动显影电影设备"，而这个胶卷盒则是这种设备的核心。

这个胶卷盒的发明虽然十分了不起，但却为时已晚。事实上，兰德和他的新电影设备没能赶上新技术的发展，贝灵巧也是如此。当时我们确实生产了宝丽来自动显影电影设备，可录像带和摄像机的存在使兰德这款电影设备显得过时。虽然最新的那些摄像机价格昂贵，但它们拍出的影片有许多优点，比如它们是有声的、彩色的，还能即时回放，而且录像带还能重新使用，这些是电子革命的开端。在往后的岁月里，会出现我们今天所见的低廉优质、更小巧的摄影器材。

兰德摄影机的淘汰并非难以理解。在大众消费市场上，新事物总是胜过旧产品。在技术发展的推动下，电子机械设备和胶片演变成了纯电子产品。这就是我和兰德各自的公司面临困境的根本原因。每家老牌摄影器材公司都面临同样的问题：**要么改变，要么消亡**。在这场"创造性毁灭"[①]中，有的公司深受其害，而创新的企业则蒸蒸日上。商业领袖们被迫寻找新的出路。此后，宝丽来苦苦支撑了30年。1991年，兰德逝世。失去兰德的宝丽来最终在2001年破产。

尽力做一个好父亲

1964年12月21日，萨莉怀上了我们的第4个孩子，也是第一个女孩。那时距离约翰出生已经有10年零5天了。当我首次在医院见到我们的女儿时，我忘记了生意场上的所有喧嚣。起码，在短时间内，我不再去想工作上的事儿。她是我见过的最漂亮的宝宝，如今长大后的她也很漂亮。

在医院里，我们为她忙这忙那，还"咕咕"叫地哄她。我们管她叫艾米（Amy），这是我们原先已经决定好的名字。圣诞节那天，我们把她带回了家。节日中到处都是花环和绿色树枝，医院如此，我们所路过的购物区也是如此。这些装饰

---

① 熊彼特在1912年出版的《经济发展理念》一书中指出，企业家就是"经济发展的带头人"，也是能够"实现生产要素的重新组合"的创新者。熊彼特将企业家视为创新的主体，其作用在于创造性地毁灭市场的均衡（他称之为"创造性毁灭"）。

向我们传递了一个信息，女儿是上帝赐予我们的礼物，她的名字理应对她诞生的这个节日有所纪念。于是，我们把她的名字改为霍莉（Holly）。

那时我们也已经为约翰找到了一些可供生活的地方。其中，有一个地方最合适，叫作肯尼迪学校。那是一个天主教机构，离芝加哥一小时车程，里面住着100多名智力发育迟缓的孩子。他们在那里上课，进行体育运动和野外旅行。我们带约翰去参观，约翰似乎喜欢那里的员工，而员工们也喜欢他。虽然我们深爱着约翰，但我们必须接受现实。把他安排得离我们近点儿，给予他足够的关注，那样他的人生会更容易。在他12岁左右的时候，他搬到了肯尼迪学校，周末则在家里过。

虽然我们试图顺其自然，但这却改变了我们的家庭生活，也制造了一些麻烦。吉姆和大卫很少抱怨，但是让他们每个周末看着我们全心照顾约翰，对他们而言是不公平的。因为在这一过程中，我们会忽略他们的需求。

唯一一个能体现我们对他们关注的事例就是在后院举行的足球运动，我和约翰对阵吉姆和大卫。每每进行这些家庭内部足球赛，我总猜想吉姆和大卫肯定很喜欢约翰在比赛中的瞬间走神，比赛进行到一半时，约翰会停下来观察天空中的飞机。由于约翰的分心，他俩赢得了一些胜利。毫无疑问，当他们的伙伴看着反应迟钝的约翰寻思其中缘由时，他俩有时会感到尴尬。但是，吉姆、大卫、霍莉和后来出生的迈克尔（Michael，我们的第5个孩子，出生于1969年）对约翰始终都很好。其实，做到这一点并不困难，因为约翰是我见到的最温和友好的孩子，至今也是如此。

其实，当时最令人担忧的是约翰越来越不愿意离开家回肯尼迪学校了。每当星期一早上我们让他上车前往学校的时候，他总会抽泣，还会表现出其他一些害怕的迹象。几个月后，他才告诉我们到底是什么困扰着他。他说学校的一个牧师对他很粗暴，甚至扇过他耳光。我们知道约翰不存在纪律上的问题，而且从任何角度来看，任何人都不该用扇耳光来惩罚一个智力发育迟缓的孩子。我们向学校反映了这件事情。之后的一段时间内，事情有所好转，但不久，情况又变得糟糕，也许约翰还没有摆脱先前的恐惧。

我们一家的生活经历了起起落落。每次在家度过周末后，约翰越来越怕回到肯尼迪学校。那时，他已经十几岁了，可他的词汇量和情感却相当于一个6岁小孩。看着他在每个星期一的早上试着鼓起勇气回学校，我们着实感到心痛。而每个星期五看到他回到我们身边后那么舒缓，我们也会痛心。约翰受着煎熬，而我也是如此。几个星期后，我和萨莉认识到我们必须为约翰找到更好的安置处。这不仅仅是为了约翰和我们，同样也是为吉姆和大卫着想，他们发现约翰使他们无法专注于自己的兴趣点。

经过几个月的寻找，我们选定了一个地方。这里的天气和员工的技能都更适合约翰。马林雪松苑位于加利福尼亚州的一个名为洛斯的地方，离旧金山金门桥不远。我们第一次带约翰去那儿，他就喜欢上了那里美丽的环境和校园活动，包括音乐、美术、体育和大自然运动，尤其令他欢喜的是太平洋的浪潮。即使是在今天，他还会写信细致地告诉我们那里浪有多高，天气和温度有多宜人。让他留在那里，我们很伤心，但他如此喜欢那个地方，以至于我觉得他在送我们走的时候大概只有我们一半伤心。后来，我们经常去看望他，这成了我们的一个惯例。

如今，其他几个孩子与约翰之间长久地保持着温暖而密切的关系。对此，我自豪并高兴着。每次到北加州的时候，这4个孩子都会去看望约翰。吉姆甚至还会专程前往加州见约翰。每年夏天和圣诞节的时候，约翰总会前往纽约。这时，另外4个孩子都会很高兴地邀请他去他们家住上几天，带他去打保龄球，看体育赛事，当然，还会带他去飞机场看飞机。约翰最喜欢花一整天在飞机场，数着起飞和降落的飞机的数量。

1969年10月23日，我们的第5个孩子迈克尔出生，大家亲切地称他为"太空飞鼠"。不久以后，我们看到他拥有的还不仅限于此。在他还很小的时候，我们就知道他是个聪明的孩子。

一直以来，我都在尽力做一个好父亲。事实上，我认为我的父亲角色扮演得比丈夫角色要称职。他们几个男孩每周最喜欢的就是在瑞格利体育场看芝加哥熊队的橄榄球比赛。那算不上是封闭的现代式体育场，我们会让孩子们穿上长内衣裤、毛衣，戴上羊毛围巾和羊毛帽子。尽管如此，芝加哥的冷风也还是让坐在那里的孩子们瑟瑟发抖。有一次，我问他们喜欢那里的什么，答案之一是能有机会看到他们的偶像。吉姆的偶像是边锋迈克·迪特卡（Mike Ditka），大卫的偶像是强尼·莫里斯（Johnny Morris），而约翰的则是富有传奇色彩的殿卫盖尔·塞耶斯（Gale Sayers）。后来，他们承认真正喜欢的其实是旁边一家新开的麦当劳店，那里的法国炸薯条非常著名。那个年代，我们不知道，也不关注反式脂肪带来的危害。

现在算起来，约翰在马林雪松苑已经待了大概 35 年了。如今他依然热爱那地方。幸运的是，我有能力资助雪松苑在校园内建造"约翰·彼得森宿舍楼"。2006年，我们全家参加了这栋楼的落成仪式。因为这栋楼，约翰受到了很多关注，大家也都喜欢他，这让他很兴奋。在洛斯一带，人们亲切地称他为"市长"。

拯救贝灵巧

1966 年，我的朋友查克·珀西实现了他的公职梦。他轻松地赢得了共和党的提名。接着，他对民主党的保罗·道格拉斯（Paul Douglas）发动了强劲的选举攻势。保罗·道格拉斯是一位满脸皱纹、白发苍苍、富有传奇色彩的议员，从 1949 年开始，他就在参议院代表伊利诺伊州。那时，他在争取他的第 4 次连任。珀西在角逐中胜出，成了一名美国参议员，但是一个令人难以承受的私人悲剧为这场胜利蒙上了阴云。

珀西 21 岁的女儿瓦莱丽（Valerie）是他活力四射的竞选助手，她还有一个双胞胎姐妹莎伦（Sharon）。同年 9 月 18 日的凌晨，天还黑蒙蒙的，我们卧室的电话突然响了。一年前，我们搬到了位于凯尼尔沃思北部的温尼特卡。电话来自珀西的一名心急如焚的邻居，他说有人闯入了珀西的家，谋杀了睡梦中的瓦莱丽。我连忙穿上衣服，赶到几个街区外的珀西家。在那里，我看到珀西一家围坐在一张桌子旁，包括珀西、他妻子罗琳，以及他们 13 岁的女儿甘儿（Gail）。他们双手合拢，低头祷告。他们的两个儿子没在家，罗杰（Roger）在大学里，马克（Mark）则在军营中。他们一家都是虔诚的基督科学教派信徒。显然，凶手先用切割刀切开玻璃进入珀西家，然后殴打并用刀捅了瓦莱丽。罗琳听到瓦莱丽呻吟后，起身去看个究竟。凶手被罗琳撞见后，连忙逃走。

我是案发后第一个到达他们家的人。眼里充斥着泪水的我给了罗琳和珀西深深的拥抱。后来，警察带我去瓦莱丽的卧室简单地看了一下。从地板上，我仍能看到她那血淋淋的尸体。那一刻，我想到了约翰、霍莉、吉姆和大卫。他们很喜欢瓦莱丽的陪伴，我该怎么把实情告诉他们呢？

在接下来的几周内，珀西带着尊严、平和和勇气应对了这出悲剧。事后，珀西暂停了9月份的竞选活动，保罗·道格拉斯也是如此。这体现了那个时候民主文明的一面。当选举活动重新开始时，许多分析人士都认为珀西在应对这次谋杀案时所表现出来的勇气是他最终战胜保罗·道格拉斯的主要因素。在几个月乃至几年都没有这个案子的线索后，最终，线索被锁定在一个专闯高级住宅的芝加哥犯罪团伙成员身上，但是该男子已于1967年去世，瓦莱丽的谋杀案也就不了了之了。

在此期间，贝灵巧的困境进一步加深了。业余摄影机的年销售总量从120万台下滑至50万台。我们为林肯坞工厂寻找尽可能多的订单。此外，我们还削减开支，裁减员工，提高非工会员工的生产力。在我们为员工制订的分享利润的退休计划中，贝灵巧的股票所占比例最大，所以我很自然地把贝灵巧的员工称为合作伙伴（正如我在麦肯埃里克森广告公司时所发现的那样，后来我发现把员工的退休计划押在一个公司的股票上是不明智的）。那时，我们仍能竭力维持每年的利润增长局面，这使我们的股票价格处在高位，但从长远来看，我们核心的摄影器械生意的衰退和来自国外的残酷竞争意味着：节省开支的措施或效率增益并不能维持公司的发展。我们必须减少对家用摄影器材的依靠，这就意味着我们要开发其他相互补足的领域，进行多样化经营。

几年后，兰德邀请我担任宝丽来的总裁。对此，我颇为心动。跟他一起共事，肯定很有趣，也很激励人，但宝丽来和我们面临同样的问题，因此我决定在转到任何公司之前，先解决贝灵巧的问题。这是我欠珀西的。

当珀西仍旧是公司的首席执行官时，就开始把贝灵巧重塑为一个多元经营的集团。他进行了多项公司收购，其中一个就是迪特公司。该公司生产的复印机很糟糕，印出来的紫色复印件都带着甲醇的味道，就像我父亲以前在中央咖啡厅用来复制每日菜单所用的复印机一样。

我认为从理论上来看，珀西收入贝灵巧旗下的最有前途的一家公司是综合电动力学公司。这是位于加利福尼亚州帕萨迪纳的一家公司，制造航空控制系统和主要用于太空项目的电子设备。其中一个产品就是磁带录音设备，它有开发成录像机的潜力。对我来说，这个产品是这家公司最吸引人的地方。我琢磨着如果能制造消费者买得起的低成本录像机，那么它将在家用摄影器材领域掀起一场革命。而且如果贝灵巧没有此类录像机的话，它的传统业务将受到巨大的破坏。

最终，摄影机和录像机摧毁了家庭摄影业务，但综合电动力学公司并不是拯救贝灵巧的灵丹妙药。航天项目才是它的工作重心，它重视产品规格和零缺陷，几乎不在乎成本问题。因此由它生产的录像机对消费者来说太贵了。

正当我们的产品线四面楚歌的时候，社会信息量在"爆炸式"增长。在这一背景下，我希望在两个领域发展公司：一个是开发微缩胶卷系统，用以存储大量的文件资料；另一个是教育。我不仅对硬件感兴趣，而且对硬件装载的内容感兴趣。在有些情况下，内容是一个硬件教育系统的重要部分，也就是硬件必须和内容结合在一起。

1966年，我们收购了德瑞工业学院。它旗下有许多技能学校，涉及从电影到电子的一系列领域。我们把它改名为贝灵巧学院。德瑞的收购给我们带来了很好的结果，因为世界技术正逐步发展，对训练有素的技工的需求量也随之增长。第二年，我们又收购了查尔斯·梅里尔出版公司，它将为我们制造硬件教育系统的内容。

那时，我已开始感觉到由公司职责给我带来的疲惫了。不仅是身体上的疲惫，还包括精神上的。我要重复面对许多没有多大回旋余地的商业问题，这使我感到厌倦，我怀疑这是导致我疲惫的原因。同样，我还在思考我到底还能忍受多少令人痛心的部门精简和成本削减的预算审查。在贝灵巧，我所面临的挑战是巨大的。它们需要负责人在了解情况的前提下，充满活力地全身心投入。仅仅是研究来自日本摄影器材制造商的竞争，就让我清楚地了解了国际贸易、汇率和生产规范的一些知识。与佳能的合资项目则是经过我们对佳能公司的快速了解，以及与其进行艰难而又不失原则的谈判所获得的结果。我认为我的职位还会为我带来一些更大的问题，它们后来也确实使我陷入一些困境。

那时，公司外的世界正经历血雨腥风。民权运动、越南战争、马丁·路德·金和罗伯特·肯尼迪被暗杀，以及 1968 年夏天芝加哥民主党全国代表大会的骚乱，这一切都亟需有识之士寻求解决方案。父母用他们自身的经历教育我不能退缩，但在生命中，相信一些东西与真正将这些信仰付诸实践并非一回事儿，而我选择了后者。

The Education of an
American Dreamer
彼得森的启示录

▷ 要么改变，要么消亡。

▷ 在生命中，相信一些东西与真正将这些
信仰付诸实践并非一回事儿，而我选择
了后者。

06

找到自己的投掷重量

从芝加哥到华盛顿

我问过乔治·舒尔茨去军备控制与裁军署工作
怎么样。他回答我说："彼得，如果我们问你来
华盛顿怎么样，那我们给你的工作肯定要比去
军备控制与裁军署的工作重要得多……"要做
决定，定性因素，比如动机，更重要，特别是
当数据库中的数字很可能不正确的时候。

好邻居计划

那个时代的芝加哥，种族歧视处处可见。我意识到这一点是在 1964 年。当时，
一个芝加哥洛约拉大学的教授（也是芝加哥地区民权委员会主席）告诉我，有个黑
人家庭搬到了凯尼尔沃思。

"呀，这可是个好消息！"我说。
"你的邻居们可不一定这样想哦！"他警告我说。

我对社区活动并不积极，对我所在社区的人怎样看待少数族裔也一无所知。听
说这家黑人姓卡尔霍恩斯（Calhouns），我对他们表示了欢迎，但他们搬来没几天，
就有人在他们家的草坪上点燃了十字架。虽然后来得知这个可怕的行为只是几个少
年的恶作剧，但我突然开始意识到种族隔离是现实存在的。我孩子的学校里没有黑
人学生，大多数社团里也没有黑人成员。黑人，学名非裔美国人，直到后来才真正

融入本地人当中，在这之前，许多上点儿档次的饭店都把他们拒之门外。这些饭店不像南部饭店那样在大门外挂上"只接待白人"的牌子，而是相对"文明"地冰冷地对待他们，对他们置之不理，让他们等相当长的时间。

后来，我惊讶地了解到，凯尼尔沃思其实早就建立了一种"卡尔霍恩家例外"规则。后来这一规则放宽了，允许有黑人住家女佣和保姆，但卡尔霍恩家是当时第一个黑人房主。"卡尔霍恩家例外"规则针对的对象还包括犹太人。我不知道这事儿，可犹太人都知道。一个犹太朋友告诉我："彼得，你知道，许多犹太人对凯尼尔沃思的反犹太主义都有不满。他们路过这小镇时都会被扔烟头，倒烟灰。"

惊骇之余，我私下做了个小调查，看凯尼尔沃思到底有没有过犹太人，答案是肯定的。邮购地址上的斯皮杰（Spiegel）家显然在 20 世纪 20 年代住在这儿，另一个犹太家族最近也在这里住过。我得到的标准回答是"你当然知道金博（Gimbel）家，彼得"，其实他们一年前才搬离凯尼尔沃思镇。

卡尔霍恩家搬来凯尼尔沃思镇的原因至今还是个谜。一年后，也就是 1965 年，我和我的家人从凯尼尔沃思镇搬走了。我花 12 万美元在毗邻凯尼尔沃思北部的温尼特卡买了房子，推门即湖，风景宜人。之所以搬家主要是因为在了解了凯尼尔沃思的历史后，我觉得很不安。我不能在公开表示强烈反对芝加哥地区的种族歧视后，依然住在凯尼尔沃思这个虽然没有正式宣布却默许歧视存在的地方。最近我高兴地了解到，凯尼尔沃思已经是个比较开放的社区了。

芝加哥的种族歧视从两方面困扰着我。种族歧视本身就够糟糕的了，但更糟糕的是，似乎没人在乎这一点。我所观察到的这种无意的或者说是故意装作不在乎的种族隔离状态，虽然是个人的私下行为，但却鼓励了种族隔离的存在。我不知道到底是什么唤醒了我，使我意识到无论主动还是被动的种族歧视都是道德败坏的。可能是因为我的希腊血统有时会提醒我到底多长的种族歧视尖刺才会刺痛黑人。

1966 年，一场芝加哥自由运动把马丁·路德·金博士和南方基督教领袖会议

（SCLC）带到芝加哥北部，他在当地社会活动家的支持下展开工作。金把芝加哥称为北部最封闭的城市。他在一家贫民公寓住下来，准备证实他的观点。

黑人占芝加哥总人口的 25%，相较于在凯尼尔沃思一类北海岸郊区小镇受到的较含蓄的歧视行为，黑人显然在许多地方受到更严重的敌视和歧视。在西塞罗，南欧和东欧移民的子孙用更邪恶、更暴力的方式表达他们的种族歧视；而在较封闭的南部，许多黑人还住在贫民窟一样的地方，过着被遗忘的群居生活。

1966 年，马丁·路德·金的抗议揭开了种族歧视的面纱，他指出，是房地产惯例让芝加哥保持了这种封闭的全白人的邻里关系。这之后，芝加哥领导委员会（The Chicago Leadership Council）迅速崛起，其官方名字是大都市开放社区领导委员会（Leadership Council for Metropolitan Open Communities），它吸收了芝加哥的各个阶层，包括政府、工人、媒体、宗教和 6 家公司的首席执行官。

回想起我父亲在卡尼对 3K 党的印象、我高中时针对民权问题成立的辩论小组、我所在的西北大学兄弟会投票反对我黑人朋友的事情、在完全隔离的芝加哥南方我那令人沮丧的行程和许多其他每天见到的丧失道德的行为，我觉得自己很想快点儿了解种族歧视的最新状况。遗憾的是，我没为改变这种状况做出任何贡献。所以当有人号召大家加入保护民权的行动中去时，我迅速满怀热情地加入了。

我无时无刻不在痛恨黑人每天遭受的种族仇视。我被选为公开住房领导委员会（以下称"领导委员会"）的主席。消息发布后的一天晚上，我跟萨莉刚准备睡觉，电话响了，萨莉接的电话。一分钟后，我听见萨莉叫道："你是谁?"

"什么?"我打开床头灯问道。

她拿着电话看着我，脸色苍白。

"这是怎么回事?"她有些忧虑地说。

她慢慢重复了电话那头留给我的口信："告诉你那爱黑鬼的贱丈夫，我们一定会逮到他。"

我立刻报了警，但后来还是会接到这种恐吓电话。于是我们换了新的电话号码，没在黄页上登记。那些天我常常想起我的父亲，想象着当看见 3K 党在咖啡店外挥舞他们的标识时他的感受。他会害怕、愤怒或对他们的渺小和狭隘感到同情吗？这些我都能感受到。我必须试着做点什么来改变这些。

领导委员会广泛寻求有关芝加哥隔离住房体系的提案，力求改善同时缓和双方日渐增长的愤怒。黑人游行要求住房平等，白人拒绝游行者进入他们的社区，双方暂时仅有小摩擦，但这种小摩擦很有可能演变成大暴乱。1965 年，洛杉矶的瓦特暴乱造成 34 人死亡，死者多数是黑人，另有 1 000 多人受伤，财产损失达 4 000 万美元。我们不想看到芝加哥变成第二个洛杉矶。

我们决定发起"好邻居"运动，目的是促进住房体系公开平等。首先进行的就是开展广告宣传活动。我联系了几家自己在麦肯埃里克森广告公司时打过交道的广告代理商，他们都曾热情主动地为委员会提供过免费服务，我给他们出了几个小主意。从美国历史和我自己的个人经历中，我发现在美国，各个种族都面临过歧视，都知道歧视带来的伤痛。非裔美国人只不过是通过美国这个大熔炉寻求民族融合的最后一拨人而已。为什么不提醒一下我们的芝加哥兄弟，其实我们都在同一条船上，都有过同样的经历呢？

一个星期后，领导委员会的广告团队报告说他们有个不错的主意。他们同时也说，这个主意可能有点太"好"了。这激起了我的好奇心。

那个周末，广告团队到我家做演示。他们布置的客厅让我想起了我在麦肯埃里克森的那些日子。中间架子上被一张白纸盖住的东西吸引了我的注意，那下面应该就是广告词。他们首先告诉我别仓促判断我马上要看到的东西，之后演讲的人揭开了那张白纸。

我倒抽了一口冷气：

条幅上用黑体大号字醒目地写着"让我们赶走那些黑鬼"。边上有个大星号，表示下面还有注释，"等把他们赶走后，我们再把意大利佬、西班牙佬、犹太佬、爱尔兰佬、波兰佬……都赶走"。下面列上了对各个民族的贬义称呼。这些贬义称呼让多数芝加哥人都成为种族主义者辱骂的对象（奇怪的是竟没有对希腊人的贬义称呼，我听到过的对希腊人最严重的贬义称呼就是"该死的希腊人"）。

我喜欢这广告，但它太有煽动性了，我没法儿自己做主同意。我必须跟整个领导委员会一起讨论，如果这 20 个人中的多数人反对的话，那我就只好放弃。我把委员会的所有人聚在一起，揭开了盖住广告词的白纸，然后听到跟我第一眼看见这广告词时发出的一样的惊诧声音。唯一一个反对的人来自芝加哥的圣约之子会（B'nai B'rith），一个传统犹太人服务组织的领导人。"这是个聪明的主意，彼得，"他说，"但有个词对许多人来说都是无法忍受的冒犯。"

他指的当然就是"犹太佬"。但如果只考虑某些人对某个词的敏感性，那整个理念就得七零八碎。

后来，芝加哥天主教大教区的爱尔兰领导人约翰·卡蒂诺·科迪（John Cardinal Cody）发言了。他笑着说："彼得，我也不喜欢管我们爱尔兰人叫'爱尔兰佬'。但我支持你，每个人都不该例外。我同意这广告词。"

我喜欢那个红衣主教的话。投票表决的结果是 19 票赞成 1 票反对。我们在报纸上投放了广告，目的是鼓励公平住房并引发关于种族的讨论。我得说，这广告有点儿效果。

理查德·戴利（Richard Daley）市长和整个芝加哥城都参与了"好邻居"计划。这是场轰轰烈烈的全城范围的大变革，遍及每个人和每条街道。同时这项计划还得到了芝加哥媒体的广泛支持，它们积极提供免费的广告位和广播宣传。《芝加哥日报》（*Chicago Daily News*）把我们的努力提到"一个新时代到来了"的高度。我认为我们迈出的这第一步可能对马丁·路德·金于 1967 年进一步推进芝加哥自由运动提供了帮助。他把我们的努力称为"最有创意的行为"。芝加哥城的种族问题被摆到了桌面上，不再被忽视甚至是恶意忽视。

我有幸在"好邻居"计划发布会上见到了马丁·路德·金。那天我和他一起站在台上，记得当时我暗暗对自己说："他那瘦小的躯体里装着多么伟大的一个人啊！"他只有大约 1.68 米，差不多是一个 13 岁孩子的正常身高。过了还不到一年，1968 年 4 月，马丁·路德·金在孟斐斯遇害了。我在亚特兰大参加了马丁·路德·金的葬礼。当看到棺材里那副瘦小的身体时，我更加确信他是个伟人，因为他让美国成为一个更好的国家。

布鲁金斯，学习新东西的地方

1967 年，就在我参加芝加哥"好邻居"计划的那一年，我收到道格拉斯·狄龙（Douglas Dillon）的口信，我被选入华盛顿最古老、最受人尊敬的布鲁金斯学会的理事会。这多少让我感到诧异。我从不掩饰我对公司以外事务的兴趣，但推行平等住房是一回事儿，处理布鲁金斯的各种政策问题则是另一回事儿。布鲁金斯就像一个不可思议的智能大超市，与我在贝灵巧时日复一日处理的那些重复而又枯燥的工作完全不同。一个像我那样的中西部人期待能够扩展深化自己感兴趣的事情并已为此做好了准备。事实上，作为共和党人的我将帮助扭转布鲁金斯在政治上偏左的形象。

理事会是学习新东西的好地方，从国内外安全政策到社会经济政策，在这里都能接触到。布鲁金斯具备吸引高级内阁官员做特别指示的资本。林登·约翰逊政府的国防秘书长罗伯特·麦克纳马拉（Robert McNamara）所做的指示最让人记忆深

123

刻。他在越战问题争论最激烈的时候来到布鲁金斯。后来，对他了解得越多，我就越觉得他有许多令人钦佩之处，尤其是在他当世界银行行长的时候。他认为没有比越战更糟糕的选择了，正是他对越战的看法给我上了宝贵的一课——如何不做决定。

麦克纳马拉准备了充分的数据资料，这是他一贯的声誉——用数字加重砝码。在布鲁金斯，他用数据说明美国将赢得对越战争的胜利。他给大家演示了计算机分析的历史上此类战争的数据。他说，这"证明"当正规军的数量超出起义军数量一定比例时，正规军就会获胜。

这种数据至少从两方面来讲是有缺陷的。

首先，它忽视了军队的思想差异。越南军队要比60年前美国在菲律宾打仗时所面对的军队有信仰得多。法军在越战中已经失败了。越南军队愿意为自己的信念作战甚至死亡。许多年后，当我和大卫·洛克菲勒组成一队，通过外交关系协会访问那时已经和平的越南时，这一点得到了更为形象的印证。东道主带我们看了那些隐藏的地道。CIA的调查显示，有7 000多名越南士兵秘密居住在那恶劣的环境中，为防被美军军犬发现，他们还在地道入口附近的树丛周围撒上防狗粉。大卫·洛克菲勒、凯瑟琳·格雷厄姆（Katherine Graham，《华盛顿邮报》的发行人之一）[1]和我爬进过那些地道。当我们爬出来时，一向衣着得体的大卫看起来蓬头垢面，而凯瑟琳则一点儿也不像个美国最有影响力的女人。我们在震惊的同时也被深深地打动，人类居然能在那样的环境中生存那么长的时间。

其次，麦克纳马拉的分析忽视了数量。他假设自己输入计算机的越南军队数量数据是准确的，但事实上他无法得知这些数据究竟准确与否。没人知道藏在地道里的越南军队数量到底有多少。

这是个活生生的"因错果即错"的例子，它过于简化了其中的种种因素。这无论在事业上还是生活中都给我上了一课——不要单纯依靠数据。**做决定时，定性因**

---

① 《华盛顿邮报》在2013年易主，被亚马逊创始人杰夫·贝索斯收购。——编者注

素，比如动机，更重要，特别是当数据库中的数字很可能不正确的时候。

在布鲁金斯学会的理事会任职期间，我认识了许多有趣又有权的人。早我一年成为理事会成员并于次年当上理事会主席的道格拉斯·狄龙（Doug Dillon）就是其中之一。他是个优雅、温和且体贴的人，虽然比我大 16 岁，却和我很有共同语言。后来我才知道，他对我非常重要。

私人慈善基金委员会诞生

1966 年 9 月，瓦莱丽被谋杀后，我们与珀西家的联系比以往更密切了，尤其是与尚在人世的莎伦，因为她是我们家的兼职保姆。莎伦从斯坦福大学毕业后就在约翰·林赛（John Lindsay）的华盛顿国会办公室工作，约翰后来成了纽约市市长。1965 年，莎伦在华盛顿认识了约翰·洛克菲勒四世（John D. Rockefeller Ⅳ），也就是人们所知的杰伊（Jay）。他那时是和平队（Peace Corps）的总监助理。之后就是爱情把两大家族联系在一起的故事了。杰伊，标准石油公司和芝加哥大学创始人的曾孙，当时是西弗吉尼亚州的美国众议院民主党议员。1967 年年初，莎伦和杰伊宣布订婚并计划春天结婚。我和萨莉在他们婚礼的前一晚为他们举办了结婚晚宴。

参加婚礼的宾客超过 1 000 人。《纽约时报》的头版文章形容说"宾客来自政界、商界和社会各界"。1967 年 4 月 1 日那天下着小雨，盛大的婚礼就在芝加哥大学的洛克菲勒教堂举行。我儿子大卫当时只有 8 岁，也参加了晚宴，毫无怨言地穿着我们为他准备的深蓝色天鹅绒外套和短裤。我们还一度担心他会不乐意穿这身希腊服装，就像当初母亲强迫我和弟弟在他这个年纪穿白色希腊短裙参加某个希腊典礼那样。

婚礼上，我有机会结识了杰伊的父母。杰伊的母亲布兰切特（Blanchette）温柔优雅，他父亲约翰·洛克菲勒三世（John D. Rockefeller Ⅲ）主管家族慈善事务，他们都是典型的具有高贵气质的人。约翰·洛克菲勒三世很高，腰杆笔直，这使他看起来更高了。他衣着得体、谦恭有礼，看起来有些保守而又不太自然。莎伦曾告诉我，当他们在纽约洲北部波坎蒂科山的洛克菲勒山庄度周末时，约翰·洛克菲勒三世还事先约了个时间跟她在图书馆谈事情。总之，他是那种典型的举止得体的人，致力于维护美国的一项主要遗产，并将家族财富用于公益事业。后来我认识到他其实是个超前的思想家和行动家，建立了现今繁盛的非营利性机构，包括美国日本协会、美国亚洲协会、人口理事会和林肯表演艺术中心，但谦逊的约翰·洛克菲勒三世并不想让人们为此称赞自己。

通过查克·珀西以及贝灵巧和美国大通银行的关系，我之前就认识了约翰·洛克菲勒三世的弟弟大卫·洛克菲勒。我相当欣赏大卫的公司，仅凭这种纯粹的社会关系，我就确信我对大卫的最初印象是正确的：他的确很特别，我跟他的友谊会更加长久深厚。他好像见过世界上的每一个名人，他谈论国际政治经济事务，见识广博却很低调。他妻子佩吉（Peggy）是个爱交际、爱开玩笑的人，是婚礼上的灵魂人物，她走到哪里，笑声就跟到哪里。

婚礼后的一年半，差不多就在 1968 年年末，约翰·洛克菲勒三世打电话到我办公室。像往常一样，他称呼我"彼得森先生"，并问我是否有兴趣到波坎蒂科洛克菲勒山庄谈一件"很重要的事情"。

虽然离开老家来到这里我已经见识了不少，也不再会不假思索地说"哇，你从卡尼那么远来呀"之类的话，但我仍是个十足的中西部乡村男孩，想看看传说中的洛克菲勒家族的生活是怎样的。所以如果约翰·洛克菲勒三世认为有"很重要的事情"要跟我谈的话，那么我当然也想知道那到底是什么事儿。

波坎蒂科山在北泰瑞镇村庄附近的哈德森河谷，离沉睡谷近得能让人想起华盛顿·欧文（Washington Irving）的小说《睡谷的传说》（*Sleepy Hollow*）中的瑞普·凡·温克尔和无头骑士。[①] 洛克菲勒家族殖民复兴风格的大房子是一大片房产中的

---

① 小说的背景就发生在沉睡谷。——译者注

中心建筑，叫作卡库特（Kykuit）。洛克菲勒先生在纽约市区的家是一个低调美丽的公寓，看得到东河。

约翰·洛克菲勒三世派车到拉瓜迪亚机场把我接到山庄。尽管当天是星期六，他还是穿着黑西服、白衬衫，打着黑领带。我们稍微客套了一下，然后就直奔主题了。他担心公众对美国慈善基金的理解和支持会不断削减，而洛克菲勒基金正是其中最大的一支。他并不是唯一一个有此担心的人，美国大通曼哈顿银行主席约翰·麦克洛伊（John J. McCloy）和布鲁金斯学会理事会主席道格拉斯·狄龙也同样感到阴云笼罩了慈善基金会。这3个大人物相信是时候改革了。他们觉得需要有个委员会来适时提出改革。我该不该考虑加入来领导这项改革呢？

从这一点来看，我又变回那个希腊乡村男孩儿了。我对商业公司的那一套很了解。我知道资金怎样运作、兼并买卖怎样进行、公司怎样挺过艰难时期以及全球竞争是怎样一回事儿，但要处理美国基金相关的事务就务必考虑从美国建立时就存在的一些内部秘密。约翰·麦克洛伊曾为世界银行工作并在柏林空运紧张时期出任过美国驻柏林大使。事实上，约翰·麦克洛伊受许多公司内部人士、商业媒体和住在纽约中央公园、第五大街豪华公寓里的权贵的推荐，成了新成立的这个东北部精英网络的非官方主席。道格拉斯·狄龙当然也是执行委员会的一员，就像他在洛克菲勒基金委员会时一样。因为背后巨大的能量和他们由决断和效力组成的控制力，委员会得以成立。他们对美国主要慈善机构的控制尤其强势。让一个42岁的中西部外来者加入意味着某个问题让他们感到十分棘手，需要有人从东部的局外给他们来点儿新建议。

洛克菲勒先生说，他会为委员会的工作提供财务和人员支持，并推荐组成委员会的成员。这听起来有些空泛，但通常如果有什么事听起来好得都不像是真的，我都会认为它其实就不是真的。接受这项提议前，我决定先参观一下华盛顿，了解更多相关的政治问题。

这是个大开眼界之旅。理查德·尼克松刚刚上任，他的新财政部长是我在芝加哥的老朋友大卫·肯尼迪（David Kennedy）——芝加哥大陆银行的前首席执行官。那一天，我见到了他、参议院财政委员会主席拉塞尔·朗（Russell Long）和众议院筹款委员会主席威尔伯·米尔斯（Wilbur Mills）。从这些华盛顿要员处，我了解到洛克菲勒、麦克洛伊和狄龙低估了问题的严重性，基金世界面临着深层的政治危机。

提交国会的税收改革议案提议基金会收入的所得税税率应为 46%，其他议案提出基金会存在不能超过 10 年。议案对基金的苛刻程度反映了大家对其的强烈不满。我认为除非基金会改变他们的做法，否则一旦立法，基金会甚至都无法继续生存下去。

造成这种状况的各种原因都应受到谴责。表面上，慈善基金是平民主义者憎恶的目标。高级财务部官员斯坦利·苏瑞（Stanley Surrey）宣称百万富翁通过成立慈善基金逃税，暗示慈善基金是富人逃税的工具，以此煽动起人们对慈善基金的憎恶。长期以来，得克萨斯州国会议员怀特·帕特曼（Wright Patman）这个唯恐天下不乱的政治家，都在不断编造谎言煽动下层民众。他散播谣言称慈善基金通过自我交易方式，如排干石油和天然气井等，欺骗纳税人。

这些谣言并非全都无迹可循。1965 年，财政部的一份报告揭露，一个女人为她丈夫的慈善基金捐赠珠宝首饰从而使自己减税 39 500 美元，而事实上她仍可以随时随地免费佩戴这些珠宝。

令国会感到棘手的不是慈善基金减税的问题，而是它们资助的政治活动和动机。弗农·乔丹（Vernon Jordan）、詹姆斯·法门尔（James Farmer）和其他几个非裔美国人领导了那个时期南部举行的民权运动选举登记。福特基金和其他几个基金帮忙推动选民登记，有些立法者认为黑人拥有更大的选举权将会威胁他们的政治统治，他们对慈善基金表示无声的谴责。

慈善基金本身甚至都不进行自救。他们傲慢自大的样子令人感觉恶劣。波士顿贵族麦克乔治·巴迪（McGeorge Bundy）是越战时期肯尼迪总统和约翰逊总统的国家安全顾问，1966 年他离开政府，开始领导福特基金。他发现，虽然他和董事会可以控制基金会议程，基金却可以随时选择实行民主自由，如进行选民登记。因此，他也很看不上那些来自南部的国会议员。福特基金获得了罗伯特·肯尼迪的许多帮助，1968 年他过世后，人们认为福特基金越来越政治化，是自由主义的温床。

带着对这些问题的清醒认识，我飞到纽约见洛克菲勒、狄龙和麦克洛伊。

我们在著名的洛克菲勒中心的第 56 层洛克菲勒办公室里见面。来这儿开会的确是因为这些办公室没有人用，也不引人注意。

> 这种节约的做法是大卫·洛克菲勒这个家族族长在他日常生活和工作中所一直遵从的。在我见过的所有执掌执行官要位的人中，他的办公室是最小的。他的节俭也带有传奇性质。他在纽约东 65 街家里的摆设，自我 35 岁那年去后就一直没变过。还有一个关于他的故事我也很乐意讲讲。乔治·鲍尔（George Ball）发誓说这事儿是真的。
>
> 他跟大卫·洛克菲勒一起去罗马。两个人在维阿·康多迪逛古驰商店看高档皮革商品时，同时瞧上了一个公文包。乔治刷信用卡付了账，而戴维却犹豫着不想买了。离开时，大卫问一个过路的人附近是否还有卖便宜点儿的优质皮革商品的地方，那人指着街的另一头说："当然有了，只有洛克菲勒才买得起这么贵的古驰。"

我告诉他们，这么看重我的确是过奖了，但我觉得慈善基金面临的问题比他们想象的要严重得多。一个经济和人力都依赖于基金会的改革委员会是不可信的。要想让我执掌他们所说的这个改革委员会，委员会就必须做到经济独立，有自己的工作人员，并且不能有任何基金会的成员在里面任职。委员会必须完全独立。

这么说的时候，我看着约翰·布兰克（John D. Blanch）的表情。不知我讲的华盛顿对基金的坏印象和坚持要成立独立委员会的想法是否让他感到震惊。可能他认为推荐我这个无礼的中西部年轻人来干这活儿是个错误，好像我是有意冒犯他的利益。杰克·麦克洛伊则静静地坐在那儿，听我说我必须讲明白的那些话。之前我只是匆匆地见过他，对他一点儿也不了解，迅速打量他一下后我才发现，虽然他身材比狄龙要矮些，但在拿主意上他却一点儿也不输给狄龙。尽管已经 70 多岁了，他那裁剪妥帖的西装下的肌肉形状却还是能够让人感觉到他所散发出的能量和力量。

他清了清喉咙打破了沉默。

"约翰，坦白讲，我觉得很尴尬，"他亲切地说，"我相信这个年轻人的建议是明智的。我本应该想到的。"

"你真这么认为吗？"约翰·布兰克问。
"我当然这么认为。"

狄龙迅速站在麦克洛伊这边，后来约翰·布兰克也再无异议了。我们坐在一起为这个组织起名字：私人慈善基金委员会（The Commission on Foundations and Private Philanthropy）。我们的资金来源是私人性质的，员工也是我们自己聘请的。委员会面对的首个问题是没人知道基金的钱都用来做什么。许多基金都认为自己用自己的钱，不关别人的事儿。我们认为这种想法在政治上太单纯了，这种信息不公开很容易被煽动者用来制造流言蜚语，指责基金。

因此，我们开展了首次全国范围内的调研，并收到了与之前大家所认为的非常不同的反馈。例如，我们了解到超过 99% 的基金款项用于传统事务或者说是 3A 事务，如大学、医院和教堂；只有不到 0.1% 的基金款项是所谓的"政治"拨款，比如选举人登记。不过同时我们也了解到许多基金给慈善团体的拨款也少之又少，尤其是某些由公司控制的基金。

我们提出了一项显著的改革措施。为了获得税收优惠，我们提议要求基金设定每年最小额度支出来保证其资本的完整性。数据显示这将非常有助于增加流向慈善团体的基金拨款。

在委员会公开这项提议前，商业体系改革家约翰·迪博尔德（John Diebold）在他纽约的家里设招待晚宴，目的是让我跟大家谈谈委员会是做什么的、赞同什么、反对什么。福特基金的麦克乔治·巴迪（McGeorge Bundy）强烈地反对设定最小额度支出的想法，我认为他甚至有些傲慢，其他人的谈话因为他的高声调而停下来。他说："你以为你是谁啊？谁有这个权力来告诉我们（他是指基金会）应该怎么花我们自己的钱？"

"你们因慈善捐款而获得的税收优惠是符合公众期望的，"我解释道，"美国纳税人认为你们虽然少缴了税，但慈善捐款会用于缓和社会矛盾，尤其是目前的社会矛盾。这部分捐款所取得的效果应该与捐款人所得到的税收优惠基本相同。可现在看来，你们获得的优惠要远高于社会获得的。"

我认为他没有听进我讲的话，也不认同各种力量已经聚集起来，准备打压基金会。

几乎就在同时，我收到了克劳格公司首席执行官和"他的"克劳格基金执行总裁的紧急拜访函。首席执行官抱怨说如果我们实行最小额度支出议案，由于股票分红很低，他们就只能卖掉一部分股份，因此失去对克劳格公司的控股权。

我争辩说，我自己本身也是贝灵巧公司的首席执行官，我也希望能保护公司不被恶意收购。我认为许多公司的执行官都有同样的感觉，但反垄断与慈善捐助不是一回事儿。难道只有有钱人才应该受到保护而不被收购吗？

"那高额支出会怎样对你们不利呢？为什么是对你们不利而不是对你们有利呢？"我问基金会的执行总裁。他不安地表示反对。

从那时起一直到1969年，每个星期天的早上9点半，我都会给约翰·洛克菲勒三世打电话汇报委员会的工作进展。美国参议院财政委员会主席拉塞尔·朗开始相信委员会和我真的是完全独立的。我真诚地与他和威尔伯·米尔斯保持联系，每次到华盛顿都会跟他们见面，同他们讲最新的进展。朗议员对委员会工作尤其感兴趣。10月，他给我好几个小时的时间让我向他陈述我对财政委员会的工作议案。考虑到他对这项议案的决定权，我接受了这个跟他一对一的长会。一天下午，我们约好在他的参议院办公室里见面。

记得当时我去得相当晚，太阳都已经在参议院桅杆的杆顶了。朗的父亲曾是路易斯安那州的州长，朗对我的到来表示欢迎。朗坐在办公桌后面，旁边是一个边桌，上面摆着一个烟灰缸、几只杯子、一个冰桶和一大瓶波旁威士忌酒。他问我是否喝酒，我谢绝了。他给自己倒了一杯。之后我们开始了谈话。朗很聪明，也很健谈，同时还保持着石头般的清醒。几口酒下去，谈话到了一个新的高度，或者说语言到了新的深度。我想在他喝多之前结束我的介绍。同时他谈到了基金会。他居然在一句话里用粗话同时当动词、名词和形容词！

我快速给他讲了路易斯安那州基金会模式的大概。基金会随国内潮流发展，大量资金流入传统行业，比如路易斯安那州的大学和土伦大学，还有天主教堂及其他类似行业。没有哪个基金会对选举人登记关心的程度能让那些政客代表感到威胁。我解释说，国会提案如果通过，这些路易斯安那州的学院得到的钱就会变少，而如果我们实施最小额支付计划，他们的贡献则将有实质性的增加。我给他估算了一下路易斯安那州有多少慈善机构会得益于此。

朗议员向后靠了靠，抿了一小口刚斟满的酒，慈祥的笑容点亮了他的整张脸。"彼得，"他说，"你是在告诉我，我能在整垮坏人的同时帮助好人。"

"议员，这可是你说的，不是我说的，但如果你要这么做的话，那你就一定能。"我说。

我们见面后不久，朗议员在一次议会会议上说，他会撤销由他提出的对基金会

课以重税的议案，取而代之的是我们的最小额支出提案和关于处理基金会自我交易
的附加提案。提案通过并立即生效。

"最高机密"

1969 年，杰克·麦克洛伊建议尼克松总统指派我到美国军备控制与裁军署总
顾问委员会任职。委员会在政府内部开展工作。杰克·麦克洛伊是委员会主席，成
员包括道格拉斯·狄龙，前国务卿迪恩·腊斯克（Dean Rusk），宾夕法尼亚州州长
比尔·斯克兰顿（Bill Scranton）和前陆军部长、国防部副部长赛勒斯·万斯（Cyrus
Vance）。我们负责就如何减少核武器威胁向总统提出建议。我们所做的任何事都被
贴上了"最高机密"的标签。其间遇到的各种问题中包含的密集知识点激发了我的
兴趣。所有经手的文件我都会花时间阅读。所以当最后讨论到这个问题的时候，我
觉得自己足以应付自己负责的那部分工作。

一天，一个三星空军上将约见委员会，讨论他对"第一次有限打击"（limited
first strike）的见解。他让我想起了斯坦利·库布里克（Stanley Kubrick）执导的电影
《奇爱博士》（Dr. Strangelove）里具有讽刺意味的柯蒂斯·李梅（Curtis Le May）将
军。"第一次有限打击"是冷战时期的术语，用来假设在一定的情况下发射核导弹
将很快中止一场全面爆发的核战。

将军告诉委员会，我们不用动用全部核打击能力，而只要把极少的 25 枚核武
器"抛"到苏联除莫斯科以外的任何地方就行了。

我问他，苏联空军会怎样解释这次"有限打击"。

"先生，那些人知道他们该挨上一巴掌。"他回答道。

"将军，想想如果苏联空军雷达兵发现了这瞄准他们发射出来的 25 枚左右的导
弹，他们怎么就能像你一样称之为'抛'，而不是解释为网球术语'扣球'？"

他支支吾吾地说了几句毫无意义的话，让我想起了酷爱核战的疯狂的杰克·瑞普尔（Jack D. Ripper）将军。我曾认为这样的人只是虚构出来的，而不应当是有权按核武器发射按钮的空军上将。他又让我想起了亚伯拉罕·林肯评价一个将军的话："他用屁股想问题而不是用脑袋。"

处理这些问题其实没什么可笑的。美国和苏联都在发展多核弹头导弹，并且每颗核弹都具备单独制导、打击不同目标的能力，即多弹头分导导弹（MIRVs）。委员会的结论是，即便只是实验多弹头分导导弹，都会引发新一轮的核军备竞赛。因为双方都能通过自己的监测卫星看到对方的哪个导弹发射并有多弹头分导导弹，哪个没有。美国和苏联到时都会做最坏的打算，都会觉得必须制造更多的导弹，包括多弹头分导导弹。

我们决定起草禁止多弹头分导导弹实验的条约，避免军备竞赛全面升级。

委员会收到的绝密消息显示，美国计划在接下来的几个月内启动多弹头分导导弹实验。收到消息后，我们并没有将我们起草条约的决定公之于众。杰克·麦克洛伊紧急约见尼克松总统，准备建议总统马上联系苏联，起草禁止多弹头分导导弹实验的条约。然而军事部门显然听到了这个风声，在我们见到总统之前，他们就立即开始了这项实验。苏联也全面展开了他们的实验，军备竞赛再次升级。

虽然结果令人沮丧，但我仍觉得在委员会的工作经历让我受益匪浅。

我不但学到了珍贵的知识，还扩大了在外交界的交际面，而外交领域正是我希望多了解、多接触的。我曾怀疑自己是不是过于心直口快了，因为很明显某些外交委员会成员暗示白宫，说我可能会辞职。其实军备控制与裁军署署长杰罗德·史密斯（Gerard C. Smith）就为我提供了仅次于他自己的一个职位。那个职位对我的确具有吸引力，但看上去还是有它的局限性。尽管如此，这些明示、暗示最后还是给我带来了机会。

　　1970 年的一天，丹尼尔·帕特里克·莫尼汗（Daniel Patrick Moynihan）安排我与尼克松总统的另一个顾问约翰·埃利希曼（John Ehrlichman）吃午饭。丹尼尔后来三次连任总统政府顾问。一起吃午饭的还有个老朋友——乔治·舒尔茨（George Shultz）。我在芝加哥大学商学院兼职教书时认识了乔治，之后我们一直保持着联系。那时乔治是尼克松总统办公室预算管理的头儿，埃利希曼是总统国内事务首席顾问，他告诉乔治他想多了解一下基金改革委员会提出的议案。

　　我们在白宫专门给高级职员用餐的地方吃午饭，在那儿可以谈些敏感的话题而不必担心泄露出去。我们还谈到了美国面临的国内外问题——冷战和越战、贸易平等和国外竞争。有人暗示我，舒尔茨与埃利希曼可能对我加入政府的事情比较感兴趣，但对于这事儿我们没有谈太多。

　　1970 年年末，《华尔街日报》上登出一则消息，说我是副国务卿的人选之一。我猜可能是老朋友麦克洛伊、狄龙和万斯放出的消息。我也问过乔治，我去军备控制与裁军署工作怎么样。他回答我说："彼得，如果我们问你来华盛顿怎么样，那说明我们给你的工作肯定要比军备控制与裁军署的工作重要得多。"

The Education of an
American Dreamer
彼得森的启示录

　　不要单纯依靠数据。做决定时，定性因素，比如动机，更重要，特别是当数据库中的数字很可能不正确的时候。

◁

敌人越强大，你就越强大
华盛顿的"经济基辛格" ◁

从斯坦福研究院的一份报告中我学到一课："增长型行业里才有增长型公司。"说实话，是时候向前迈进了。当尼克松总统宣布我是他的国际经济事务助理和新国际经济政策委员会主席时，他把我称作"我这个时代最伟大的首席执行官"。正是从那时开始，我离开了可以用数字衡量的领域，进入了令人眼花缭乱的华盛顿王国，希望我能活下来……

总统的召唤

1970 年年末休假的时候，华盛顿传来消息。乔治·舒尔茨打电话告诉我，总统准备设立一个新国际经济政策委员会并希望我去管理。"他想跟你谈谈这事儿，"乔治说，"你最快什么时候能来华盛顿？"

新年一过，我就到了华盛顿，跟乔治和他妻子奥比（Obie）一起度过了一个夜晚。奥比是个很可爱的女人，第二次世界大战时期乔治在夏威夷当水兵时认识了她，那时她还是个中尉护士。奥比这个有点儿怪的名字其实是她没结婚时的名字奥布利恩（O'Brien）的昵称。

第二天一早，乔治带我去了白宫，送我到椭圆形办公室跟总统单独见面。

1971 年 1 月初我们见面时，尼克松已经当总统近两年了。以 1969 年 7 月的"阿波罗 11 号登月"事件为代表，整个世界都在以令人炫目的速度不断变化着。可是

旨在结束越战的和平谈判却毫无进展。虽然尼克松竞选时暗示，他有结束战争的
"秘密计划"，但巴黎和平谈判从 1968 年开始就一直被推迟。越战的僵局没能阻止
尼克松制定新的外交政策。建立怎样的新外交政策以及如何把对经济方面的种种考
虑融到新的外交政策当中，正是尼克松想跟我谈的。

总统助理站在椭圆形办公室门口向总统报告我的到来："总统先生，彼得森先
生到了。"尼克松笑着从办公桌后起身和我握手打招呼。

他的穿着正式而呆板：白衬衫、黑西装、老式领带和锃亮的黑皮鞋。
他几乎每天都是这套打扮。西服翻领上别了个美国国旗样子的徽章，对
那些被他当作"南部战略"目标的美国南部的保守选民，这能起到视觉
上的暗示作用。

他指指椅子，请我坐下，自己则坐在我对面。

开始时我有些紧张，总统却很放松，谈话内容很快就扩展到世界范畴。在谈话
中我慢慢放松下来，被他清晰的思路和对问题的见地逐渐吸引。

尼克松阐述的地缘政治和地缘经济观点十分明确。他说，美苏关系在世界格局
上将继续占主导地位，但我们仍需关注世界其他国家迅速扩大的新的关系格局。欧
洲和日本已不再是第二次世界大战后的那两个弱的经济阵营，（在美国马歇尔计划
的帮助下）它们已经慢慢复苏并成为美国经济上的主要竞争对手。从今往后，经济
将在美国的外交政策中占据越来越重要的地位。事实上，尼克松已经预见到了今天
地缘经济学者们所说的世界经济一体化。

尼克松觉得，之前他的观点并没有体现在美国的外交政策中，外交政策和经济
政策本该协同一致，而目前却相互独立。虽然他不确定为什么会这样，但他希望我
能帮助改变这种情况。他还给我大概讲了讲他需要我做些什么工作。

利顿工业公司创始人兼首席执行官罗伊·阿什（Roy L. Ash）那时领导着总统

行政重组顾问委员会，即人们通常所说的阿什委员会，旨在寻找让政府工作更有效的方式。阿什委员会提议成立一个与国家安全委员会战线统一的国际经济政策委员会（提议中还包括设立美国国家环境保护局），由总统领导，成员包括国务卿、国防部长、财政部长、农业部长、商务部长、劳工部长、管理与预算办公室主任、经济顾问委员会主席、总统国家安全事务助理（通常叫国家安全顾问）、国内事务委员会执行委员和贸易谈判特别代表。这是个高级别集团，目的在于提高对外经济政策的重要性，使之与国家现状协调一致。尼克松表示希望由我来当这个委员会的执行主任。

这太抬举我了，但我已经 44 岁了，在那个成熟的年纪，我比以往更习惯于分析整体形势。我问总统，为什么要在经济政策与国家安全间建立联系，国家安全委员会并不具备他所设想的职能。他的回答让我明白了他跟他的国家安全顾问亨利·基辛格之间的复杂关系，基辛格就是那个在指导外交政策方面让国务卿威廉·罗杰斯（William Rogers）都黯然失色的人物（我知道尼克松非常尊重基辛格，但他也非常尊重自己在外交政策方面的意见，他不想让基辛格的光芒掩盖了自己）。这种关系反映了他们之间的深层次矛盾，这种矛盾一年后不断深化。1972 年，尼克松和基辛格分享了《时代周刊》（Time）的封面"年度人物"，而 1971 年时封面上只有尼克松一个人。

"基辛格一点儿也不了解经济，"他说，"更糟糕的是，他不知道他不了解什么。"

我告诉总统，我对他提供的职位非常感兴趣。能与财政部长大卫·肯尼迪这个之前是大陆银行首席执行官的芝加哥老朋友一起工作，也是我对该职位感兴趣的原因之一，他是内阁中我认识并信任的人。然而我得留在贝灵巧，贝灵巧公司里最可能成为我继任者的埃弗雷特·瓦格纳（Everett Wagner）刚犯了严重的心脏病，而我不想在贝灵巧没人领导的情况下离开公司。我要对这 1 万多名员工和那些需要我拿主意的朋友们负责。

尼克松解除了我的顾虑。"华盛顿的工作太重要了，"他说，"谁是贝灵巧公司的执行委员会主席？"我告诉他是通用食品公司的首席执行官查理·莫蒂默（Charlie Mortimer），他正在偏远的巴哈马伊柳塞拉岛克顿湾酒店度假呢！总统很快表示，距离在白宫看来不算什么。几分钟后，他就已经在跟查理通电话了。毫无疑问，查理肯定还以为打扰他休假，让他接美国总统的电话只是个恶作剧呢！

"彼得·彼得森在我的椭圆形办公室呢，"总统说，"他告诉我贝灵巧公司在寻找继任者的问题上有困难。我希望你能解决这些问题，因为我想让彼得来华盛顿为我工作。"

接下来尼克松开始试探我，看我不接受这个工作是否只是放个烟雾弹，其实是想得到华盛顿更有权力、更有地位、更受尊敬的职位。如果我真的愿意，我甚至能在内阁里谋个职位。"你知道，豪车、大办公室，你会拥有所有的一切。"他说。他又补充说，我的追求不应该仅仅是这些，在他的政府里，"你必须决定你是想成为某个角色，还是想干点儿实事儿"。

在尼克松政府里，有权力的人是工作人员中被称作"白宫卫队"的高级职员，而不是他的内阁成员。我暗自琢磨，是不是也曾有人告诉那些内阁官员这个差别或者本来那些内阁官员就知道。在政府工作的两年中，如果说基辛格和罗杰斯这两个人的分派不是线索的话，我怀疑有人告诉过罗杰斯真正掌握权力的人是谁。

"总统先生，您给我的这份工作真的是让我受宠若惊，"在这一个小时的会议快结束时我告诉他，"我不能马上答应您。我需要仔细想想自己是不是还有其他责任必须承担，我会尽快给您答复的。"

其实，我并不需要考虑多长时间。一走出总统办公室，我就发现自己其实是害怕贝灵巧那些无休止、让人厌倦的预算管理和躲不掉的预算削减的。我在那儿待的时间够长了，也交了许多朋友。我一直热爱着的公司赋予我的这些重大责任让我觉得肩上的担子很重，但我不喜欢重复性工作，不喜欢为了公司顺利运营而日复一日、年复一年地做那些繁杂、超额的工作。我确实喜欢做公共政策方面的工作。我需要尝试些更高、更广、更抽象的事情，来改变我的思维方式。说实话，我知道是时候向前迈进了。这是我对自己一直以来的期望，此外，我还有一个世界上最好的理由——这个国家最有权力的人邀请我服务于这个国家。

萨莉对这个消息并不感到吃惊，好像它是上学那时的事儿一样。那时，大卫和霍莉两人在温尼特卡塞缪尔格里利公立中学上学，他们虽然经历完全不同，却都很开心，而吉姆也不愿离开他在新特里尔高中的朋友圈。萨莉没有坚持反对。她说，她"没什么意见"。我带她去萨克斯第五大道给她买了3件礼服，对她说我们以后肯定会经常参加一些高级晚宴。她逐渐意识到那个大权在握的地方将对我们产生越来越大的影响，并最终慢慢渗透进我们在芝加哥的生活。

尽管后来我才意识到自己害怕父亲因自私、过度重视工作而忽视母亲的需求和感受，但到1971年时，我自己的婚姻也已经变得跟我父母的差不多了。我工作上的努力和所取得的成绩为我带来了舒适的物质生活，但我和萨莉之间的关系却并没有因此而变得更亲密。我在决定迎接新工作挑战时甚至没有跟她商量。在这种老式婚姻中，养家糊口的人总是有权提出要求，并做出最终决定。

父母对我换工作的事儿举双手赞成。当我告诉父亲，我放弃几百万美元的薪水和股权，换了一份年薪42 500美元的工作时，他说："没关系，这不重要。就算一分钱不给，你也不能对美国总统说不。"我没办法与他争论，也不想和他争论。

我打电话给乔治，告诉他我接受这份工作，但有个条件，得让亨利·基辛格当国家安全委员会主席并协助总统处理国家安全事务（国家安全顾问），约翰·埃利希曼（John Ehrlichman）主持国内事务委员会的工作并协助总统处理国内事务。我认为我是否能获得成功将部分取决于是否有一个合适的身份。华盛顿有很多委员会、调查局。如果这些机构不能出现在总统日常工作的轨道上，那就很容易被看扁和忽视。我告诉乔治，我要做的是总统的国际经济事务助理，总统欣然接受，我开始计划搬家去华盛顿。

夸张的华盛顿王国

贝灵巧董事会痛快地接受了我的辞职申请，并推选以研发野马汽车而著称的福特公司前董事会成员兼执行董事唐纳德·弗雷（Donald Frey）做我的继任者。唐是贝灵巧渡过难关的明智之选。公司的 200 多个同事在斯科奇的乡村俱乐部为我举办了欢送派对，拍着我的肩膀伤感地一一跟我道别，如雨的礼物、一次次的碰杯，欢笑和回忆围绕着我，直到深夜。大家嘲讽的主题是把我想象成尼克松牵着的一只不断向前拽绳子的小狗。直到今天，回想起来，在贝灵巧的日子仍是我人生中最珍贵的记忆。离开贝灵巧后，我在自己脑中的成绩单上仍把自己归为贝灵巧的首席执行官。

只看数字，人们可能会认为我那 8 年取得了相当不错的成绩。在我的任期内，公司销售量翻了一番，收入翻了两番，但实际上情况却复杂得多。

> 在努力推进成本控制方面，我给自己打 A；在行业快速衰退的大环境下，我通过引进新产品来保持市场份额和利润，这方面我也给自己打 A；但在把握公司未来方面，我只能给自己打 C。我没能引导贝灵巧进入一个未来的电子世界：摄像机、录像机等。兰德犯了同样的错误。在我离开贝灵巧几年后，贝灵巧依然按部就班，取得了不错的业绩。后来贝灵巧与一家德国公司重组，让另一家公司用贝灵巧这个名字经营包括电动剃须刀在内的其他产品。

从斯坦福研究院的一份报告中我学到一课："增长型行业里才有增长型公司。"由此我们可以自己补充下一句："衰退的公司在衰退的行业里。"啊，我是多么希望我管理的是一家增长型行业里的公司啊！据我所知，至今仍没有任何人制造非专业电影胶片摄像机和投影仪。这项业务几乎是索尼、佳能、三星、松下和其他同类公司都不涉及的业务领域。

看到今天这些新电子产品的强大功能——即刻成像、有声音、颜色鲜艳、可重复存储、清晰度高、播放时长长和操作简单的投影功能，我就想，我们到底是怎么卖掉那些非专业老式电影胶片摄像机的呢？尽管有这样那样的缺点，那些老式摄像机在那个时代也仍与今天的先进机器一样，满足了人们储存记忆的需要。我的老式摄像机见证了小宝宝们迈出的第一步。时光荏苒，当年的小宝宝已经变成了今天的父母和祖父母，胶片配上声音制成录像带或光盘就成为家人永远的记忆。我为此而骄傲。

我在贝灵巧时都学了些什么？这个基本问题把我搞得团团转：贝灵巧和宝丽来公司处理视频产品和电子产品危机时为什么不采取不同的方式呢？

站在国家的角度，我们已经注意到，随着各国科技的迅速发展和基础设施的不断完善，创造性破坏也在与日俱增。以中国和其他亚洲国家为例，截至 2010 年，预计世界上 90% 的科学家和工程师都来自这些国家。在领先了几年之后，目前美国高中升学率的排名已经下降到世界第 5。在 30 个来自世界各国的 15 岁青少年中，美国青少年的数学成绩只排名第 25，科学成绩排名第 21。作为技术创新速度的一项指标，专利产品的数量在过去的 11 年里逐年下降。

美国虽然拥有世界上最先进的企业精神和企业结构，但仍然需要持续关注这些国际趋势对自己的影响。

那贝灵巧和宝丽来公司为什么不直接面对技术危机或抓住机遇，兼并视频技术公司呢？原因是：

● 第一，我们的核心技术能力不在电子技术方面，贝灵巧在机电技术方面在行，拍立得在光化学方面拿手，这两者都与电子技术大相径庭。如果不了解尖端电子技术，任何公司都不可能对未来有把握。

我们中有太多的公司都具备自己的核心能力，很难接受在"我们"这么多年建立起来的具有稳固历史的行业中，自己居然被后来者占了上风的事实。

● 第二，"兼并"一家具备新电子技术能力的公司也有反过来被这家公司占据主动权的风险，没有几家公司的管理层希望承担这种风险。于我而言，我非常关心并愿意接受电影行业的这种发展趋势。然而，索尼和松下并不需要贝灵巧。他们已经创出了自己的品牌，拥有了自己的视频产品专家，占据了各自的市场份额。

还有，靠别人的新技术来构建自己的整体技术是相当费钱费力又冒险的事儿。

我们到底该不该试着通过兼并掌握新技术呢？很明显，考虑到最终收益，答案是肯定的。

国外制造厂商的成本价格竞争尚且处于早期阶段。贝灵巧的人力成本约为每小时 1.75 美元。我们日本工厂的人力成本为每小时 0.25 美元。日元对美元的汇率为 360：1（现在的汇率是当时的 1/3）。

那时，在国外代工产品的条件仍不成熟。公司里几乎没有外籍经理，更别提会说英语或懂技术的外籍员工了。把英语翻译成当地语言也很麻烦。当时不像现在，多数经理都能讲英语。那时，两国人员之间交流沟通起来也很费时费力。没有传真、电子邮件，也没有视频会议，重要模型和设计图都得邮寄，速度慢费用高。而现今，通用电气公司的首席执行官杰夫·伊梅尔特（Jeff Immelt）告诉我，他们公司最先进产品的第一代就是在国外生产的。这在我们那个时代是想都不敢想的。

这就带来一个让美国工业感到困惑的问题：到哪儿生产产品呢？提出这个问题的人都已树立了一个前提，那就是美国制造业已经衰退。

实际上自 1980 年开始，美国国民生产总值的 18%～20% 都来自美国制造业的产值。与目前流行的传言相反，尽管随着服务行业在整个经济中的比重不断加大（甚至业界都推断日本会统领世界经济），制造业只占整个经济的适度份额，但制造业却并不是一个迅速衰退的行业。制造业的受雇人数逐步下降，目前只占美国总雇用人数的 12%。主要原因是，制造业生产能力的增长远高于其他行业，生产的产品越来越多而所需的工人却越来越少。正如农业长期演变的过程那样，农业工人的数量占所有工人数量的比重从一个世纪前的 50% 下降到现在的 1%，而农业产值却在稳步上升。

跨国贸易在制造业中占有一席之地的原因是，美国制造的商品中，1/3 用于出口；剩下 2/3 的商品中，至少有 1/3 在与进口商品争夺市场。影响国际制造业竞争力的一个重要变量是美元的汇率。所以，在 20 世纪 80 年代和 21 世纪的第一个 5 年，美元升值加剧了"制造业的衰退"，而美元贬值又使制造业得到了相应的补偿。

当然，我不会低估美国制造业的竞争压力，也不会低估美国商业面临的竞争压力。我认为我们已经在制造业成本竞争方面花了太多的精力，而花在真正需要重视的技术创新方面的精力却远远不够。我们至少也应该培养美国企业精神和技术基础设施。最重要的是我们应该大力有效地投资研究并发展数学、科学和教育，大力发展人力资本技术，但这得另当别论。

总之，作为贝灵巧的首席执行官，我只能给自己打 B，可能低于我在市场研究和广告领域给自己的评分。不过，在 1971 年，尼克松总统宣布我是他的国际经济事务助理和新国际经济政策委员会主席的时候，他把我称作"我这个时代最伟大的首席执行官"。目前看来，正是从那时开始，我离开了可以用数字衡量的领域，进入了令人眼花缭乱的华盛顿王国。

大池塘的小鱼

我永远无法忘记入职白宫的第一个早上。在找到房子和私立学校前，萨莉和孩子们还留在芝加哥，而我那时就住在霍华德·约翰逊酒店。在单独待在华盛顿的那段时间里，我决定在白宫的员工餐厅吃早餐。一拨年轻人围坐在一张大圆桌旁，他们看起来只有二十几岁的样子，穿着保守，充满激情。我问他们是否可以跟他们坐在一起，他们让开一个位置，欢迎我的加入。他们都为鲍勃·霍尔德曼（H. R. Haldeman）工作，他是尼克松总统最亲密的助手，人们叫他"刷子"，因为他总是留着海军船员一样的平头。

作为刚加入的新人，我对这群在美国政治和政府中心工作的年轻人有些好奇，我问他们觉得在白宫工作怎么样。几个人几乎异口同声地说，这是他们有史以来最好的工作。开始我认为他们指的是为公众服务而获得的精神奖励，但我理解错了，后来证实，很多时候这也是因为他们拿到的薪水比较多。

这让我感到有点儿震惊。为了来白宫工作，我放弃了贝灵巧的大笔收入。当然，我知道并非每个白宫职员都来自公司的高级管理层，但我想肯定有人放弃了自己发展不错的职业和生活来为这个国家工作。貌似也有人从初级的低薪职位来到这里，比如德怀特·查宾（Dwight Chapin）以前就在一家广告公司做初级职员。另一些人曾经在尼克松竞选活动中负责图片宣传和日程安排，比如霍尔德曼就分别在20世纪50年代和60年代为尼克松参加总统竞选做些支持性工作。

这些年轻人在公共政策方面的经验缺失再一次让我感到震惊。他们来白宫前都没有宣传活动经验。在那天早上的谈话和后来通过接触对他们有了更深的了解之后，我明白了一件事，他们是否能来白宫完全取决于鲍勃·霍尔德曼以及他们对他是否忠诚。

这跟我之前听到的"轻装上阵"的说法正好相反。

　　"轻装上阵"在这里指的是每个人在工作中都有自己的担子要挑，比如对上级的责任，如果发现越往前走担子越重，就应该减轻负担继续前行。

　　随着对白宫生活的逐步熟悉，我发现这些年轻人并没有轻装上阵，他们肩上的重担并不是为他们自己而挑。他们不仅对鲍勃·霍尔德曼忠诚、负责，我怀疑他们甚至还很害怕他。这位员工主管留着的海军船员头型不单是因为自己喜欢，而且暗示着这里铁一般的纪律，使下属对他俯首听命。这种服从使某些年轻人在之后发生的"水门事件"中放弃了道德和法律观念，最终进了监狱。要是他们能够做到轻装上阵，就不会任这些势力暗流把白宫和他们自己拉下水了。

　　我也看到了这些年轻助手面临的种种诱惑。不单是年轻人和那些容易受别人影响的人，这里的每个人都会被白宫和总统这个位置所代表的权威所左右。尼克松自己也是造成这种情况的原因，他的每一个动作、每一次心情变化都会最终反映在这些白宫职员的身上。他们会猜测他要去哪儿，要干什么，要说什么。在白宫的头几天，我自己也不知不觉地受到总统行为方式的影响，在从保护严密的白宫广场到最常去的行政办公楼的途中，我差点儿被四五个总统的贴身随从踩到。

华盛顿的"经济基辛格"

　　新工作的第一周正好用得上我的专长——分析。按照总统的指示，我与内阁国际经济政策委员会的各成员都见过面。我问了他们几个我认为很容易回答的问题：

　　他们怎样评价美国在世界经济中的地位和角色？他们认为美国的对外经济政策如何？如果可以的话，他们会做怎样的改变？他们认为那些政策能否与我们整体的外交政策有效结合？如果不能，为什么？我们的外交政策和经济政策的目标是否一致……

他们的回答让我震惊。这些内阁成员对经济衰退的看法让他们看起来像外星人一样，没人认识到遥远的地球另一边到底发生了什么。比如：

> 威廉·罗杰斯和国务院认为，在未来的很多年里，美国将继续保持世界超级经济大国的地位。站在经济的巅峰上，美国可以将大量的贸易和经济特权作为促进全球和谐与实现美国利益的方式。美国在国际经济事务中是亲切和宽容大度的。国家安全委员会的亨利·基辛格将我的这些问题描述为"小"商业问题，在这一点上他和国务院保持一致。那时起我就开始了解亨利了，我对他说："亨利，你总认为'这些小的商业问题'都是冗余。你认为所有与商业有关的事情都是微不足道的。"
>
> 莫里斯·斯坦斯（Maurice Stans）和商务部则持相反的观点。在他们看来，美国制造业越来越缺乏竞争力。如果不采取行动，我们的经济模式将很快变成没有实质产品的服务型经济。对他们来说，采取行动就是关税保护和限制。

在美国的优劣势以及对外经济的优先次序问题上无法统一观点，这也反映出我们制定的各种政策之间几乎没有一致性可言。对同一个问题，不同的人都能理解成不同的问题。如果我们对问题是什么都无法达成一致，那我们还怎么找到一致的解决方案呢？

我把这些情况写成一系列报告递交给尼克松总统。一开始，他的回复是他律师式的几句短批示。他在我的报告上做手写批示，比如"继续""很有趣"或"做进一步解释"。我和 6 个来自不同部门的手下带着筛选出来的经济数据一起回到我们位于旧行政办公室楼的总部。一获得真实数据，我们就会做全面分析。分析着眼于工业领域主要国家的产值增长、单位人工成本、市场份额、贸易趋势和汇率等。这些数据描绘了一幅政府任何人都未曾见过的蓝图，展示出第二次世界大战以来世界经济格局的变化。相较于美国的主要贸易伙伴在经济上的表现，尽管当时国际贸易正逐步形成今天的世界经济一体化格局，但美国经济的统治地位已经开始下降了。

然而，我们的贸易政策和汇率却并没有随着这些变化而改变。美国与其主要贸易伙伴的政策还停留在多数发达国家打扫第二次世界大战留下的炮灰的年代。举个例子：

> 25年来，日元对美元的汇率一直被定为360：1。如果说1946年时是这样的汇率，那么很明显，1971年就一定不是这样的，但日本喜欢保持这样的汇率。疲软的日元让出口到美国的日本商品价格便宜，美国消费者抓住机会购买低价的日本车、照相机、复印机、电视机、纺织品和其他消费品。结果是日本工业逐步渗透进美国市场，日本与出口商品相关的工作岗位大量增加。反过来看，美国国内就没有那么好了。即使日本没有垒起贸易保护主义的高墙，我们制造的许多商品对日本消费者来说仍然很贵。因此，对日出口行业也就无法为美国工人提供工作岗位。

像电影一样，我最后的结论准备"扩展、升华"。在总统的鼓励下，我决定写一份关键性报告，名为《世界经济中美国的角色变化》。我们把数据制成彩色幻灯片和图表，使之看起来更直观。虽然当时已经是1971年4月了，但出于某些原因，白宫仍处于官僚的黑白世界中。因此，在官僚主义的灰墙上展示"彼得森彩色幻灯秀"在当时引起了轰动。

总统和整个国际经济政策委员会都出席了会议，我在会上做了演讲。约翰·埃利希曼后来说，总统都"狂热"了。几乎是一夜间，关于总统对我报告饱含热情的消息就传了出来。他让我给工党、商界的首席执行官和媒体们做演讲。他甚至还跟白宫的国会高级领导开会，再次讨论我的报告。

很快我就登上了《商业周刊》（Businessweek）这类杂志的封面，不断有媒体要求采访我。同年，在总统决定将我的报告公之于众后，政府印刷办公室报告说，我的报告已经卖掉1万多份，成了名副其实的政府标准畅销书。《纽约时报》的头版故事就是关于白宫处理对外经济政策方式的转变。报纸在第2版继续引用了我报告里的付款余额表、单位小时报酬表、美国进口数据表和其他图表来说明为什么尼克松总统要引领这场改革。一段附有我照片的简短介绍将我描述为华盛顿的"经济基辛格"，说我在"国际贸易和财务方面的影响力和权力基本相当于总统对外政策助理亨利·基辛格"。

这可真让人兴奋。一天，当鲍勃·霍尔德曼告诉我总统希望我搬到白宫西翼时，我感到尤其兴奋。那里更靠近总统的椭圆形办公室。

我在行政楼（华盛顿对旧行政办公室楼的简称）有间大办公室，还附带一个会议室。那里不仅宽敞，布置得也很精致，而且距离白宫很近，扔块石头就能打到白宫。在华盛顿，跟房地产一样，地理位置就是一切。白宫西翼的办公室就是地位与权力的象征。

鲍勃·霍尔德曼说西翼没有空办公室了，他得重新调整办公室安排，意思是近期得有人从西翼的办公室里搬出来。我等待他的安排结果。最后，鲍勃·霍尔德曼告诉我，给我让出办公室的那个人"非常沮丧"。他就是白宫经济机会局局长唐纳德·拉姆斯菲尔德（Donald Rumsfeld）。

我认识唐纳德·拉姆斯菲尔德，把他当朋友。在我离开芝加哥来白宫工作前的两年，他是芝加哥的众议院议员。那时他在某种意义上还是个出色的男孩，但到 1971 年，就有传言说白宫高级官员和总统对他的喜爱已大不如前了。尽管如此，大家仍认为他是华盛顿强硬的，也是最有效率的官僚斗士之一。他想尽一切办法让自己留在白宫西翼。

我没有他那么多的办法，只是用我认为礼貌和友好的方式来做出回应。如果唐真的那么沮丧，那我很愿意继续留在行政楼的办公室里。除了去总统那儿能快点儿以外，在白宫西翼还是在行政楼工作对我而言没有任何实质性区别。在我看来，尼克松对改变旧的世界经济模式的热情能够抵消我对椭圆形办公室附近办公室的需要。所以我退出了，我告诉鲍勃·霍尔德曼，让唐留在那儿吧！

基辛格是我所见到的官僚斗争时唯一一个公平对待唐的人，他后来跟我说，这是我犯的最大的错误。但我已经没时间考虑到底在哪儿办公了。当复仇女神出现的时候，她的神像和那长长的影子笼罩着我在国际经济政策中的角色。

康纳利飓风

来白宫后不久，我的朋友大卫·肯尼迪就从财政部长的职位上辞职了。其实是有人把他挤下了位子，去当尼克松的贸易事务所任大使。他曾是我在内阁中的主要联系人，能与他一起工作也是我从贝灵巧辞职来白宫为公众服务的主要原因之一。所以当尼克松宣布由前海军部长、前得克萨斯州州长、民主党人约翰·康纳利（John Connally）接替他时，我彻底惊呆了。作为国际经济事务方面的主要顾问，我认为应该有人事先问问我的意见或者至少提前通知我。不过后来我理智地想了想，其实是尼克松需要这项任命在公布前处于保密状态。我天真地以为康纳利也会像大卫·肯尼迪一样支持我的工作，因为他也曾是建议成立国际经济政策委员会的阿什委员会的成员。

一开始，他看起来对我的报告很感兴趣。"一股新鲜的空气，"他说，"最终，华盛顿可能会出现新的经济状况。"

然而很快我就意识到，那些新状况只是他定义的新状况，而且只能由他来定义。他是华盛顿这个大水塘里的大鱼，而我只是一条小鱼，以后可能还会变得更小。原因有二：其一，尼克松需要内阁中有一个像康纳利这样的民主党人与国会中的其他民主党人一起工作，在1970年以来的选举中，民主党一直占据两院中的多数议席；其二，康纳利本人不能容忍骑墙的职员。他不是尼克松权力集中体系里的一员，也不接近白宫助理，他拒绝与白宫卫队打交道，而他认为我正是其中的一个。他不会通过我或者其他任何人给总统递交国际经济备忘录。即使他说要把我对经济政策的建议作为他做决定的参考因素，我也从不知道他是否真是这样做的。他也不在西翼办公，财政部和行政楼分别在白宫东西两侧，需要总统看什么文件时，他就直接从财政部走几百米到总统的椭圆形办公室去。这都归功于他那比生命还重要的外表。

康纳利身材高大，面色红润，高贵而颇具领袖气质，满头的灰发像皇冠一样。跟尼克松不同，他天生就是那种穿黑条纹西装、白衬衫，打老式领带的人。他一走进房间就能让人感觉到他所透出的雄心抱负、自尊和权力。然后人们的注意力就会转移到他自然的笑容、富有磁性的声音、大大的雪茄烟、有力的握手上，他魁梧的身材和居高临下的姿态告诉每个在场的人，整个房间都属于他，而他自己也是这样认为的。

他跟尼克松之间的关系很特殊，甚至有些奇怪。康纳利一走进内阁或总统椭圆形办公室，尼克松的眼睛就会一亮，整个人也会精神起来。要不是康纳利是个男的，还真得有人以为他俩坠入了爱河！其实，那是与男女之爱不同的另一种爱。两个男人心理上相互对立，这种对立让他们彼此吸引。如果康纳利是总统的话，我敢打赌他肯定会边照镜子边对自己说："这是我应该得到的。"尼克松如果也照镜子的话，则可能会有完全不同的反应。他可能会有点儿缺乏自信，甚至讨厌自己。

凭借张扬的个性，再加上尼克松自身的不安全感，康纳利在某些情况下能够让尼克松做出与他自己的人生观背道而驰的决定。我发现其实在大多数国内问题上，尼克松都保持适度的中立态度，比如设立环境保护局、支持民权、废除学校里的种族歧视（尽管这需要恳请白皮肤选举人通过他的"南部战略"）、实行收入分成、把联邦政府的钱分配给各个州和地方政府。然而应康纳利的要求，1971 年 8 月，他征收收入税，实行价格控制。同年早些时候，他还用联邦政府的钱保释了国防承包商。

我花了很长的时间，才认识到自己的职位对康纳利的自我意识和野心构成了威胁。白宫的小道消息说，康纳利对几个人咆哮着说，他才不跟彼得森或国际经济政策委员会"协商"，那不是他跟总统之间的约定。那为什么以前他还那么热情地提议成立委员会呢？后来他又为什么那么热情地参加彼得森彩色幻灯秀呢？我的想法过于理性了，我太无知了。天真的幻想最终要向现实低头。这与组织结构是否合理

或者之前的建议如何都无关。其实，这反映出了康纳利的自我意识和权力欲望。就
像康纳利自己曾跟基辛格在一次谈话中所说的那样："**在这里，你有多强大取决于
你击败了多少敌人。敌人越强大，你就越强大。**"

"康纳利飓风"把我的天真吹得无影无踪，在这场灾难里，我最好的选择就是
一直踩着水，希望能活下来，同时考虑自己是否还有其他选择。其实最终的选择
只有两个：留下或离开。1971 年秋天，哥伦比亚广播公司（CBS）的老朋友弗兰
克·斯坦顿（Frank Stanton）诱惑我说，他们正考虑邀请我做他们公司的总裁。这
真是个让人兴奋的好消息，我在广告和商业方面的经验又可以有用武之地了。但是，
大张旗鼓地宣布来华盛顿，然后又在几个月后离开，让萨莉和孩子们搬来搬去，这
似乎是不对的。另外，白宫在媒体中散播的不忠或失宠的言论也会让我得不偿失。
所以我决定不走了，只寄希望于天气能变好或是康纳利失宠（虽然那不太可能），
好让自己活下去。

贸易战争

当骑兵开进来时，我们采取的对策不可能是纺织品政策。1968 年，尼克松竞
选险胜休伯特·汉弗莱（Hubert Humphrey），部分原因是得到了纺织业的支持。实
际上纺织业提供的财务支持是有交换条件的，尼克松得实行进口配额政策来为国内
纺织品公司提供支持。

3 年后，尼克松仍未实行进口配额政策。当然，并不是他没有尝试这样做，商
务部长斯坦斯和总统助理彼得·弗拉纳根（Peter Flanagan）试着跟日本人谈判，但
未能成功。现在，1971 年已经过去一半，1972 年的选举就快来临了。纺织业明确表
态，要是不能实行进口配额政策或其他减轻他们压力的政策，总统就不要指望得到
他们的支持。

情况就是这样。总统来电话说需要我做新一轮的努力。"彼得，大家都认为你

比较擅长谈判，"他说，"我希望把这该死的纺织品问题在明年选举前解决掉。我才不在乎付出什么代价呢，只要能解决，怎么做都行。明白吗？"

我当然明白，但我也明白这是个棘手的问题。我不是贸易保护主义者，但我认为我们应该对日本人强硬点儿。从 1960 年到 1970 年，在这 10 年间，日本商品的出口增长了 400%，而我们只增长了 110%。

跟日本的每项比较都是同样的结论，但仍有一拨接一拨的日本商业代表团的高级领导跟我哭诉他们的"难处"。"我们读了您的报告，彼得森先生，但您得理解，我们不过是个卑微的小国，没有资源，挣扎着在竞争激烈的国际环境中生存，就像发展中国家一样。您必须在贸易和对外经济政策中体谅我们。我们谦卑地寻求您的理解和支持。"

一派胡言！我毕竟在贝灵巧时就跟这些日本人打过交道，亲眼见到这个国家不断增长的经济实力。所以我决定当面举证，揭露他们所谓的"没有资源的卑微小国"之辞不过是狡辩和自私自利的言论。

尼克松总统的好朋友日本首相佐藤荣作委派日本的一个重要商务组织——日本经济团体联合会代表团跟我见面。代表团成员包括一些大公司的头儿，比如日本钢铁公司和松下公司。我跟每个人都打了招呼，特别夸奖了他们所在公司的强大竞争力。"啊，长野先生，"我跟日本钢铁公司的一个人说，"您是世界上最大的钢铁公司的老总，恭喜您。您在世界钢铁行业中有最高的劳动生产率、最低的单位劳动成本和最先进的自动化机器。"

我让我的人找些能为赢得这场艰难的纺织品谈判增加砝码的素材。一番研究之后，高级职员唐·韦伯斯特（Don Webster）告诉我，他有好消息，也有坏消息。

"先跟我说说好消息，"我说，"好消息可不多见。"

他告诉我，20 世纪 30 年代曾有一条模糊的银行法案通过，允许总统在简单的条件下实施强制配额。总统要做的只是宣布紧急国际收支平衡条款。

"那坏消息呢？"

"条款属于 1918 年《敌国贸易法》修正案。"

"我的天啊！"我权衡着这句话的政治影响，"我们真的要为了强制配额而把我们亲密的朋友称作敌人吗？"这会对尼克松总统与日本和日本首相佐藤的友谊产生怎样的影响？但总统已经命令我可以做任何事，只要能解决这个问题。

1971 年 8 月初，尼克松召集高级经济顾问到他戴维营的总统公寓开会。我知道，历史性的时刻即将到来，作为其中的一分子，我激动不已。我再次向总统和顾问团陈述了纺织品强制配额的好消息和坏消息，然后提出了一项谈判计划。总统已经准备在 8 月 15 日宣布一项政策调整，让美国摆脱对外黄金交易中的束缚——金本位制。这项调整向浮动汇率迈进了一步，允许美元对外币汇率波动。我建议他在公布这项政策调整时，同时公布紧急国际收支平衡。然后我再会见日本大使，把这项条款作为谈判的资本，打破目前毫无成效的谈判僵局，为美国争取更大的利益。我对总统说，要是没有时间上的限制，这项条款的作用时间肯定会顺延，并加剧损害两国关系。我建议将"自愿"纺织品配额的截止日期定为 10 月 15 日，总统同意了。

8 月 15 日早上，在电视直播了总统的演讲后，我打电话给日本驻美大使，转述了政策内容。

"噢，彼得森先生，真不敢相信你们的总统竟然对你们最亲密的朋友使用《敌国贸易法》。"他说。

"要是有办法，他当然不会这样做，"我回答道，脑子里浮现出之前一遍遍练习过的讲稿，"但几年来我们一直试图解决纺织品问题。总统决心一定要在年内解决这个问题。我们非常希望你们能自愿遵从这项协议。如果你们自愿接受 15 种纺织品的配额，那我们还能让你们的产品有所增长。否则，总统只能强制配额，并且不允许产品增长。坦白地讲，这是美国国内制造商们非常愿意看到的，但总统出于对美日友好关系价值的考虑，还是希望你们能自愿遵从这项协议。"

司法部长约翰·米歇尔（John Mitchell），这位尼克松的严厉法务官员、高级政治顾问向我施压，提醒我纺织业在1968年的选举中起决定性作用，在1972年的选举中同样具有决定性作用。他没提200万美元竞选活动费的事儿，很明显那是作为配额政策的交换条件存在的，但他说如果有必要，他将把配额条款补充进宪法。这在宪法的国家安全条款下是完全可能的。

将《敌国贸易法》写进宪法糟透了。按照米歇尔让人头疼的逻辑，美国每12个制造业职位中，就将有一个在纺织业。如果没有配额，这些职位就都会消失，从而危害国家经济安全，进而危害国家安全。这是纯粹的贸易保护主义，我担心这将产生严重的经济政治后果，影响尼克松对自由开放贸易所做的贡献，让他看起来很伪善。如果我们可以大喊纺织业"天塌啦"，为什么不对汽车和钢铁工业也实行配额制呢？

我跟司法部长深入探讨了这个问题。我跟他说，如果告诉大家为了国家安全而要对女裤和胸罩实行强制配额的话，那我们是会被嘲笑的。他的长脸上罕见地挂上了微笑。"我现在就能听见他们说，"我说，"这到底关乎国家安全还是关于个人安全？"

最终米歇尔妥协了，我长舒了一口气，但是他的想法让我知道了这件事有多么棘手。我的计划必须可行。否则，另一个所谓的解决方案将导致更多的纺织品进口和贸易赤字问题。

接下来的6天，日本人反复抗议争执。公平地讲，他们在发展过程中所遭受的三重打击把两国之间的经济、外交关系的理解完全颠覆了。10月15日的截止日期是第三重打击。7月15日，基辛格在访问中国时，曾表示了美国把日本看作贸易敌对国的新态度。8月15日，尼克松宣布美国关闭黄金交易，强迫日本考虑日元升值，使日本出口的产品变得更贵。现在，10月15日的日益临近让他们开始考虑把纺织品出口限制在 4% 的增长范围内，因为不然他们的纺织业就将面临零增长配额。所有这些变化无一不在撼动着 25 年来日本的贸易优势，而这是日本驻华盛顿外交官所不愿看到的。他们向国务院表达了他们的不满，国务院恼羞成怒，因为这并不包含在戴维营会议上我所陈述的配额最后通牒范围之内。我们截获了日本大使馆发回东京的秘密电文，电文内容是关于国务院对美国总统无意修改"经济动物"彼得森的看法，我微笑着读完了它。我把截获的电文交给鲍勃·霍尔德曼，问他总统给我的指令是不是仍然有效。他的回答是"请继续"。

10 月 15 日的清晨来临了，日本还是没有表明到底是自愿接受配额，还是强迫美国总统使用《敌国贸易法》。时间一分一秒地过去，离午时的最后期限越来越近了。10 点 30 分，日本终于签署了自愿限制协定并发到白宫。尼克松马上把我叫到他的椭圆形会议室，向我表示祝贺。看得出，他非常兴奋。下次大选，他又能得到纺织业的赞助了，而我则至少在白宫重新活跃了一阵子。后来我发现，这段时间真的是太短了。

彼得森的启示录

▷ 从斯坦福研究院的一份报告中我学到一
　课："增长型行业里才有增长型公司。"
　由此我们可以自己补充下一句："衰退的
　公司在衰退的行业里。"

▷ "在这里，你有多强大取决于你击败了
　多少敌人。敌人越强大，你就越强大。"

"经济动物"与"政治动物"
钩心斗角的白宫岁月

> 担任尼克松内阁的商务部长让我不但脱离了"白
> 宫卫队",也脱离了这个充满毒素的熔炉。工作
> 时,胡佛在上面看着我,这使我不禁有些胆寒。
> 他让我明白再成功的人也有可能滑入谷底,不
> 得翻身。

结识基辛格

华盛顿充斥着内斗和阴谋,要不是那里的生活中还有一些美好的事物,这日子
是无法忍受的。我们所住的大房子位于所在区的西北部,石溪公园就在附近。房内
有一间桑拿浴室和一个游泳池。吉姆、大卫和霍莉都就读于乔治城日间小学,而迈
克尔还只是幼童,由住在我们家的保姆照看。至于我和萨莉,我们加入了一个社交
圈,远离了充斥着党派冲突思维的白宫和军队训练式的管理者鲍勃·霍尔德曼。

这一切都归功于我与亨利·基辛格日益亲密的友谊。刚来白宫任职的时候,亨
利对我有所防范。正如他后来在回忆录《白宫岁月》(*White House Years*)中写的那
样,理论上我的上岗意味着他权力的削弱,但是,我们很快就在相互尊重的基础上
建立了合作关系,也学会了相互欣赏(我是这么认为的)。此外,他后来证明了他
学习国际经济学的能力很强,尤其是当这块知识与关键的外交问题和外交政策关系
相交叉的时候。最终,他欣然接受了这个潜在的联系:经济政策和外交政策相结合

能产生最大的效果。像我们这种关系最终发展成为友谊，并不是必然会发生的，更多是因为亨利喜欢广交朋友和了解广泛意见的性格与我不谋而合。他在乔治城的社交圈里游刃有余。

乔治城社交圈是因波托马克河畔的雅致古屋区而得名的。很多成员都住在那边。我和亨利是在这个社交圈里活动的唯一两名白宫官员。在那里，我们与新闻舆论界的人士交往，如凯瑟琳·格雷厄姆、任职于《纽约时报》的"苏格兰仔"詹姆斯·雷斯顿（James Reston）、专栏作家兄弟斯图尔特·阿尔索普（Stewart Alsop）和约瑟夫·阿尔索普（Joseph Alsop）、罗伯特·肯尼迪的遗孀埃瑟尔（Ethel）、华盛顿女主持人波莉·弗里奇（Polly Fritchey）和她的评论员丈夫克莱顿（Clayton）、琼·布雷登（Joan Braden）和汤姆·布雷登（Tom Braden）夫妇，汤姆·布雷登离开阴谋密布的中央情报局后，他们夫妇进入了新闻舆论界。

社交圈还有其他一些成员，大多是民主党人，但这并不重要。亨利和他的女友们，加上我和萨莉，我们都喜欢和这些民主党人在一起。他们知识广博，也执着于自己的观点，与他们为伴我们很受激励，也能短暂地逃离尼克松在白宫营造的令人窒息的党派气息和多疑的氛围。即便是在白宫，亨利也表现得自信满满、活力四射，比如他早上会走进新闻发布室，然后问道："对于我的答案谁还有问题吗？"事情是这样的，一些白宫政客坚持要求我们向记者提供已被批准的原声采访或论据。无论记者当天是否有问题要问，我们都会向外界传达这些信息。

在乔治城的那些会客厅或者其他地方，喝酒聊天成了我们的主要活动。在每晚结束后回家时，我和萨莉经常会感到我们对这个"真实的"世界有了进一步的了解。当然，并不是整个华盛顿都像这个开明的社交圈一样。有一晚，我和萨莉前往一名白宫官员在马里郊区的住宅。晚宴之后，所有的客人都被邀请到地下室的娱乐厅。在那里，除了一个台球桌和调酒吧台外，主人还自豪地向我们展示了一个飞镖靶，它的靶心贴着亚当·克莱顿·鲍威尔（Adam Clayton Powell）的图像。鲍威尔是代表纽约州的国会众议员，也是一位非裔活动家。在芝加哥郊区住过之后，萨莉对种族问题变得十分开明。有几次，她还表达了反对华盛顿政治常态的情感。看到这个飞镖靶后，它所展示的褊狭心态使她异常愤怒。"这是真正的南方策略，用飞镖投射黑人。"她抗议地发出嘘声，恼怒的她当即离开了那儿。我很尴尬，默不作声，心中也很愤怒。礼貌性地向主人告别后，我们早早离开了。

在社会政策方面，我和亨利是白宫内的异类。在亨利身上，我找到了一种年轻时的默契和友谊，正如我在芝加哥所经历的那样，那种能让我们相互进行尖锐的戏谑，却又不会彼此伤害的友谊。正因我们非常尊重对方，我们之间的那些带刺言辞才不会将对方扎出血来，但是有时旁听者却不知道我们是在开玩笑。

在我看来，亨利最薄弱的点是他"女性杀手"的名声。1964 年，他与第一任妻子离婚。1974 年，他与南希·马吉尼斯（Nancy Maginnes）结婚。在这之间，他还与许多知名明星、娱乐界新星谈过恋爱，包括吉尔·圣约翰（Jill St. John）。星期天的时候，我经常和亨利一起在白宫餐厅共进午餐。有时，他当时交往的女友也会加入。他总会让旁人注意他的"战利品"，如果确实可以这样形容他女友的话。他的女友都是长腿美女，都穿蓬松的裙子，他总是让我坐在他新结交的艳丽女友旁边，然后用他那夹杂着德国口音的声调不无讽刺地说："你只有羡慕的份儿，彼得森。"

我想说的是，他的言语跟他的实际行动可能是不一致的。当我真羡慕他的时候，他会用孩童般蓝色的眼睛盯着我，眼神中闪烁着一丝淘气，然后对我说："彼得森啊，你永远不会知道也不会懂的是，权力才是最终引人入胜的春药。"这句俏皮话已经成为亨利流传最久的语录之一。

亨利不是人们想象中的那种"女性杀手"。他身材不高，头发也不黑，而且长得不帅，也肯定没有类似查尔斯·阿特拉斯（Charles Atlas）的健美身躯。不过他很有威严，也十分搞笑（一直都是如此）。他能让女性欢声大笑，而当他严肃起来的时候，她们会专心倾听他说的每一个字，因为她们知道他控制着许多关系国家命运的事情。他用权力吸引女性的做法在他的朋友中引起一些嫉妒，也让我有了讲笑话的资源。有时我讲的笑话奏效，有时却不是这样。

1972 年的春天，我受邀前往日本协会的年度正式晚宴做发言人。在那儿，我试图在公众场合嘲笑亨利一番。在美国，公众发言人在开始演说前一般都会先讲一个笑话。那晚的经历让我明白，发言前一定要先了解一下听众。

演说开始时，我面无表情地宣布："今天，我来的目的是控告美国国家安全顾问亨利·基辛格博士严重的滥用职权行为。"说完这句话，我停下看了看听众的反应，然后继续说："我想提醒诸位未进入尼克松政府时的那个基辛格。你们中有谁曾把这位带着眼镜的肥胖学者与浪子联系在一起吗？答案很明显，当然没有。"

"然而，今天他公开在华盛顿的大道上向人们展示一群与他相好的好莱坞新秀，比如吉尔·圣约翰。她还仅仅是众多女友中的一个。基辛格左拥右抱的秘密是什么？很明显，他是利用手中的权力吸引她们。我相信现在是时候为他的行为定性了。我重复一遍，这是严重的滥用职权。"

听到这儿，在座的美国人听懂了我的笑话，都咯咯地笑着，但日本听众却惊呆了。他们习惯了服从上级、毕恭毕敬，也习惯了避免冲突。他们脸色铁青地坐在那儿，十分害怕，认为他们的特邀发言人、该死的蠢货彼得森，正利用日本协会著名的宴会场所攻击对手，就像外界传闻尼克松政府内部存在派系斗争那样。

我继续发言："现在，每个人都知道亨利没对那些女的做过什么（我知道这会让基辛格笑得人仰马翻）。"然后，我说起了艾森豪威尔的幕僚长谢尔曼·亚当斯（Sherman Adams）。当年谢尔曼的朋友送了他一件羊驼毛外套，希望他让政府照顾他的纺织生意，而谢尔曼因此被开除了。于是，我补充说："可是当年也没人问过谢尔曼·亚当斯是否穿过那件羊驼毛外套啊！"

美国听众再次哄堂大笑，而在座的日本人还是害怕地板着脸，一直沉默着。只有当我转到贸易主题，也就是我那晚演讲的主要话题时，日本人才松了一口气，终于知道我并非想毁掉他们的协会。

让我惊讶的是，第二天，《华盛顿邮报》报道了前一天的宴会情景。我知道我成功地宣传了亨利喜欢追女明星的嗜好。那天早上，我经过亨利的白宫办公室。他已经把《华盛顿邮报》上的那张图片剪下来贴在自己的电话上了，可能是为了享受那篇报道吧！当我走进去的时候，他起身笑脸相迎："彼得森，没想到我让你来华盛顿，只是为了当你的滑稽配角啊！"（事实上，我知道亨利很喜欢媒体给予他的关注。）

当然，与他的嘲讽者相比，亨利总能占到上风。至今我还清晰地记得有一次，我认为终于占了他一点儿便宜。那时，我准备应邀参加一场特别晚宴。晚宴的女主人告诉我，我将坐在嘉宾英格丽·褒曼的右边。现实中，好莱坞明星所展现的魅力和影响力让公司的财富和政治权力显得那么不起眼。在我 17 岁的时候，以西班牙内战为背景的电影《丧钟为谁而鸣》（*For whom the Bell Tolls*）让我难忘，主演正是褒曼女士和加里·库珀（Gary Cooper），至今我还喜欢着这部电影。坐在褒曼女士旁边使我有机会沐浴在她的星光下，更令人激动的是我终于"拿下基辛格了"。知道晚宴的座位安排后，我走进基辛格的办公室，略带得意地对他说："亨利，我想明天晚上我会和你一同到场。顺便问一句，你的座位在哪儿？"

他皱了皱眉，装作很无辜地看了我一眼："为什么这么问呢？"

"是这样的，我将坐在英格丽旁边，我不知道你将坐在同一桌还是别的什么地方，可能坐在另一个房间也说不定。"

听完后，他尽力装作很生气的样子。"彼得森，"他说道，"我迟些时候就要前往阿卡普尔科了。若非如此，你怎么会有机会坐在她的旁边呢？"

一次，我得知亨利因为一个宗教节日而拒绝出行。我认真查了手头的那些日历本，却查不到到底是哪个宗教节日。是犹太新年吗？抑或是犹太赎罪日？一头雾水的我最终选择开口问他。最终，我得知他所虔诚庆祝的是意大利风流冒险家卡萨诺瓦（Casanova）的诞辰。

和亨利在一起我经常笑得很酣畅，这加深了我对亨利的认识：他有着与众不同的幽默感。而且，两个人都懂幽默明显能大大加深双方的友谊。

冲突的权力轨道

1971 年 8 月，尼克松宣布了临时性的工资和价格调控。原先，有人向总统提过这个想法，但他认为这种措施不能解决通货膨胀问题，于是拒绝了。康纳利成为财政部长后，一切都变了。那天我也参加了戴维营的会议。

会上，康纳利极力推荐这些措施。这些是我能想象的最偏离市场导向、最违背共和党思想的措施。而当尼克松对康纳利的意见表示赞同时，大多数与会者都瞠目结舌。尽管如此，我还是尽力挽回了一些影响。我的贡献是提出 10% 的临时进口附加税，旨在让我们那些发达国家贸易伙伴将它们估值过低的货币升值，并重启贸易谈判。这种临时的附加税是我们亮出的"大棒"，而承诺将废除它则是我们展示的"胡萝卜"。在宣布工资、价格调控和关闭黄金兑换窗口的演说中，尼克松还宣布了这项进口附加税。他解释说，一旦我们的贸易伙伴把它们的汇率调整到现实合理的水平，并真诚地开展贸易谈判，他就废除这项附加税。这将第一次大幅促进固定汇率向浮动汇率转变。浮动汇率是我、乔治·舒尔茨和我的老教授米尔顿·弗里德曼 3 人共同的梦想。

在这个问题上，米尔顿的想法非常坚定。此前，当我问他我是否该接受白宫的工作时，他表达了这些想法。"绝对不能接受，"像往常一样，米尔顿率直地说，"固定汇率不改变的话，这份工作是没法儿做的。而如果浮动汇率被成功引入，这份工作又是多余的。彼得，在你这个年龄和人生阶段，你不应该接受一份不可做或没必要做的工作。"

在价格调控和"临时"进口附加税宣布后的数月，我们在白宫的总统办公室开了个会。那时越南战争正影响着尼克松的支持率。会上，康纳利说附加税使"皮奥里亚市获益良多"。此后，在另外一个在总统办公室举行的经济政策会议上，他武断地鼓吹延长附加税的征收期限。与会人员有总统、康纳利、乔治·舒尔茨、美联储主席亚瑟·伯恩斯（Arthur Burns）和总统经济顾问委员会主席保罗·麦克拉肯（Paul Mc Cracken）。康纳利发言说，普通美国百姓把这项税收看作通过对日本和德国收税，从而在贸易问题上对他们强硬。因为这项附加税的政治效果很好，康纳利主张保留它，直到1972年的选举年结束再废除，也就是拖延整整一年。我惊呆了，这纯粹是出于政治目的而公然进行的单边贸易保护主义。我认为这么做的话，总统就违背了他在8月15日电视演讲时所做的承诺，那不是一桩小事。

　　我敬佩尼克松那种真诚的求知好奇心和他那训练有素的分析思维。在我刚来工作的时候，他告诉我，在处理问题的时候，我要告知他我们面临的各种选择，每个选择的优缺点、成本及其风险，以及批评者可能会如何看待这些选择。这次，尽管康纳利政治影响力大，也很容易让尼克松接受他的意愿，我还是决定相信总统说过的话，明确自己的立场，无论我在华盛顿的仕途是否会因此受影响。这样，一个关键性时刻来临了。

　　"总统先生，"我发言了，"我相信，撇开您作为总统的政治遗产不说，能否扮演好全球和平缔造者的角色将在很大程度上决定您的政治利益，而不是充当一个单边主义者。接受财政部长的提议意味着您将违背自己在去年8月所做的公开承诺。此外，我不得不提醒您，您还将在峰会上与中国及苏联领导人会晤，与他们建立一些历史性的联系。"

　　会场一片寂静，我继续说："康纳利部长的提议实际上是让您在与一些国家建立新关系的同时，切断我们与另一些国家之间的纽带关系。我相信我们的盟友都会强烈反对这种单边主义行为。不难想象他们将如何报复我们。他们可以简单地对我们最重要的一些出口产品征收额外的税收。"让我失望和惊讶的是，与会官员中没人表达看法。其实在此时表态会让他们显得更谨慎，这应该是更好的表达时机。

在我发言期间，康纳利保持着缄默，可他的脸却愤怒得发红。这场会议草草收场了。康纳利随尼克松一起走向玫瑰园，迫切地附在尼克松的耳旁窃窃私语。我想他应该是在劝说总统解雇我。我一把抓住了与我观点一致的美联储主席亚瑟·伯恩斯说道："亚瑟，我知道你的观点是什么。哦，我多希望你在会上表达自己的看法啊！但事已至此，我们必须去拜访亨利·基辛格。"我知道亨利很尊重亚瑟，亚瑟与我一起也能为我的话增添分量。

沿着走廊直走，我们来到了亨利的办公室。我向他大致描述了康纳利的提议，同时还强调，如果在今年 11 月大选前继续保留这项附加税的话，这额外的一年执行期将严重影响我们与中国和苏联的峰会。如果峰会是在我们与盟国进行贸易战的背景下开启，那总统作为全球和平缔造者的形象就将受损。我告诉亨利，他必须插手。亚瑟也同意地点了点头。

我提醒亨利，几个星期前，法国总统乔治·蓬皮杜的一名高级助理让·波利亚（Jean Beliard）给我带来了一个秘密消息。他是我的朋友，任职于法国政府。他告诉我，蓬皮杜理解美国对汇率失衡的担忧，并且准备与我们进行谈判。法国人可能会把法郎对美元的汇率提高 15%，但条件是他们把法郎升值 7.5%，而我们把美元贬值 7.5%。我问这位朋友为什么他们不直接把法郎升值 15%，反正结果都一样。他回答说，不是这样的，这与法国的政治风格有关，与逻辑无关。波利亚说，美方要"分担一些政治负担"，因为美国在财政上的责任承担得比它应该承担的少。（当我把这对话转达给康纳利的时候，他的回答十分露骨："该死的法国佬！"他当时是这么反应的，后来也多次这么表达。他几乎把这几个字读成了一个词。）尽管如此，法国人的提议还是为尼克松总统废除附加税提供了逻辑依据，当然，也使我们得到了想要的法郎大幅升值。

其实，我敦促亨利采取的这个行动也有不尽完美的地方。例如，法律规定让美元贬值之前，总统要去国会说明情况。在国内，这让总统的面子有些过不去，当然，这也就是法国人所指的"分担一些政治负担"。批评人士会问："为什么强大的美元

不再坚挺了呢？”事实上，这样做有可能实现两个目标：调整美元对估价过低的法
郎及其他货币的汇率；让总统能恪守承诺，即附加税是为开启亟需的贸易谈判而暂
时实施的。我告诉亨利，和法国人谈成一个协议是很关键的一步。先跨出这一步，
我们才能在与其他贸易伙伴的谈判中取得好成绩。因此，他必须插手他所不熟悉的
汇率领域。

在尼克松前往北京与毛泽东主席和周恩来总理举行长达一周的峰会前的几周，
亨利与法国人达成了协议。不可思议的是，协议居然获得康纳利的“赞同”。与蓬
皮杜在亚述尔群岛会晤时，亨利与他达成了法郎对美元升值 16% 的协议。其中，
法郎升值 7.5%，美元贬值 8.5%。有了这个协议，附加税也随之被废除了。

虽然在这场与康纳利的较量中我胜出了，但他仍然希望把我赶走。幸运的是，
选举年的到来为我提供了一条“逃生路线”。1972 年早期，商务部长莫里斯·斯坦
斯辞去本职，担任尼克松连任选举的财务委员会负责人。这样，尼克松也可以解决
我和康纳利之间的僵局了。让我接任商务部长，我和康纳利的权力轨道就不会有冲
突了，总统也能保持他在商界的信誉，因为我在商界还是有些声望的。

被“贬”商务部长

事实上，尼克松总统并没有优雅地邀请我加入他的内阁。同年 2 月 29 日，也
就是他从中国峰会凯旋后的第二天早上，他让我加入他的内阁，就像一个扬扬得意
的船长邀请一只落水的老鼠上船一样。（即使是鲍勃·霍尔德曼，都出人意料地在
他的《霍尔德曼日志》（*The Haldeman Diaries*）中写道，总统的邀请是“失礼的”。）

这种冷冰冰的邀请可能是由于康纳利的影响，也可能是因为我与乔治城“鸡尾
酒会团伙”的联系。后来我发现是后者让尼克松恼火。他似乎很开心能听到参议院
无须讨论就全票通过我的提名，虽然我的就职仪式上出现了可笑的不同风格的碰
撞，它同样显得“失礼”，不过后来回想起来还是很值得回味的。

那天，一大早就有人打电话告诉我，就职仪式上午 10 点在总统办公室举行。我真希望他能早点通知我就职仪式的时间。对大多数人来说，这是个很重要的礼仪场合，就职的人肯定希望和家人朋友一同分享那号角声中的喜悦。而现在我只有短短的几个小时，无法召集许多亲朋好友。电话打来的时候，孩子们已经上学去了。我告诉萨莉后，她飞奔去乔治城日间小学接吉姆、大卫和霍莉。那时，吉姆已经 14 岁了，大卫 12 岁，他们都留着一头长发，穿着一身邋遢的衣服。这些是 20 世纪 70 年代早期的自由主义风格，正如一直抗议越战的人们所穿的那样。（在那个流行多毛的年代，我也留了一脸精神的短络腮胡子，一直延伸到耳垂。）

当总统办公室的门最终敞开时，工作人员引入了萨莉和孩子们。这一幕就像尼克松请来了一个批评越南战争的小代表团一样。理着平头的鲍勃·霍尔德曼看了一眼我儿子们的长发，竭力控制住心中的嘲笑。他的表情似乎在说："这些都非我族类。"是的，他说的没错。

这几个孩子只是外表上像尼克松政府的反对者，萨莉则不一样，她完全就是尼克松政府的反对者。她的着装风格与其他内阁官员的妻子们不同。她喜欢穿紧身的璞琪裤和厚底高跟鞋，而不喜欢那些遮膝的成熟裙装。她留着一头类似女演员简·方达（Jane Fonda）的发型，这是另一种反战的发型样式。同样，与其他内阁官员的妻子相比，萨莉显得更朴实、更前卫。这些女人在布莱尔宫午宴中的举止表明她们也知道这一点。那天的午宴上，妇女们围绕最近的一个冲突进行八卦讨论。冲突的主角是弗兰克·辛纳屈（Frank Sinatra）和《华盛顿邮报》直率的社会专栏作家玛克辛·切希尔（Maxine Cheshire）。据说，辛纳屈用一个以"c"开头的 4 字母单词骂了玛克辛。我很容易看出其他内阁官员的妻子都不知道这个单词是什么，因为萨莉一来，她们就围着她问这个单词。

最后，萨莉终于忍不住表达了她对尼克松的看法，那都是些负面看法。诚然，我们的很多朋友都同意她经常表达的蔑视尼克松的观点，但在这届过分猜忌的政府里，这些观点对我的职业来说就像潜在的毒药。后来，我发现萨莉在各种聚会和宴会场合所发表的那些冒昧评论传入了白宫。这些评论让白宫怀疑我的忠诚度。

忠诚，或者说是政治忠诚，被视为尼克松政府最重要的财富。通常，在议事日程中，政治得失是凌驾于政策之上的。严格来说，早些时候，当我还是总统的一名助手时，我也是"白宫卫队"的一员。每天早上，我要在8点钟举行的高级官员会议上做报告。会议由鲍勃·霍尔德曼在总统办公室隔壁的罗斯福厅主持召开。一般来说，每个人每次都坐在同一个位置上。亨利·基辛格、乔治·舒尔茨和我坐在会议桌的一排，内政顾问埃利希曼、新闻秘书罗纳德·泽格勒（Ron Ziegler）、总统首席顾问查尔斯·科尔森（Charles Colson）坐在我们对面。除了明显的头衔差别外，我们两排人员间还有一个差异，那就是他们3个都是"政治动物"。他们都担任过尼克松的助选先遣人员，也为尼克松扮演其他政治特工角色。在公共政策领域，他们没什么专业知识，甚至也没什么兴趣。他们的首要任务不是如何治理国家，而是如何赢得选举。1972年的选举展开后，他们的行为还向人们证实了，政治特工一旦拥有权力和总统的信任，就是极其危险的。

鲍勃·霍尔德曼注重直接和表达明确的问题，而毫不理会事情中的微妙差别。如果在这些早晨会议中，无论是亨利、舒尔茨还是我在政策讨论中过多地谈论深层次问题，他都有可能会不耐烦地打断我们："这是一个具体的问题，我对那些抽象的观点没兴趣。"

与他相比，埃利希曼起码对政策还有点儿兴趣，也没他那么傲慢。就像"水门事件"所显示的那样，我认为他是在另外一些更邪恶的人的欺骗下，才会卷入其中的，但毫无疑问，他满脑子想的也是政治得失。从1960年开始，尼克松的3次总统选举工作他都有参与。

泽格勒倒是没怎么陷入"水门事件"的泥潭，不过他也受政治得失驱动，并对尼克松赤胆忠诚。然而，他不是一个擅长策划阴谋的人。

在这几个人中，查克·科尔森尤为恶劣。一些人称他为卡尔·罗夫（Karl

Rove）的精神教父，但事实上，他要比这个称号坏得多。他不仅是一位聪明老练的律师，而且是一个有创造思维和偏离正道的政治能手，擅长构思和实施十分卑劣的诡计。他与总统的频繁接触令我非常担忧，因为我认为科尔森释放了总统身上邪恶的一面。尼克松的内心虽然有些偏离正道，但并不严重。然而他很容易在科尔森的恶意鼓动下，疑心大发，误入歧途。

我想用一个不贴切的词来形容科尔森，那就是"揭伤疤者"。他会让尼克松把精力放在一个过去的伤疤上，比如一次冷落、受袭或一些易受攻击的点。然后他会残忍地把这伤疤揭掉，让旧伤口重新暴露，重新流血，而尼克松只有通过科尔森精美绝伦的恶毒报复或破坏才能再次恢复。我相信科尔森是许多肮脏伎俩的主要策划者，包括组织以霍华德·亨特（E. Howard Hunt）为首的白宫入室盗窃队，即臭名昭著的"白宫水管工"。这些伎俩使尼克松陷入大麻烦。很明显，"白宫水管工"的肮脏勾当是科尔森指使的。这个盗窃队闯入了丹尼尔·埃尔斯伯格（Daniel Eilsberg）的主治精神病医生的办公室，企图寻找污蔑他泄露国防部文件的"证据"。后来，又是这些人闯入了水门大厦的民主党全国委员会总部，导致后来白宫做出一系列掩盖事实的行为，也最终使尼克松垮台。很明显，科尔森还提议攻击布鲁金斯学会，因为它批评过尼克松。另外，他还帮助编辑了臭名昭著的"敌对名单"。除此之外，后来他还策划了对参议员埃德蒙·马斯基（Edmund Muskie）妻子的无耻指责。参议员因为挺身维护妻子，所以在总统选举中败下阵来。

除"水门事件"外，科尔森还攻击了亚瑟·伯恩斯，原因是亚瑟没有根据白宫的意愿削减利率。亚瑟曾提议美联储主席一职的工资应该与内阁成员持平，但他并未提议在他任职时就提高工资，而是准备在下一任美联储主席上任的时候生效。然而，科尔森却散布谣言说亚瑟想为自己提高工资。媒体对此大肆报道，让亚瑟看起来像个卑鄙之人。事实上，他根本不是那种人。

科尔森的恶行不限于此。他还散布消息，说基辛格在外交上不妥当地"向着"巴基斯坦。基辛格随后发现这是科尔森干的好事。然而当在一次早晨会议上讨论这一事件时，科尔森却对基辛格说："我坚决支持你。"

"我的一生中还从未如此恐惧过。"结束会议时，基辛格开玩笑地说。

"是啊，"我说道，"与其中的一些人共事就像恺撒与布鲁图做同僚一样。"

担任尼克松内阁的商务部长不但让我脱离了"白宫卫队"，也让我脱离了这个充满毒素的熔炉。在他们看来，我的新职位是明升暗降。

在白宫工作的这些日子里，我了解到尼克松的朋友是如此稀少，而他所拥有的少数友谊有时又使他亲密的顾问班子或外界人士陷入复杂的境地。记得1971年的一天，我和基辛格在加州圣克莱门特市的"西部白宫"一起工作。突然，我收到了总统要召见我的消息。那时，尼克松依然决心说服日本人对日元大幅升值。"我们承受巨大的压力，必须促使这该死的日元升值，"当我到他办公室时他这么跟我说，"你认为我们要让日元升值多少呢？"

这是由现行谈判决定的，但升值幅度是高度机密。假如金融市场或者货币交易商事先知道日元对美元汇率的上升幅度，那么他们就能从中牟利数十亿美元。当总统问我这个问题的时候，我观察到屋内还有一个陌生人。

"总统先生，这个讨论过程需要花些时间，"其实我是在示意这个讨论是高度机密的，"要不迟些，当你没客人的时候，我们再谈这个话题。"

"不，不，你继续讲。"总统坚持让我继续，也没向我介绍他的客人。既然这是他的命令，那么我只好告诉他虽然日本人已把日元升值了6%，但我们的目标是最终达到日元升值17.5%。达到这一数字是很关键的，它能抬高法郎及其他估值过低的货币对美元的汇率。

"那家伙是谁？"重新回到"西部白宫"时，我问基辛格。

"哦，那是总统最好的朋友比比·雷博佐（Bebe Rebozo）。"亨利回答说。他还说在总统的坚持下，雷博佐出席过许多高度机密的讨论会。我觉得这很奇怪，因为我们都要接受许多安全检查才能参加这些机密会议。我从来不认为雷博佐利用过这些机密信息，但这让我们明白了尼克松的朋友是如此稀少。我认为在内心深处，尼克松是个厌世者，这很少发生在政治家身上。同样，他也不喜欢闲聊。

在伯尼·萨林斯（Bernie Sahlins）看来，尼克松是一个非常机械、很不自然的人。伯尼是芝加哥著名的"第二城市"总监。这是一个即兴短篇喜剧俱乐部。该俱乐部拥有诸如迈克·尼科尔斯（Mike Nichols）、伊莲·梅（Elaine May）、保罗·林德（Paul Lynde）、夏洛特·雷伊（Charlotte Rae）等喜剧表演天才。我很熟悉这个俱乐部，跟伯尼也是朋友。

有一次，他告诉我，他留意到尼克松笑得与情境出奇地不一致。

为了验证他的理论，他把人们说笑话的电影片段做了比对，包括尼克松的。片段中，几乎所有人在开始讲笑话的时候都会先笑一笑。换句话说，他们期待即将讲到的笑话，在讲出来之前自己先享受了一下。而尼克松却只在笑话讲完后露出笑脸，好像他必须要提醒自己："哦，我刚讲了一个笑话，是时候笑了。"伯尼声称，尼克松的不自然表现出他是一个极端自我保护、很不自在的人。

工作时，胡佛在上面看着我

在"白宫卫队"的眼里，我可能是被贬职了，但我却很高兴与越来越猜忌的白宫保持距离。很快，白宫将四面楚歌。如果我感到因被调出白宫而受到冷落的话，我肯定会用自贬的幽默方式来安慰自己。

商务部长一直以来都不受关注，但我喜欢在每次演讲开始的时候，表现得好像我并不是被调到一个被华盛顿遗忘的职位一样。

"我的那些前任，"我会宣称，"已在'公众英雄'祠和'伟大的美国人'祠中占有一席之地。"然后我会报出一连串名字：威廉·雷德菲尔德（William C. Redfield）、乔舒亚·亚历山大（Joshua W. Alexander）、威廉·怀廷（William F. Whiting）、查尔斯·索亚（Charles W. Sawyer）、弗雷德里克·缪勒（Frederick H. Mueller）。"谁能忘记我们历史书上关于他们的故事呢？"

当大家明白过来他们从未听说过这些名字的时候，我接着说："其实在美国历史上，我们确实有过一个知名的商务部长。至于他到底是在这个职位上出的名还是后来出的名，这取决于你们自己的看法，但是我们商务部内部仍旧称他为赫伯特·胡佛部长。"

当然，在华盛顿特区外，大多数人都认为能进入内阁是很了不起的。我父亲就是这么认为的。他会在卡尼的街上与素不相识的人搭讪："我叫乔治·彼得森。我儿子彼得是美国历史上第一位希腊裔内阁官员。愿主保佑美国。"我对他犯的一个小错表示谅解。因为事实上，希腊同胞斯皮罗·阿格纽（Spiro Agnew）曾官至副总统，因此也是内阁的一员。

我的新职位也为我带来了一些极好的额外待遇。它让我拥有私人厨师，他做的菜比白宫餐厅那些食之无味的菜肴胜出好几筹。我还得到一辆豪华轿车和一名专职司机。萨莉也有了一辆车和一名司机。此外，我的办公室也迁到了商务大厦。据说，商务大厦是华盛顿最大的官方用楼之一。搬进去后，我面临的一个困难就是如何摆放办公桌。莫里斯·斯坦斯任职时把办公桌放置在办公室里侧的墙边，来访者从办公室的门进去，要走好久才能到他的办公桌。这让我想起电影《大独裁者》（The Great Dictator）中查理·卓别林迷失在壮丽的背景下，显得那么渺小。

为了让客人少走点儿路、少担点儿心，我把办公桌移到了办公室正中央。但这么做也有缺陷，因为现在办公桌的旁边就是一个吸引人眼球的巨大壁炉，而壁炉架上摆放着美国历史上最出名的商务部长胡佛的照片。在我办公的时候，胡佛会在上面盯着我。

事实上，胡佛在这一职位上干得很出色。在这份工作之前，他出色地实施了对第一次世界大战后满目疮痍的欧洲进行的粮食援助。然而在当总统期间，他无法有效应对20世纪30年代大萧条的挑战，这才是他出名的原因。工作时，胡佛在上面看着我，这使我不禁有些胆寒。他让我明白再成功的人也有可能滑入谷底，不得翻身。我想，工作时记住这个教训可能也是有帮助的。

拂绿波危机

刚开始在商务部工作时，我做着每个公司总裁都会做的事。我试着理解商务部的"投资组合"，很快我就明白了，商务部是许多不相关部分的集合体，也就是我们生意上常说的"大杂烩"。

商务部的下属机构有人口普查局、国家气象局、专利商标局和联邦海事委员会。在这些性质各不相同的部门中，还有一个国家海洋大气总署。很快我就了解到，它不但负责海空事宜，而且负责生活在那里的一些生物。这样，管理海豚和小海豹也成了我的职责。

这是我第一天上岗时获悉的。当时，我问我的幕僚长，哪些是我的优先处理事项，哪些问题需要我大力关注，哪些需要我紧急处理。我本盼望他会报出一连串主题，如美国的生产力与竞争日益激烈的世界、新的贸易谈判和研发政策等。但事实不是这样的。他告诉我，我需要处理捕金枪鱼的渔网缠住海豚和渔民棍打小海豹等情况。

我的天啊，这些难道不是归内政部管？这太令我惊讶了。唉，从逻辑的角度看，这么想没错，可是当几个机构拼凑到一个部门时，这种逻辑就解释不通了。情况似乎是这样的，以前的商务部长和内政部长通过协商，逐渐对各自的管理领域进行了分配。双方决定，内政部负责鲸鱼和其他动物的管理，而海豚和海豹就归商务部管了。他们关注的不是内部各分支机构的关联性和协调性，而是各自管辖范围的大小。然而现在，我了解到，商务部和白宫接到了来自国会及活跃分子团体的数万封信件和电话，都是关于海豚和小海豹所面临的困境的。我的幕僚长还说，如果不处理这些问题的话，我将不能集中精力解决其他事项。

白宫的任职经历让我学到了许多东西。这些东西是许多公司总裁在接任内阁职位时所不懂的。这也解释了为什么他们中的许多人都不是那么成功。为尼克松效力的政客们知道拍照机会和新闻采访是多么重要。一张适宜的图片和一句恰当的用语都是至关重要的。它们要么让你要说的要点变得戏剧化，要么令其变得简单明了。

此外，我知道在这些场合表现出我们理解批评者的担忧也很重要，不然就有可能被视为只顾自己的想法。就像我当时面临的情况那样，我要理解许多对海豚处境的担忧。

问题是这样的，捕金枪鱼的渔民发现金枪鱼、鼠海豚和宽吻海豚是结群游行的。由于海豚是呼吸空气的哺乳动物，所以它们靠近海面。而这些渔民捕金枪鱼的方法就是寻找一群海豚，然后用大型围网捉住游在海豚下方的金枪鱼。当渔网缠住金枪鱼和海豚后，在船拖拉的过程中，海豚会被海水淹死，因此每年都有数目不详的海豚死亡（确切地说，海豚不是被淹死的，因为它们的呼吸孔在水下是不张开的，它们其实是窒息而亡）。不幸的是，莫里斯·斯坦斯只明白我们需要加大金枪鱼的出口以促进贸易平衡。海豚是金枪鱼捕捞的受害者，很多人对海豚的情况很关注，包括我7岁的女儿霍莉。她认为捕捞金枪鱼的渔民很卑鄙。不管她说得对不对，海豚所受的伤害和它所引发的政治后果是很可怕的。

许多同情海豚的人希望彻底禁止金枪鱼的捕捞。我的前任从未考虑这个建议，我也不会考虑。因为我们的金枪鱼出口量很大，对促进贸易平衡起着很大的作用，再说那些渔民还要靠它过日子呢！必须找到一个折中的立场。我问国家标准局，有没有人提议过生产一种更安全的金枪鱼渔网。他们的回答是"近些年来没人提过"。于是，我让他们调查生产这种渔网的可能性。很快，他们向我汇报，说有几个似乎可行的制造方法正在研究当中。了解这些后，我询问拂绿波（Flipper）[1]生活在哪片海域。

> 拂绿波是一只讨人喜欢的宽吻海豚。1963年，一部由查克·康纳斯（Chuck Connors）主演的电影使它成名，后来它还出现在一部电视连续剧中。拂绿波在观众的心中是一只通人性的哺乳动物，是人类的朋友。此外，它还是这场金枪鱼捕捞骚动的核心。拂绿波生活在圣迭戈的海洋世界。具有讽刺意味的是，圣迭戈也是美国金枪鱼产业的故乡。

不久，我就飞往位于美国另一角的圣迭戈，亲自看望这只世上最著名的海豚。在那里，我宣布商务部正研究安全性更好的金枪鱼渔网。我们邀请了许多倡导者团体和媒体人士。摄影师不断拍摄商务部长抚摸拂绿波的画面。拂绿波也很配合，向他们露出海豚那独特的笑脸。对此，他们甚是欣赏。此后，我们收到的信件和电话都是褒奖的，而不是负面的。他们大多表扬我们采取了有建设性的措施。那张显示资本家背景的共和党商务部长抚摸拂绿波的照片传遍了全国，这使我们受益颇多。拂绿波危机暂告一个段落，最终，渔民们使用了更安全的小网孔渔网，也采用了更合理的捕捞方法。今天，美国罐装金枪鱼的"海豚安全"标签表明了对金枪鱼的捕捞没有危及海豚。

接下来就是小海豹问题。同样，我的前任对这个问题也采取了非常商业的处理方法：

> 小海豹的皮很受毛皮工业的青睐，并且阿拉斯加州阿留申群岛的毛皮出口对促进贸易平衡也很重要。如果一定要用棍击杀死小海豹的话，那就这么着吧！事实上，猎捕海豹是岛上土著的一项传统收入来源。捕猎过程中那血淋淋的屠杀、海豹可爱脸上的悲惨表情和它们那乌黑迷人的眼睛……看到这些照片后，世界各地的动物爱好者们惊呆了，他们十分愤怒。

到底能采取什么措施呢？捕猎者之所以棍击海豹，是因为担心损坏他们的毛

---

① 其实它是一只母海豚，名叫米特兹（Mitzi）。

皮。我们能找到一种更人道的方式吗？

此外，我研究了与环保有关的报告，这也是商务部的职责之一。环保专家并不仅仅关注某一物种，他们研究在生态系统中各类动植物如何共存以及它们相互间的存亡又存在什么样的联系。在海洋生态问题上，一些环境专家相信海豹的存在使一些特定鱼种走向灭亡。于是，我想到了一个减少海豹杀戮的主意，起码这能减轻我身上的政治负担。

我要在濒危鱼类和受屠戮的海豹中做出抉择。我提议推行一个 5 年实验计划，由高级环境咨询委员会监督其进程。根据这项实验，我们将在两个岛屿上禁止海豹猎捕，而另外两个岛屿则继续允许土著人猎捕。我们邀请那些对海豹问题最关注的环境组织，让它们在这 5 年内参与组织和监督这项生态实验。

一名下属跟我说，5 年后我就不在商务部了。我笑了笑，领会了这句话中暗藏的批评。其实，国际上反对穿动物皮毛的运动几乎扼杀了海豹皮市场。阿留申群岛最后一次商业性猎捕发生在 1985 年。今天，岛上的居民在限制条件下可以继续猎取海豹，用来食用或是用其毛皮做家用手工艺品。

扔掉烫手的政治山芋

我的幕僚长告诉我，第 3 个要优先解决的难题是童装原料易燃问题。

20 世纪 40 年代以来，全国接连发生睡衣和吉恩·奥特里式牛仔外套燃烧导致儿童严重烧伤的事故。30 年后，仍有孩子死于睡衣着火。20 世纪 60 年代和 70 年代的几部电视剧讲述了这些令人心酸的惨剧。愤怒的消费者维权人士要求停止销售那些用易燃布料制作的童装。

问题的关键在于没人能造出完全不会燃烧的布料，而且纺织业在政治上很有权势。他们不希望因此降低销售额，也不愿花额外的钱进行长期研究，加强布料的防火性。白宫的政客们每天都会提醒我，要确保纺织业的钱源源不断地投入尼克松的竞选金库中。莫里斯·斯坦斯曾如此支持国内的纺织游说团体，以至于公众相信政府重视保护纺织业的就业岗位，而不顾孩子们的生命安危。

一方面，我假设我们可以研究出如何制作更加防火的儿童睡衣；另一方面，我问国家标准局是否调查过消费者能采取什么可行的措施在短期内保障生命安全，避免烧伤。标准局回答说，没人问过这个问题。"我现在不正在问吗？"我反问说。

几个星期后，标准局的一名职员打来电话，告诉我一个鼓舞人心的消息。原来用硼砂溶液洗衣服能让布料不易着火，硼砂是许多家庭常用的洗涤产品。虽然这一方法效能持续不长，但起码，我能向公众介绍这一权宜之计，然后敦促纺织业研究出长久的解决方案。

现在，我们有了一次有趣的媒体拍照机会。谁是展现这一方法的最佳人选呢？要不请个小孩？要不让我自己的孩子上？还有什么能比霍莉勇敢地让点燃的火柴烧她心爱的玩具更具说服力呢？

"霍莉，我的宝贝儿，你想上全国电视吗？"那天晚饭时我问道。
"噢，爸爸，这我喜欢！"
"你最喜欢的玩具是什么？"
"爸爸，我的破烂娃娃。"
"破烂娃娃也可以跟你一起上电视。"我说道，但是我告诉霍莉，她要让破烂娃娃穿上睡衣，然后用点燃的火柴去烧它。
"噢，爸爸，我不要这么做。"

我解释说，我们会在烧之前用特制溶液将它洗一遍，这样就不会把它烧伤。因为洗过后，破烂娃娃就不会着火了。如果真的发生意外，我会重新买两个新的破烂娃娃给她。做出保证之后，在贿赂和现身全国电视台的双重诱惑下，霍莉同意了。

很快，我们到了商务大楼，面对百来个全国性媒体的记者和摄影师，我和霍莉将先前演练过的一幕投入实战。我向在场人员解释说，国家标准局发现一种洗涤液能在短期内使布料防火。"我的女儿霍莉将和她心爱的玩具一起向大家演示。"说着，我点燃一根火柴递给她。

当霍莉拿着火柴烧向破烂娃娃的时候，观众们屏住了呼吸。火焰在玩具的表面舞动了几下，然后熄灭了，观众舒了一口气。当天晚上，全国各大广播电视台对此进行了报道。次日，各大报纸也报道了此事。公众的关注向纺织业表明，它不能再拖延开发防火布料了。同时，我也扔了一块烫手的政治山芋。同年，消费者产品安全委员会对儿童的睡衣裤实施了最低耐燃标准，从而把此类燃烧事故的死亡人数从年均 60 人降至 4 人以下。

"水门"思维

从白宫调往商务部后，我和"白宫卫队"间产生了距离。对此我很欢迎，但是很快我就了解到，白宫政客们期望内阁成员服从他们的指挥。当 1972 年的选举上演时，查克·科尔森是最期待的，因为他可以利用总统的多疑。

任职商务部后不久，我接到了一个典型的科尔森电话。他告诉我，他要派一队电视台人员来为我录音。他要我在录音中说："乔治·米尼（George Meany）应该很了解独裁统治。因为他正进行世界上最恶劣的独裁行为之一。"

乔治·米尼长期担任劳工联盟及产业工会联合会的主席。那是全国大型工会的联盟组织。他代表了一股强大的力量。大多数总统就算不讨好他，也至少会让他知道他们愿意和他合作。我纳闷为什么科尔森要让政府攻击他。于是，我问科尔森，他让我对乔治做这么恶毒的评论理由何在。

他说，我肯定知道米尼说总统是个独裁者。

可我从来就没听说过这些。我的副部长吉姆·林恩（Jim Lynn）也没听说过。此外，米尼还是工业生产力委员会的副主席，而我是主席。我急需工会在一系列问题上提供支持。我不会因为科尔森的片面之词而诋毁米尼，我知道科尔森是个什么样的人。

科尔森说，米尼在国会的一次听证会上称尼克松为独裁者。我对他说迟些时候再给他回电话。然后我和林恩仔细审查了米尼在听证会上的稿子。很快，我们发现，其实米尼提到的是一些南美洲国家的独裁者有时会进行消费价格和工资操控。很多页之后，他才指出尼克松也实施过对价格和工资的控制。只有非常费力地联系，才能感觉到他在暗指尼克松为独裁者。

我给科尔森回了个电话，告诉他因为这些不足信的证据就侮辱米尼是鲁莽的，因此我不会这么做。他用他那极度傲慢的声音凶狠地向我吼了句："你难道不明白这是美国总统的命令吗？""不，科尔森，"我回应说，"我只知道是你在告诉我这是总统的命令。我希望能立即和总统亲自谈谈为什么不能这样做，以及为什么这不符合我们的利益。"

后来，尼克松总统从未就此事给我打过电话。数月之后，我发现科尔森一直在阴谋策划把我赶出尼克松政府。塞翁失马，焉知非福……让我惊讶的是，最近他给我写了一封信，大力表扬我的新基金会做出的努力。

The Education of an American Dreamer
彼得森的启示录

工作时，胡佛在上面看着我，这使我不禁有些胆寒。他让我明白再成功的人也有可能滑入谷底，不得翻身。我想，工作时记住这个教训可能也是有帮助的。

▷

为参加谈判而谈判
莫斯科之行

> 基辛格想让我重回他的团队，探索能达到外交目标的经济政策。苏联经济没有竞争力，它需要美国货。了解这一点让我们有了向苏联施压的筹码，迫使它在一系列重大问题上合作，包括限制战略武器会谈和越南问题。我们把这一策略称为"联动"或"相互的既得利益"。

相互的既得利益

结束历史性的中国访问之后，尼克松把注意力集中在即将举行的莫斯科峰会上。峰会将在 1972 年 5 月底举行。很少有美国总统能在一年内成功应对一个峰会，而尼克松却希望在 4 个月内完成两个。其实，他是急需让公众觉得莫斯科峰会是成功的，他知道那样一来，他的连任将更有保证，但这样做的风险很大。

25 年前的第二次世界大战中，美苏为对付纳粹德国和日本帝国，迫不得已结成同盟。打那以后，美国和苏联一直水火不容，相互虎视眈眈，以核武器相互威胁。在那段时间里，没有美国总统访问过苏联，两国在东南亚也明争暗斗。那时，苏联向北越和东欧的附庸国售卖武器，美国则在苏联的阴影下局促不安。

当时世界的局势已经发生了巨大的改变。双方都看到冷战不能解决所有问题，于是两国考虑构建合作框架，希望能放缓军备竞赛。

任何促使双边关系正常化的举措都必须包括建立商业联系，因此对我来说，这次峰会是一次把经济与外交政策相结合的大好时机。如果商业能促进核武器的裁减，并降低冷战的威胁，那该是一个多么伟大的成就啊！

然而，要实现这一点，我必须先受邀加入美方峰会代表团，而排在我前面的是两个大人物，那就是财政部的约翰·康纳利和国务院的比尔·罗杰斯。他们所在的部门比我的要知名多了，而且他们在参加经济谈判方面有优先权。

我知道康纳利正考虑辞去财政部长一职，转而用民主党领袖的身份为尼克松效力，以便为他将来（作为共和党人）竞选总统①做准备。后来，阿格纽被迫辞职，白宫内部传闻尼克松想任命康纳利为新的副总统，但这在政治上是不可能的。无论如何，如果康纳利帮助尼克松竞选的话，财政部长的位置就会空出来，乔治·舒尔茨将接任。我认为我的老朋友乔治可能会支持我担任美苏经济谈判首席代表，并且不管剧情是否如此发展，我知道亨利·基辛格都不会放任康纳利插手美国对苏联和中国事务，也许亨利能助我赢得这个职位。

比尔·罗杰斯与康纳利不同。比尔·罗杰斯是尼克松的老朋友了，他对总统十分忠诚，也颇受总统青睐。早在1952年，尼克松作为副总统候选人发表"切克斯演讲"②的时候，他们就已经是朋友了。那时，尼克松被控滥用选举资金，而"切克斯演讲"使尼克松得以继续和艾森豪威尔搭档竞选正副总统。比尔·罗杰斯是个很正派的人，也有很好的判断力，但他缺乏亨利那般广博的知识。正如许多国家安全顾问与国务卿的关系一样，亨利把比尔当成竞争对手，但亨利大可不必为此感到烦恼，因为亨利的办公室与总统办公室很近，所以他和尼克松经常一天会谈好几次。中美峰会正是在他们两人制定的外交政策的推动下展开的，美苏峰会也是如此，比尔·罗杰斯则置身局外。

---

① 康纳利原先是美国民主党人，在"水门事件"后，转投共和党，并代表共和党参加总统竞选。——译者注
② 1952年12月，身为副总统候选人的尼克松在全国电视上发表的演讲，演讲中他反驳对手关于他非法收受礼金的指控。——译者注

这些缠绕的情节让我有机会参与此次峰会。

正当峰会快要来临的时候，国内许多利益团体却开始向尼克松施压，要求他说服苏联人多买美国出口的产品。这就意味着政府要向这些出口产业提供出口补贴和资金，借此帮助它提高农业出口，但农业出口增长的前提是，苏联要有这个经济实力购买。对此，我心中却没谱。于是，我决定仔细研究苏联的经济实力、经济需求和弱点，就像以前进行的"彼得森白宫报告"一样。

研究结果十分惊人，与大多数人对苏联经济的看法大相径庭。

美国人对苏联经济的习惯性思维是：苏联是一个经济强国。这种思维部分源于美国国内工业的利益团体希望吹嘘苏联的实力，借以提高军事开支，他们好从中获益。但是我的研究数据却显示，苏联的经济已陷入巨大的困境。经济的全球竞争正逐步兴起，苏联的经济将在这股浪潮中逐步衰退。我得出的这些证据是很连贯也很有说服力的。在 35 项工业种类中，苏联只在重机械一项上有竞争力，而且它的工业品都出口到东欧的附庸国，那些国家没有财力，也毫无选择，只能购买"苏联货"。在农业领域，集体农业的内在缺陷使它的作物产量远远不能满足本国需求。

苏联确实有一些竞争优势。它有着巨大的原材料和能源储量，尤其是石油和天然气。然而，即使是在这些方面，他们也面临困境。这些资源大都位于苏联偏远地区，开发它们需要财力和专业技能，而这两样都是苏联所缺少的。比如苏联没有能力在西伯利亚的冻土地区钻孔开采，也没有从地底开采石油的基础设施。

最重要的是，我们无须补贴出口到苏联的产品，因为事实恰恰相反。苏联人很需要我们的产品，而我们却不怎么需要他们的。此外，从美国的经济总量看，我们与苏联的潜在贸易量只占很小的比例。

尼克松喜欢此类与主流看法相悖的战略分析。好在基辛格也很喜欢。也许先前我是被流放到了商务部，只能和海豚拂绿波合影，但现在，基辛格想让我重回他的团队，探索能达到外交目标的经济政策。苏联经济没有竞争力，它需要美国货。了解这一点让我们有了向苏联施压的筹码，迫使它在一系列重大问题上合作，包括限制战略武器会谈（SALT）和越南问题。我们把这一策略称为"联动"或"相互的既得利益"。当然，我们只是含蓄地向苏联表达这一内在联系。我们要让苏联人保留两国经济平等的错觉，这样他们才不会感觉自己被敲诈或因感到羞辱而愤怒回击。事实上，我们将明白，要想双边经济持续合作，外交上就要有实质性的进展。

随后，我就这些问题和尼克松在他的行政办公楼里进行了私下会晤，这是很罕见的。媒体猜测尼克松与列昂尼德·勃列日涅夫的峰会将达成一项商务协议。媒体的猜测其实是不正确的，总统和基辛格更注重在武器限制的谈判方面取得成绩，一项综合的贸易协定只是其中的一个关联部分，目的是为了改善双边关系，减少相互的敌意，也就是为了缓和双边关系。当时，"缓和"这个词在外交术语中还不是那么常见。

与尼克松谈完后，基辛格打电话告诉我，尼克松已经决定让我担任美苏联合商务委员会（U. S. -Soviet Joint Commercial Commission）美方代表团的负责人。我高兴极了。通常，商务部被视为内阁中的二级部门，现在它竟然首次有机会参与构建美国与冷战对手间的实质经济联系。

双赢条款

峰会前夕，双方的谈判就开始了，我们希望快速讨论出双赢的条款，尽管其可能性微乎其微。我的谈判对手是苏联的对外贸易部长尼古拉·帕托利切夫（Nikolai S. Patolichev）。他带了一个代表团前来华盛顿。我们准备展示各自的谈判要点。但在此之前，在美国电影协会会长杰克·瓦伦蒂（Jack Valenti）的帮助下，双方代表团闭门观看了一部电影，那是一部善意的喜剧，描绘了一艘苏联潜艇搁浅在新英格兰海岸的沙滩上的故事。我希望借此营造一种友好的氛围，向来宾显示我们对缓和双边关系是认真的。

出于同样的目的，我还邀请帕托利切夫夫妇和苏联驻华盛顿大使阿纳托利·多勃雷宁（Anatoly Dobrynin）夫妇来我家共进晚餐。第二天，我们就一起去见总统。

我担心苏联人会在第二天对尼克松冷面相对，甚至取消峰会。那天黄昏时候，基辛格让我去一趟白宫，了解一条高度机密的情报。原来，美国相信越南战争迟迟不能结束的主要原因之一是，苏联为北越提供了武器和物资。

为切断苏联的武器供应，在康纳利的坚定支持下，尼克松决定对北越港口的海防进行鱼雷轰炸。苏联的武器都是运往这个港口的。那天晚上 9 点，总统将在电视上宣布这一行动。

我想，这会影响我们苏联客人餐后品尝白兰地的心情。该怎么处理这一惊人的消息呢？我决定直接点儿。在与帕托利切夫的短暂接触中，我们的关系是热情友好的，也是直率的。当晚餐进行到一半时，我告诉他和多勃雷宁，我获悉了一个惊人的消息。我希望他们和美国民众同时知道这一消息。接着，我搬来一台电视机，放在餐桌上。

他们二人面无表情地看着总统演讲。不一会儿，晚餐草草收场。他们坐上轿车，我估计他们要去苏联大使馆，莫斯科会告诉他们下一步该如何行动。他们走后，基辛格来了。"他们说了什么？他们是什么反应？"他问道，我从未见他如此不安。"他们就像两座雕像，根本看不出他们在想什么。"我回答说。

第二天早上的时候，基辛格还在担心。大约 9 点钟的时候，他就打来电话问帕托利切夫有没有联系我。可与总统的会晤 10 点钟才开始呢！最终，大概在 9 点 40 分的时候，我们接到通知，帕托利切夫和多勃雷宁正在来我办公室的车上。他们到了以后，我带他们前往白宫。根据安排，我、尼克松和基辛格与他们在那里举行了会谈。尼克松的莫斯科峰会也按原计划进行了。

根据事先的计划，尼克松在访问莫斯科的一周时间里没有与苏方签订贸易协定，但是当峰会在 5 月 26 日结束的时候，双方宣布成立美苏联合商务委员会。这表示双方都决心建立新的商业联系。然而这个宣布被一个更重要的消息盖过了：尼克松与勃列日涅夫首次签订了两个超级大国间限制战略武器的协议。根据新闻报道，苏联人很失望没能在峰会上签订一项贸易协定，但是后来与苏联进行的艰难谈判证明，我们有着时间上的优势，因为苏联人等不起。

从对抗到合作

同年 7 月末，联合商务委员会在莫斯科召开会议。我有一支谈判梦之队，这是我的优势。队员包括我的商务部副部长吉姆·林恩和基辛格的高级助手赫尔穆特·索南费尔特（Helmut Sonnenfeldt）。

在我看来，我们正慢慢脱离与我们最强大的对手对抗的轨道，转而与之建立合作框架，但贸易纠纷是在所难免的，也是无法彻底解决的。许多国家借助传统的多边机构，解决他们之间的贸易纠纷，而苏联自认为正在世界范围内领导建立共产主义制度，以此代替西方的民主资本主义。它是不会参与这些多边机制的。我首先要做的就是建立一个双方都认可的国际仲裁机构。

一旦我们商讨出这个关键的仲裁机构，我希望双方能在其他事项上达成一致，以便建立建设性的经济关系。此外，这个贸易协定必须是综合的。只有这样，我们才能避免由于个别问题而使整个协定破碎。我们面临许多贸易难题：

苏联的最惠国待遇使它能和我们的其他贸易伙伴一样，享有关税优惠；商定进出口贷款，为进出口项目提供资金；制定海事协议，规定两国之间哪方的货船有权运输，甚至要规定哪方负责装货，哪方负责卸货；商定专利和版权协议，保护知识产权（主要是我们的知识产权）。还有一点最关键的，也可能是最难解决的：苏联欠美国的债务。这是第二次世界大战的遗留问题。当年，美国颁布租借法案，为包括苏联在内的盟国运送了价值数十亿美元的食物和军需品。这些租借债务其他盟国都已悉数归还，而苏联却没还一分钱。

在我们出发前往莫斯科前，我们获悉苏联人很擅长谈判。由于恶劣的气候环境和农业生产体系的缺陷，他们非常缺乏小麦和其他作物。而我们是世界上唯一能够满足他们需求的国家。因此，这是一个卖方市场。即便是对农作物出口商进行出口补贴，我们也还是能从对苏联的出口中获得利润。确实，苏联的联络人告诉了我他们所需的作物量。如果出口这一数量的粮食作物，我们就有出口补贴预算来补贴出口商。

但问题是苏联的粮食收购商正秘密地与多个美国供应商进行谈判。其实，他们真正的粮食需求量是原先告诉我们商务部的 4 倍。只有厄尔·布茨（Earl Butz）掌管下的农业部官员知道苏联人真正的需求量。布茨认为大订单不但能使农业大州获利，而且能帮助尼克松连任。最终，双方签订了价值 7.5 亿美元的订单。1/4 的美国小麦和许多其他谷物被运往苏联，而我们的出口补贴预算却撑不住了，美国的谷物价格也因此在接下来的两年内飞涨。这就是后来人们所谓的"粮食大劫掠"。换句话说，我们付给苏联人数百万美元，还让他们拿走了在其他地方无法得到的粮食。[①]

但在谷物协议中，我挽回了一些损失。海事惯例规定，往来美国的船运的 1/3 货运量要由美国工会工人处理，包括装载和卸载。港口装卸工会（Longshoreman's Union）主席罗恩·凯里（Ron Carey）是一个改革派。他问我在对付苏联人上需要什么帮助，我也顺水推舟，把我的困难告诉了他。随后，码头装卸工人做好了拒绝为苏联人装运的准备。我告诉苏联人，我们不想在支付高额的谷物出口补贴后，还补贴码头船运。事实上，他们的装运率已经超出正常市场装运率的 10% 了。

---

① 协议中，出口商把作物以相对低价卖给苏联，政府因此要补贴出口商。——译者注

多勃雷宁跑到基辛格那儿，大声宣泄了他们的不满。但我事前已与基辛格通了气，如果民众认为我们是这协议中愚蠢的一方，后果将很严重。在与苏联的谈判中，我们一定要坚持公平原则。不然，国会很多外交保守人士将破坏总统其他方面的大型计划。当时国会控制在由华盛顿州参议员领导的民主党人手中。

1972 年 7 月 8 日，尼克松宣布了这项谷物协议。两个星期后，我们代表团将前往莫斯科。

在我们出发前，尼克松传唤我到圣克莱门特的"西部白宫"，给了一些额外的指示。第一个指示就是代表团的领导层不得透露"敏感信息"，也就是只能有我、吉姆·林恩和赫尔穆特·索南费尔特 3 人知晓。然后，我们要通过中央情报机构这一秘密渠道，把这些信息传给他和基辛格。这也就意味着不让国务院真正参与谈判。总统是这么说的："彼得，你知道的，这些人会把该死的备忘录传给罗杰斯。"

其实，这次不应该把罗杰斯排除在外。同样，我们也会如此对待同行的国务院和财政部的其他官员们。每当我们悄悄离开去传达消息，或者 3 人召开"重要的"秘密会议时，我们都会用一些借口搪塞他们。

除此之外，总统还嘱咐我，在莫斯科时，不要宣布或确认任何新的商贸协议。他说"时机还不成熟"。无论如何，他的叮嘱是我们此次策略的一部分，再说在双边政治谈判有所进展的情况下，由总统和基辛格亲自向外界宣布好消息也是合情合理的。当然，他们还可以使用经济手段实现外交目标。

最后一点是他让基辛格给我传的话，那就是要迎合尼克松好友比比·雷博佐领导的古巴游说团体。苏联不能用停泊在古巴的船只把美国的粮食运回俄罗斯。"但是亨利，"我说道，"苏联人肯定想要效率呀！他们肯定希望货船先将出口产品运往古巴，然后来美国运回粮食。"太难以置信了，我们居然让苏联先运货到古巴，空船返回后，再把空船开到美国装运粮食。

"彼得，你没听明白，"他说，"这是总统的命令。"

带着这个指示，我于 1972 年 7 月 19 日出发前往莫斯科。

操纵者阿曼德·哈默

萨莉和孩子们先我一步跨过大西洋，到达摩洛哥的马拉喀什。在这个有着异域风情的古老城市，她们领略了北非和中东丰富而富有魅力的文化。根据我的行程，我也将经过那里，可以花几个小时和她们在一起。之后，我和萨莉一起前往莫斯科，孩子们则跟我们的表妹阿纳斯塔西娅（Anastasia）返回美国。

但当我乘坐的飞机降落在马拉喀什的时候，我发现我没有时间和他们见面。一个外交信使告诉我，西方石油公司的首席执行官阿曼德·哈默（Armand Hammer）正从伦敦飞往摩洛哥，专程来见我。

哈默来自一个俄罗斯移民家庭，那时已经有 74 岁了。他是一个全球商人和艺术品收藏家，与列宁及后来的苏联领导人关系密切，也因此而成名。他知道如何绕过苏联体制与苏联人打交道。1920 年，当他还是个年轻人的时候，他前往苏联处理他父亲经营的化学和制药公司的生意。为了发展西方石油公司，他利用了在克里姆林宫或白宫的各种关系。

于是，我中断了与摩洛哥高级官员的会面，前去会见哈默。我带上了吉姆·林恩和赫尔穆特·索南费尔特，因为传说哈默是个狡诈之人。通过金钱和名声赢得权力之后，他却并不热衷于为人民服务。

他留着一头稀疏的头发，有着似鹰的脸和机警的眼神，但是他对我们说的内容却似乎对我们无害。他说他将前往伦敦开新闻发布会，宣布他正与苏联人谈一桩磷酸盐生意。这并不是什么新闻，其他民营企业也正与苏联人就此进行磋商。我不理解他为什么要大老远地跑来跟我说这种琐事。有人说，他来见我的另一个目的是向外界证明他是有白宫影响力的世界性商人。

随后不久，我们的代表团动身前往莫斯科。抵达后，我们受到了隆重的欢迎。当我们走下机身涂有星条旗的美国总统专机时，地面铺着红地毯，军乐队演奏着《星条旗永不落》，帕托利切夫和其他高级官员正在等候。如果父母见到这种场面，相信他们肯定会很骄傲。我几乎听到了父亲轻声的哼唱声。记者团也在那边等候，他们首先问的不是我对美苏贸易谈判的看法，而是关于阿曼德·哈默在伦敦宣布的"200亿美元大型磷酸盐交易"。那一刻，我突然明白哈默急着来见我的不良居心：让我公开支持他所谓的交易。他并没告诉我们要在伦敦宣布这些。

这时，我想起了尼克松的叮嘱："不要宣布新交易，时机还不成熟。"于是，我告诉媒体我知道哈默正与苏联人谈判，但"现在还不能断定这就是一个商业交易。想要寻求商业机遇是可以理解的"。这个回答让记者们着实惊讶。

从莫斯科谢列梅捷沃机场到美国大使馆用不了一个小时。但是当我们到那儿以后，我收到消息，西方石油公司的股价下跌了20%。如此巨大的损失使该股交易暂停。

原来在哈默向外界宣布了进行磷酸盐谈判后，他们公司的股价几天内一直在上涨。股价回落后，哈默跑到白宫，怒气冲冲地跟总统说，我的鲁莽行为使股东损失了数百万美元。

后来"水门事件"的调查披露，哈默为尼克松的连任竞选提供了54 000美元的非法政治献金。尼克松并没有告诉哈默我是严格按照他的指示，才不去证实任何与苏联的商业协议的。一个白宫同事跟我说："彼得，我希望你不要感到过度吃惊或失望。总统是不会为了支持一名下属，而失去大额政治献金的，这是他一贯的风格。"

莫斯科的日子

在莫斯科的日子令人陶醉，也很艰难。先前，赫尔穆特·索南费尔特已经告诉我们，除了美国大使馆的安全通信区域外，我们在莫斯科的任何地方都有可能被录音或被视频监控，抑或两者都有。

在莫斯科，我们的早餐由许多腊肠和其他食物组成，十分丰富，而且没有晨练。但我很不喜欢这种待遇，因为那时我已经 100 公斤重了。

一天早上，在莫斯科郊外的一栋别墅里，我告诉吉姆·林恩："我不知道你是怎么想的，但我想要一碗覆盆子。"其实我是说给窃听器听的。当我们在谈判空隙回到卧室的时候，我们果然发现了好多盛满覆盆子的碗。

知道我们受监控对我们的谈判也是有好处的。双方谈判的一个主要症结点就是苏联在租借法案中欠我们的债务利息该怎么算。除了利息以外，双方在苏联到底欠美国多少债务的问题上看法也相去甚远。我们认为，美国在第二次世界大战期间运送给苏联的物资价值 26 亿美元。在谈判的时候，我们已经把这一数额下降到了 8 亿美元，但任凭我们好说歹说、用尽手段，他们也只答应还 3 亿美元。勃列日涅夫愤怒地用手指指着我的脸说，苏联人为战胜"邪恶轴心"付出的代价不只是国家沦为废墟，还有 2 300 万条苏联人的宝贵生命，美国人不理解这一点。

我决定用电脑打印出 3 份不同的资料。从低到高，3 份资料分别写着夸大的利息数字。我在那份最高的利率资料上标记着"彼得森的建议"，中间利率资料标着"基辛格的权限"，最低的那份则是"总统的权限"。我把这 3 份资料放入卧室的公文包里。然后建议吉姆·林恩和我一起在别墅附近散散步，锻炼锻炼。回来后，我们发现我的公文包明显被打开过了，这是随行的中央情报局人员跟我们讲的。后来，当双方在租借法案的问题上达成协议后，我们得到了想要的利率。苏联人误以为他们得到的利率比我或基辛格想要的低。

在谈判以外，我还通过在那里生活所得到的证据，确认了我早先对苏联的分析，包括苏联在生产力、竞争力和创新能力上的不足。贝灵巧生产的那类电影摄像机是我最熟悉的消费品。在苏联，我去了几家摄影器材店，把那儿的摄影器材与贝灵巧的做了个比较。结果令我惊讶不已。那儿的摄影机起码落后了两代，它们不可能在世界竞争市场上卖出去。不仅如此，苏联人还没有对产品研发进行投资。很明显，那里的摄影机盗用了贝灵巧老式的设计和专利。

在这次谈判之旅中，我还获得另外一个证据，证明苏联的经济在结构上是有缺陷的，而且毫无竞争力，根本不是一个经济上的超级大国。我知道苏联的农业消耗了巨大的资源，尤其是对农业机械的投资上，可问题是他们的农业生产力只抵得上美国的9%。

在谈判之旅接近尾声的时候，我们与勃列日涅夫在他的避暑山庄会面。那里邻近雅尔塔，处在黑海沿岸，是个很美丽的地方。

就是在这个避暑山庄，勃列日涅夫用控诉的语气道出苏联在第二次世界大战中的牺牲和债务利率问题。同样是在这里，他兴奋地谈论开发西伯利亚石油和天然气的协议。如果我们的商业联系进一步强化的话，签订这些协议就是有可能的。事实上，这等于向我确认了我一直怀疑的事情，那就是，从经济角度来看，苏联人确实很需要我们的帮助，而不是我们需要他们的。

结束对勃列日涅夫避暑山庄的访问后，我们启程返回美国。

回到华盛顿后，我知道我们这次谈判任务完成得很出色。然而在几个月内，公众无法知道谈判的全部成果。事实上，回到美国后，迎接我们的是《纽约时报》上的一篇社论，标题为《任务的失败》（*Failure of a Mission*）。但是正如我在圣克莱门特提交给尼克松和基辛格的42页的简报文件中所说的那样，经过这次谈判，所有问题的协议都将很容易达成，后来我也在"西部白宫"私下对他俩说过。

秋天的一个晚上，基辛格在与勃列日涅夫进行了关于经济事宜的会谈之后，返回华盛顿，接着来我家吃了顿晚饭。他笑着对我坦白，从今以后，他再也不会把商业事务当作"小事"了。

补救越权之失

随后，美苏双方在华盛顿举行的谈判很快就结束了。1972 年 10 月的一个晚上，我们解决了最后的问题：租借法案中的利息。这样，白宫就完全可以在总统大选前，宣布双方达成的所有关于经济的协议了。

那时我对此并不知情，而且我还有一个讨厌的任务要执行。当时，军方委任亚历山大·黑格（Alexander Haig）将军为国家安全委员会的高级军事顾问。很快，他就成了基辛格的主要副手之一。美苏达成协议的那天晚上，黑格给我打了个紧急电话。他说由我来处理有关租借法案的谈判是不对的，而且是很放肆的，因为这些是国务院的职权范围。他让我就越权一事向国务卿罗杰斯做出解释。

"可是黑格，事情不是这样的，"我答复道，"你知道我是明确根据总统和基辛格的命令行事的。"

但是他也有自己的命令。"彼得，"他说道，"我们很欣赏你所做的一切，总统希望你能再努努力，向罗杰斯解释一下。记住，总统对此一无所知。这些都是你自己的行为。"

这何其狡猾啊！我打心眼儿里喜欢和尊重比尔·罗杰斯，也无意挑战他的权威。他的老朋友尼克松和基辛格已经够让他受罪的了。而且，堂堂国务卿的风头被一个商务部长盖过，这种屈辱是没人能忍受的。但我还是打了个电话给罗杰斯，要求与他见一面。当我们会面的时候，我不停地道歉，承认一个小小的商务部长如此放肆是令人愤怒的。我告诉他由于深陷于复杂的谈判，我又很迫切地想达成一个协议，所以才僭越了我的权力。

不过，我想到了一个补救办法。我建议，罗杰斯和我一同在国务院签订所有的协议，让罗杰斯主持我和帕托利切夫的会面。我还建议由罗杰斯在白宫面对记者，宣布美苏协议，彰显协议的重要性，而回答记者问题则由我来做。罗杰斯知道他对协议的细节不熟悉，无法向记者们解释细节。我确定他知道自己先前被排斥在谈判之外，同样，他知道在尼克松政府中任职，必然要涉及或经历一些不诚实的事情。但罗杰斯是位可敬的正派之人，他同意了我的建议。而且，哪个华盛顿政治人士不想在电视上宣布成功的谈判呢？

这个处理结果使黑格十分开心。他说："彼得森，你在华府前程似锦啊！"但事实表明，我的前途并不像他描绘的那样。

The Education of an
American Dreamer
彼得森的启示录

▷ 任何促使双边关系正常化的举措都必须
　包括建立商业联系。

▷ 要想双边经济持续合作，外交上就要有
　实质性的进展。

▷

有雄心就会有危险
告别华盛顿

在华盛顿任高官时，让你离职的往往不是邮箱里的一份解雇通知书，而是要自己领悟。我清楚地认识到真正赚大钱的是那些投资者和企业主，而不是诸如律师、咨询师和金融顾问等靠自己的专业技能、知识和体力按小时或项目收取工资的人。

打入政治冷宫

1972 年，尼克松以压倒性胜利获得连任。第二天早上，内阁官员都被传唤到白宫。我和其他部长猜想，总统肯定是想和我们一起庆祝胜利。尼克松的第一个任期硕果累累，可能现在他想向我们阐明在第二个任期他希望实现的目标。

然而在我们被引入内阁会议室后不久，我看了熟悉的尼克松姿势：

他无精打采地走进会议室，肩膀耷拉着，脖子挺伸着，仿佛是在一个黑暗的角落向外寻找光线一样。

我知道这是一个不祥的征兆。待我们都坐下，总统对我们发表了一段饱含忧思的讲话。其中提到，他的第二个任期将与英国首相迪斯雷利（Disraeli）的不一样。迪斯雷利 1868 年开始担任首相，1874 年到 1880 年是他的第二个任期。尼克松如此对比，让人摸不着头脑，因为迪斯雷利在他的第二个任期促进了英国社会的平等，签订了一些重塑东欧的条约。尼克松以 1 800 万大众选票、520 张比 17 张的选举人票数横扫了乔治·麦戈文。可现在他却如此忧郁，按常理来说，应该是恰恰相反才对。这将是尼克松最后一次连任，而且在座的要么是他认识很久的朋友，要么是他最忠诚的伙伴，还有就是他的支持者，他们都希望打开香槟，为他的胜利干上一杯，可他为什么没有欣喜若狂呢？

在这个严肃的"庆祝会"结束后，鲍勃·霍尔德曼让我们等等再走，没有香槟，没有为胜利团队的未来干杯。当神情沮丧的总统离开会议室，往白宫走去的时候，霍尔德曼迅速跑在了总统的后面。片刻之后，霍尔德曼回来"提醒"我们，总统希望我们马上辞职。总统也向白宫高级官员发出了同样的命令，但是像往常一样，尼克松把这不愉快的工作吩咐给别人去做。听到这个提醒后，选举胜利夜的狂喜变成了沮丧、焦虑和真正的困惑。后来，新闻报道说，他是第一个让全体内阁成员辞职的总统。

回到商务大楼宽敞的办公室后不久，我的秘书告诉我，总统希望第二天在戴维营见我。尼克松的老朋友卡斯珀·温伯格（Caspar Weinberger）时任行政管理和预算局局长，他也被邀请了。当尼克松在前一年 5 月任命乔治·舒尔茨为财政部长的时候，卡斯珀从乔治手中接管了行政管理和预算局。他在加利福尼亚的时候就与尼克松关系密切。

第二天早上，我们两人在白宫停机坪登上了海军陆战队专机。伴着飞机发出的轰鸣声，我们飞往位于马里兰州西部的戴维营。路上，我们相互紧张地开玩笑说，不知道飞机地板上哪里会有"活动门"，把我们都吸入一个政治冷宫。但最后我们毫发无伤地抵达了戴维营，卡斯珀没有遇到什么"活动门"。尼克松让他担任卫生教育和福利部部长，这是一个重要的职位。从仕途角度来说，他被提升了，而我却遇到了掩蔽着的"活动门"。

我跟着总统走进了充满乡村韵味的戴维营客厅。

　　戴维营原本是普通人家的住所，后来在第二次世界大战中，德国潜艇使富兰克林·罗斯福喜欢的轮船度假变得很危险，于是他把戴维营变为总统度假地。

尽管这个场合很随意，尼克松总统却穿着与往常一样的深色西装和白衬衫，打着领带。屋外落叶飘飞，然而这深秋的颜色却在尼克松华丽的辞藻面前黯然失色。他告诉我，他已读过所有那些声称我是胡佛以来最好的商务部长的报道。

他说，这些报道是不属实的，我比胡佛还要出色，两者没有可比性。他还说我和基辛格与苏联人举行的商业和战略谈判成就斐然。说到基辛格，确实，他和乔治·舒尔茨是真正尊重我的两个人，尼克松政府的其他人都算不上。此外，商界也完全支持我。可是后来的事态发展让我真后悔没把尼克松的赞美之辞录下来。

听他说这些的时候，我的脑子快速运转：他应该不会任命我为国务卿才对，那是亨利的。如果他重新任命乔治·舒尔茨，或许是让我入主财政部？抑或他希望我当国防部长？

夸完我的优秀品质后，总统开始谈论他心中的一项新外交政策倡议。1972年，他向中国和苏联伸出了友好之手。现在是时候重修与欧洲伙伴的关系了。他想让1973年成为"欧洲年"。在这一年，我们可以重新界定与西欧的关系，主要是与英国、德国和法国的关系。尤其是法国，法国深深地抱有戴高乐主义的幻想，认为自己了不起，因此对大西洋两岸的关系不理不睬。尼克松提醒我，我曾经倡导同主要欧洲盟国广泛谈判，包括贸易、国防和能源。他说，现在是时候把这一构想付诸实践了，而我正是最佳人选。

他提议任命我为首任美国驻欧洲大使。这个新职位意味着我要充当几乎所有在欧洲的多国大使，包括驻北约大使、驻欧洲经济共同体（共同市场）大使、经济合作与发展组织大使等。现在想来，这样的任命可能是不合法的。

我的工作总部将会在布鲁塞尔，这是重新崛起的欧洲的实际首都。此前，我并未想过布鲁塞尔和那儿的古老石砌房会是我将来的工作地。尽管如此，我仍旧认为我可以在这一职位上施展才华。派驻欧洲大使是一个大胆的想法。这个职位也会面临许多富有挑战的谈判机会。此外，能和基辛格、舒尔茨一起共事让这份工作显得更加美好。

我告诉总统这个职位很有趣，但我需要仔细考虑一番，顺便想想该如何胜任这一职位。回到华盛顿后，我前去拜访一位老智者：我的老友彼得·利萨戈（Peter Lisagor）。他是《芝加哥每日新闻报》（Chicago Daily News）华盛顿办事处的主任。

"彼得，这个职位很有趣，"他说，"但你必须确定他们的目的不是把你弄出华盛顿，安排到一个没人理会的职位。"

这种官员确实很多。他们的职位听起来冠冕堂皇，也享受一系列优厚待遇——豪华轿车、漂亮的办公室、外交住房。虽然看起来很威风，这些职位的职责定义却很模糊，他们的政绩很难甚至无法评估。最终，人们会想设立这个职位的最初目标到底是为了出政绩，还是只是作为一个安逸、无作为的职位，或者更糟糕，是为了把别人调离华盛顿。很明显，这些都不是我想要的。

但是尼克松提议的职位好像确实能让人发挥才干。可我仍旧没决定是否接受这个职位。我真的不想让孩子们一个学年还没上完，就又跟我转移到布鲁塞尔。在那里，他们要经历比先前更大的环境变化。此外，开展如此广泛的谈判肯定需要花大量的心思进行策划。我将必须制订一份详细的谈判计划，也要充分考虑各部门的关注点，包括乔治·舒尔茨的财政部、比尔·罗杰斯的国务院、梅尔文·莱尔德（Melvin Laird）的国防部，当然还有基辛格勾勒的国家安全路线图。在前往布鲁塞尔前，我必须花些时间处理好这些问题。

我打了个电话给约翰·埃利希曼，坦率地告诉他我的提议。我说，我将在 6 个月后前往布鲁塞尔。在这段时间内，我将同亨利、乔治、比尔和梅尔文共同制订谈判计划。等到（1973 年）7 月份，孩子们的学年结束后，我可以把家人一起带到布鲁塞尔。此前，亨利和乔治告诉我，他们同意这个提议。

听完我的提议后，埃利希曼沉默了一会儿，然后说他会回我电话。确实，5 分钟没到，他的电话就来了。他说，不，6 个月后才去布鲁塞尔是不可接受的。要么现在去，要么就不用去了。

埃利希曼给我泼了一盆冷水，我想起了利萨戈那预言似的警告。白宫确实要把我流放到一个遥远的地方。

忠诚测试：PPP

埃利希曼带给我的震惊很快就过去了。其实，我根本不应该感到惊讶。尼克松总统向来待人刻薄，甚至连他的老朋友也不能幸免。此前，他在与苏联人的租借法案利息谈判中把罗杰斯搁在一边，让我充当他的排头兵。交通部长约翰·沃尔皮（John Volpe）同样遭到了总统的解雇。

沃尔皮在马萨诸塞州担任过 3 任州长，并且在 1968 年共和党的代表大会上提名尼克松为总统候选人。随后，他请求成为尼克松的竞选搭档，却被尼克松一口拒绝，因为尼克松希望斯皮罗·阿格纽担任他的副总统，以便实施他的"南方策略"。再后来，尼克松给沃尔皮 3 个小时决定，要么担任驻意大利大使，要么被解雇。沃尔皮之所以收到这个最后通牒，是因为他经常要求与总统会面。"白宫卫队"认为一个次级部长如此要求是极其放肆的。

相比之下，阿格纽受到的待遇要更为糟糕。尼克松政府利用反自由主义的阿格纽控告左派（民主党）在法治问题上"胆小懦弱，不敢作为"，称他们为"一群喋喋不休的否定者"。这为阿格纽赢得了政治绩点，但是在白宫内，他几乎被孤立着。我从没看他出席过任何一个政策会议。更有甚者，他经常独自在白宫餐厅里吃饭，这令我很吃惊。尼克松和阿格纽是长期的政治同事，然而"白宫卫队"却把他排斥在内部圈子之外。

我和总统算不上有什么亲密关系或朋友情谊。事实上，在1972年大选之后，乔治·舒尔茨向我吐露，白宫高层对我怀有"不安的情绪"。

我能想到的让"白宫卫队"不安的原因太多了。我知道萨莉经常表达对尼克松的厌恶，这些话又传到白宫的耳朵里。甚至我与贝灵巧的前老板兼同事、参议员查克·珀西的长久友谊也可能是一个因素。虽然珀西是名共和党人，但是保守的"白宫卫队"认为他太过自由主义，是个靠不住的人。至于我和总统，我从来没有真正了解他是怎么看待我的，但是我总认为他对我是一半尊重，一半怀疑。

此外，我认为白宫官员也憎恨媒体对我的优待。不知什么原因，自我担任总统国际经济事务助手以来，媒体一直对我进行正面报道。比如，《纽约时报》就曾夸张地称我为"经济基辛格"。其实，我的权力和权限从未达到这个称谓。我在担任商务部长的时候，媒体对我也很好。1972年大选前的几个月，有一篇报道大篇幅地描绘我是一个"贸易政策的重塑者"和"创新人士"。那篇文章和大选后的一篇《时代周刊》文章，把我的"影响力"比作我办公室壁炉上俯视着我的那个人，说我是"继胡佛之后最有权势的商务部长"。

我试着绕开这些比较。我告诉《时代周刊》，我之所以把胡佛的画像挂在办公室的壁炉上，是想用它"提醒我有雄心就会有危险"。我开玩笑地说，一个有权势的商务部长是一个矛盾修饰法。（在那之后，我喜欢上了收集各种矛盾修饰法的例子。在2006年选举之前，我最喜欢的是"众议院道德委员会"。）

《时代周刊》的那篇文章发表之后，我在时代出版公司董事会的一个朋友告诉我，他经历了一件前所未有的事。历届政府都经常抱怨媒体报道不公。然而这次，白宫的一名高级官员打来电话，抱怨他们对彼得森的报道太过"正面"了。

秋天的一个周末，离大选还有一段日子，我和白宫越来越深的隔阂明确地显现出来。那天，我和萨莉前往凯瑟琳·格雷厄姆在弗吉尼亚乡村的格伦·韦尔比农庄去参加聚会。到场的客人包括富有传奇色彩的杂志编辑克莱·费尔克（Clay Felker）和因为编纂一篇国防部文件而前途光明的外交新星理查德·霍尔布鲁克（Richard Holbrooke）。正当我在农庄打网球的时候，克莱的一个助手过来通知我，说一名白宫官员在电话那头等我。霍尔德曼用无所不能的白宫电话总机找到了我。他就某一不重要的事情问了我一个问题，我已经忘记那回事儿了，但我知道对于我在敌人的阵营娱乐，他很不高兴。尼克松阵营的理论是，敌人的朋友也是敌人。很早的时候，我就向尼克松阵营的人表明，我想拥有怎样的社交生活是我自己的事。

总统也对我的社交很不满意。不久以后，大选尚未开始，我向他简要报告我所预测的能源危机。我认为石油输出国组织（OPEC）很可能会受政治因素和利益驱动而大幅提高石油价格，甚至禁运石油，这将更糟糕。此外，我还对尼克松说，能源问题应该和安全问题、贸易问题一起被放在国际议事日程的显要位置。但是总统似乎对此毫无兴趣。我感到在我讲的时候，他摆出的是一张满是挖苦的脸。等我说完，他撇了撇嘴，声音中带着嘲讽地说："很好，彼得，这是一个很有趣的分析。你那些乔治城鸡尾酒会上的朋友对此可能也会感兴趣。"

其实，我早该从这些讯息中知道，我的商务部长之职朝不保夕了。

当你在华盛顿任高官的时候，让你离职的往往不是你邮箱里的一张解雇通知书，而是要自己领悟。当乔治·舒尔茨告诉我白宫对我"不安"的时候，我才最终确切地知道上头的意思。到了这个时候，你就会知道你下一步该怎么做：要么狼狈地离开，要么优雅地离开。我选择了后者。

到了12月份，也就是大选结束一个月的时候，我们开始举行离职派对。其中一个派对尤为引人关注。那次，汤姆·布雷登（Tom Braden）和琼·布雷登（Joan

Braden）在他们那华美的贝塞斯达房子聚集了我们所有的乔治城社交圈成员：亨利·基辛格、凯瑟琳·格雷厄姆、肯尼迪一家、阿尔索普夫妇、鲍勃·麦克奈玛拉（Bob McNamara）、参议员威廉·富布赖特（J. William Ful Bright）、前驻外大使及巴黎和会特使戴维·布鲁斯（David Bruce）。如果那天晚上有人往那儿的餐厅扔一颗炸弹，乔治城社交圈的绝大多数成员都将被消灭（当时华盛顿仅存的乐趣和智慧也会随之湮灭）。

现场气氛很火爆。我起身敬酒，接下来的台词是我先前就想好的。"我想敬鲍勃·霍尔德曼一杯。"我说道。很明显，他并不在现场。

在场的客人们不安地相互瞄着对方，好像他们认为我喝了太多酒似的。

"正如你们知道的，这届政府对忠诚很重视，"我说道，"如果哪位白宫官员有像你们这样的朋友，他将很不安全。"客人们知道我在说他们后，发出了赞许的笑声。"因此，上头要求我做一个忠诚测试，鲍勃是测试考官。这个测试包含3个标准。这3个标准都是以字母"P"开头的，分别是政治（political）、心理（psychological）和生理（physiological）忠诚。在测试结果没出来前，我可以提前告诉你们结果，这3项我都不及格。在政治忠诚测试上，鲍勃问我：'你老婆真的把选票投给麦戈文了吗？'。"听到这儿，在场者都笑了。"我告诉他：'鲍勃，有一些私密的事情老婆是不会和老公分享的。'在心理忠诚测试上，鲍勃希望我用一个词描述我的朋友查克·珀西。我试着回答说'共和党人'。答案被否定了。我换了一个，'芝加哥人'。'不，'他说道，'应该是呕吐。'①我在生理忠诚测试上也表现不佳。我确实尽了全力。"我补充说："但是我的腿肚子太肥大，以至于我没法咔嚓一声立正。"

"现在，我要对鲍勃·霍尔德曼说，"我举起酒杯说道，"他开除一个像我这样在忠诚测试上表现差的成员是十分正确的。"

---

① 这里的原文是 Upchuck，中文是"呕吐"的意思。查克·珀西的英文正是 Chuck Percy。——编者注

我们一群人说说笑笑，聊到了深夜。之后，我和萨莉高兴地回家了，这种场合总能让人高兴。第二天，我们全家离开美国，前往牙买加，开始了我们两年以来的第一次度假。我吩咐一名我很欣赏的助手、先前在白宫的一个伙计布兰登·斯韦泽（Brandon Sweitzer），让他不要联系我，除非真有什么重要的事。

几天之后，布兰登打来了电话。那是圣诞节的第二天。"部长先生，"他说道，"我认为我应该告诉您，萨莉·奎恩（Sally Quinn）今晨在《华盛顿邮报》上发表了一篇重要报道。您不是说那天的派对是不会有人报道的吗？"

"我是这么认为的。"我说道。

"可现在全都写在那篇文章里了，"他说道，"不用担心，这是一篇正面报道，非常正面。但是您说过关于霍尔德曼和肥大腿肚子的笑话吗？"

我惊呆了，心中暗想：哦，天啊，我这把持不住的大嘴！

这篇报道被放在《华盛顿邮报》"时尚"版块的头版，标题为《彼得森的麻烦》（The Trouble with Peterson）文章援引"一位高级白宫官员"的话说："彼得·彼得森陷入麻烦的原因是他太较真。"但是当时在场的每个人所记住的的确是关于肥大腿肚子的内容。为了报复，霍尔德曼剪下了这篇报道，把它放在总统每日新闻阅读的第一页。无论是杰克·安德森（Jack Anderson）的系列报纸专栏，还是其他大型杂志，到处都在报道这个腿肚子的笑话。这成了华盛顿茶余饭后的谈资。在接下来的许多年里，腿肚子一说一直跟随着我。在德国的时候，当时的德国国防部长（后来的总理）赫尔穆特·施密特接待我的时候，也询问了我腿肚子的状况。30 年后，前堪萨斯州参议员及参议院多数党领袖鲍勃·多尔（Bob Dole）让我卷起裤脚，好让他亲自看看我的腿肚子到底有多肥大。

我在商务部的余下任期混杂着诙谐和悲怆。当时，纳尔逊·洛克菲勒（Nelson Rockefeller）处于纽约州长的最后一任任期当中。他希望作为自由主义共和党人参加总统选举的雄心被"南方策略"熄灭了。于是，他请我为他安排一个职位。当我在商务大楼的办公室接待他的时候，他把一只手臂环在我的肩膀上说："兄弟，让我告诉你一些事。现在你可能感到受冷落，但是在未来，每个人都会记得你做商务部长时的贡献，他们会记得你那腿肚子一说。人人都知道白宫那伙人是一群纳粹主义混蛋。你是第一个有勇气说出来的人。笑话都是如此，它不仅好笑，而且真实。人们会长久地记得你对腿肚子的那番表述。"

一些报道甚至说我是内阁成员中最有预见性的一位。据他们推测，只有我一个人预测出"水门事件"在未来的影响。但这是很可笑的，事实是我在"水门事件"前就被革职了。我确实对"水门事件"的内情一无所知。那些内部信息只有"白宫卫队"知道，我们这些外人是无法了解的。

在围绕我的这些迷你剧结束后不久，我收到了人生中最反常的邀请。总统对我发出私人邀请，让我与他、副总统、他们的家人以及亲密朋友一道坐在专席，参加他的第二任就职典礼和演说。我一直认为我和尼克松是相对比较陌生的，即使在我们的潜意识中也是这么认为的。我在本书的其他部分对尼克松那复杂、有时扭曲的性格进行过猜测，然而到今天，我还是对他的邀请百思不得其解。我甚至都无法猜测他为什么会这么做。（顺便说一句，我接受了总统意外的邀请。）

尼克松内阁大清洗

与此同时，选举后的尼克松内阁令人哀痛的大清洗还在继续。

我、劳动部长詹姆斯·霍奇森（James Hodgson）、国防部长梅尔文·莱尔德、住房和城市发展部长乔治·罗姆尼（George Romney）、交通部长沃尔皮，我们5人已经被解雇。其他许多内阁成员也将在新年前的一个月内离去。受"水门"暗流波及的司法部长理查德·克兰丁斯特（Richard Kleindienst）也将在5月前被解职。此外，只给几个小时决定去意大利还是隐退的沃尔皮选择了去意大利。

我参加了一个杂乱的白宫圣诞晚宴。总统阴郁的表情就像一个吝啬鬼对来访的客人说："呸！胡说八道。"随后，他长篇大论地攻击了《华盛顿邮报》和《纽约时报》，抱怨它们对他的政府报道不公。后来，他遣散了在场的服务生，命令把门都给关上，弄得好像这些人会泄露他激烈的评论一样。

当然，很少有"白宫卫队"的外部人员，包括我在内，了解"水门事件"对尼克松政府的影响有多深。我只能对整个毁灭过程中的私人仇恨表示惊叹。总统早就获得广大选民的支持，他还有必要树新敌吗？从一些深层的心理角度分析，他是在没有敌人的情况下输的吗？他真的如此渴望敌人，以至于把最好的朋友都当作敌人吗？不管他是出于哪个原因，我很吃惊在最近听到尼克松的录音带。录音带中，他重复激烈地抨击他在媒体中的敌人、教授，甚至包括他的政府成员。听到他如此强烈地支持轰炸另一个"敌人"布鲁金斯学会，我更是震惊不已。

我并没有参与尼克松这些疯狂的反击或白宫策划的"水门事件"掩盖行为。不过，我曾触碰过"水门事件"的浑水。有一次，我听到白宫官员诅咒《华盛顿邮报》，商讨吊销其电视台营业执照，以此报复它对"水门事件"的报道。于是，我前往凯瑟琳·格雷厄姆的办公室告诉她，我对"水门事件"一无所知，也不想知道，但是她必须保证《华盛顿邮报》的报道是准确属实的。不然，我确信政府会想办法破坏她的商业利益，包括《华盛顿邮报》的电视台财产。前一年夏天的时候，时任司法部长约翰·米歇尔也透露出这个意思。当卡尔·伯恩斯坦（Carl Bernstein）[1] 问他对《华盛顿邮报》即将发表的一篇报道作何反应时，他回答说："如果这篇报道发表的话，凯瑟琳·格雷厄姆的奶头小心被大型绞扭机夹住。"这篇报道表示，为帮助尼克松连任，约翰·米歇尔参与了对民主党人的间谍活动。

后来，国会和公众知道了白宫的秘密录音带。白宫顾问约翰·迪恩（John Dean）在1973年早些时候接受参议院质询时说："总统身边有毒瘤。"后来，尼克松抛弃了霍尔德曼、埃利希曼和科尔森。我的那番关于肥大腿肚子的发言使我保持

---

① 他当时是《华盛顿邮报》的记者，也是"水门事件"的主要调查人。——编者注

了良好的形象。白宫宣布，我将成为总统的"私人代表"，访问自由世界的各国领导，并帮助制订一个我后来称之为"朋友年"的谈判计划。他们还宣布，我将在 6 月份离开内阁。这个消息颠倒了《时代周刊》早先的猜测：我是可能留下的内阁成员。苏联人似乎很震惊。勃列日涅夫对此表示惊讶，并且让一名使者送来友好表示——他亲笔签名的一张照片，上面写有"谨表尊重"。苏联问题专家告诉我，这种事情很少发生。

如果当时我能留下来，在商务部长这一职位上我还想完成哪些事呢？回想我在商务部 13 个月的任期，我想，在下一阶段，我会把精力集中在下面一些事情上。

我会期待与工会进行更紧密的合作，最大限度地减少工会与公司管理层之间的高度对立所带来的损失。站在工会的角度看，我该如何建立一个专注于创造更多利润的文化和薪酬制度呢？在此基础上，如果公平分配，所有人就都能分到更多的羹，包括员工、管理层和股东。今天，从业者的工资停滞不前，而公司主管的薪酬（包括使其留任的各项红利补贴）已经超过标准了，而且通常不怎么与工作业绩挂钩。这种情况大大加剧了员工心中的不公平感和对管理层的敌意。这种氛围不利于完成竞争市场的必要任务，那就是提高生产力。

此外，我还希望关注那些受害于"创造性毁灭"的员工所面临的困境。最近几年，人们明显地对全球化引起的失业越来越担心（但是通常是由于科技造成的）。

具有讽刺意味的是，虽然存在这种对失业的恐慌，但中级技术人才却十分紧缺。而且，这些工作面临更少的"海外移民竞争"。我指的是设备维修保养技工。这不仅限于机械系统方面，还包括电器及电子控制系统，比如焊接工、空中交通管制员等。这些岗位要求技术培训，而这类培训并不普及。很明显，我们需要制订一项全国技术培训策略。

这些"调整协助"为从业者提供培训、技术和未来新工作的适应协

助。实际上，这更多保护的是从业者的利益，而不是整个行业，但这些
协助的成本与其所带来的社会和经济效益相比，只是很小的一部分。

重返商界

我的净资产大幅收缩了。那时候，我清楚地认识到真正赚大钱的是那些投资者
和企业主，而不是诸如律师、咨询师和金融顾问等靠自己的专业技能、知识和体力
按小时或项目收取工资的人。同样，我知道我不想把我的商业精力投入到有限的一
两个工业领域。我在华盛顿工作期间受益最多的，除了众多的人脉外，就是我工作
的广度，从与苏联人和日本人谈判到解决诸如海豚和小海豹的问题。我喜欢华盛顿
指派我的那些任务所带有的国际焦点，也想继续从事这一领域的工作。

很明显，有些单位需要我这样有广泛社会关系的人。在向外界透露出重回商界
的意图后，我收到许多职位邀请，也跟有关单位谈过职位。我很感激所有邀请过我
的人。我收到过 40 个加入董事会的邀请和几个公司高级职位的邀请，包括在美国
运通担任公司总裁，与该公司传奇的首席执行官霍华德·克拉克（Howard L.Clark）
共事。

渐渐地，我把目光投向了华尔街。我没有金融领域的工作经验，但是华尔街流
行的一句老话就是：只要掌握二年级的数学，就能在华尔街工作。我认为我有快速
学习新知识的能力。再说华尔街有很多人从事的工作是像把分红或奖金换成可转换
债券这样的交易细节，我不需要再学习这些。我有公司运作经验，有许多公司的人
脉关系，还有在华盛顿任职期间所积累的国际经验。收到华尔街高级职位的邀请令
我感到很荣幸。所罗门兄弟公司想让我加入由几名骨干组成的执行委员会，帮助他
们经营投资银行业务。瑞士信贷第一波士顿银行也对我发出了邀请，想让我做公司
首席执行官。最终，我决定加入雷曼兄弟。雷曼公司长期经营着我真正喜欢的投资
业。它不仅对那些新公司进行投资，而且会购买和建立自己的实业公司。我同意担
任这家著名公司的副董事长，并于 1973 年 6 月 5 日开始上班。

萨莉一向喜欢纽约，那里的女权运动正轰轰烈烈地展开。她抓住这个机会，为自己寻找到一个新身份。在那儿，她交了许多新朋友，大多是相对年轻的记者、作家、诗人以及与以前一样的政府之外的自由主义人士。

而且，萨莉找到了另外一个新身份：她想当一名精神治疗医师。早前在华盛顿的时候，她在美利坚大学上过相关专业课程，而且还通过在纽约大学的学习获得了心理学硕士学位。

但是当我决定离开华盛顿时，华盛顿却不肯放我走。5月末，基辛格给我打了个电话。他急着和我一起吃顿饭。见到他后，他告诉我，尼克松希望我能再承担一个特殊的任务：制订"欧洲年"谈判计划。这项任务并不会影响我接任雷曼兄弟副董事长一职，我能完成好这额外的任务。总统相信，我是这项任务的最佳人选。

我告诉基辛格，我有点儿心动了，但是要给我几个星期时间，好让我在雷曼兄弟站稳脚跟。也许那时候，我能空出点儿时间完成这项任务。基辛格和乔治·舒尔茨商量了一下，他们认为这样是可行的。

那时，黑格已经取代霍尔德曼，成为尼克松的幕僚长，关于我这项"欧洲年"任务的讨论会是由他负责的。他说，一定要在6月6日宣布我接手这项任务。但我说，这是不可能的。6月5日，我才刚进入雷曼兄弟，第二天就公开接受一项需要飞往欧洲的政府任务，这是不可取的。用尼克松最喜欢的一句话说就是，我希望主次"分明"，对我来说，最重要的是与雷曼兄弟的新搭档们共同致力于公司事务。我需要在新岗位上干上一段时间，然后才能进行突如其来的新华盛顿任务。

黑格坚持选定6月6日。此外，有一个清晨，当我们在电话中互相争辩时，他告诉我，总统坚持让我这么做，甚至还说这是总统的命令。

"黑格，"我对他说，"总统先前任命我去一个无作为的职位，以便甩开我。现在他却坚持让我在规定时间接受一份工作，而且这规定的时间会影响我下一个职业的，这样是毫无道理的。我的答案是'不'。"

后来，我知道了总统当时到底在忙什么。一连几个月，他几乎都躲在白宫。为了防止"水门"的水位进一步走高，他想办法说服了精明的保守人士梅尔文·莱尔德。莱尔德在1月末离任国防部长一职后，重新加入尼克松政府，担任总统顾问。尼克松将于6月6日在白宫玫瑰园举行的典礼上，宣布莱尔德的新职位。此外，他还想在同一时间也把我任命为总统顾问。显而易见，这是一招计谋。他想借此向外界展示，他已经清除了政府中的不良分子，准备好与正直且具有独立思想的助手一起重新执政了。早前，处处提防的"白宫卫队"当权的时候，他们是不会信任我的。如今，总统深陷困境，却相信能利用我修补他那受损的威望。想想这幅画面的象征意义：

> 保守的莱尔德站在总统的右边；独立、温和、有着"肥大腿肚"的
> 彼得森站在他的左边。

如果接受总统顾问一职，到最后人们就会觉得我像个傻子，去捍卫即将倒台的政府。因为"水门事件"很快就真相大白了。

昂贵的代价与无价的经历

亨利·基辛格是尼克松政府中未陷入"水门"泥潭的官员之一。1973年9月，我在雷曼兄弟已经任职了几个月。亨利打来电话，问我和萨莉能否去华盛顿参加他的国务卿就职典礼，以及仅限于他好朋友参加的私人宴会。

看到亨利被提升为国务卿，我很兴奋。很明显，他很想要这个职位，也能胜任。就职典礼之后，在白宫还会举办由总统主持的迎宾活动。我一直在纠结要不要上前接受他们的欢迎，但我想如果不去，亨利会认为很奇怪。对于总统，我有什么好怕的呢？

当我走向尼克松时，他看见了我，然后立刻让特勤局员工停止引导客人。他说他有话要对我说。随后，他把我拉到别人听不到的位置说："彼得，我需要你回来。"他说，我可以任选一个重要的大使职位，比如驻伦敦大使、驻东京大使或驻莫斯科大使。

我尽量礼貌地拒绝他。但是在我离开接待区之后，我想这个古怪的职位邀请再次表明了"水门事件"的风暴已经吞噬了尼克松总统。我要马上回纽约！

很明显，尼克松承受了沉重的压力。至于压力到底有多大，我是看到后来国会起草针对总统的弹劾条款后才知道的。

弹劾条款包括一项指控：他曾收取国际电话电报公司的政治献金。作为回报，他帮助该公司取消司法部的一项反垄断诉讼。原本这个诉讼会迫使该公司卖掉哈特福德保险公司。巧合的是，总统在 1971 年让我接见国际电话电报公司的首席执行官哈尔·吉宁（Hal Geneen）。来见我的时候，吉宁向我展示了几张图表，声称他们公司对哈特福德保险公司的收购是合法的。

当时我并不了解反垄断法，于是我把吉宁的材料转交给亚瑟·伯恩斯。他是反垄断任务组的负责人。随后，我给约翰·埃利希曼写了张纸条，把我做的告诉了他，然后问他还需要我做什么。他回答说，不必了，因为那天总统和克兰丁斯特（Kleindienst）已经"处理了"这件事。克兰丁斯特当时是司法部副部长。

当时，那件事已经过去了两年多。读着对总统收取该公司政治献金的指控，我回想起那个片段，也主动地把我知道的告诉了司法部。当我与一名调查人员见面的时候，我发现已经记不大清其中的一些细节了。我记得写了张纸条给埃利希曼。于是，这名调查人员快速地翻找手中的文件，然后拿着一张纸问我："彼得森先生，这就是你说的那张吗？"他问道。

这名调查人员继续说："彼得森先生，我们注意到你曾给费利克斯·罗哈廷（Felix Rohatyn）①打过电话。"

听到这里，我想起来了。我确实给费利克斯打过电话。

他是我的一个老朋友。国际电话电报公司是他的客户之一，他也是该公司的一名董事。此外，为了避免利益冲突，我为自己的投资项目设立了一个保密委托，而他就是这份委托的执行者。因为政府职员如果有能力影响委托事宜的话，就不能就此进行讨论，这是非法的，这样就有了保密委托一说。

"你没有跟罗哈廷谈过你的保密委托吧？"调查人员问道。

我确信没和他谈过保密委托，也确信没和他谈过国际电话电报公司的事情。但是我想不起来我们谈过什么。后来，我终于记起来，原来我打电话给他，是为了让他的高级合伙人安德烈·梅尔（Andre Meyer）受邀参加白宫会议。于是，我立刻把想起来的告诉了司法部。那时，我发誓如果哪天重返公职，一定会好好保管记录。

当然，保管最好的记录是尼克松秘密的白宫录音带。我无法理解为什么他有机会摧毁这些录音带，却没有那么做。难道这是他自我毁灭的方式之一吗？其他人猜测，他是为了高价出售这些录音带。我认为他很痛苦，一方面想保留记录他政治遗产的带子，另一方面又知道这些记录会危害到他。但是他相信，无论如何，他是功大于过的。

从某些方面来说，尼克松的功劳确实大于过失。任职期间，我直接接触到他的狡猾、多疑和其他性格缺陷。但我同样十分尊重他的睿智、勇敢和思维广度。奇怪的是，尽管我们的私人关系好坏掺半，他在离任后和我的关系却变好了。至今我还保留着他在1977年写给我的亲笔信，感谢我"对国家的奉献和突出贡献"，并且补

---

① 拉扎德公司（Lazard Freres）的一名高级银行家。

充说，国家仍旧需要我"非比寻常的能力和智慧"。在担任纽约经济俱乐部董事长期间，我曾安排他卸任后在正式晚宴进行了第一次重要演讲。俱乐部董事会告诫我说，这个宴会可能会因此被抵制。恰恰相反，高达三层的华尔道夫大酒店宴会厅在3天内就卖出了所有的票。晚宴上，尼克松漂亮地脱稿讲了40多分钟，令听众们佩服不已。

20世纪90年代早期，在他新泽西州萨德尔河的办公室里，我与他见过一面，那是我们最后一次相见。他就是在那儿度过余生的。当我到那里的时候，他亲自开了门，因为他已经放弃了特勤局的保护。我们花了一个半小时讨论世界局势。我发现他对世界大事还是了解得那么透彻。此外，他再次展示了他那喜欢攻击政治对手的性格倾向。在一些问题上，他的态度很强硬，他补充说："彼得，你们那些自由主义的东部精英朋友是不会同意我说的这些的。你知道的，我指的就是那些外交关系协会的迂腐的老蠢货。"

那时，我已在外交关系协会担任主席多年。他突然想起了这个事实，然后添加了一句免责声明："当然，我不是说你，彼得。"

当我离开的时候，他不知打哪儿冒出一句，问我认不认识他的女婿埃德·考克斯（Ed Cox）。他想讨个人情，请我帮忙把埃德弄进外交关系协会。我克制住笑意，问他："和那些迂腐的年轻蠢货一起共事吗，总统先生？"

这么多年来，任何事情都没有改变我对自己在华盛顿任职的看法。在尼克松政府任职期间，我得到了一些独特的经历，也建立了一些美好长久的国际友谊。它们为我后来在生意上和大型非营利性组织的机遇铺垫了基石。虽然华盛顿的日子风起云涌，但如果没有在那儿待过30个月，后来的生意和非营利性组织活动就无法成功。

萨莉·奎因曾问我是否为华盛顿的经历付出了昂贵的代价，尤其是我在离开贝灵巧时放弃的经济利益。

"是的，你说得没错，"我说道，"我可能为此付出了昂贵的代价，但华盛顿的经历的确是无价的。"

彼得森的启示录

▷ 我告诉《时代周刊》，我之所以把胡佛的画像挂在办公室的壁炉上，是想用它"提醒我有雄心就会有危险"。

▷ 我清楚地认识到真正赚大钱的是那些投资者和企业主，而不是诸如律师、咨询师和金融顾问等靠自己的专业技能、知识和体力按小时或项目收取工资的人。

"合伙人"就是不合伙
拯救雷曼兄弟

外表强悍的雷曼兄弟以内部难以驾驭而臭名远扬。在雷曼兄弟公司的第一年是我一生中最艰难的一年。对我来说，要想真正赢得财富、给自己带来满足感，就必须拥有、构建和发展企业。你每日的决策能够积累成企业的精神，渐成气势。你可以亲眼目睹自己的一个想法化为有形之物，成为现实的存在。

欢迎来到纽约

纽约与华盛顿相距不过 300 多千米，驾车大约需要 4 个小时，坐美铁的火车则只需 3 个小时，乘城际航班仅 1 个小时就够了，但文化和精神层面上的差异却远远超出了空间上的距离。华盛顿像一家大公司，所有人只忙碌于一件事情——政治；纽约的生活则要丰富得多，或者说至少要广泛得多。

1973 年，纽约的财政状况糟糕透顶，几乎濒于破产，而且困扰于刑事犯罪率高、种族关系紧张、贫困和基础设施破旧等问题。英俊的纽约市长约翰·林赛是一个叛逃到民主党阵营的前共和党人，他被总统梦搞得魂不守舍，无心治理这座城市。然而即使在这种情况下，纽约也依然保持着其固有的特色。无论外界环境如何变化，这个城市脉动的节拍依然不变，永远令人激情澎湃、热血沸腾，总是给人震撼。

纽约最初使我感到震惊的不是雷曼兄弟公司内食肉动物一般贪婪无度的氛围，

要感受到这一点还为时尚早。在这之前，另外一个信息像地震波一样对我的心理产生了巨大的冲击。纽约的房价高得不可思议！即使被告知的是史上最低价格，我心里依然感到猛地一震。当我们搬家到华盛顿时，我将温尼特卡镇湖畔的房子卖了12 万美元，这套房子有 5 间带浴室的卧室，还有一个网球场。我们在华盛顿岩溪公园的房子也有 5 间带浴室的卧室，还有一个私家游泳池和桑拿间，购买这套房子花了 20 万美元。纽约对我来说就等同于曼哈顿，我不想住在郊区，每天来回通勤。然而在曼哈顿，一套刚刚能住进我一家人的公寓的售价都至少在 30 万 ~ 40 万美元。房价如此之高，再加上我在政府工作时倒贴了不少，因此即使把华盛顿的房子卖了，要筹够这么大一笔钱也很困难。纽约合作公寓大厦管理委员会所制定的严格的金融资产净值规则更是使购房难上加难。

我们委托的房屋中介在上东区一栋颇为有名的大厦内找到了一处待售的公寓。公寓很宽敞，但初听报价时，我真以为是碰到了抢钱的劫匪。格雷西广场 10 号，位于第 84 街的东端，街对面是一个公园，大厦紧靠东河。公寓有 5 间卧室和 6 间浴室，要价 11 万美元，我的现金够付这笔钱。显然，合作公寓大厦管理委员会的委员们欢迎一位前商务部长住进这栋大厦，即使出价低于他们本来可能给出的要价，他们也接受了。美中不足的是这套公寓必须重新装修才能使用，不过它装修后肯定会是一个漂亮的家。我当即付了 9 万美金，并答应在 3 年内付清余款。当现在我告诉我的孩子们当初购房的价格时，他们都认为我是在开玩笑。他们告诉我，格雷西的公寓近期的售价是 900 万美元！

就这样，住房的大问题就算基本解决了，但还得考虑如何装修。

萨莉和我决定对这套房子的装修不要过于节俭。我知道每个周末许多华尔街的富人都会住到长岛东端，还有的前往纽约北部或康涅狄格州的郊外，但我们享受不起这种奢侈，至少起初享受不起。要在这个城市长期居住下去，我们就必然要将这个新家好好装修一番，但问题又来了，到哪里去筹这笔钱呢？现在我要支付 6 份学费，因为萨莉在纽约大学读书。迈克尔开始上学前班了，相比纽约德尔顿和布里尔利这样的私立学校的学费，华盛顿私立学校的收费就便宜多了。即使在雷曼兄弟公司领着薪水，我也不得不另外寻找来钱的途径，以便装修格雷西广场的公寓。

10年前我们还在芝加哥时，我收藏了几件超现实主义风格的艺术作品。我对超现实主义作品的兴趣来自于我曾做过精神分析的经历。

弗洛伊德和荣格的精神分析疗法在20世纪50年代末到60年代初风靡一时。进行精神分析是一些人实现自我意识的一种方式，特别是一些"眼界开阔"和"知识分子型"的人，他们也可能是要借此寻找一些谈论的话题。我记得我决定按圈内人的说法"躺上长榻"，完全是出于好奇心。一些人，尤其是男人，似乎将进行精神分析看作内心软弱的表现，我当然不这样认为。在我看来恰恰相反，敢于自我探索是一种自信的表现，因为相信自己可以应付任何探索结果。因此，我花了两三年的时间回顾我的童年时光，拼接我不完整的记忆，分析我所做的梦，并试图用这一切来解释我现在的行为模式。对我进行精神分析的心理医生采用古典的非指示性疗法，因而他很少提示或干预我的思维，而是让我自己在精神的田野上随意漫步，并挑出自己感到最有意义的风景片段。这是一个有益的经历，但难以用言语表达。

通过精神分析，我确实能更多地了解自己的行为模式。妹妹伊莱恩死后，为赢回母亲的关注和爱，我使用了一个小男孩能够想出的各种策略，我现在的行为中依然存在这样的模式。当时我努力表现自己，好让自己在她眼里更可爱，她做的饭我要尽量多吃一点，我还雕刻了那个条纹大理石的盒子，而且我那时做事就像我现在做生意一样追求尽善尽美。只不过我对完美的追求也有些过了头，常常是花费了大量的时间和资源，结果只是向完美的结果靠近了那么一点儿，而且多数情况下完善的都是些影响不大的边缘问题，而我本可以将这些时间和资源用在其他更有价值的地方。

通过对梦进行深入解析、对潜意识中的自我进行透彻研究，我对超现实主义艺术有了共鸣。使我迷上超现实主义艺术的第二个因素是大卫·里斯曼（David

Riesman）所著的《孤独的人群》（*The Lonely Crowd*）一书。他是芝加哥大学的教授，是我早就知道并崇拜的人物。该书 1950 年出版，对美国人的性格做了一个具有里程碑意义的研究，它将美国人分成有主见的和随大流的两类：前者有自己确定的原则和价值观，后者则听从他人。

另一个因素是马克斯·恩斯特（Max Ernst）和他的画作——《男人抑或字母》（*M Portrait，or the Letter*）。

恩斯特在 1924 年完成了这幅画作。它表现的是一个人体躯干，躯干上长着一颗不具人型的头颅，一只长长的手臂拿着一个麦克风。画面的颜色非常鲜艳，由红色、绿色和紫色组成。

1963 年我在巴黎看到它与恩斯特的另一幅作品，以及罗马尼亚画家维克托·布劳纳（Victor Brauner）的一幅画作一道展出。我感到它在对我大声地说话，这是引起我共鸣的第一个恩斯特的作品。麦克风形状的头颅似乎是在舞台上进行某种表演，在我看来，他似乎是要观众来决定他是谁，这是一个没有自我之人的典型例子，我可不希望成为这种人。我不知道恩斯特是否认同我对他这幅画的阐释。

我还曾参加过他在亚利桑那州凤凰城举行的一次宴会，他在那里过冬。当时他给我讲了一个故事。有一次他参加当地一个美术教授的演讲，这位教授试图解释恩斯特画作中表现出的作者心理活动甚至某种潜意识。起先，恩斯特对教授的讲解还只是憋在心里偷偷地笑，但不久他就忍不住大笑出声来。教授大为恼怒，他质问恩斯特是谁，有什么可笑的。这位教授尴尬地了解到，眼前的这位先生就是他要分析和讲解的人，而且他还认真地进行了自以为是的分析和解释。

恩斯特的画引起了我的共鸣，但他的画作所要表达的意思我无法理解，别人也不可能理解。不管怎么说，我用 7 000 美元买下了 3 幅画，这几乎相当于我那一年从贝灵巧公司领取的约 1.2 万美元奖金扣税后的全部数额。

从那时起，我的鉴赏品位也发生了变化，我收藏了更多门类的现代艺术作品，如瓦西里·康定斯基（Wassily Kandinsky）的抽象派作品。我逐渐能够欣赏一些画家的画作了，这些画家包括罗斯科（Rothko）、德库宁（De K-ooning）、高尔基（Gorky）、迪班克（Deibenkorn）、马蒂斯（Matisse）、毕加索等。

我当时猜恩斯特和布劳纳的作品应该已经升值了。我认为出售这几幅画可以换回一笔钱，这笔钱可以补贴装修格雷西广场公寓所需的费用。所以我拜访了一个在芝加哥和纽约都有业务的艺术品经销商理查德·费根（Richard Feigen），请他对这些画作进行一下鉴定和估价。

令我大吃一惊的是，这些画的估价远远超过 30 万美元。费根私下出售了这 3 幅画，我得到了 35 万美元，用于装修绰绰有余。除了在黑石基金的投资外，购买这些画的投资是我所有投资中收益最佳的一次。

欢迎来到华尔街

雷曼兄弟公司的办公大厦位于威廉街 1 号，在曼哈顿南端高楼林立的华尔街金融区，街道像是狭窄而阴暗的峡谷，但大厦的状况还不错，没有必要进行大规模的维护和装修。一家报纸的文章把它称作"巴洛克式宫殿"。

它由另一家投资银行于 1907 年建成，雷曼兄弟在 1928 年将这栋大楼买下作为公司的总部。它有 11 层楼高，呈三角形，以适应周围街道的格局。楼内到处都是如"合伙人餐厅"这样的高档休闲场所。公司的合伙人们在这间餐厅的一个长条桌上用餐，桌上满是精美的瓷器和银制餐具。一个大壁炉占据了餐厅的一面，另三面墙上都挂着公司创始人的肖像。

公司的创始人，也就是最初的雷曼兄弟，是 3 个德国犹太人，他们是伊曼纽尔·雷曼（Emanuel Lehman）、迈耶·雷曼（Mayer Lehman）和亨利·雷曼（Henry

Lehman）。他们是阿拉巴马州蒙哥马利市成功的棉花交易人，于1850年开始结成合伙人。1858年，他们在纽约开设了第一家办事处。南北战争结束后，他们将公司总部迁移至纽约，将业务范围从棉花交易逐渐扩大到投资银行。在公司成立的早期，雷曼曾为美国的零售业巨头，如西尔斯、伍尔沃斯和梅西等公司的开张提供过资金支持。

伴随企业的成长壮大，雷曼家族成了纽约上层社会的显赫一族。从20世纪30年代直到20世纪50年代中期，该家族的主要人物是赫伯特·雷曼（Herbert Lehman），他是一个思想进步的民主党人，曾任纽约州州长和联邦参议员。罗伯特·雷曼（Robert Lehman），昵称"博比"，他是惠特尼家族、哈里曼家族和其他纽约豪门大族的密友，主持雷曼兄弟公司直到20世纪60年代末。他以慧眼识珠，早早发现新办企业的辉煌前景而闻名。他相中的企业有泛美航空公司、环球航空公司和美国无线电公司，美国无线电公司确立了美国无线电的标准。当我于1973年6月来到雷曼兄弟公司时，它是一家华尔街历史最悠久、在某些方面也最著名的合伙人制投资银行。不过以后我会发现，雷曼兄弟公司也以内部难以驾驭而臭名远扬。

博比·雷曼也被人们称为RL（Rocket-Launcher，火箭发射器）。他身材瘦高，不爱多言，却如太阳王路易十四一样在公司建立了绝对的统治地位。在他统治的时期，合伙协议规定公司有两种类型的合伙人。第一类合伙人握有所有的投票权，博比·雷曼是唯一的第一类合伙人；所有其他合伙人都属于第二类，几乎没有任何权力。合伙人是一个兼收并蓄的大杂烩，既有常春藤名校毕业的天生管理者，也有干劲十足但没有受过良好教育、从华尔街的底层升上来的人，还有以前的商人和政府官员，包括埃迪·古德曼（Eddie Gudeman）、马塞尔·帕默罗（Marcel Palmero）、埃德·肯尼迪（Ed Kennedy）和卢修斯·克雷（Lucius Clay）将军。克雷将军曾任欧洲盟军占领区最高长官，负责第二次世界大战后对柏林的管制。在苏联切断柏林的陆路通道后，他指挥了从西方对柏林的空运。此外，合伙人中还有一些资深的银行家，如吉姆·斯佐尔德（Jim Szold）、弗兰克·曼海姆（Frank Manheim）和保罗·曼海姆（Paul Manheim）。这种不同文化、背景和宗教的融合被认为是雷曼的力量源泉之一。20世纪70年代之前，华尔街的公司壁垒分明地分为"犹太人"公司和"非犹太人"公司两大类，犹太人办的公司有高盛公司和洛布罗兹公司等，非犹太人办的公司有摩根士丹利和伊士门狄龙公司等。雷曼公司和博比·雷曼本人跨越了这一鸿沟。

只要博比·雷曼在，他就能控制住局面，制止任何可能出现的冲突。但由于他和其他高级合伙人都上了岁数，年轻人获得了更大的权力和自信，开始崭露头角。

博比·雷曼死于1969年，他没有指定接班人。合伙人间钩心斗角地觊觎这个空缺，这令公司内部本已紧张的关系雪上加霜。克雷将军虽然成了执行委员会主席，但公司实际上是由另外3人把持：弗雷德·埃尔曼（Fred Ehrman），他对世人都充满了憎恶，后来被包括他自己侄子在内的一个小组开除；乔·托马斯（Joe Thomas），先后毕业于埃克塞特大学、耶鲁大学和哈佛商学院，他与罗伊·阿什和特克斯·桑顿（Tex Thornton）共同创建了利顿工业公司，他的儿子已经进入雷曼兄弟公司；赫曼·卡恩（Herman Kahn），一个个性十足的银行家，他的儿子也已进入雷曼兄弟公司。卡恩从一个跑腿的收账员做起，直到成为一个极为成功的银行家，他还是由保险公司担保的非公开配售企业债券的实际发明人。

由这3个从未主过事的人来共同领导一份事业，并且他们带领的团队中都是充满个性的天才，可以说他们毫无成功的可能。

1972年，出于对各种投资业务和证券交易业务的考虑，雷曼兄弟从合伙企业变成了一家法人公司。公司业务范围的划分又加剧了公司内部不同背景人群之间的矛盾。刘易斯·格吕克斯曼（Lew Glucksman）负责的商业票据业务是一种对公司发行的无抵押短期贷款，这项业务已经成为公司收入的重要来源，但无论是他本人还是他这项业务的同事在公司都没有多少影响力和地位。他们对此愤愤不平，伺机反击。

由于公司事实上没有最高领导者，所以裂痕不断扩大，雷曼逐渐有了窝里斗的名声。在公司内部，交易商为一派，投资银行家为另一派，他们死死盯着对方，相互间毫无信任可言。包括格吕克斯曼的商业票据推销人员在内的交易商们认为，投资银行家们只不过是一帮被惯坏了、对公司收益没有什么贡献的派克大街上的奶油小生，这帮所谓的"业界精英"不过是些徒有其表的草包。而投资银行家们则认为交易商粗俗而没有教养，人们之所以憎恶金钱，主要就是憎恶他们这帮人。这些成见根深蒂固，据一个流传甚广的故事说，雷曼兄弟公司大多数高级合伙人的办公桌都放在同一间办公室内，因为他们离开了彼此的视线就会心生怀疑。

在公司内部，没有一个清晰的路径表明如何成为合伙人。对合伙人的股份和分红的决定也都是秘密进行的。因此，这个小圈子内部的人就像拜占庭的王子们一样互相算计对方，他们各管一摊，互不通报信息。

> 谣言工厂制造的一个故事说，一派的一个合伙人密谋了一场敌意收购，而收购的对象是另一派阵营一个合伙人的客户；另一个故事说，其中一个合伙人劝说另一合伙人将手上一家矿业公司的股票出售给他，卖股票的人被蒙在鼓里，买的人却很清楚这家矿业公司发现了新的富矿带，可能就要发大财了。

雷曼兄弟在 1972 年（也就是我进入该公司的前一年）盈利达 1 800 万美元。但尽管有很强的盈利能力，雷曼兄弟的黑幕却远甚于我所了解或猜疑的，它需要重塑公司的文化。

在有多种选择的情况下，我为什么还要蹚进这个烂泥坑呐？事实是，我并没有真正了解到公司内部已经糟糕到这个地步。结束了在华盛顿的生活，我急着开始投资和开办公司，以便进入下一个生活阶段，而根本没有想到慎重一词。除了不够审慎之外，我进入雷曼兄弟公司的另外一个主要原因是乔治·鲍尔（George Ball）。他是站在投资银行家一边的合伙人之一。他曾在肯尼迪和约翰逊政府担任副国务卿,《纽约时报》在 1971 年刊登的"五角大楼文件"揭示出他对美国派遣军队到越南的行动提出了有力的批评(尽管他的意见没有被采纳)。他 1966 年离开政府,1968 年作为驻联合国大使重返政界,并且在那一年是休伯特·汉弗莱(Hubert Humphrey)同尼克松角逐总统的有力支持者。

乔治和我打一开始就合得来,由于我们俩都对外交政策及附属的经济政策感兴趣,可谓"臭味相投"吧!此外,他总是那么和蔼,在雷曼兄弟公司这是不可多得的。在我任职期间,他的办公室与我的办公室一直紧挨着。

我选择雷曼兄弟公司还出于我与该公司年轻的总裁沃伦·海尔曼(Warren Hellman)的亲密关系。他是加利福尼亚人,毕业于加州大学伯克利分校和哈佛商学院,对生活充满激情,总是奋发努力。他热心户外活动,爱好跑步、骑行和滑雪。沃伦的妻子克丽丝(Chris)曾获得过滑雪世界杯项目的奖牌。当公司为聘用一事面试我前,他们夫妇已经到华盛顿见过我了。我发现沃伦是一个优秀的银行家,具有坚定的职业价值观。他的叔叔弗雷德·埃尔曼脾气暴躁、毫无敬畏之心,当时是雷曼兄弟公司的董事长兼首席执行官。在招聘过程中,埃尔曼也花了些时间与我见面。尽管他冷淡的外表让人难以猜度其内心,但我仍可以感到他似乎急于让我进入公司。在雷曼兄弟公司的合伙人中,我喜欢的另一个人是克雷将军,他是一个直言不讳的人,对愚蠢的行为毫不宽容。

不过在应聘过程中还是有一些人物我没有见到,这是一个严重的疏漏,后来我才开始认识到其重要性。鲍尔、海尔曼与埃尔曼三人组成了招聘委员会。我没有见到格吕克斯曼和詹姆斯·格兰维尔(James Glanville),在我接手职务前,他们俩都是公司实力雄厚的高级合伙人。当然,当时他们没有必要告诉我这些。乔治、沃伦和公司的其他高层人士也有可能是担心我会与这两个合伙人发生冲突,希望在我刚上起跑线的时候避免一场内部大战。事实上,他们的努力只是推迟了大战爆发的时间而已。

密谋正在酝酿之中

我进入雷曼兄弟公司后的职位是副董事长兼一个由 4 人组成的执行委员会的成员。这个执行委员会的其余成员是埃尔曼、海尔曼和安德鲁·塞奇二世（Andrew Sage II），我与塞奇分担副主任的头衔，但他虽然担任这一职务，对管理公司却毫无兴趣。我实际开始工作的日期是 6 月 5 日，与在政府工作时 4.25 万美元的年工资相比，现在 30 万美元的年薪是明显的增长。在执行委员会内，我主要负责投资业务。如果我还对收购、建设和重组公司有兴趣，那么这项工作就会使我重新回到贝灵巧公司时代。但当时我已经 47 岁了，前面我已从各个角度详谈了创造财富的问题。我目睹了医生、律师和会计师等专业人士创造了大量的财富，但很少有人真正富起来。他们的专业知识非常有价值，但他们的收入却非常有限。

投资银行业务更有利可图，但它也不过是汤姆·沃尔夫（Tom Wolfe）在小说《虚荣的篝火》（Bonfire of the Vanities）中的人物谢尔曼·麦考伊（Sherman McCoy）生活的现实版而已。这位债券销售商的妻子把这种生活描绘成捡其他人饭桌上掉下的"金饭粒"。如果提供的信息准确，并做了正确的分析，我在金融、公司兼并与资产收购方面还算得上是个高参。不过，你的建议别人可以采纳，也可以不采纳。

对我来说，要想真正赢得财富、给自己带来满足感，就必须拥有、构建和发展企业。你每日的决策能够积累成企业的精神，渐成气势。你可以亲眼目睹自己的一个想法化为有形之物，成为现实的存在。资本收益的税率与劳动收入的税率间差距很大，因而投资企业的风险还得到了减免纳税的奖励。雷曼兄弟公司的历史就是一部以参股方式开办公司的传奇。

在雷曼的参股身份要求我必须往这口锅里投入一些钱。处于我这样地位的合伙人需要投入 75 万美元左右。考虑到刚离开华盛顿后的财务状况，这笔钱对我来说可不是一个小数字，而且我再也没有更多的艺术藏品可以出售了。我预先得到弗雷德·埃尔曼的同意，我的参股资金可分几个月付清。在没有进行某种审慎的财务审核之前，我不想冒险将我的一大部分财产赌进去。我从公司外聘请了一位会计师审核雷曼内部对公司账面价值的评估。他审查了公司的账簿，向我确认了公司内部的账面价值评估是准确的，根据他的审核报告，我购买了公司的股票。但结果是，我在此处犯了一个非常大的错误。

我到雷曼兄弟公司上班还未满一个月，执行委员会就发生了一件令人震惊的事。有一天，公司的首席财务官亚瑟·弗里德（Arthur Fried）推门走进我们正在开会的会议室，他一只手紧紧抓着一札文件，脸色惨白，语气中透出不安。他说，公司的政府债券交易业务已经损失了 1 500 万 ~ 2 000 万美元的税前收入。

债券交易业务属于格吕克斯曼负责的业务范围。这些债券理应按照当时的市场价格定期进行计价，但他们没有这样做。格吕克斯曼的人赌利率会下降，但利率不但不降反而上升了，而且在不断上升。由于债券价格下跌而现行利率上升，债券的价值一落千丈。同时，为购买这些债券而借贷的成本越来越高，远远超出了这些政府发行的债券所能带来的微薄收益。鉴于公司的股票价值总共只有大约 1 700 万美元，现在回想起来那些投资完全是一场轻率的赌博。

政府债券交易陷入灾难的新闻迅速传遍了威廉街 1 号大楼。从合伙人、后台办公人员到后勤支持人员，他们的反应各不相同，有的愤怒，有的近于惊慌。几天之内，纽约证券交易所就将雷曼兄弟列在了早期预警企业名单上，名单上都是些已经逼近资不抵债危险边缘的企业。公司完全可能破产，很多合伙人都要求格吕克斯曼引咎辞职。

导致这场危机的责任人不仅是格吕克斯曼，弗雷德·埃尔曼也脱不了干系。他担任公司的首席执行官，负有领导责任。合伙人的不满情绪很快就达到了必须公开摊牌的地步。7 月 19 日晚，一批高级合伙人被召集到乔治·鲍尔在东河边能够俯瞰联合国广场的公寓内。城市的灯光让人恍若置身仙境，隔河可以遥望皇后区，那里的景色美不胜收。但本次会议的主题却冷冰刺骨，与美景格格不入。

沃伦开诚布公地直捣主题。他说，这是一个变革的时代，但他并不谋求董事长和首席执行官的职位。他说:"在我看来,这个人选是明摆着的,应该由彼得来干。"

他和乔治预先已经给我提过醒,说他将会提出这个建议,但我仍然感到震惊。那时我才进入公司几个星期。我问这些高级合伙人,他们是否真的想让一个华尔街新手成为公司核心管理者。他们的回答同之前我听沃伦所说的如出一辙:我与银行家、交易商或其他派系组成的小圈子都没有任何牵连,再加上我的声誉,恢复公司信誉和吸引客户需要的就是我这样的领导人。他们想知道我是否会接受这份工作。虽然有所顾虑,但我承认正如他们所言,公司内部没有其他更好的人选。我做了肯定的答复。

说实话,我没有选择的余地。我已经按照义务购买了公司相应份额的股票,我的家产有很大一部分与公司绑在了一块儿。我要尽可能地拯救这笔财产,它对我至关重要。我真的非常在意我的财务偿付能力。

套用一句莎士比亚剧本中的话:密谋正在酝酿之中。我首先关心的是,对埃尔曼的让位予以相当的补偿。我想,雷曼兄弟公司目前合伙人之间或合伙人的帮派之间相互戒备,恨不得你吃了我,我吃了你,这个局面与公司的领导者是有直接关系的。我毫不怀疑埃尔曼同样会将我划归食肉动物的行列,但我想尽可能有风度地处理这次的继任事宜,而不要令人太难堪。

有几个合伙人告诉我,没有办法做到这一点。其中一人告诉我:"这狗娘养的不知道仁慈或慷慨是什么东西。"尽管如此,我还是说服乔治和沃伦同我一道在埃尔曼的办公室同他见面。这次会见距高级合伙人的首次密谋会议还不到一个星期,在这期间其他高级合伙人都签署了书面授权文件。

我主持了这次谈话。我对埃尔曼说,政府债券交易损失巨大,对公司造成了重创,客户流失的危险一触即发。合伙人一致决定必须变更公司领导,实现公司的重组,以消化掉这次损失并防止类似事件再次发生。我个人并没有要求获得这一职务,但合伙人商定选择我作为人选。

"这是我个人的建议，"我说，"你立即宣布，你决定在今年年底退休，同意由我做你的继任者。你可以说是你自己选聘了我，理由就是你的年龄和健康问题（他已年近 70，曾两度发作心脏病）。""从现在开始到今年年底前的 5 个月，我会继续作为公司的副董事长，尽我所能使公司正常运作。"我承诺在我接手这一职务时，他为雷曼兄弟公司做出的多年贡献将赢得我慷慨的回报。

当我讲完后，我认为我已经为摆脱这种尴尬的局面提供了一个保全面子的方式。埃尔曼静静地听着我的建议，其一贯的凶神恶煞表情没有任何变化。他一定非常清楚乔治、他的侄子沃伦和其他高级合伙人完全支持这一计划。但最后让我大吃一惊的是他的回答："去你妈的，没门！"

我回头看看我的同伴，想知道他们的反应如何。乔治不愧是外交官出身，他看着埃尔曼若有所思地点点头。沃伦是一个脾气暴躁的人，我来公司短短的时间内就了解了这一点，虽然他从来没有向我展示。他的绰号是"飓风海尔曼"，但他也害怕一贯专横的叔叔，现在不敢与其对视。他只是默默地瞧着他叔叔的白色短袜，袜子看上去就要掉到黑色皮鞋里面去了。

埃尔曼接着表示，如果要把他赶走，他就要求公司立即归还他的股本金。这不仅是在拒绝一个礼貌而周全的岗位变化，而且是要引爆一枚金融定时炸弹，因为埃尔曼是公司的一个大股东。公司有一个规定，任何人离开，公司都将在一年内归还他们的股本金。但在政府债券交易遭受重大损失后，公司只持有约 1 100 万美元的股票。而这些股票中半数以上，大约 700 万美元由四五个最高层的合伙人持有。他们都已年过 70 了，如果他们中的任何一个人因死亡或退休而将其持有的短期股份提现的话，公司的财务状况就会进一步恶化，向破产边缘又迈出一步。允许将股份提前变现可以说是一个愚蠢的决定，这样一群阅历丰富的银行家做出这样的决定可以说是荒唐的。显然他们都没意识到堂堂的雷曼兄弟公司会沦落到即将破产的境地，但这就是我当时所要面对的冷酷现实。尽管埃尔曼反对，董事会还是投票决定立即着手进行职务交接。消息在 7 月 27 日传了出去，而我在 8 月 1 日上任。

重组雷曼

我进入雷曼兄弟公司刚几个星期就成了公司的首席执行官，我知道公司内有一些人怀疑我的企业金融知识。但我对自己说，公司已经逼近资不抵债的边缘了，而几个 70 多岁的老人却可能要求在公司有限的资本中挤出钱来提前将他们巨额的股本金兑现，这就是这些金融天才们干的事。在当时，要将股本金提前一年兑现都是不寻常的事。我知道必须找到说服这些高级合伙人的办法，好让他们同意一项包括延迟退休人员兑现股本金时间的计划。

乔·托马斯是资格最老的合伙人之一，也是公司内部最大的股东。他年近 70，是一位传奇人物。他是 20 世纪福克斯公司和布莱克－得克公司（Black & Decker）的董事会成员以及好几个独立实体企业的主要持股人，在欧洲还拥有纯种赛马。除此之外，他人缘也颇佳。在早期，乔是公司董事长和首席执行官的热门人选，远在弗雷德·埃尔曼之上，但他对管理公司没有兴趣。

在目前的情况下，乔的健康状况是更值得关注的。在我发动推迟兑付股本金战役的过程中，我第一次与他有了近距离的接触。但他建议在他最喜欢的健身俱乐部与我进行谈话，让我很高兴的是，他不是给我雷曼大厦外的一处地址让我自己去找，而是让我在威廉街 1 号的雷曼大厦 11 层楼等他。当我走出电梯时，乔站在通向大厅的一处门口，挥手让我过去。他满面笑容地与我打招呼，握手非常有力，让人一下就感到他是一个和蔼可亲的人。但他把我引入的房间不像任何一处我所见过的健身俱乐部，它似乎更像是乔的私人酒吧，事实上也的确如此。

我立刻注意到他有一个酒鬼常有的樱桃红鼻子。更让我感到吃惊的是，从附近一个轮式氧气罐车接过来的一根管子插在他的鼻孔里：乔患有严重的肺气肿。他面前的桌子上摆着一个水杯，水杯里是波旁威士忌，酒装得满到了杯沿。桌上还有一瓶这种酒，以备他随时添加。

打过招呼后，他就从西装内口袋抽出一根大号的雪茄，划了一根火柴把烟点着。

依我看来，这个带有警告意味的动作，预示着我们间的第一次会面将充满火药味儿。乔不仅具有人格魅力，对公司的困难也了如指掌。他欣然同意我的建议，即将股本兑现的时间从 1 年延长至 5 年，以使公司能更好地控制资源。乔同意后，我们设法说服除埃尔曼之外的所有高级合伙人接受这一方案。

在解决了一个重大而迫在眉睫的问题后，公司整体的脆弱性却依然存在。为了找出问题所在，我要求手下完成一个分析报告，对雷曼兄弟公司的业务状况详细分析，找出哪些领域盈利，哪些买卖亏本。对一个产品生产线的利润状况和竞争能力进行分析是任何一家公司都要做的标准作业程序。然而，当我了解到雷曼兄弟公司真的一点儿也不清楚其众多业务领域（包括投资银行、经纪公司、资产管理等）的盈利状况时，我深感震惊。公司涉足了如此众多的业务领域，而我所能想到的唯一解释就是：别人都在做这些业务。

我们必须迅速填补这项信息和分析的空白。没有这种分析，我完全不知该如何重组雷曼兄弟公司，使之最高效地运营。我知道，到公司外请人来做成本很高，因为他们还要熟悉公司的业务，需要的时间也就较多。而公司内部本来就有很多专家，他们的知识和专长并没有得到充分发挥。雷曼兄弟公司有幸拥有大批已获工商管理硕士学位的优秀员工。让他们来做这件事不仅能节省时间和金钱，而且能让他们得到解决企业问题的机会，而不用只是坐在一边胡乱猜测和干着急。

我们并不是只成立一个审核组，而是按业务分工成立了好几个工作小组，以使对雷曼兄弟公司的各项业务都进行一次审核。不久，一些可靠的分析报告与切合实际的解决方案就放在了我的桌上。当我们人尽其才地发挥每个人的作用时，就会让人产生一种巨大的心理优势：这些工作不是我强加给他们的，他们的动力来自一种新的团队精神。

作为雷曼兄弟公司新的掌门人，我的部分角色是展示我对公司生存的责任。除采用其他方式外，我还需要向人们展示我清楚目前公司正处在困难时期，我不是那种需要奢华派头、追求职务待遇的华府官员或企业老板。方法之一就是不摆这些派头。

我选了一间现成的小办公室，面积只有约 14 平方米，相当于我在商务部办公室的壁橱那么大。我没有订购新家具，而是用现成的。我希望这个行动所表达出的信息能够逐层传遍整个公司。反正我在办公室的时间也不会太多。

我的日程安排非常紧张，部分原因是我们的竞争对手试图抢走我们的客户，他们指出雷曼的资金所余不多，公司前景堪忧，已经濒临破产，他们还告诉客户我们所有业务领域的市场份额都在下滑，例如：在上市股本证券的保险业务上我们曾一度排名第三，那年夏天我们已经下滑到第六位。因此，我一方面想方设法保持住我们现有的客户群，一方面通过裁员降低公司的运营成本。公司进行了大规模的裁员，裁员不仅在底层进行，没有起作用的合伙人也同样在裁员之列。裁员最多的是销售部门、格吕克斯曼的政府债券经营部门和冗员过多的行政管理部门。那年秋天，公司工资名单上的人数下降了 25% 左右。

我们也不得不主动发起进攻。在已有老客户的基础上发展新客户对公司至关重要。

政府债券交易上的损失使雷曼兄弟公司经历了历史上最困难的一年。截至 9 月 30 日财年结束，公司共损失了 800 万美元。但到了深秋，我们终于停止了亏损，终于又开始盈利了。公司的债务和资产渐趋平衡，纽约证券交易所也将雷曼兄弟公司的名字从早期警告的名单上去除了。弗雷德·埃尔曼答应稍微延长其股本金的兑付时间，并临时挂了个顾问的头衔。

11 月，《纽约时报》报道"危机已经过去"，并将雷曼的合伙人描绘成"齐心协力的团结型团队"。这篇报道还绘声绘色地说，我在华盛顿的不幸经历使我成为华尔街的"白色骑士"；我是借一场自己并未参与谋划的"政变"上的台，成了公司的董事长，展现了跨团队的领导力。

在雷曼兄弟公司的第一年是我一生中最艰难的一年。但是，当 1974 年 9 月 30 日到来，一个财年过去的时候，雷曼兄弟公司在我们的努力下已经回到盈利状态。上个财年亏损 800 万美元，而本财年我们盈利 2 500 万美元。以现在大幅贬值了的美元来衡量，这笔钱只算得上是零用钱，但在当时，那可是一个使人心跳加快的大数目。

上一年，公司为生存而苦苦挣扎，合伙人也都没有分红。1974 年秋天，公司的财务状况依然很紧张，但执行委员会和我一致同意公司应该拿出一部分钱作为本年度来之不易的成功的奖励。我想通过行动表明，公司的复活并非只是顶级合伙人努力的结果。所以我把最高的奖金额（当然是我的）限定在约 45 万美元。其他五六个执行委员会成员的奖金是 35 万 ~ 40 万美元，有一人得到了 42.5 万美元。

这时，小动作和小心眼儿又出现了。把 30 万美元的奖金支票装进口袋后，有人非常严肃地表达了不满，明确地声明他们有点儿恼火，因为比他们多领了 2.5 万美元的合伙人并不比他们更能干。他们说奖金分配的黑洞深不可测，不公平，不合理！一年前，当公司处于破产边缘的时候，这些人一个大子儿也没有拿到，现在他们却怨气冲天。

我内心十分愤怒。我一直觉得很难用喊叫或语言来表达我的愤怒。要是换作格吕克斯曼，他肯定会大发雷霆。如果能将这种愤怒情绪用语言表达出来，那可能更有益于我和组织的健康。我对自己说："这帮被宠坏的忘恩负义的笨蛋！"

我对那些怨天尤人、总觉得别人欠他们的雅皮士从来就看不上眼。我有着大萧条一代的心态。例如：

　　我的大部分购物都是在布卢明代尔百货公司的打折销售日以折上折

完成的，因为除了正常的销售折扣外，我作为联邦百货公司的一个董事还可以再打一个折扣。联邦百货属于布卢明代尔百货公司所有。虽然那时我有一两百万美元，但始终穿一件波兰仿造的博柏利风衣。直到20世纪70年代末，我才觉得应该买一件正牌的博柏利风衣了，因为有人偷了我的波兰产赝品。多年来，我一直戴着一块售价34.95美元的天美时手表，直到今天我仍然戴着它。我喜欢这款手表，它字号大，表盘能够发光。

唉，虽然我将雷曼兄弟公司从濒临破产的边缘带回到盈利状态，但我没有改变它贪心不足的食肉动物本性。要扭转公司的风气，该做的事还有很多。

The Education of an
American Dreamer
彼得森的启示录

▷ 敢于自我探索是一种自信的表现，因为相信自己可以应对任何探索结果。

▷ 对一个产品生产线的利润状况和竞争能力进行分析是任何一家公司都要做的标准作业程序。

胆小鬼没有立身之地
雷曼兄弟从悬崖边缘归来

◁

在我看来，华尔街是一个容身艰难和充满竞争的地方，胆小鬼或懦弱者在这里没有立身之地。我正经历的是对雷曼兄弟的致命一击。没有任何一家一流的金融公司敢对客户的诚恳、信任、信赖和忠诚掉以轻心，也不会用这些无形资产去做某种交易。如果这种两面三刀的行径泄露出去，那它将严重败坏雷曼的声誉。一定要清扫背叛者……

我们需要被看作一个团队

雷曼兄弟公司避免了破产，并重新创造了能够发奖金的利润，但公司的很多方面都需要改变。我们迫切需要做的一件事情就是增加公司的资本。

延长退休高级合伙人所持股票（在他们死亡的情况下叫遗产）兑现的时间只不过是在流水的沟渠中插入一根手指，解决不了大问题。为了吸引新的合伙人和客户，公司需要足够的资金，向他们证明公司可以长期开展业务。

在联系紧密的华尔街世界，谣言传播的速度就像由狂暴而干燥的圣安娜焚风吹燃的加利弗尼亚丛林大火。与破产擦肩而过的经历已经损害了公司的声誉，我们的竞争对手利用这一点毫无根据地散布着活灵活现的谣言，好让人们相信雷曼兄弟公司依然深陷困境。我们必须表明公司有足够的资金进行交易活动。

缺乏资金的并非只有雷曼兄弟公司。当时政府对交易活动监管的政策发生了变化，它对整个行业正式发出警告，所有公司都必须增加资本，因此市场上可用的资金资源将出现激烈的争夺。此外我还非常需要增加公司进行直接投资所需的资金。找出规划周密、运营良好的企业，然后投资并拥有这样的企业，并亲眼目睹这些企业成长壮大，对我来说真是一种快乐而兴奋的体验。

那么，到何处去寻求更多的资本呢？

乔治·鲍尔和我讨论了这个问题。当时，一些国外银行正在探索如何在美国发挥更积极的作用。雷曼兄弟公司如果能为他们提供合作机会的话，他们应该会很乐意考虑的。乔治认识恩里科·布拉吉奥蒂（Enrico Braggiotti），他是意大利商业银行的总经理，这家规模巨大的意大利银行总部设在米兰，在瑞士有很大的业务。我们决定与他进行接触。

首先，我们在公司重组的基础上制订了新的业务发展计划。我要求公司内部专家团队完成的分析报告在此发挥了作用，为公司新的发展目标指明了方向。公司的经营将转向擅长的领域，放弃表现不佳或需要巨额资本的业务。我不想涉足我们不具备优势的领域。仅举一个例子，公司的房地产业务几乎从来不知"成功"二字为何物。我们建议客户掏钱购买的房地产有相当数量最终令顾客不满意，这使公司在纽约有点尴尬，因此我决定撤出这项业务。

其次，公司兼并与收购业务做得很好，似乎是一项可以做大做强的业务，而且这个业务领域也不需要很大的资本。

现在公司业务发展的路径更加清晰，我监督拟写了一份专题报告，报告附有彩色图表，全部采用彼得森式处理方法。这样说会使这位广告老人感到自豪，我真想用"疯子"来形容他。但真正的考验是，这份报告是否会打动意大利人。乔治和我奔瑞士而去，我俩都知道此行肩负着公司的未来。

我们在巴塞尔会见了布拉吉奥蒂和他的两三个同事。他们的瑞士办事处布置得低调而传统。他们给予我们热情友好的接待，完全是一种实实在在的方式。虽然没有奢侈的款待，但他们显然对我们的提议抱有兴趣。我用几个小时的时间解释了整个商业计划，这次会见以握手而结束，他们承诺将认真考虑。

回到纽约两天后，我们得到了答复：他们同意注入 700 万美元，条件是得到雷曼兄弟公司 15% 的股份外加 250 万美元的优先股。这是个两全其美的方案。优先股使这些意大利人在利润分红和剩余财产分配上获得优先权，但由于分红不会太多，而且他们持有的又是无投票权股票，所以避免了合伙人持股比例降低的严重事态，保持了公司在管理上的独立性。听到这个消息，公司里每个人都很高兴。在这之后，我们又与亚伯拉罕公司实现了合并，这是一家高品质经纪公司，此举又带来了 490 万美元的股本金。

这些普通股本的注入毫无疑问是公司的一个胜利。我们不仅得到了迫切需要的资本，还赢得了广泛的赞誉。公众的好评在华尔街激起了阵阵涟漪，使我们的竞争对手们哑口无言，流言不攻自破。华尔街的造谣者对雷曼兄弟公司无法再嚼舌根，在一段时间内他们只能转向其他对象。甚至有那么一小段时间，喜欢唱反调的公司合伙人的反对之声也沉寂了下来。

随着公司资金状况有所改善，该是我们实现企划的新举措的时候了。扩大企业的兼并与收购业务似乎是最有希望获得成功的举措，我开始向这个方向加大推进力度。要将客户从其传统的证券包销银行那里挖出来是很困难的，但我与许多公司的首席执行官保持着良好的个人关系，我认为这种关系有助于雷曼兄弟公司在企业并购业务领域的发展，雷曼兄弟公司在这项业务中的角色是咨询和提供资金。

此时是 1975 年了，我成立了一个由银行合伙人组成的工作组，我也在其中。这是雷曼兄弟第一次正式开展的新业务项目，事实证明这是一项正确的举措。雷曼兄弟的企业并购业务迅速飙升。两年内，在我后来黑石集团的合伙人史蒂夫·施瓦茨曼（Stephen Schwarzman）[1]的天才帮助下，公司赢得了与瑞士信贷第一波士顿

---

① 史蒂夫·施瓦茨曼为自己取的中国名字是苏世民。——编者注

银行的冠军之争，对方是由布鲁斯·沃瑟斯坦（Bruce Wasserstein）和乔·佩雷拉（Joe Perella）组成的梦之队。施瓦茨曼当时只有 28 岁，如果没有他的助阵，我们顶多只能与对手打个平手。当然，我们是以参与交易的数量来衡量我们的位置，而他们是以交易规模这一较为传统的方式来论成败，但至少我们有了点儿吹牛的资格。

一旦巩固了公司的资本状况，并在可以成长的领域站稳脚跟，我们就必须开始加强对外宣传，打造公司形象了。不过，这是一桩冒险的事，因为两年前雷曼兄弟的危机处境还在持续给人们带来不安。商业媒体不断接近我们，向我们索要故事。在确信通过媒体的展示能为公司的形象增辉，而不会旧话重提、激活人们的疑虑之前，我不会接受他们的采访。

当《商业周刊》承诺为我们制作一期封面故事时，我们决定抓住这个机会。但我提出了一项条件，一项必须被满足的条件。《时代周刊》以前刊登的文章将我描述成"雷曼兄弟的白衣骑士"，这太夸张了，分明是想取悦我。我不想给人留下一个骑士横刀跃马、孤身救主的印象。我们需要被看作一个团队，彼此互相帮助，追求共同的目标，而不仅仅是一种个人的奋斗。我相信这样做会有助于改变雷曼兄弟难以驾驭的特点，它给公司的形象染上了污点。但后来的结果证明这个想法太天真了。出于这个想法，我告诉《商业周刊》一定要把公司执行委员会的全部成员都放到封面上。

这个条件让编辑们很为难，但他们同意了。不过最终他们还是稍微捣了点儿鬼。他们拍了一组照片，但让我与其他人稍微分开了一点儿距离。这样，当这期杂志上市的时候，我出现在封面上，其他 6 个主要合伙人则出现在封面的折页中。这 6 个合伙人分别是乔治·鲍尔、沃伦·海尔曼、亚历山大·亚伯拉罕（Alexander Abra-ham）、罗伯特·鲁宾（Robert S. Rubin）、刘易斯·格吕克斯曼和詹姆斯·格兰维尔（Jim Glanville）。尽管如此，1975 年 11 月 10 日发行的这期杂志所登载的故事还是缓解了合伙人之间的紧张关系。报道标题是《雷曼兄弟从悬崖边缘归来》（*Back from the Brink Comes Lehman Bros*），我们可以期待的最好结果也不过如此了。

但分歧仍然潜伏在表面的和气之下。

确实，我不能指望一本杂志的一幅封面图片和几篇积极报道就能使雷曼合伙人动物般的本性一下子消逝。他们是华尔街最有才华的一群人，但他们就是不能很好地协同工作。高盛集团的高级合伙人告诉我，他们垂涎我们公司的人才宝库。但我知道，高盛集团是一个工作效率很高的公司，原因是它的合伙人团结，能够共同挖掘出创造性的解决方案，获得无法靠一个合伙人单打独斗完成的生意。尽管我努力强调团队合作，雷曼兄弟的一些所谓"合伙人"彼此之间却就是不能合伙。

组织咨询师提到一种正和博弈现象，即组织作为一个整体要大于其部分相加的总和。相比之下，一个著名的高盛合伙人曾告诉我："彼得，我看你是在进行一场负和博弈。"换句话说，公司作为整体要小于其各单独部分之和。

奖金分配与负和博弈

在我刚进入雷曼兄弟时，年终奖几乎是在秘密状态下由几个人随意决定分发的，完全没有章程。1974年，我亲眼目睹了年终奖的分配激起了员工强烈的不满。公司董事们在与公司的关联交易中只顾个人利益，这种现象非常严重，而且逐年恶化。作为贝灵巧公司的首席执行官时，我处理过赔偿问题，还在3M、通用食品、美国无线电公司和联邦百货等几家大公司担任过董事会薪酬委员会的委员。我知道其他公司已经建立了行之有效的奖金分配制度，它们都是按照公平、有效、基于业绩的原则制定的，我决定将他们的一些做法引入雷曼兄弟。

同行审查和绩效量化就是一种行之有效的方法。在投资银行业务领域，我选择了3个最受尊重和信任的银行家合伙人，他们是罗杰·奥特曼（Roger Altman）、弗朗索瓦·德·圣法尔（Francois de Saint Phalle）和文森特·麦（Vincent Mai），由他们负责同行审查。我们还依次建立了3个绩效考核标准，并将根据考核结果兑现各银行家的奖金数额。除了要考核每个人新开发的业务和现有业务的状况，还要看在管理方面他们对公司的健康成长做了什么贡献。例如，在与他人的团结合作上处理得好不好，是否帮助培训新员工等。相比之下，交易商的绩效就很容易考核了。只要看单位资本创造的利润有多少，并将利润数额与公司竞争对手进行比较就可以得出结论。

我们将上一年度所有新的银行业务都逐项列出。同行审查委员会随后与参与这些交易的每一位银行家都进行了面谈，目的是确定在为这些新开发的业务客户进行贷款的活动中，每个人所起的作用各占多大的比例。

结果非常滑稽。一个单口相声演员可以把这件事编成笑话来讲，他可以这样说开场白："给大家讲一个想编都编不出来的真实故事。"任何一个理性的人都知道，在一笔贷款业务中每个人完成的信贷百分比相加之和应该等于100%，或接近这个数字。呵呵，我们的评审结果却是上一年度雷曼兄弟平均每笔信贷被声称的总额是450%！显然，一些合伙人声称他们招揽了新的贷款业务，但实际上他们几乎没做多少或者与这些业务根本一点儿关系都没有。

在考核对万国收割机公司的贷款业务时，情况特别过分。我与通用食品公司的首席执行官一起担任该公司董事会的财务委员会委员。有一天，他打电话给我，说他与摩根士丹利公司不和，想将万国收割机公司的投资银行业务移交给我们公司。事情就是这么简单，与其他人毫无牵挂。他让我选派公司最好的银行家去接管这笔业务。

在这一年我很幸运，雷曼兄弟公司当年所开发的新业务中有相当一部分是由我这样开发出来的。但我指示同行审查委员会，在审查开发该公司这笔新业务的人员名单中，不要将我计算在内。这意味着其他人声称的向万国收割机公司提供了信贷业务的贡献总和加起来应该等于零，然而事实却并非如此。有7个合伙人声称对该公司的信贷业务的开发有自己一份，他们声称的份额累加达270%！

我开始被称为能够呼风唤雨的神通广大之人。假设我真的达到了这样一种高度，我都会纳闷我是怎么达到的！我曾认真研究过亨利·基辛格和前世界银行行长詹姆斯·沃尔芬森（James Wolfensohn）这样真正神通广大的人物。到目前为止，他们手里握有大量重要客户的咨询业务，取得了极大的成功。他们取得成功的部分原因固然是他们所提供的咨询和建议极有价值，但我认为还另有原因，那就是他们曾居于显赫的公务员职位并在这些位置上获得了全球性名声，潜在客户会为能与亨利和詹姆斯这样地位和素质的人联系在一起而感到开心。

我承认自己在政府任职时的地位、公共服务经历，而且在非营利性机构的工作取得过一定的成功，但我还不足以被称为一个神通广大之人。我不会假装有亨利或詹姆斯那样摇滚明星般的地位。谈到高层人士，在这里我要补充在麦肯公司开发新业务时得到的一点教训：潜在客户主要关心的是自己的事业和业务问题。我在计划开展一项新的业务，对一家企业登门拜访之前，一般都会预习大量功课，并针对该企业的问题进行重点研究，事先拟定好各项分析报告和建议书。

我并不是说，这是提高业务成功率的唯一方法。据我所知，某些能够呼风唤雨的成功人士打打高尔夫球、唱唱歌、跳跳舞就能达成交易，他们以自己特有的魅力、独到的方式开展新的业务。但我知道，这种方式不是我的比较优势。

加固"老房子"

这时已经进入了 20 世纪 70 年代末，雷曼兄弟的业绩表现良好。我对公司的前景充满信心，于是在 1976 年，应杰拉尔德·福特总统的要求，开始主持了行政、立法和司法机构官员薪金委员会（Commission on Executive, Legislative and Judicial Salaries）的工作。这些联邦薪金支付委员会每 4 年召开一次会议。最近的两次委员会会议都建议提高政府工作人员的工资待遇，但国会担心选民的反应，拒绝了这一建议。其结果是：自 1969 年以来，工资提高了 5%，通货膨胀率却达到了 60.5%。政府因此流失了大量人才。那些家境并不富裕且岁数也不小并拥有丰富工作经验的人无法拿着很低的工资为政府工作。诚然，在后"水门事件"时代给公职人员加薪的提议是最不识时务的举动。

我们决定把工作重点放在市场调查上，市场会给出答案的。我们了解到，法官进入政府后，一般年薪会大幅下降，而离开政府后，他们的年薪增幅最大。国会议员们则相反，他们是唯一一组进入政府工资名单之后年薪反而比以前增加了的人群。政府行政部门内阁成员级别的高官或最高法院的成员几乎没有因年薪问题而辞职不干的，这些职位能得到大笔的"心理收入"作为补偿。但上述调查结论没能阻止首席大法官沃伦·伯格（Warren Burger）一天晚上亲临我家，游说我提高包括他本人在内的最高法院法官的年薪。我拒绝了他的要求，并清楚地向他表明，在后"水门事件"时代公众潜在的不满氛围中，除非绝对必要，我们不会提出这种加薪"建议"。

出于政治逻辑和市场导向的考虑，我们建议最高层的行政和司法人员加薪幅度应该最低，稍微涨一点儿即可；但要大幅度增加较低层次官员的年薪，他们的流失率最高。福特总统接受了这些建议。

不过到了国会，逻辑就不占上风了，倒是自身利益压倒一切。国会议员们的年薪已经与联邦地区法官挂钩，两者保持同一水平。我们认为两者应当脱钩，因为我们的市场研究已经表明，地区法官的年薪应高于国会中的男男女女。

国会否决了我们的议案。我认为他们否决的理由似是而非，极其虚伪。例如，他们的理由之一是，根据宪法，联邦应该设立3个平等的国家机构，因此这3个机构的人员在工资待遇上也应当保持平等。

我们认为，"水门事件"导致了政府形象的崩塌。为了恢复公众对政府的信任，必须建立一套行为准则。例如，我们希望能限制或取消国会议员们做报告和旅行的费用支出。这些活动大都打着与立法相关的幌子却与个人的盈利有关。这些活动潜在的收益很高，而行政和司法部门的人员是被禁止收受这类酬金和谢礼的。

　　我喜欢福特总统很大程度上是因为他为人正派和待人谦虚。在只有我们两个人谈话的时候，我足足说了一个半小时。我说，作为一个资深的国会议员，如果他能减少或取消议员们舒舒服服就拿演讲费的惯例，他将因此被铭刻在历史上。我对他说，艾森豪威尔离任时发出信息，警告说要抵制"军工产业复合体"的影响，他也可以仿而效之，在离任后留下一笔宝贵的遗产。唉，福特就是那样一个国会制度的产物，他无法亲自动手给他国会的朋友们造成这种痛楚。

　　在这个薪金问题上，政治已经证明它自身既不合乎逻辑、不公平，也无法"以市场为导向"。但我们依然坚持这个意见，经过一年左右的时间，我们终于在限制国会议员允许接受的报告酬金的数额问题上取得了成功。

　　回到雷曼兄弟公司，通过与库恩勒布公司的合并，我们进一步巩固了投资地位。1977 年，雷曼兄弟与这家历史悠久的投资银行合并创建了雷曼兄弟－库恩勒布公司。然而，公司仍然缺少长期股本金，所以即使公司的年盈利可能达 2 亿美元，我也认为我们仍然需要节制年终奖的发放。因此，我将自己的年终奖上限设为 100 万美元，格吕克斯曼的数额与我相同。他现在已经从他政府债券交易业务的灾难中恢复过来，重建了名声，取代沃伦·海尔曼成了公司的总裁。

　　对我来说，沃伦的退出令人悲伤。他告诉我，他想在佛蒙特抚养孩子，在那里他和克丽丝已经建立了斯特拉顿山区学校，作为培养奥林匹克滑雪运动员的预科学院。但我知道，喜爱滑雪只是他离去的部分原因。我猜测沃伦可能是觉得与格吕克斯曼和詹姆斯·格兰维尔一起工作太难了，工作中的摩擦恐怕能磨破最厚的老皮，让人流出血来。

　　虽然有许多缺点，但格吕克斯曼的确为公司带来了许多与他人互补的管理技能，还为公司的交易业务创造了可观的利润。至少从表面上看，他和我一起似乎配合得很好。这也是我将他提升为总裁的原因。

　　然而他任性的脾气难以改变，这种秉性可能会对公司造成破坏。所有的银行家都清楚奖金分配的依据是以绩效考核为基础的同行审查制度。然而有一天，格吕克斯曼却走进我的办公室，承认他破坏了这项制度。他似乎真的感到困扰。他说，他曾秘密地答应他的密友和同事鲍勃·鲁宾（Bob Rubin），无论他拿多少奖金，鲍勃的奖金都会是他的 2/3。鲍勃是我们公司最优秀的银行家之一，但比罗伯特·爱德华·鲁宾（Robert Edward Rubin）还是略逊一筹，后者曾担任克林顿政府的财政部长。执行委员会一致认为，根据我们已经建立的 3 项绩效考核标准，这个数目超过太多。举例来说，他并没有带来新的业务。

格吕克斯曼承诺今后不再做出这种单方面的武断决定，但这一事件深深困扰着我。要兑现格吕克斯曼的承诺就意味着要破坏与个人业绩挂钩的奖金分配制度，彻底毁掉公司的英才理念，但要格吕克斯曼食言同样是件让人为难的事。就这些钩心斗角和自利交易的行为而言，雷曼兄弟的信条是尊重内部已达成的协议。因此，尽管有时是真的很愤怒，我还是默认了鲍勃·鲁宾的奖金。但回顾往事，这样做其实是错误的。这一事件破坏了我志得意满的心境，使我感到沮丧。虽然我们成功增强了雷曼兄弟的市场竞争力，但这不过是将这栋值得尊重的老房子加固了一番而已，我觉得这栋房子内部还缺乏精英管理以及开放和公平的文化。

根据我的心理治疗经验，我发现无意中说出的话往往更能揭示内心的感受。有一天，在又一次容易使人发火的年终奖分配会议上，我无意识地脱口而出"fartners"（放屁），而我显然是想说"partners"（合伙人们）。

破坏"天才"格兰维尔

詹姆斯·格兰维尔是一个典型的执拗于旧方法的人。

他来自得克萨斯州的库珀，该地位于达拉斯的东北部。他原先是石油行业的一名现场工程师，后转到金融行业。他开发了很多石油和能源领域的客户，令人印象深刻，其中的许多最后都发展为雷曼的大客户。詹姆斯是雷曼兄弟所拥有的众多人才中的一个典型例子。但这种具有破坏性的天才人物，其人生往往总是不大如意。

在 1974 年我任职的早期，当我们正致力于公司重组时，我预见到公司需要增强在机构投资市场上的力量。机构投资市场包括养老基金、规模较大的大学捐赠基金、共同基金和诸如此类的机构。为此，我们需要提高我们的分销能力，也就是能够更多地向这些机构推销证券。因此，我们必须加强股票研究力量。执行委员会在这一点上意见一致，或者只是我个人这样认为而已。

米歇尔·哈钦斯（Mitchell Hutchins）是一家迅速成长的公司，其股票研究的水平非常高。它的首席执行官唐·马龙（Don Marron）是我非常要好的朋友，他有意与我们公司合并。当然，他要求合并后他们公司的员工都要得到妥善的安置，并希望他本人能够得到一个高层的职位。

当我们的谈判正顺利进行的时候，一天，唐·马龙前来拜访，并带来了令人不安的消息。他说："记得你曾说过我们的交易，你们公司内肯定不会有人反对。"

我回答说："不错，是这样。"我告诉他，执行委员会曾就此事开会并得出完全一致的意见。

他说："也许是我搞错了。但我刚刚拜访过詹姆斯·格兰维尔，他要我对他所说的话保密，彼得，你必须也承诺对此保密。他说他根本就没同意过。他还一肚子牢骚，说了很多不中听的话，还对你挖苦了一番。我感到很抱歉，彼得，但我知道你能理解我的反应。我绝不会加入这样一个允许对组织不忠诚和搞内部破坏的公司。我认为你应该了解与你打交道的这些人。"

与米歇尔·哈钦斯公司的合并失败了，这对我们想加强研究力量的计划是个沉重的打击，并最终影响了我们的分销能力。我没有就此事与格兰维尔进行过对质，因为我已经答应唐·马龙不会那样做。格兰维尔这样做真是毫无意义，但这个事例清楚地反映出雷曼兄弟公司内部互相拆台的作风。

在安迈信公司的分销业务中，格兰维尔故伎重演。安迈信公司位于康涅狄格州格林威治镇，是一个大型矿业公司，开采煤和各种金属矿石，包括铁、铜、铅、锌、镍、铝和黄金等矿石。该公司是雷曼兄弟长期且关系密切的客户。乔治·鲍尔是该公司的董事会成员，但格兰维尔主要负责为该公司提供客户服务。

在 20 世纪 70 年代，许多石油企业手中都握有大量剩余资金，他们希望能将这些资金用于拓展与他们业务相关的新领域。矿山金属业适合这种需求。加利福尼亚标准石油公司青睐安迈信已经有一段时间了。1975 年，格兰维尔确实策划了一次善意的股份互换交易。在这场交易中，加利福尼亚标准石油公司得到了安迈信15.5% 的股份，而安迈信获得了急需的资金注入。

然而到了 1977 年，安迈信的新管理层对加利福尼亚标准石油公司的继续介入持反对态度。皮埃尔·古瑟兰（Pierre Gousseland）已成为安迈信的首席执行官，他认为加利福尼亚标准石油公司一心想强行全部收购他的公司。古瑟兰抵御加利福尼亚标准石油公司的任何出价，他出价 1 200 万美元的咨询费，请雷曼公司为其制定一套防御战略。我们设计了一系列步骤，认为这样可以保持安迈信的独立地位。在公司的执行委员会内讨论这套预设方案后，我理所当然地认为这件事是雷曼兄弟与安迈信之间的秘密，不可泄露。

格兰维尔的业务不仅涉及安迈信，他与加利福尼亚标准石油公司也关系密切，并且与其首席执行官比尔·海恩斯（H. J. Haynes）私交甚密。但是安迈信公司花钱聘请雷曼兄弟来帮忙阻止加利福尼亚标准石油公司的收购，我们应该对雇主忠诚。这是一种职业道德。

乔治·鲍尔的办公室与我的办公室就隔着一堵墙。8 月的一个早晨，他从自己的办公室径直走进我的办公室，并随手关上了门。此刻，他的脸上满是忧虑和苦恼。他说，皮埃尔·古瑟兰刚才打来了电话，有紧急事情需要我们三人当天共进午餐。古瑟兰想利用这次午餐讨论一项他称之为"让人非常烦恼"的新事态。

在雷曼兄弟的一间小餐厅吃了几口后，古瑟兰告诉我们，他从某个绝对可靠的消息来源获知，格兰维尔将我们制订的防御战略计划部分泄露给他在加利福尼亚标准石油公司的朋友了。古瑟兰接着说，更过分的是，格兰维尔还鼓动加利福尼亚标准石油公司对安迈信采取积极的攻势行动。听到这里，乔治和我都极为震惊。这是对雷曼兄弟的致命一击。没有任何一家一流的金融公司敢对客户的诚恳、信任、信赖和忠诚掉以轻心，也不会用这些无形资产去做某种交易。如果这种两面三刀的行径泄露出去，那它将严重败坏雷曼的声誉。幸运的是，古瑟兰为乔治·鲍尔和雷曼兄弟公司着想，没有向外界任何人透露此事。

我对格兰维尔的背叛行径怒不可遏，血冲脑门地离开了餐厅。我绞尽脑汁地寻找他这样做的原因，最后我想他之所以这样做，可能是出自古瑟兰所不知道的一次争吵。那次会议中，我们就如何才能更好地照顾到安迈信、格兰维尔和他在加利福尼亚标准石油公司的朋友这三方的利益进行了激烈的争论。据推测，他可能拿了加利福尼亚标准石油公司一大笔兼并费。但格兰维尔不该为了个人的这笔钱而这样做！我们拿了安迈信公司的咨询费就要守信用，他这样做毫无疑问是错误的。

这件事对我的打击比我想象得还要大。午餐后，古瑟兰走了。我与乔治回到他的办公室。接下来我所知道的就是我在一辆救护车里醒来。乔治·鲍尔只穿了一件衬衫，俯身看着我，另一个急救医务人员在旁边监测着我的生命体征。乔治说："你突然晕倒了，我们现在正坐车去纽约医院，对你进行诊断。"

一年后，1978年，格兰维尔终于使我忍无可忍。

回到雷曼兄弟后，我立即指示公司的财务人员，向我报告任何违反公司制度或合伙企业精神的行为，不要想当然地认为我知道这些事。在合伙人规则中有一项基本规则，即任何一个客户所提供的任何一项投资项目，都应该向所有合伙人公开，所有合伙人都有权承接这个项目。这个逻辑很简单。举例来说，如果在某些情况下，某个合伙人为客户提供了一项重大的财务服务并以个人名义得到客户的报酬，而公司却没有得到利益，那么其获得的个人利益就是以损害公司整体利益为代价的。

雷曼兄弟的风险投资传统意味着公司必然有一定的股本金投资于若干完全公开的客户股票中。鉴于公司对资本不断增加的需求，1978 年执行委员会经表决一致同意公司应该尽可能清算这些投资，以增加公司的现金头寸，但这项工作有时很难做。

首先我们必须得到客户的同意，有时谈判很是艰难。但经过公司合伙人齐心协力的工作，我们最终得以清算这些客户股本金，将之转成公司的资金，使公司微薄的资本得到了充实。不过也出现了一个例外事件。

格兰维尔对卖掉雷曼兄弟持有的自由港－迈克墨伦公司的股票。他争辩说，如果我们这样做，就会严重损害同这家企业的客户关系。这是一家生产铜和黄金的大型金属企业。当雷曼兄弟的高级税务专家罗恩·加拉廷（Ron Gallatin）要求与我见面，在只有我们两人的秘密场所见面后，我才知道格兰维尔反对出售该公司的股票另有原因。

显然，加拉廷很紧张。他首先提醒我，说我曾做过严厉的指示，要求报告任何违反合伙人规则的行为。我再次向他重申我的指示是非常严肃的，并向他保证他不会受到任何打击报复，他才继续说下去。他说：

> 彼得，我知道你在是否卖掉自由港－迈克墨伦公司股票的问题上同格兰维尔意见相左。其实，作为对那笔投资的补偿，客户方私下里同他达成了一笔房地产交易。这笔房地产交易回报丰厚，且税收很低。格兰维尔和几个同事计划自己来做这笔房地产交易。他曾对我说如果我能保守秘密，并义务完成与这笔交易有关的全部税务工作，就分给我 5% 的交易额。我知道他是一个权势很大的人物，告诉你这件事我要冒很大的风险，但我也知道他要求我做的事情是错误的。

我对罗恩表达了深深的感谢，由于感激和愤怒这两种情绪交织在一起，我都有些语无伦次了。然而，我突然想到：他有证据吗？否则也有可能是他在进格兰维尔的逸言，因为我们都清楚如果我与格兰维尔开战，谁将赢得这场战争。我问道："这件事仍在讨论阶段，还是已经形成了文件？"

罗恩拿出了一个文件夹，里面是随时可以签署的一套完整文件。

格兰维尔的胆大妄为真是惊人。我立即召集执行委员会的其他成员开会。当我简短地介绍完情况，并向他们展示文件后，他们都认为这种行为不能容忍，一致赞成由我与格兰维尔当面对质。

会后我马上约见了他，并拿出了证据。我说："詹姆斯，一个合格的合伙人对他的同事不应该有这种行为，我想你不会反对这个看法。如果你确实与自由港－迈克墨伦公司达成了这样的交易，这件事足以构成你被解雇的理由。"

他只是耸耸肩，什么话也没有说。几天后，大约是 8 月初的一天，他与合伙人中 3 个关系最密切的朋友一道投奔拉扎德兄弟公司去了。虽然格兰维尔带走了雷曼兄弟能源领域的大量客户，但至少对我而言，以这种损失换得他的离开是值得的。现在公司大楼内的空气都变得清新洁净，让人备感舒心。

商业媒体将这一事件视为由拉扎德兄弟公司导演的一场政变。《财富》(Fortune)杂志这样报道：拉扎德兄弟公司"挖他人墙脚，猎走了雷曼 4 个高层人士，此事震惊整个纽约投资银行界"。雷曼兄弟内部的人当然更明白事情的真相，但总的来说，我们很高兴被人挖了这个墙脚。

当然，格兰维尔不会就这么静悄悄地走掉。他离开后不久，公司就接到一份诉讼通知书。他起诉公司的理由是由他完成的一个煤浆管道相关的项目被估值过低。这个诉讼理由真是荒诞不经，因为他是执行委员会成员，而委员会定期开会，非常正式地批准所有的项目估值。

比这件诉讼官司更可恶的是他寄给乔治·鲍尔的谩骂信件。格兰维尔、乔治和我是雷曼兄弟公司高管层内仅有的几个非犹太人。现在格兰维尔揭开了公司偏见和怨恨的阴暗一面。他的信主要是谩骂这边公司执行委员会中的犹太人的。他指责他们在某些政策上站在以色列一边，而不是美国和它的阿拉伯石油供应国这边，比如归还于1967年的战争中被占领的阿拉伯土地的政策。他还指责说，执行委员会的主席"隐瞒了"自己的"种族成分"。我就是执行委员会主席，但我经常公开谈论自己的希腊血统，这样的指责真是荒唐可笑。

大多数执行委员会成员对此都感到十分愤怒，许多人想起诉他。我认为那样做只会扩大矛盾并向外界公开公司内部的不和。**以眼还眼、以牙还牙的举动往往会带来两败俱伤的结果**。而现实的问题是，雷曼兄弟公司的客户不希望看到他们的银行家陷入这种俗气的纠纷中。

然而，我还是约见了米歇尔·大卫-威尔（Michel David-Weill），他当时是拉扎德兄弟公司的董事长与主理合伙人。他的前任安德烈·迈耶是华尔街的一个传奇人物，以其智力敏锐和粗暴对待同事而闻名。

我说："华尔街是一个容身艰难且充满竞争的地方，胆小鬼或懦弱之人在这里没有立身之地，这一点我们应该有共识。但对竞争对手的爱国态度提出质疑，我想这超出了竞争的范围。"我递给他格兰维尔那封惹来麻烦的信。

他仔细地阅读了这封信。当他抬起头时，我料定他会同意我的意见。但相反，他把手伸进内口袋里拿出了一支雪茄。他个头不高，雪茄烟却很长。他点燃雪茄，吹出一口烟，然后挥手把烟赶开。他说："啊，所有人都知道格兰维尔是个什么样的人。但他手上有一批重要的客户。"

"这就可以成为他亵渎我犹太同事的理由吗？"

听我说到这儿，他只是轻蔑地笑了笑。这是一种自鸣得意的人自以为是的微笑，是一种他对他认为的头脑简单和天真的人露出的笑容。

离开时，我几乎难以克制愤怒。曾经有一次，当我为难以扭转雷曼兄弟的风气而深感沮丧时，费利克斯·罗哈廷和我谈到了共同经营拉扎德兄弟公司驻纽约办事处的可行性。当时我要是答应了，那可就惨了。华尔街普遍认同的看法是，雷曼兄弟和拉扎德兄弟这两家公司都患有类似的文化疾病，且病入膏肓。

去给我找世界上最好的神经科大夫

先前我晕倒后，萨莉和儿子吉姆马上赶到了医院。经过检查、登记，我被安排在一个单人病房。萨莉和吉姆明显很担心。我也同样感到担心，但还不能告诉他们导致我突然晕倒的原因。我说，不知为什么一下子就晕倒了。虽然他们还都在房间里，负责为我诊治的内科大夫的搭档走进了房间。正如他自己所说，他是个讲究效率的鲁莽学者。

他说："彼得森先生，你可能是专注于某件事而劳神过度了。"

我说："说实话，是这么回事。我还不习惯一睁眼就发现自己躺在救护车里。"

他说："你长了脑瘤。"如此直言不讳的诊断立即掀起了冲击波，但这还没完。他继续说："你可能想知道是什么样的肿瘤，是恶性的还是良性的吧？"

没等我回答，他就接着说："是恶性脑瘤的可能性大概有九成。"

如果把它称为医患间病情交流的话，整个过程也就不到 60 秒。他转身走出了房间。萨莉马上跟在他身后走了出去，想了解更多的信息。吉姆似乎被这个消息给震晕了。受到这沉重的一击，我也一时反应不过来。这是在宣读一份死刑判决书吗？这份判决书又意味着什么？过了一会儿，萨莉回来了，她面色苍白，转达了无情的诊断预测结果。医生告诉她，我的生命大概还有 6 个星期。我觉得自己简直成了一个表现医生和患者常态的黑色喜剧当中的人物。

那时，纽约已经在风传我陷入了困境。我床边电话的铃声开始响个不停，表示同情的电话接连不断。亨利·基辛格和埃夫里尔·哈里曼（Averell Harriman）也都打来了电话。他们每个人都想知道自己能为我做些什么。

我说："去给我找世界上最好的神经科大夫来。"

不到一个小时，他们就回了电话。与乔治·鲍尔商谈过后，他们确定纽约医院神经科主任弗雷德·普拉姆（Fred Plum）医生是最佳人选。他来到病房后就开始对我进行诊断，他先用了一个半小时的时间对我进行了问诊，问题一个接一个，这立马显示出最好的大夫与普通医生的差别。他首先提出的问题包括："今天发生了什么异常的事，是否有什么使你不安？"

我告诉他我和皮埃尔·古瑟兰共进午餐的事和我听到格兰维尔背信弃义行为后的反应。普拉姆医生将我说的这些话记在笔记本上。

最后，他对一开始给出的不假思索的诊断结论表示歉意。他说："在没有明确的检查结论出来之前，不应该告诉您这样的信息。"他已经安排好第二天早上对我进行一系列检查。他补充说："但是，我研究的脑瘤患者病例多达数百个，与你被告知的情况相反，我觉得您的脑瘤是良性的可能性高达 50% ~ 60%。"

第二天早上，我准备好去做成套的检查。一个外科医生陪着我，这不是个吉兆。询问原因后我才知道，检查中有可能发现需要紧急实施手术的情况。在过去的 24 个小时里，我已经听到了最坏的信息，这条信息对我而言已经无所谓了。

那时还没有磁共振成像检查技术，检查过程比现在要原始得多。一名医务人员在我的腹股沟大静脉内注入一些感觉有点儿热的化学品。几秒钟后，随着这些化学品在我血液中流动而显现出表象，一台巨大的照相机开始不断拍摄我大脑的多重影像。这使我产生一种极度恐怖的感觉。这台照相机知道它看到了什么，而我却不知道。它看到的可是决定我生死的秘密。

检查结束几个小时后，普拉姆医生走进我的房间。房间里摆放了一些问候卡片和鲜花，这使阴暗的氛围中有了些许温馨的感觉。萨莉始终没有离开医院，现在她坐在窗边的一张椅子上。普拉姆医生拿着一堆那台机器拍摄的照片。他用手指着一条长长的血管，它一直通向一堆黑影，这堆黑影就像是紧紧吸附在船底的海洋附着生物那样吸附在我的脑后。他说："恶性脑瘤通常生长过快，因此不可能长出这么长的血管来。我相信十有八九你的脑瘤是良性的，可能就是一种脑膜瘤。"

他相当平静地补充说："话虽如此，我们仍然要把它取出来进行活体检验，以便确认。"

第二天的手术持续了 7 个小时。果然，活体检验显示肿瘤是良性的。10 天后，我就离开了医院，感觉真好。我对普拉姆医生充满了感激，他成了我终身的朋友。在这段令人痛苦的插曲过后，我现在每年都会进行一次核磁共振检查，以确保脑瘤不会复发。

在我做脑外科手术后的荏苒岁月，一切复归正常。医生为进入我的大脑取出脑瘤而用锯切开了我的颅骨，现在这道切口的头皮已经缝合长好，头发也重新长了出来。我继续努力，试图驯服雷曼兄弟这匹野马，打造一种全新的企业文化。我重新开始打高尔夫球和网球，迈克尔和霍莉也都小学毕业了，大卫自达特茅斯皇家海军学校毕业，吉姆从巴克内尔大学毕业后在 NBC 的财务部门工作。萨莉和我一如往常。我经常在夜间出门开会，周末在高尔夫球场或其他地方处理公司事务。这些都是我为养家所必须付出的代价，萨莉已经适应了这种生活，又或许只是我以为她适应了。

家庭危机

1978 年秋季的一天，我在一个相对正常的时间下班回家。我们夫妻俩和霍莉、迈克尔一起围在桌边吃晚饭，保姆在一旁忙碌着。晚饭后，当孩子们回到他们的房间各自看电视或做作业后，萨莉平静地对我说："我要和你私下谈谈。"

我们走进书房。书房位于这套住宅的东南角，房间里摆满了书。书房的窗户下面就是第 59 街大桥，从这扇窗户可以俯瞰东河。现在房间里就只有我们俩，其他人都听不到我们的谈话。

"想谈什么呢？"我问道。

她深吸了一口气，看着我说："这样的话总是难以开口。彼得，我想离婚。"我以为听错了，说："对不起，你说什么？"

"我要离婚。"

用"震惊"这个词不足以表达我当时的感受。不相信、不理解、恐惧和尴尬，种种感受如一波波的洪水一样向我涌来。我感觉自己就像动画片里那些掉下悬崖的人物，突然意识到脚下除了空气什么都没有了。我赖以生活的基础和我的安全感，突然一下子就没有了。

回想起来，我本不该对此感到突然。此前已经出现过警告信号了。我一直为萨莉是一个迷人的女人和一个好母亲而感到自豪，但她的反叛情绪那段时间不断增长。在华盛顿时，她就是内阁成员夫人中行为最难以预料的一个，即使是在乔治城的狂欢聚会上，那里禁止表露任何对尼克松政府的热情态度，而她对此的轻蔑一望可知。现在，已经过了 6 年离开公众视野的生活了，她的叛逆性格开始以其他形式表现出来。她喜欢一个年轻的富有文学气息的朋友圈，讨厌与我那些老气横秋的商业同事及他们的妻子打交道。在需要与这些人打交道的场合，她越来越多地选择一走了之。一天晚上，当我忙于公司事务时，她与朋友们出去了。我没有注意到这些迹象。但当我全神贯注于如何管理和运作雷曼兄弟时，难道还要我去关注这些生活琐事吗？我太容易相信别人，或者是有点儿感觉迟钝，又或者只是太天真。在她坐卧不宁的时候，我也没有仔细考虑一下或面对面地与她好好谈谈。

她想尽快搬出去。她告诉我，我反对也没有用，她考虑这件事已经有一段时间了。最终，我知道与她纠缠下去只会加重对我们双方的伤害。尴尬地在一起生活了几个月后，她搬到了我给她在第 72 街买的一套公寓，还带走了霍莉和迈克尔，但我们共同享有孩子们的监护权。我可以理解，孩子们对此感到非常烦躁，但随着时间的推移，孩子们似乎适应了他们的生活。孩子们的适应能力真的很强，但我不行。

待在一个有 5 间卧室和 6 个浴室的公寓里，我感觉孤零零的，窗外就可看到东河的美景，但我不再有欣赏的心情了。半夜三更时我无法入睡，就站在这些窗边向外呆呆地看着，似乎想找出什么答案。当熬过这漫漫的不眠之夜之后，我还有工作要做，但却很难集中注意力。我患上抑郁症，血压也急剧上升。我的密友们看到我精神沮丧、身体不佳的状况，都认为：虽然我的反应可以理解，但确实有些反应过度了。

当终于明白这一点时，我决定重新进行心理治疗。以前在芝加哥看心理医生主要是出于好奇，这一次我是真的需要了解我的内心感受。

那时，心理治疗还没有被广泛认可，至少我所认识的大部分商业人士不会接受这种疗法。他们依然认为谈论感情是一种软弱的表现，甚至会回避心理治疗方面的话题。神经科大夫留给人们的印象可能是导致这种现象的原因。在电影和电视节目中，他们通常都是些非常古怪的人：揪扯着山羊胡，在本子上胡乱涂写些什么。人们认为一个优秀的男性首席执行官应该能够解决自己的心理问题，而不应该自我放纵地把自己交给那些被人们看作具有某种魔法、能够看见大脑内部运动的人。但我曾有过心理治疗的经历，了解心理治疗的作用，清楚自己需要心理治疗的帮助。我选择了强化治疗的方法。

具体到我的情况，强化治疗意味着比一般的疗程要长。这是因为我是一个健谈的人，我的朋友们都知道这一点。而像我这种喜欢说话的人很容易用谈话来隐藏感觉，至少一段时间内是这样。

在标准疗程中，每次需要用时 50 分钟。我决定每次连续进行两个疗程，以帮助我找到问题的根源。事实上，正是在这些第 2 个小时中，当我把所有想说的话都说完，当我深入地挖掘自我时，一些更深刻的领悟才慢慢出现。

通过随意的联想与梦的解析，我开始明白我反应的根源在哪里了，实际上，我的反应是过度了。我又退回到童年时期被抛弃的心理状态。在我妹妹伊莱恩死去后的那段时间，我失去了母亲的关爱。我对离婚的反应就如同我还是一个被抛弃的孩子，感到孤独和无助。著名的小说家多克托罗（E. L. Doctorow）对这种现象的描述也许是最确切的。在一个晚宴上他曾对我说，神经官能症"是一种早期心理经历的退化反应"。

退化是肯定的。我一个 52 岁的成年人体验到了一个 4 岁儿童那样无助的感觉，但现实的我既不茫然无助，也不依赖于谁。一旦理解了这一点，尤其重要的是内心深处的潜意识中也有了彻悟，我就开始感觉好多了。

当变得更加理性后，我就很容易看出，萨莉和我爱的是最初的对方，可是随着时间的流逝，我们都在变化。不再相爱，分手也就在所难免了。我们的结合是一个典型的 20 世纪 50 年代的婚姻关系。我钱挣得不少，当然家里的物质条件也就不错。但即使是用 20 世纪 50 年代的标准来看，我对于家人情感方面的需求也关注得太少了。她把家里收拾得井井有条，把孩子们照顾得也确实很好。贝蒂·弗里丹（Betty Friedan）写了一本书叫《女性的奥秘》（*The Feminine Mystique*），在书中她揭示了那些只专注于家庭、壁炉和孩子的家庭主妇常常患有一种隐性抑郁症。她这本书要是能在 20 世纪 60 年代出版就好了。

萨莉从来没有抱怨过什么，但我真希望她能把自己的感受说出来。她想要的生活不再与我的相容。我们不是性情相投的人。

我一周两次进行双倍的心理治疗，几个月后我终于能够接受现实了。逻辑告诉我，坚持这种对双方都会带来损害的关系没有什么益处。我终于明白，没有了她，我的生活一样可以过下去，分手对我们彼此都有利。虽然我已经想开了，但我的心理治疗并没有结束，只是现在我的心情平和多了。

我本应该及时发现萨莉与迈克尔·卡莱尔（Michael Carlisle）的恋情。萨莉那时已经47岁，她是5个孩子的母亲和一个有抱负的心理治疗师。迈克尔是安多佛中学和耶鲁大学的毕业生，他成长过程中有威廉·斯泰伦和亚瑟·米勒（Arthur Miller）[1]的陪伴，他们的家庭也是世交。他的职业是书籍代理商，但对萨莉而言，他简直就是生活中最大乐趣的化身。他是个20多岁的年轻人，不属于那种古板的老一代人；他代表着富有文学气息、非传统、放荡不羁的那一类文化人。在我们的生活中，萨莉是找不到这些的。知道萨莉还有另一个男人，这起初对我无疑是另一个打击，但最后它却使我加快了恢复。因为它清楚地说明了萨莉和我之间出现的鸿沟有多深。顺便说一句，时间证明了萨莉的选择是正确的。她和迈克尔结婚了，之后30年他们在一起生活得很幸福。

在很大的程度上，我与萨莉是在重复我父母的婚姻。父亲是一个工作狂，很少陪伴母亲，也很少给她情感上的慰藉。理解了这一切，并认识到现在我的生活能力完全不同于幼年时那种处处需要他人的状况，我逐渐恢复了过来。

我要对我在家庭中的行为（或许应该叫作不作为）负全部责任，我过分强调了自己必须全神贯注于工作。但我仍然认为由此可以看出早期的美国文化传统没有适应时代的变化。在20世纪50年代，大多数妇女（大约有70%）没有参加工作，人们普遍认为相夫教子、操持家务就是她们的"工作"。那时人们认为男人应该拼命挣钱养家，作为回报，他们回到家里要放松一下也是理所当然的了。现在人们虽然仍有这种观念，但相较那时已经淡了很多。

说老实话，我并不非常期望回到家里去放松自己。我这一辈子都没有喝过马丁尼酒，甚至果酒我都很少喝。但我确实希望萨莉自己"打理"好孩子，不要分散我的精力。这种分工并不是我们之间出现问题的根源。萨莉希望开辟一种新生活的愿望是我们之间产生"不可调和的分歧"的主要原因。

---

[1] 美国著名剧作家，20世纪美国戏剧三大家之一，曾获1949年普利策奖和两次纽约戏剧批评家奖。《推销员之死》是其最具影响力的代表作。——编者注

不仅仅是"合适"的琼

1979 年春天，当我克服了消沉的情绪后，朋友们都非常高兴我能重返他们的圈子。纽约的社交活动不仅能够转移人们的不快心境，使人精神振奋，而且能提供世界上规模最大的约会服务。自从萨莉与我分手，并确定无疑要同我离婚后，我就开始留意我在 20 世纪 60 年代末遇到过的一个女人，她那时曾使我赞叹不已。1968 年的时候，我曾是国家教育电视台董事会的成员，那时琼·甘兹·库尼（Joan Ganz Cooney）开发了制作《芝麻街》（Sesame Street）节目的计划。该节目计划由儿童电视节目工作室负责制作。制作《芝麻街》节目的设想真是让人佩服至极。

那时琼的丈夫是蒂莫西·库尼（Timothy J. Cooney），他在约翰·林赛执政的市政府当民防局局长。他们于 1975 年离婚。萨莉和我分手后，我和琼共同的朋友们敏锐地观察到了什么，并热心地进行了撮合。我对琼的兴趣重新被点燃，我们最初的约会是由莫特·简克罗（Mort Janklow）和他妻子琳达·简克罗（Linda Janklow）一手安排的。莫特是顶级的书籍代理商，他妻子是个艺术赞助人。在琳达举办的一个宴会上，她安排琼和我坐在一起。这个安排很平常，但确实起作用了。此后不久，我就打电话约她出去共进晚饭。

在第一次约会中，琼给我留下了非常深刻的印象。这完全是一种缘分。我们约会的地点是阿让特伊饭店（Argenteuil），这是一家位于第 50 街东侧的俱乐部会员制小餐厅，其菜肴具有法国风味，但后来关闭了。我们先是谈饮料，然后是晚餐和酒；我们详细地谈了自己过去的婚姻和工作，还谈论了很多职业方面的话题。当琼告诉我她正与《国家询问者》（National Enquirer）报社闹矛盾时，我的耳朵竖了起来。这是一家专门登些耸人听闻消息的通俗超市小报，其特色是专门登载些骇人听闻的罪案和名人的丑闻。她说，显然她和儿童电视节目制作室也上了该报的黑名单。《国家询问者》对指控儿童电视节目制作室滥用联邦补助金一事紧紧咬住不放。这项指控涉及的金额很小，起因是在语言上对补助金使用条款产生的误解，但这家报纸想小题大做。她已经想象到了在该报的头版上登出大鸟先生(Big Bird)^①的情景。

> 我说:"你不用再担心了。"
>
> 她困惑地看着我说:"你什么意思?" "他们不会再登这个故事了。"
>
> "为什么呢?"
>
> "他们肯定不会了。这一点我可以保证。"

我已经有很长一段时间没有见过我大学时代的老朋友吉恩·蒲柏了,但我们一直保持着联系。实际上这是一个都市传奇人物的故事,他买下了一家在绝境下苦苦挣扎的纽约报纸——《纽约询问者》,将它更名为《国家询问者》,并将其发行量扩大到 500 多万份。它耸人听闻的标题刺激着在收款台前排队的顾客的眼球,吸引力甚至超过了购物车内的商品。吉恩曾经告诉我,他从人们喜欢围观车祸现场产生了灵感。1971 年,他将公司迁入佛罗里达州,从此就再也没有离开过。当我任商务部长一职时,应他的要求,我曾参加了一次超市经理们的会议,因为他想给这些人留下深刻的印象。后来,他请我任他的金融顾问。我告诉琼我与吉恩·蒲柏的密切关系,并说我会请他不要再大量登载《芝麻街》制作工作室的故事,他答应了。

琼和我经常见面。我们约会了好几次后,我认为应该把她介绍给孩子们了。然而,这并不是一件容易的事。

吉姆在 NBC 工作,他与女朋友经常泡在格雷西广场。大卫仍然在达特茅斯,他现在是一名大三学生,在假期,他和他的许多朋友会在我东汉普顿海滨的房子里尽情折腾。那是一栋非常宽敞的老房子,家具齐全,是我几年前只用了 14.5 万美元买下来的。霍莉和迈克尔都在道尔顿学校读书,他们与萨莉一起生活,但在许多周末和其他日子的晚上,他们会与我在一起。这些孩子对我和萨莉的离婚都有着某种怨愤和不安,对琼至多不过是礼貌性地打个招呼。迈克尔是最小的孩子,当时只有 9 岁,对琼也最友善。当我把琼介绍给他时,这个单纯又聪明的小伙子点点头对

---

① 《芝麻街》节目中的人物。——译者注

她表示了赞许，并用一个词做出了评价："很合适。"

对我来说，琼的价值远远不止是"合适"这个词所能表达的。这是在我们双方严肃对待此事后，我在日常生活中发现的。琼自己没有孩子，她当然会认为我有5个孩子可真不少，特别是霍莉和大卫还常常要发泄一下他们对父母离婚的愤怒情绪。这使琼在有些时候变得很不愉快。

在周末，尤其是假日的周末，孩子们会将东汉普顿的房子搞得一团糟，琼因而将这栋房子称为"小鬼们的汽车旅店"。例如，大卫和他女朋友从海滩游泳回来后，会把湿毛巾直接扔到厨房地板上，这引得琼又是一阵忙乱。她喜爱整洁，习惯将东西放置得井然有序。后来霍莉在琼60岁的生日祝酒中透露（后来她们成了亲密的朋友），她会故意将毛巾扔到游泳池中再捞出来，然后将这些湿淋淋的毛巾扔到地板上的，目的就是要惹得新继母发疯。

尽管被这些孩子闹得心烦意乱，琼和我还是堕入了爱河。她非常聪明，对事情有深刻的见解。我们能就共同感兴趣的话题一次谈上几个小时，我们谈话的内容从政治、公共政策到商界（琼在几个大公司的董事会担任董事），几乎无所不包。我们还尽兴地参加许多其他活动，包括打网球、看电影、品戏剧等。纽约的一些社交活动上也能看到我们的身影。最重要的是，我们有类似的幽默感，所以我们的恋爱不仅满是知识的交流，而且伴随着欢乐和笑声。

随着我与琼关系的发展，我明显地看出，如果让琼生活在格雷西广场10号，必然会造成潜在的不睦气氛。琼会觉得她侵占了萨莉和孩子们的空间，而且那里会不断让她想起我以前的生活。

我觉得要想让琼嫁给我（我确实这样想），换一处琼喜欢的新公寓会有很大的益处。

当时是1980年了，我的房产经纪人为帮我找新公寓而忙碌。不久，她邀请我们去看看传说中的河楼（River House）中的一套公寓，这栋大厦位于东河岸边的第 52 街。[①] 河楼建于 1931 年，但直到 20 年后联合国大厦开始耸立起来之前，附近的街区环境都完全没有变化。我们俩都喜欢河楼的公寓。我开始发动一场求婚的全面攻势，并采用了一种现在看来可能有点儿咄咄逼人的谈判策略。我告诉她，如果她想介入这套房子的装修工程，现在就是使自己受束缚的好时候。[②] 我说："难道你不想亲自规划这个空间吗？"有一次我还对她说："我无法告诉你我会等多久，但我肯定不会永远等下去。"

她到底会不会嫁给我呢？

我的看法是，毕竟我们是一对理想的伴侣。此外，我还深深地爱着她。我们的朋友唐·休伊特（Don Hewitt）是 CBS 广受欢迎的老牌节目《60 分钟》（*60 Minutes*）的天才制作人，他的说法更简单。他说："你俩结婚，这件事合情合理。"

回顾往事，使我感到吃惊的是，琼很少表现出她塑造的一个人物——爱发牢骚的奥斯卡 [③] 那样的坏脾气。虽然她爱我这一点没有疑问，但一想到该如何忍受彼得森一家，她就会陷入短暂的"跌价期"——这是她选用的术语。

由于我有 4 个孩子在纽约，对这段婚姻的拖累明显来自我这一方面。她带来的唯一拖累就是她宠爱的两只猫和一条狗要同我们睡在一起。自打我们结婚以后，我们睡觉的床上就从来少不了它们。我从来没有宠物，更不会养狗。小时候，在一个为 5 岁的孩子举办的生日聚会上（糟糕的是还有女孩），一条白色的波美拉尼亚丝毛狗从我的屁股上咬下一小块肉来，那位母亲当着包括女孩在内的所有人的面扯下了我的短裤。那股羞辱感远远超过了狗咬的疼痛。从那以后，我就害怕狗。

---

① 电影爱好者们可能会从 1937 年的电影《死路》（*Dead End*）中知道这个地方，在这部影片中汉弗莱·博加特（Humphrey Bogart）饰演一个河滨匪徒，乔尔·麦克雷（Joel Mc Crea）出演一个善意但不现实的建筑师，他想通过建设公寓大楼来与一帮经常在河里游泳的贫民窟的孩子改变河滨的面貌。

② 意指结婚。——译者注

③ 《芝麻街》中的角色之一，脾气较坏。——编者注

然而，考虑到我们夫妻给对方的拖累极度不平等，对宠物睡床上的这种安排我非常克制，很少抱怨什么。

经过多次求婚，琼最终同意了。当她答应的那一刻，我过了 1 分钟才明白她所说的话。一个 53 岁男人的心也会由于欢乐而怦怦直跳吗？是的，我的亲身体会给出了肯定的回答。

那时是 1980 年年初，孩子们的态度也软化了。尽管孩子们和琼之间还时不时会出现一些紧张状况，他们之间的关系也还是在逐年稳步地改善。

接下来就是筹备婚礼了。如果过去是孩子们的怨恨带来了很多麻烦，那现在他们的态度则完全表现为不同程度的关心。琼是在天主教堂的礼拜声中长大的，作为一个离过婚的人，她的再婚仪式不能在教堂里举行。不过，她告诉我她想要一个宗教的结婚典礼，而不是一个世俗的结婚仪式。她将希腊东正教描述为天主教会的一种"宗教表亲"。

我有 1/4 世纪的时间没有迈入希腊东正教的教堂了。为征求家人的意见，我们特意举办了一个家庭聚餐，但当我把我们的想法说出来时，所有人都惊讶得目瞪口呆。

我的表妹阿纳斯塔西那天晚上也在。她是母亲在内布拉斯加州弗里蒙特市的叔叔约翰·佩特罗的孙女，一个直言不讳的女权主义者。她对琼说："你们要找一个牧师？我认为你应该找一个律师。"她建议我们订立一个婚前协议。当男女双方经济状况差距较大时，他们常常会订立一个婚前协议，但我们从来没产生过这种想法。在没有我任何帮助的情况下，琼营造了一份属于她自己的全球性产业。而且面对这样一个诚实能干的人，我也不需要担心自己的财产会被拐走。此外，我认为我们俩都确信能够相伴终身。

然而，琼对宗教婚礼一事却毫不动摇，在那天，她的决心赢得了胜利。

我打电话给一个牧师，我在就一个希腊事件发表谈话时曾与他打过交道。雅科沃斯（Iakovos）大主教长期以来一直是希腊东正教北美教区的领导人，亚历克斯神父是大主教的一个助手，我认为他可能会答应主持这场婚礼。他说："哦，彼得，我不能答应你。大主教阁下会坚持要亲自主持这个仪式的。"

我原先预想的小型私人婚礼正显露出要变成一桩大事的迹象。

大主教 69 岁了，但一点儿也不显老。他的白胡子、黑眉毛与充满活力的大眼睛都无不透露出他对周围世界的好奇和怜悯。他熟悉艾森豪威尔之后的每一位总统，他走了一条效忠于基督教的路线。例如，他参加了马丁·路德·金领导的从塞尔马到蒙哥马利的著名的争取民权大游行。他还有一种无须用语言表达的幽默感，招人喜欢。当我们见面讨论婚礼安排时，我告诉他："阁下，您看起来棒极了！"

他微笑着说："彼得，人有三个年龄层次，有青年、中年，再有就是你说的看起来棒极了的人。"

我和琼同意由雅科沃斯大主教主持婚礼，但婚礼将在他平时居住的麦迪逊大道 79 街的一个小教堂举行。

结婚典礼的日期定在 1980 年 4 月 26 日。日期和地点都确定了，只剩下唯一一块绊脚石了。这个障碍无法通过调解来消除，因为它是从早期基督使徒年代就开始有的一种告诫誓词。但这块绊脚石很巨大。圣保罗在写给科林斯人（Corinthians）的第一封信中，就立下了这条给许多现代、世俗的人们带来麻烦的规定。

这条誓词与现在被广泛接受的男女平等的观念格格不入。圣保罗的誓词是这样的："基督是所有男人之主，而丈夫则是妻子之主；上帝不是为女人而创造男人，但肯定是为男人而造出了女人。"

琼是《芝麻街》节目的创始人之一，还是儿童电视节目工作室的首席执行官，大约到过世界上 100 个国家，获得过很多名誉学位。毫无疑问，这样一个人与婚礼上要宣读的这段誓词所持的观点完全相左。我认为她的意见不仅可以理解，而且完全合理。起初她试着就这件事谈判。"我们能不能不在婚礼上读这段誓词？"她问亚历克斯神父。

"不行，"他说，"但不要担心。这段训词是用希腊语读的，谁也不知道你读的是什么。"这让我感觉像是一个希腊东正教式的教皇赦免词，就好像琼以后会说"哦，我听不懂那段誓词"一样。

然而这样的借口完全不符合她的性格。她抗议说，我的表妹阿纳斯塔西很可能要参加婚礼，她不仅是一个"最热心的女权主义者"，而且还能说希腊语，当然也就能听得懂了。她告诉亚历克斯神父："我想彼得肯定也听得懂。"意指我可能会利用婚礼上的这段誓词来误导我们之间的关系。

最后，圣保罗倒行逆施的这段告诫词没有被写进希腊语的婚礼誓词中。实际上也根本没有宣读过誓词。就这样，雅科沃斯大主教用希腊语主持了我们的婚礼。我的孩子们和我们最亲密的一些朋友参加了这样一个欢快的仪式。在随后举行的大型招待宴会上，可以清楚地看到最关心我们俩的人都由衷地感到高兴，他们与我一样，都认为这是一对彼此深深尊重、双方兴趣相投的相爱伴侣的结合。如果圣保罗不同意这些是一桩完美婚姻的基础，我倒真想同他理论一番。

从那时起，我们的生活就像一幕幕戏剧一样依次展开，各集的主题分别是矛盾的事业需求、孙儿们的降生、搬家和装修。我亲爱的儿媳梅勒迪丝（Meredith），也就是迈克尔的妻子，在 36 岁时不幸患病离开了我们。在经历了这桩令人伤心的变故后，我们一家人被拉得更近了。梅勒迪丝对她的两个孩子倾注了全部爱心。她在 2006 年 10 月 17 日因乳腺癌病逝。当时博（Beau）只有 5 岁，亚历山大（Alexander）也只有 6 岁。

当我经历了约翰和梅勒迪丝的悲剧后，当我尽情享受着幸福的时光时，我无时不对琼进入我的生活陪在我身旁而心怀深深的感激。

安定生活的真正意义

我已经与琼一起生活了近 30 年了，我们俩关系中最令人高兴的一件事就是琼现在与孩子们关系非常密切。她与最小的两个孩子——迈克尔和霍莉更是特别亲近。这两个孩子也是她帮忙带大的。对霍莉来说，这个变化就更大了。她从最初有意破坏我与琼的关系到现在成了琼最好的朋友，霍莉结婚并有了孩子后，她们的友谊进一步加深了。琼非常喜欢他们一家人。

事实上，我所有的儿女和孙子、孙女们都热爱和敬重琼，她对他们也抱有同样的感情。他们与我一样，都认为她是一个了不起的女人，她富有智慧，长相端庄，而且绝对正直。为表彰她创建了这样一个每周在全世界都有约 2.35 亿名儿童观看的电视节目，琼被授予了这个国家可以赋予一个普通公民的最高荣誉——克林顿总统于 1995 年亲自向她颁发了总统自由勋章。不过我最敬重的还是她在家庭中的身份，她是一个难得一遇的贤妻良母，也是我孩子们真挚的朋友，她发自内心地理解和支持他们，对他们有求必应，不会说一个 "不" 字。孩子们也深知这一点。

在许多方面，我们的 5 个孩子的性格差异之大恐怕对遗传理论构成了重大的挑战，但另一方面，吉姆、大卫、霍莉和迈克尔又具有一个十分重要的共同点，这真让人高兴。他们与我们的 9 个孙子、孙女都住在纽约，这使生日聚会、假日休闲、外出度假和家人的体育活动接连不断，真有点儿让人应接不暇啊！总的看来，生活没法儿比这更让人心满意足了。当然，约翰也仍然幸福地待在加利福尼亚的学校里。

再来仔细琢磨一下我 4 个小一点儿的孩子。他们具有我所欣赏的一些相似点：他们都机灵且思维敏捷、富有教养且为人正直，他们也都具有幽默感，还有一些与众不同的怪癖。

父亲如果在世的话，肯定会喜欢吉姆的 "经济学" 头脑，而我爱他的聪明和正直。谁如果要同吉姆打高尔夫球，就要习惯这样的情景：即使眼见他击出的球是落在了球道中，他也不得不到球道边缘的长草区去寻找那捉摸不透的高尔夫球。我想他可能要考虑自掏腰包去买新球。

大卫不仅天生招人喜爱，还喜欢冒险。在他约 12 岁的时候，在威斯康星州，有一次我真是蠢到了家，竟然让他驾驶雪地摩托。我坐在他的身后，心想这足以保证摩托能被控制住，不会出事。但没想到他拐弯时开得那么快，我一下子被甩了出去，撞到雪堤上。我的大声呼喊被轰鸣的摩托声所淹没，大卫开足马力一溜烟地跑回了一公里外的家，之后他才发现我不在后座上。同样，看大卫滑雪也是让人饱受折磨的过程，有好几次他都为展示滑雪技术而摔断了自己的骨头。

霍莉不仅富有感召力，而且明显是几个孩子中最有进取心的一个。当全家人都打退堂鼓时，霍莉总能成功地通过谈判争来一个餐厅位置、一张门票，购物时她能拿到其他人都无法得到的折扣。正如她所说的那样："过程虽苦，结果却甜。"

迈克尔成熟、聪明，从来没有神经过敏和古怪异常的表现，这使我们都感到惭愧。在梅勒迪丝的葬礼上，我带着无限的骄傲眼含热泪地注视着迈克尔，他以非凡的勇气和爱，用一种坚定有力的声音宣读了献给爱人的感人悼词。后来迈克尔与塔拉·派蒂什（Tara Petus）结婚，作为亚历山大和博的继母，她算得上是一个贤妻良母。现在他们一家生活得非常幸福。

每当我意识到我有这样一个可爱、善解人意并事业有成的妻子，有这些令我骄傲的儿女和孙儿的时候，我就感到自己是那么幸运，感到上苍对我真是不薄。他们给我的生活带来了巨大的欢乐。

现在，在琼的帮助下，我想自己终于开始理解安定生活的真正意义了。我们俩经常会去看望儿女和孙儿们。例如，我与我的孩子和孙儿们打高尔夫球的时间比其他人都要多。我在外交关系协会任职，经常需要走访世界各地，在这些出访活动中，女儿霍莉经常陪伴着我。我们还经常与儿女和孙辈们一起外出度假。我和琼也有很多两人一起度过的时光，如何安排这些时间我都留给琼去处理了。

我们现在与萨莉和她风趣、充满魅力的丈夫迈克尔也保持着友好的关系。时间
会告诉我们，这场离婚到底是利还是害。正是这场婚变使我从全身心投入工作变得
像现在这样重视家庭关系。

The Education of an
American Dreamer
彼得森的启示录

▷ 我不想给人留下一个骑士横刀跃马，孤
身救主的印象。我们需要被看作一个团
队，彼此互相帮助，追求共同的目标，
而不仅仅是一种个人的奋斗。

▷ 谈到高层人士，在这里我要补充在麦肯
公司开发新业务时得到的一点教训：潜
在客户主要关心的是自己的事业和业务
问题。我在计划开展一项新的业务，对
一家企业登门拜访之前，一般都会预习
大量功课，并针对该企业的问题进行重
点研究，事先拟定好各项分析报告和建
议书。

▷ 以眼还眼、以牙还牙的举动往往会带来
两败俱伤的结果。

这场大战不可能有赢家
和雷曼分道扬镳

琼警告过我："他可是个贪心不足的人，你给他
一块指甲，他可能会要你一只胳膊。"与雷曼决
裂在我看来是场两败俱伤的大战，好在我从中
收获了宝贵的职场经验：为摆脱尴尬、焦虑或
恐惧而急急忙忙投入一项新的工作，反而会令
你无法摆脱过去。人是要生活和工作在将来的，
所以应该多想想今后的事……

分享最高职位

到 1983 年春天，我在雷曼已经整整 10 年了。虽然内部争斗给我带来了心灵上
的创伤，但总的来说，这些年都还很顺利。事实上，过去的 5 年颇不寻常。1977
年合并成立的雷曼兄弟－库恩勒布公司在这 5 年连续获得创纪录的收益。我们享有
业界最高的权益回报。自从格兰维尔离开，总的来说，公司是一反常态地保持着安
定。有好几年时间都没有任何一个重要人物离开公司。

那年春天的一天，格吕克斯曼和我陪高盛公司的两个掌门人约翰·怀特海德
（John Whitehead）和约翰·温伯格（John Weinberg）一起吃早饭。我们这餐早饭的
地点是新雷曼总部的一间专用餐厅。

为扩大工作空间，使更多的银行和交易业务能在同一地点完成，1980 年我们
将公司总部迁入了这栋位于水街 55 号的 54 层大厦内。这次早餐不是一项交易活

动，而只是一个在轻松和热情友好的氛围下讨论业务趋势的亲善早餐聚会。

虽然这次聚会的细节我记不大清了，但我清楚地记得这次早餐时产生的念头。现在想想仍然感到遗憾！

采用联合首席执行官制度的公司在以往的实践中都效果不佳。在商业领域事业达到顶峰的人，特别是在竞争惨烈的华尔街世界攀到顶点的人往往唯我独尊，难以与他人平等共事，但在怀特海德和温伯格的共同治理下，高盛公司一派繁荣的景象。这使我相信，如果自负之心能够得到控制，一个顶尖人才的组合也可以产生实实在在的利益。

我认为，格吕克斯曼与我也可以共享雷曼首席执行官一职。我们同龄，而且他在一年左右的时间内在总裁职位上为公司做出了巨大的贡献。格吕克斯曼是个银行家，也是证券交易方面的行家里手，作为公司的首席运营官，他直接管理公司的运营。我作为公司的法人代表，主要是同各个企业、首席执行官和政府打交道。

在我看来，我们将各自的职责明确下来并将各自的专业知识结合起来，这样就能构成一种自然的伙伴关系。而格吕克斯曼也给我发出了明晰的信号，他非常乐意与我建立一种互补的工作关系。他曾送给我一张手写的纸条，告诉我他是多么珍惜我们之间的良好关系。我没有留下这张字条，但想想后来发生的事情，我真希望当初留下了它！在当时，我认为分享这个最高职位既有利于公司，对格吕克斯曼也是一种公平的做法。

你完全可以说我真是天真幼稚。琼观察人们性格缺陷的眼光比我要敏锐得多。一天晚饭时当我同她谈论这个话题时，她警告说："他可是个贪心不足的人，你给他一块指甲，他可能会要你一只胳膊。"但我固执地认为这是一件公平的事。

于是，我一意孤行地做下去了。不出众人所料，格吕克斯曼非常高兴。那年5

月，我们在一封共同署名的信件上宣布了联合首席执行官的安排，这封信件被传达到整个公司和金融界。

　　开始的时候我对这项安排还非常得意。就在 6 月份，在一个纪念我进入雷曼 10 周年的小型聚会上，格吕克斯曼送给我一幅亨利·摩尔（Henry Moore）的优美画作。那时我正狂热地收集着现代艺术作品，摩尔的作品正对我的口味。格吕克斯曼慷慨的祝酒辞让人感到异常温暖，他的恭维话也很对我的胃口，这与我对公司掌舵人应该是共生伙伴关系的设想完全契合。然而，事实证明我的设想只是一种虚幻的想象而已。

　　我们的共同领导采用了一种非正式会面的形式，这种会面一个星期至少一次，地点就在水街公司新总部大楼内我办公室附近的一个房间内。

　　我们通常是在早餐时见面，会面时我们俩都身着衬衫，手拿一个大咖啡壶，而格吕克斯曼还少不了为他喜好的雪茄烟准备一只烟灰缸。我们面对面地坐着。我在很大程度上克制住了从小就有的喜欢糕点和油腻食物的嗜好，这使我身体的超重状况有所减轻。而格吕克斯曼的身躯却非常庞大，他属于那种完全不愿参加运动的人。我们的衣着风格也完全不同。我早就从穿布克兄弟牌的成衣过渡到定制做工考究的高级西装了，而格吕克斯曼的穿着似乎显示他根本就不介意人们对他外观的评价。用皱巴巴这个词来形容他穿的服装恐怕还是最好听的。他无视事实上存在的华尔街着装规则，经常身着一套浅色西装。当他穿着深色西服时，双肩上常常可见一层头皮屑。这些生活小节本无大碍，但在某些场合却能向同事、竞争对手和客户发出直接或微妙的信息。尽管如此，我们之间能够和谐有效地工作（也可能只是我的想象），这比什么都重要。

　　我们会面时讨论的话题涉及从人事安排到新客户等所有重大事项。在会面时，我们各自聚焦于自己擅长的领域，我注重于与大公司有关的投资银行业务，他则关注其他业务。格吕克斯曼有一个亲信叫吉姆·博肖特（Jim Boshart），他身高 1 米

95，过去曾是大学篮球明星。他负责在我们之间传递我们俩都需要掌握的企业和人员动态的信息，我们会在下次会面时对这些事情进行讨论。

希望代替不了现实

在 6 月下旬的一天，大约在我们宣布联合首席执行官制度的 6 个星期后，距格吕克斯曼送我那幅亨利·摩尔画作的时间就更短了，他通过吉姆·博肖特传过话来，说那天早上他想在一个新的地方与我见面，地点选在交易大厅附近一个没有窗户的小办公室内，那里是他的地盘。我本可以认为这种变化没有道理，但我认为把它看得太复杂了同样没有道理。于是我乘电梯下到交易大厅，期待有一个愉快的会面。因为那天早上我在与大陆集团公司的首席执行官布鲁斯·斯玛特（Bruce Smart）共进早餐的时候了解到，他将选择雷曼兄弟公司来完成一桩重大的企业并购业务。我期待着告诉格吕克斯曼这笔重要的新业务。

然而，这次谈话的内容与氛围都完全出乎我的意料。我一坐下，格吕克斯曼就开始了他的长篇独白，滔滔不绝地讲述他一生的抱负。他绕着圈子说话，谈了他迄今为止的职业生涯，谈了想要担负某种责任，谈了无法获得真正拥有领导权力的位置的感觉。我感觉到了他语气中的不满情绪，他觉得自己在一线辛辛苦苦打拼，管理着雷曼兄弟方方面面的业务，而我则成了公司在公众中的形象代表，整日与政府和各大公司的巨头们一起吃喝玩乐，而我的这些筵席并没能给公司带来多少可观的新业务。最终，像打着旋的暴风雪一样的话语渐渐明朗，足以让我明白他在说些什么，他真正想要的是成为公司唯一的首席执行官。但这样做将面临一个尴尬的现实：就在 6 个星期前，我们曾向金融界宣告我们为共享这个岗位而感到多么高兴和自豪。结果这个按我的预想是一次例行而不会有什么冲突的会面持续了几个小时。

最后我告诉他说："这件事来得太突然，对我也是个相当大的震动，所以我要回去仔细考虑一下。"

我的理智无法克制我的情感。我有一种强烈的被背叛的感觉。同时我也对自己的天真感到很生气。此外，我对格吕克斯曼的声明会给公司带来的影响感到不安。我感觉毫无疑问，在最高层中凸显这种交易商与银行家间的裂痕符合他的愿望，我担心分属这两个阵营的合伙人会被再次卷入激烈的冲突中。

结束这次会面后，我的第一个电话打给了琼。"我承认。"我说。"承认什么？"她问道。

"你的直觉比我的要好。格吕克斯曼想成为唯一的首席执行官。"

"你给他一只胳膊，他就想要你的脑袋。"她的比喻也在不断升级。

"差不多就是这样。"

"你会同他开战吗？"

"现在还没拿定主意。我不想激化矛盾，我想看看能否采用别的方式来解决这件事。"

很快我就打定主意，要想解决这种离奇的状况，就必须要有高层的外交斡旋。乔治·鲍尔人缘不错，而且经验丰富，或许他能引导我们双方和平解决此事。我向格吕克斯曼提议请乔治作为我们的中间调解人，格吕克斯曼很快表示同意。

"我很震惊！"当我向他讲述了与格吕克斯曼会面的情形，并告诉他格吕克斯曼的要价后，乔治感慨道。但他太绅士了，没有再多说什么。他以一种外交家的风度接受了这项斡旋的使命，我们双方都知道这是件很不愉快的苦差事。我告诉他，我打算在公司再待上两三年。在目前的局面下，我的立场是，格吕克斯曼与我继续作为公司的联合首席执行官，直到有一个让人看得过去的间隔期。我愿意提前离开这个位置，时间会比我以前预期的早，但鉴于最近刚刚公布了联合首席执行官制度，我认为有一个适当的过渡期是合乎程序的，在很大程度上这也是为公司的利益着想。

乔治与格吕克斯曼谈了好几个小时，然后打电话说他要向我报告斡旋的结果。我告诉他无论他向我报告的内容如何，我都想让琼在场。我们三人在第一大道和第

50 街交会处、距河楼不远的一家希腊小饭馆见了面，乔治向我们讲述了他与格吕克斯曼会面的情形。简言之就是格吕克斯曼态度非常强硬，绝不让步。格吕克斯曼说他在公司已经 20 年了，他现在接管公司"势在必行"。他已经做好了走马上任的准备，谁也阻止不了这一点，没有妥协的余地。

我思索着乔治的话。从格吕克斯曼的角度来看，选择目前这个时机发难正是时候。因为该季度交易业务的利润非常高，而"金钱就是力量"在我们这个行业里绝非神话。然而，从经营的角度看似乎没有这种迫切的理由，因为公司已经连续 5 年获得了创纪录的业绩。此外，在 6 月 30 日之前的 9 个月时间里，公司的盈利状况是雷曼兄弟 133 年历史上最好的时期。

然而，问题的根源并非业绩。乔治证实，格吕克斯曼对其收入和社会地位愤愤不平。他将这些看作对他个人和公司内其他交易商的不公，渴望天平向他们一方倾斜。他急于摊牌的另一个原因可能是早先的一项提议，这项提议是彼得·所罗门（Peter Solomon）提出的，他是公司的董事和高级银行家，他建议雷曼兄弟公开上市。也许格吕克斯曼和旁人一样觉察到，如果公司真的公开上市，他的气质风格和言行举止将对他竞争上市公司一把手的位置极其不利。

我仍然有着老广告人的直觉，它使我对公共关系非常敏感。如果在我们宣布共享领导权后如此短的时间内就实施格吕克斯曼提出的那项政变计划，那它对雷曼兄弟而言无疑是一场公关噩梦。不过，除此之外，我对退出雷曼的想法并不那么反感。这里极度紧张的人际关系和贪婪的氛围时常让我感到愤怒和疲惫。

鉴于公司的内部问题，早些时候我曾非常认真地考虑了转奔拉扎德公司与费利克斯·罗哈廷共事的可能。从个人角度看，我经历了脑瘤手术和一场艰难的婚变，自从同琼结婚，我的方方面面都有了相当大的改观。现在，我还是希望能够有精力继续搭建我们的新生活。同这帮伪装成无拘无束的华尔街人的野兽们打交道太劳神费时了。而且我对投资也一直有着很浓的兴趣，想在这方面大干一番，但我当然不想毁掉过去 10 年在雷曼打拼出来的成果。

考虑到这些，我提出了妥协的方案：在一个合理的期限后，我愿意向格吕克斯曼转交权力。我初到雷曼时曾建议弗雷德·埃尔曼留在雷曼到年末再卸任，这样做可以使过渡更加平稳。同样，现在我通过乔治告诉格吕克斯曼，到 1983 年末，我将放弃现在的角色。我们甚至现在就可以公布这样的安排，以便让公司的客户和商业媒体不至于大惊小怪，从而引起混乱。而且这样一来，联合首席执行官的安排就会看起来像是朝这个方向迈进的过程中合乎逻辑的一个步骤，就好像我们始终是按照预定计划行动一样。

谈判一共花了 12 天，中间简直无法进行下去，格吕克斯曼的态度开始让我火冒三丈。格吕克斯曼对我的各种妥协方案给出的答复都是一个字"不"。在公司内，他的批评者认为，如果设置过渡期，他可能担心在此期间会因"出错"而带来风险，但事实上这个过渡期也就只有短短几个月的时间。

乔治、施瓦茨曼和其他几个人认为，如果事情发展到需要合伙人投票表决的话，我会获胜。而我觉得这样的胜利不会带来任何有益的结果，只会两败俱伤。格吕克斯曼将带走追随他的一些最优秀的交易员，大伤公司的元气。10 年前在埃尔曼被罢免后，我领导了雷曼兄弟公司的重建，这段经历给我留下了难忘的精神创伤，一度令我疲惫不堪。我完全没有再经历一场大震荡的欲望了。

不过，我仍然在继续寻求建设性的解决方案。在我忙于进行这项工作的过程中，有一天吉姆·博肖特突然来访。尽管他效忠于格吕克斯曼，但他也理解我是竭尽全力地在寻求一项合理的妥协方案。

他说："彼得，你是真心实意地想与格吕克斯曼一道共同管理好公司，这一点我最清楚。我能想象得出你对这件事有多恼火。你肯定已经从乔治那里知道了，他拒绝了你所有渐次过渡的建议。我可以证实，他对这件事是绝不肯让步的。但他同你一样也意识到一场公开的大战会对公司造成严重损害。出于这个原因，他愿意考虑某种形式的经济补偿。"

我一心专注于策划一个得体的过渡办法，对经济补偿的方案连想都没想过。但当我将吉姆来访一事告诉琼时，我们分析了这个方案有其潜在的积极一面。记得当时我是这样想的："不管怎么说，他的这个建议还是有值得考虑之处。"

琼和我都认为不搞清格吕克斯曼的脑子里在想些什么是愚蠢的。我怀疑他想避免一场大战另有原因，与我要避战的原因完全不同。我的朋友们推测，他之所以有此提议是基于他没有必赢的把握。而我对是输还是赢不感兴趣。我认为，这场大战不可能有赢家。

多谢格吕克斯曼的"慷慨"，我与吉姆在我当时的律师莫尔·詹克洛（Mort Jencklow）的帮助下，经过谈判达成了一个一系列补偿方案，其中包括连续 3 年支付我计划建立一个新公司所需的每年 30 万美元的费用。在此期间，我还会按照我的股份继续分享雷曼兄弟的收益。然后我附上了一个充满变数的条件，如果雷曼兄弟 – 库恩勒布公司在 3 年内出售，我要求按照我在公司的股份比例获得出售总金额的相应份额。我认为，在将雷曼兄弟从濒临破产的边缘拉回来，到今日达到创纪录的盈利水平的过程中，我个人发挥了重要作用。如果公司被出售，我可以假定在它的售价中包含了雷曼兄弟复苏所带来的增值部分，如果放弃在这段时间内公司可能被出售而得到的收益，我会觉得自己愚蠢透顶。

我感到格吕克斯曼会觉得这项条件是个空口人情，是不需要掏腰包的免费午餐。我有充分的理由推测，既然格吕克斯曼如此急不可耐地想独掌雷曼兄弟，他就不可能有任何出售公司的想法。吉姆同意我的推测。他说，格吕克斯曼没有任何可能要出售公司的想法，会同意这条附加条件的。不出所料，他果然同意了。格吕克斯曼急不可耐地盼望我马上离开，他甚至主动提出立即兑现我在公司的股份，而不是像我 10 年前从弗雷德·埃尔曼手里接掌公司时所做的那样：分 3 年兑现公司股份。大约在 7 月底，我们签署了相关的文件。

在 7 月 26 日的董事会上，我与格吕克斯曼一道宣布了我的离职决定，第二天这条消息就见诸报端。《纽约时报》报道："在同意与一个关键合伙人共享雷曼兄弟公司最高行政职位仅仅两个月后，彼得森先生就令人惊讶地宣布将离开公司，这一宣布的实施阶段是今年 10 月至明年 1 月。"一些董事会成员为此感到震惊，有好几个董事可能还对事先没有被告知此事而感到愤然。两天后，《纽约时报》刊登的另一篇文章证实了避免一场大战的价值，这篇文章的标题是《雷曼兄弟平稳的权力更迭》(*Gentle Transition at Lehman*)。文章援引公司一个合伙人的话，说我的离去是"一种具有政治家风度的行为"。

根据我们的协议，我在 10 月 1 日那天放弃首席执行官的职务。我作为公司董事长的任期将延续 3 个月，直到 1983 年年底。然后我在雷曼兄弟的职业生涯告一段落，我将离开公司。如果格吕克斯曼同意我逐步退出的建议，本来可以减少很多没有必要的烦恼，而且不需要对我进行任何金钱上的补偿，因为这个退出的时间表与我当初提出的建议并没有多大的差异。

12 月的一天，雷曼的许多银行家合伙人为我的离去举行了一个送别聚会。这天晚上的聚会开始于在我的公寓举行的酒会，然后移到一家内部俱乐部——河畔俱乐部内举行晚宴。

这天晚上的聚会满是友好的笑声和滑稽的小品，朋友们不断相互敬酒、大快朵颐美味的烤肉。有一个小品模仿我在做一项新的商务报告，并在最后打开一幅图表说："现在进入了至关重要的核心议题——我们的报酬！"这次聚会的参加者中 90% 都是银行家合伙人。有一个交易商合伙人也参加了聚会，但不过是为了两边都不得罪应付了事而已，在参加完酒会后，他未赴晚宴就借故提前离去了。那天晚上，在与同事们说说笑笑间，我百感交集。表面上，许多人似乎是真心为我的离去而遗憾，我也为即将离开他们而感到伤感。事实上，大家其实都为能够摆脱对方而感到轻松，至少在短期内会有这种想法。因为过去这些年我们在公共场合极力用外表的热情掩盖内心的裂痕，大家都备感疲惫。

这一夜，狂欢的高潮出现在罗杰·奥特曼走上前来，向我送离别礼物的那一刻。他说："这件礼物代表雷曼兄弟众多朋友对你的钦佩和感情。"彼时彼刻，真是让人备感温暖。礼物是一幅威廉姆·德·库宁（Willem de Kooning）的真迹作品，这表示他们理解与认同我对收集现代艺术品的狂热爱好，这几乎足以让我改变以往对他们的评价。但温情只存在于那样短暂的时刻。事实上，在格吕克斯曼事件后，我又经历了令人痛苦的几个月时间。这一事件渐渐平息后，一些人试探着打听我重回公司的可能性，有一个人表现得非常认真。我的回答是："这绝不可能。"

聚会带给人的温情渐渐消去，随之而来的是圣诞节。在纽约，这个节日总是带有狂欢的色彩。但对我来说这段时间很难快乐起来，困扰我的是自己未来的不确定性。我感到烦躁不安，急于想干点什么。这就是我性格的特点。在此期间，琼和我逃到意大利。我们在罗马打发了圣诞节的这段时间，马里奥·德乌尔索（Mario d'Urso）热情地款待了我们，陪我们度过了一段愉快的时光。马里奥是格吕克斯曼这场政变的另一个受害者，他是雷曼兄弟公司内一个国际银行业务的合伙人，格吕克斯曼夺权后不久，他就被迫离开了公司。在罗马度过圣诞节后我们又前往威尼斯，在那里我们同许多朋友会合，以便聚在一起庆祝新年的到来。这些朋友中有贾森·爱泼斯坦（Jason Epstein）和小说家戈尔·维达尔（Gore Vidal），贾森·爱泼斯坦是《纽约书评》（NYRB）的创办人之一。在这座旧世界的城市里，节日的气氛也是那样庄重，几乎像是回到了中世纪，我衷心希望这种尊严而高贵的氛围能对现状有所改变。但正如他们所言，希望代替不了现实。当午夜的钟声敲响时，我感到自己的心紧缩了一下，不知道新的一年是福还是祸。

甚至不等我离开公司，格吕克斯曼就迫不及待地开始了新权力的接掌。有时，他的行动似乎不是为了提高公司的管理效率，而像是在秋后算账。我继续在公司报到上班，工作主要是维持尚未确定的客户对公司的信心。在这期间，他做出了一系列的单边决定，有些人认为这些决定应该提交董事会讨论决定。他把银行家这边的股份和奖金，发给交易商们。此举极大地恶化了公司内这两派之间本已紧张的关系。他将1983财年（截至该年9月30日）全部奖金的1/4都划到了他自己和其他4个合作人的腰包里。他提高自己和他亲信们的股份，而我以前的做法是增加公司内优秀年轻合伙人的股份，现在这一趋势已被他彻底逆转了。他还迫使几个银行家合伙人离开公司。最后，他提拔他在雷曼兄弟的密友和合作者鲍勃·鲁宾为公司总裁。虽然鲍勃是一个真正的天才和优秀的银行家，但他并不具备作为一个实干经理或领导者的能力。所以，雷曼兄弟公司对内倒是有两个人当家，而对外，面对客户、公众和新开发的业务，却没有一个人能成为公司的顶梁柱。所有这些在合伙人中制造了显而易见的忧虑气氛。

必须立即找到一份工作

那时我正打算去实现我长期以来就有的一个梦想——从事商业银行业务。这项业务的主要内容就是寻找有前途的公司进行投资，并帮其取得发展。业务还要涉及重组公司、找出降低成本的方法、创造新的协同作业方式和制定新的管理制度。

说到底，我对退出雷曼兄弟公司的反应还是有些神经质。我的工作转移得太快了一些。我的父亲是个工作狂，他甚至对暂时的"失业"也持反对的态度。可能我是既携带了父亲的这种基因，又急于继续展示自我，我就是觉得必须立即找到一份工作。即使在经济上我并没有太大的压力，完全可以多花一些时间来仔细考虑下一步的行动，但游手好闲不工作可是不可饶恕的罪孽。

就这样，我急急忙忙地开始了一项考虑不周的合伙业务，而对合伙人又太欠考察了。我的顾问是一位闻名遐迩的政界朋友，他还是纽约的一个知名律师，但我本该与我华尔街的一些朋友一道更加谨慎地审查我的业务活动的。现在回过头来看，这是一个真正愚蠢的错误，其唯一的好处就是，这种合伙关系不可能维持长久。

这个经验告诉我，**为摆脱尴尬、焦虑或恐惧而急急忙忙地投入一项新的工作，你反而会无法摆脱过去。你现在的工作无时无刻不受这种情绪的影响。人是要生活**

和工作在将来的，这一点毫无疑问，所以应该多想想今后的事，而不应为过去烦恼。

每当有人向我征求个人职业生涯方面的意见，特别是在其尴尬地退出一个职位之后，我都会建议他们不要着急，不要只是为了让批评者和前同事看一看自己是如何有价值而匆忙找一份工作。**新工作是你今后长时间内生活的重心，而你离开上一份工作的情形恐怕用不了多久就会被淡忘，人们也不想去关注这类事情。匆忙行事往往要坏事。**

我还得到了另外一个教训。其他人判断一个人退出某个职位的原因在很大程度上要看当事人如何看待这件事。对离职之事一笑而过就等于是向他人发出了一个信号，表明自己的离职并不是件了不得的大事。肯·奥莱塔（Ken Auletta）是报道我离开雷曼一事的记者，他在报道中写道，一些合伙人认为我"专横"。我在一个由我主持的宾客众多的晚宴上提到了这个指责。我告诉客人们，一天晚上，琼和我躺在床上，我问她："亲爱的，你觉得我专横吗？"她说："你绝对不傲慢，彼得森先生。"

雷曼的绝唱

进入新年后不久，我在威尼斯就得到了让人心惊肉跳的消息，据说雷曼的合伙人几乎要造反了。这样的事当然也在我的预料之内。在证券交易方面的损失加剧了他们对资本内爆和股票价值暴跌的恐惧。他们依稀看到了一幅可怕的情景，他们的时间、天赋、专长和资本的净值都将在格吕克斯曼的领导下贬值。

更糟糕的是，在11月有人向我报告，据一家农业关联产业集团——康尼格拉公司的说法，在1983年5月，他们出价6亿美元要收购雷曼兄弟公司。当时并未有人向我报告这项未经证实的收购出价，而且据我所知，其他董事会成员也未得到报告。但该公司声称他们的收购报价被格吕克斯曼回绝了。如果确有此事而他没有向董事会报告，这就明显破坏了公司的法人管理制度，严重违背了一个合伙企业受托人的责任。6亿美元是当时雷曼兄弟公司股价总值1.77亿美元的3倍还要多，合伙人显然有权力了解这件事。

雷曼开始内爆，已经公开讨论出售公司的事宜了，这样既可以充实其资本，又可以让合伙人的股票变现。

最后，雷曼兄弟－库恩勒布公司在1984年春天以3.75亿美元的价格出售给希尔森美国运通公司。多亏我事先签订了和解协议，在出售的收益中我也分得一份。在南北战争前由伊曼纽耶·雷曼、迈耶·雷曼和亨利·雷曼三兄弟独立创建的有134年历史的合伙制企业以这次出售为标志而寿终正寝了。不过公司虽死声誉犹在，因此希尔森美国运通公司改名为希尔森雷曼公司。

对雷曼兄弟1984年的崩溃，我个人的感受如何呢？说实话，感觉是相当的矛盾。一方面，我找到了自我安慰：彼得森这家伙还是做了一些正确的事情；另一方面，又感到愤怒：我花了10年的时间，殚精竭虑，兢兢业业，好不容易将雷曼兄弟从破产边缘拉了回来（虽说是很早以前就完成了），结果却发现所有这些努力基本上是白费力气。此外，我还有一种个人被格吕克斯曼背叛的感觉。

同时，我也很庆幸当初面对一个似乎不可能的公司出售前景，通过谈判争取到了自己的利益分成。但总体来说，我还是感到悲哀。对于雷曼2008年的破产，我也同样感到有些悲伤。我想将这桩破产故事留给金融历史学家去完成，到目前为止，完整的故事版本显然尚未出现。

暂时的麻烦与长久受益

事后诸葛亮们非常严肃地提出了一个假设，即我当初要是开除一两个领头的反对者，情况就会如何如何。最近，格吕克斯曼从前在债券交易方面的一个合伙人对我说，不要将格吕克斯曼的政变看成针对我个人的行动。他告诉我，当沃伦·海尔曼被任命为公司总裁时，格吕克斯曼和詹姆斯·格兰维尔就开始策划取代他的阴谋了。哦，我的头脑真是太简单了！我太容易信任他人，太渴望获得暂时的安宁了。我本应该更强硬一些。开除掉几个这种人可能会带来暂时的麻烦，但公司将因此而长久受益。

我想，我能为自己所做的最好的辩解就是：由于公司连年获得创纪录的收益且留住了大部分起关键作用的员工，这些恶性肿瘤的毒害作用被降低了。但可惜的是，病症的缓解仅仅是暂时现象，"癌细胞"并未被根除。

The Education of an
American Dreamer
彼得森的启示录

▷ 如果自负之心能够得到控制，一个顶尖
　人才的组合也可以产生实实在在的利益。

▷ 新工作是你今后长时间内生活的重心，
　而你离开上一份工作的情形恐怕用不了
　多久就会被淡忘，人们也不想去关注这
　类事情。匆忙行事往往要坏事。

▷ # 我要成立一家真正的企业
黑石的诞生

> 我认为华尔街还是有度量接纳一家新型的精英式企业的，在这样的企业里，所有员工不论长幼不论资历，都能相持相助相亲相爱，没有尔虞我诈，没有窝里斗。我就想成立一家这样的公司。它不仅是商业上的成功，还是文化上的成功。这种文化肯定不能与雷曼相同，我要极力避免雷曼式的"萧墙之乱"重演。我要成立一家真正的企业。

一个星期五的下午，临近傍晚时分，波士顿的天空暴风骤雨，史蒂夫·施瓦茨曼和我浑身都湿透了。我们已经决定要成立一家精品投资银行，以私募股权投资为主营业务。但首先我们得筹集一些资金，而筹款过程比我们俩想象的要难得多。

我们决定前往麻省理工学院捐赠基金会。当我们到达时，却得知接见我们的是一名普通职员。显然，像我们这种菜鸟，基金会主席自然不会亲自接见。这就是我当时的处境—— 雷曼的前董事长，重新站在起跑线上。曾有心理医师跟我说，**在这个世上，没有人能羞辱得了你，除非你甘愿被人羞辱**。不管怎么说，我是被羞辱到了。

糟糕的还不止这些。这位年近 30 的普通女职员，甚至不屑于看一眼我们精心准备的贷款备忘录，对我们此行的目的也一无所知。除此之外，她对私募股权基金也完全没有兴趣。我都想不通最初他们为什么要安排这次会面。离开时，外面依然暴风骤雨，我们花了 45 分钟才叫到出租车。那段日子里，有辆车随时待命，简直是天方夜谭。为了创业，我们的花销有多大，我自己都记不清了。这个关头，不用提醒，我们也知道自己的收入是多么微乎其微。于是，我开始经历我营销生涯中最疲倦、最沮丧、最失落的时期。那两年犹如炼狱一般，我们遭人冷眼，踏破铁鞋。

从 40 万美元开始

很久以前，我和史蒂夫就觉得我们天生是对合作伙伴。

我人脉甚广、从商经验丰富、曾长期涉足销售领域，而且一直就是个相当出色的销售员。史蒂夫则是毕业于耶鲁大学和哈佛商学院的新星，很有天赋，能让生意落锤定音并如期进行。他还有很多重要的人脉关系，而且与我的并不重复。

我们在雷曼兄弟一起工作了 10 年，合作愉快，优势互补。我为公司赢得了很多公司并购业务，因此我得参与其中，但企业的日常管理和大笔生意的监管工作都让我挑大梁简直不现实。让客户知道我和史蒂夫在处理和实现他们经济利益的问题上已经有章可循十分重要。史蒂夫很有创造力，是个令人称道的谈判老手。他对顾客的需求很敏感，在给我传达信息方面做得也很出色，他几乎本能地知道什么时候该让我直接参与。对我而言，和一个既令我尊敬又让我信赖的伙伴一起工作尤为重要。而我相信史蒂夫，不仅因为他的能力，而且因为他知道如何让我发挥作用。我们在几个大型收购案上有过合作，经手的公司包括本迪克斯空压机公司和美国无线电公司。在客户的所有要求上，我们都是并肩工作，我记不起有哪个客户不对史蒂夫的工作表现印象深刻。

但是，真正开始深入合作之前，我们得先让史蒂夫离开雷曼。希尔森雷曼公司标准的合伙协议规定，企业合并 3 年后，合伙人才能将其股权赎回并兑换成现金。史蒂夫认为他已经谈成了一笔收购案，可以早点儿离开雷曼。他和希尔森美国运通公司的首席执行官兼董事长彼得·科恩（Peter A. Cohen）私交颇深，这是雷曼得以被这家大公司收购的一个重要因素。他们俩同龄且在汉普顿斯是一对邻居。更重要的是，史蒂夫持有一份协议，上面详尽规定了他可以不受 3 年的时间限制。我本人和希尔森雷曼公司达成的协定中包含了一项口头协议，即史蒂夫可以提前离任，而我须同意帮助希尔森雷曼公司维持各种客户关系。尽管有这些协议，希尔森雷曼公司仍负隅顽抗，拒绝履行协议，我不坐下来谈，公司就不放他走。他们的担忧很多，最主要的就是史蒂夫离开后，其他合作人可能会争先恐后退出公司，从而导致大批客户资源的流失。但希尔森雷曼公司有王牌在手，资金实力也不容小觑。

希尔森雷曼最终同意史蒂夫离开，但代价却是让我们难以承受的。3 年来，只要他们认定我们的客户属于希尔森雷曼公司的"客户名单"（差不多所有的《财富》500 强企业都榜上有名），我们赚取的咨询费就得分给他们一半。这简直就是在光天化日之下抢钱！但是，不能和史蒂夫合作，更无法让人接受，所以，我们同意了希尔森雷曼的条件。

我和史蒂夫坐下来，做了个深呼吸，每人签了一张 20 万美金的支票作为合伙股份，这些钱来自我们个人的基金。我们在纽约市公园大道的西格拉姆大厦里租了间小办公室。这座造型优美且镶嵌着深色玻璃的摩天大厦由路德维希·密斯·凡德罗（Ludwig Mies Van der Rohe）设计，它所享有的盛名，我们望尘莫及。在它旁边的第 52 街上有一家四季饭店，商政名流经常驻足于此，悠然而坐，享受权贵们专属的盛宴。我们雇了两名助手，并开始认真思考公司的具体问题——我们的公司做什么，怎么做以及如何做得与众不同？

给公司起名是我们遇到的挑战之一。史蒂夫建议叫"彼得森·施瓦茨曼"，但我觉得不怎么样。芝加哥大学给我的另一个教诲是：人既要往好处想，也要往坏处想。如果成功，我们还会有更多的高级合伙人，估计他们也希望自己的名字能被包括在公司名字当中。那时我们将面临美林曾经的困境：美林集团之前的全称为美林·皮尔斯·芬纳·比恩公司，后来变成美林·皮尔斯·芬纳·比恩·史密斯公司，这曾在业内被传为笑谈。我都可以想象我们的企业信笺上彼得森·施瓦茨曼后面跟着一长串名字会是什么样子。

史蒂夫带着灵感归来。"彼得，"他说，"'施瓦茨'是德语里的'黑'，对吧？而'彼得'在希腊语里是'石头'的意思。放一起，就成了'黑石'，这个名字怎么样？"

我认为这个名字太棒了。这就是颇有讲究的商标创建的经典案例。他希望自己的名字能够为大众所知，而我希望有一个不用涂涂改改就能被大家接受的名字。就叫"黑石"了。

我们做了很长一段时间的投行业务，因此习惯了"借人之手"——用别人的钱运作。华尔街在这方面的经验就是：**收人钱总好过给人钱**。现在，我们要"借己之手"了——用自己的钱运作。

公司创建之初，我们很快就严重入不敷出（其实当时的收入几乎为零）：给助手发工资要写支票，交房租、话费要写支票，出差也要写支票。当时我和史蒂夫都没有给自己发过工资。随着股本不断减少，我们那不愿再多写一张支票的手其实已经快写瘫了。我们眼看着手上的现金就剩下 10 万美元，然后只剩下 5 万美元。

我们知道，摆脱困境的唯一途径就是开展咨询业务，它可以为我们带来许多短期利润。长远地看，如果可以把它做起来，咨询服务其实可以成为公司一项经久不衰的业务。于是，我和史蒂夫摇身变成销售员。"坑蒙拐骗"，无计不施；老路走尽，另想新招。

我的通信录上有一些联系人及其联系方式，我大概给 50 个交情甚好的商业伙伴写了信，特别说明了我们打算如何在华尔街脱颖而出的事。20 世纪 80 年代，华尔街开始变得"认钱不认人"，从前"老客户、熟客户至上"的情结荡然无存。只要能搞定一笔生意，即使有损老客户利益，人们都在所不惜。不仅如此，这些生意越来越多是由年轻的新手银行家负责。

我对他们写道，我们黑石与它们有别。我们将对所有客户坦诚相待，所有决策建议都不会损害客户的利益。因为我们不会涉足股票分析、证券承销和证券交易业务。此外，每一位客户都将获得公司高层的指导与关注。这一点并不难兑现，因为黑石只有我和史蒂夫，根本没有低层员工。

我们通过邮件拉生意，100 封去信不见得换得来 1 封回信。当然了，这又不是亲朋好友的书信交往，而是在争取大公司的咨询业务订单，比如费尔斯通、美国内陆钢铁公司、联合碳化物公司、阿姆科公司以及施贵宝公司，其实我们的战果还不赖。但无法避免的是，有的公司在所谓的希尔森雷曼客户名单上榜上有名，这意味着我们的收入将被瓜分。开具这些利润分成的支票一直是我们心头的痛。

我们愤怒，又有点儿窃喜。愤怒，是因为我们这个利润微薄的小公司居然得向一家出尔反尔的大公司"纳贡"。窃喜，是因为我们可以就此和雷曼分道扬镳。

黑石的原则

我认为华尔街还是有度量接纳一家新型精英式企业的，在这样的企业里，所有员工不论长幼、资历，都能相持相助、相亲相爱，没有尔虞我诈，没有窝里斗。我就想成立一家这样的公司。它不仅是商业上的成功，而且是文化上的成功。这种文化肯定不能与雷曼相同，我要极力避免雷曼式的"萧墙之乱"重演。我要成立一家真正的企业。这家企业不会光依靠像鲍比·雷曼这种单枪匹马的领军人物，无论我何时撒手不管，它都能有条不紊地继续运行。我预见了可以创建这样一个企业的机会。

在我和史蒂夫苦苦挣扎、勉强立足的时候，我们仍不忘远方。我们都明白我们正试图建立什么样的企业，但如何让它变成现实呢？我们需要首席执行官吗？如果需要的话，我们两个谁来担任呢？要么两人一起担任？可过去我和格吕克斯曼联合担任雷曼首席执行官的时候，这种人事安排导致了灾难性后果。毕竟，史蒂夫和我已在企业的创始合伙协议上签了字，协议书上规定，重要决策必须经我俩一致同意。也就是说，我们任何一方都持有可以制约对方的反对票。

然而，在雷曼任职的记忆使我感到有些踌躇。而且我还记得，当查克·珀西任命我为贝灵巧总裁兼首席执行官的时候，贝灵巧的董事们还心存疑惑，所以他在监督我工作表现的同时，还会以董事长的身份去过问企业的业务，以使贝灵巧平衡过渡。或许他也尝试过为其所得报酬寻找正当的理由。但这带来的问题是：在贝灵巧，到底听谁的？

这便要求黑石实行单一的首席执行官制。当时，我已经 59 岁了，拥有丰富的管理经验；而史蒂夫才 38 岁，虽然他是个出色的投资银行家，但他没有管理经验。我知道有些人认为他还太年轻，而且行事草率。因此，按照传统观点，我理应成为一把手的不二人选，但是我不想把黑石的未来押在传统观念上。

在担任首席执行官的 20 年里，我明白，要做一项有效率的工作，日日夜夜都得集中精力。这会影响我的家庭生活。琼非常理解我在雷曼任职期间的情绪波动，但现在我想把更多的时间放在她和我们的婚姻上，而且我想继续从事一些公共政策事务。1985 年，我继承了大卫·洛克菲勒的外交关系协会主席职务，并想帮助这个有价值的机构恢复活力。1981 年，我帮助筹建的国际经济研究所在全球范围内进行着有价值的研究，我仍希望继续做一名活跃分子。我曾经在现代艺术博物馆（MoMA）的董事会中供职，而且它仍然值得我去关注。对于美国不明朗的未来和影响国家前途的各种问题，我也意欲继续畅所欲言。

所以我不适合做黑石集团的首席执行官。最后，我决定打第一天起就应该让史蒂夫出任总裁兼独立的首席执行官。我就做董事长和合伙人。如果发现问题，我会私底下和史蒂夫直接交流。在最坏的情况下，即我若坚决不同意一项重大的管理决策，我会行使合伙人的否决权。

史蒂夫和我，还有副董事长罗杰·奥特曼，我们 3 人组成了黑石集团早期的管理委员会。罗杰为了跟随我们而从雷曼辞职。关于如何创办企业的观点从四面八方云集而来。现在我们已经展示了赢得重大并购业务的能力，许多朋友和支持者们都希望我们扩大业务范围：让黑石成为全方位服务的企业，进入证券承销、股票研究和证券交易领域。飘飘欲仙，还能沉着冷静，非得有个清醒的头脑才行。我重新聆听了亚当·斯密理论的核心商业至理名言，他是芝加哥大学商学院的保护神。**亚当·斯密认为，商业的成功在于把重点放在你比别人做得好的事情上。或者正如他所说的：发挥你的"比较优势"。**长久以来，这条建议使我受益匪浅。华尔街不乏优质且能力出众的综合性服务公司。若尝试这些业务，我们将面临来自资本充足、服务专业的公司的激烈竞争。更重要的是，史蒂夫和我在这些领域都不是专家，我们的资本也不充足。在这方面，我们有的只是"比较劣势"。我们决定听从亚当·斯密重要的至理名言。

也有很多人给我提出建议，说黑石应该追随当时行业的狂热趋势——投资于恶意杠杆收购。在很多这样的收购中，财务杠杆来自高收益率，或是德崇证券发行的"垃圾"债券。德崇证券因牵涉迈克尔·米尔肯（Michael Milken）的内部交易丑闻而面临巨大压力，在20世纪80年代末一蹶不振，以致后来倒闭。但正如我们在最初的推销宣传册上所写的，我们将只致力于追求友善收购。如果涉足其他业务，将有悖于比较优势的原则。另外，我们和美国的许多首席执行官和董事会关系密切，我们不想伤害我们的朋友和弱化我们有价值的企业关系。我们或许会放弃一些恶意收购，但是我们相信，这种与大众想法有点相悖的投资立场可以为我们带来持久且最终更有益的企业关系。

这些决策帮助我们避免了潜在的利益冲突。

- 首先，我们不涉足股票交易、股票研究和股票承销等领域，这就移除了一个潜在冲突的主要源头。综合性服务公司的股票研究人员自然会对那些在他们研究之列的公司股票美言几句，这些公司要么已经成为，要么将来就是承销业务的客户。而且股票研究人员的报酬通常要与承销收入挂钩。企业管理层不愿看到股票研究报告中的负面消息，这已经不是什么秘密了，而且他们还通过将承销业务转交给那些专找好话说的公司，来表达自己的不满。这些对负面消息一笔带过的"伪造"报告（一些投资者可能会用到）成为 2000 年年初华尔街丑闻的一个诱因。

- 其次，那些确实指望建立和维持商业伙伴关系的企业一般都会视客户为上帝。那有别于你为了一方的利益而对另一方展开恶意收购的情况。我们认为，即便是在私利盛行的华尔街，也会有关于企业价值的传统观念存在，比如忠诚和信任。

我们的另一条战略原则是，结构化我们的业务从而为员工提供工作保障。 在贝灵巧和雷曼兄弟工作期间，我负责过几次令人不愉快的裁员计划。甚至经验丰富的员工有时也难逃厄运。

我想尽量减少剧烈的市场变动对我们的影响，这样就不至于一会儿像没头苍蝇一样到处寻觅专业人员，一会儿又开始削减人员。伴随这一过程的情感创伤一言难尽。解决之道就是建立一些反市场周期的业务。牛市和信贷宽松一般意味着兼并和收购业务乃合理之举，而经济低迷和信贷紧缩则会导致部分公司破产和重组。但并购和重组专家的身份或多或少可以互换，他们都知道在多样的情况下去最大化企业的资产价值。因此，我们开创了重组咨询业务。考虑到这两点，我们认为最小数量的裁员可以获得稳定的红利和雇员的忠诚。今天，黑石集团的重组业务是行业标杆。我们还决定建立一项稳固的资产管理业务，这项业务在行业低迷和繁荣的时期都可获得稳定的收益。

第一桶金

黑石集团早期最大的咨询客户是索尼公司。史蒂夫认识该公司在美国总部的高管米奇·舒尔霍夫（Mickey Schulhof），而我在华盛顿从政期间和索尼的创始人兼 CEO 盛田昭夫之间有着长期而密切的私人友谊。盛田昭夫是国际经济研究所的一名创始董事。这说明了我和史蒂夫之间有着互补的人际关系。

我们和索尼的第一笔交易是从华尔街的一个传言开始的。

拉里·蒂施（Larry Tisch）和他兄弟鲍勃因涉足烟草业的罗瑞拉德公司、钟表业的宝路华公司、保险业的 CNA 金融公司，已将罗斯院线（Loews theater chain）扩张成收入达数十亿美元的多元化企业。拉里·蒂施拥有了 CBS 的大部分股份。CBS 以广播和电视业务为基础扩展成了传媒集团。到 1986 年，拉里·蒂施投资 8 亿美元拿到了该集团 25% 的股份份额，还被选为集团董事会主席和 CEO。这就产生了另一个谣言：拉里·蒂施想将 CBS 的音乐业务分离出来。

我们知道，索尼和哥伦比亚唱片公司在日本有重大的音乐合资项目。颇富传奇色彩的威廉·佩利（William S. Paley）在其退休前和盛田昭夫完成了一笔原始交易，这使哥伦比亚唱片公司从一系列的小型广播电台壮大成了一个通信帝国。盛田昭夫喜欢并相信威廉·佩利，但他不了解拉里·蒂施。正如我和史蒂夫与盛田昭夫和舒尔霍夫所谈论的，拉里·蒂施雄心勃勃，而索尼对这两个项目渴望已久。以守势而论，他们认为，如果拉里·蒂施将音乐业务卖给一个他们不认识的买家，那么这家日本合资企业很可能会遭受损失。以攻势而论，他们在购买 CBS 的音乐业务上具有优势，比如可以极大地降低成本并巩固他们和音乐客户的关系。在我们告诉盛田昭夫拉里·蒂施计划出售唱片业务的传言以后，他对此亦深有同感。他说，只要计划完全是友善的，他就想继续收购，以避免损害未来的合作关系。

那时，日本企业家对在美国进行咄咄逼人的收购尝试非常敏感。在美国各界，对日本企业的顾忌几乎成了某种恐惧：本田和丰田将福特和雪佛兰挤出了美国的车道，电视观众晚上盯着索尼和松下的电视机不眨眼。盛田昭夫是个"西方通"，他熟知，如果日本企业在美国的并购没有得到谨慎的处理，那么政治和公共关系的余波就会一直存在。因此，如果 CBS 的报价是"大致合适的"，他就不想让我们做较多的讨价还价。

因此，史蒂夫和我与拉里·蒂施见了一面。我们极力强调，我们是在友善的基础上与他洽谈，并询问他打算卖掉哥伦比亚唱片公司一事是否属实，如果属实，他的报价又会是多少。拉里·蒂施一贯喜欢自作主张。在他的职业生涯中，他收购并出售了很多企业，对企业的市场价值了如指掌。他办公桌旁的屏幕上闪烁着股票市场的全部指数和最新报价。是的，他说，他很感兴趣，报价是 12.5 亿美元。

根据初步分析，这个价格无疑是合理的。我们会看到，在节约成本和增加销售方面，CBS 和索尼集团音乐业务的合并具有明显的潜力。事实上，我们感觉它会给索尼带来相当高的价值。我们把与拉里·蒂施洽谈的情况及其报价告诉了索尼方面。他们迅速做出了回应：买下。

我们非常高兴地告知拉里·蒂施，索尼方面同意了。好极了，他说，他将把 CBS 的董事们召集起来，并向他们说明报价，在他看来这仅仅是个正式的批准而已。但几天过后，拉里·蒂施惊讶不已且懊恼至极，他打电话告诉我们，董事会拒绝了这笔交易。董事们质疑拉里·蒂施卖掉该项业务的战略智慧，在他们看来，这项业务是与 CBS 的核心娱乐产品紧密相关的。因此，他们决定，不会以低于起价的价格出售哥伦比亚唱片公司，而这个起价是 20 亿美元。拉里·蒂施还说："一分钱都不能少。"

史蒂夫和我感到困惑不解，有些生气，甚至是尴尬。我们从来没遇到过这种情况，拉里·蒂施可能没就出售此类重要资产与董事会进行讨论。实际上，在我所了解的任何一家股份公司，这类决策如未经董事会讨论，是不会做出的。而且可以肯定的是，在给外来卖家划定"最终"价格之前，需要董事会做出决定和批准。拉里·蒂施足以代表其 25% 的股权，但我当然也可以理解，CBS 董事会的其他成员为什么认为他们要对持有余下 75% 股权的股东负有特殊责任。在拉里·蒂施涉足的许多企业中，他经常是一个握有控制权的股东，无疑，董事会对其决断的通过只不过是一项正式的手续罢了。他也受到了来自 CBS 新闻部门的批评，该部门认为他的商业决策可能浪费了 CBS 作为"蒂凡尼广播"的一流声誉，这个雅号是威廉·佩利提出的。

舒尔霍夫知晓 CBS 内部事务的动态，但我很担心同盛田昭夫的商谈可能会因此变得异常艰难。我告诉盛田昭夫，此事的转变是前所未有的，也是"非日式风格"的，如果他为此而生气，我也表示理解。我从未料想到盛田昭夫完全是个绅士，在这件事上，他的表现亦是如此。

我们将这个反馈信息告诉盛田昭夫和索尼，让他们决定 CBS 的唱片业务是否值这个起价。很快，我们得到的回复是："同意购买，对我们来说，它值 20 亿美元。"

史蒂夫和我再次相互祝贺。我们在 CBS 安排了一场私人午餐会议，到场的有拉里·蒂施、舒尔霍夫和索尼总裁大贺典雄，大贺典雄在日本创建的音乐业务如雨后春笋般快速发展。我们不仅把这场会议当作一个正式手续，而且是大贺典雄了解美国同行的一个社交机会。而事实又一次证明，我们的想法有些天真。

收购之路上的"坑坑洼洼"还涉及企业养老金问题，其中的部分资金并不充分。面临那种情况，如果不未雨绸缪，出售方就通常需要弥补资金缺口。我们有理由相信，这将适用于一般的情况。拉里·蒂施已将最终细节委托给了 CBS 的一个财务员，在这次交易中，双方均同意将为 CBS 弥补资金不足。同理，CBS 将保留养老金的任何超出额。财务人员请来了第三方公司对养老金进行估价。第三方公司的专家们最后得出结论：CBS 的养老金计划尚缺大约 5 000 万美元。该金额只是这笔 20 亿美元交易的一小部分，约占 2.5%。考虑到已经跟这名财务人员通过气，我们自然认为，养老金会包括在同 CBS 的交易金额中。

正当我们详细审查这一点的时候，拉里·蒂施跳起来并走出会议室，这一举动让我们感到有些吃惊。大贺典雄是位真正的绅士，他相信拉里·蒂施可能是患上了急性肠胃炎。这位日本人体谅犯错行为，但从未接触过此类事件，也难以想到此事的发生。史蒂夫和我有不一样的考虑。当我们径直来到隔壁房间——拉里·蒂施的办公室时，拉里·蒂施说："我告诉过你们几个家伙，是不少于20亿美元，指的是净值、净值、净值。"

拉里·蒂施耍了我们一把，我们也是这么对他说的。我们和他的财务人员一样心知肚明，CBS需要弥补所有的养老金短缺。但拉里·蒂施的态度很强硬，他是决策者。因此，我们不得不再次向盛田昭夫解释这一令人尴尬的事态变化，结果他又一次显得很绅士，只是说："彼得，我相信你。"[①]

我们与CBS的这次交易经历就如同坐了一趟痛苦的过山车，绕着此类没有定数的商业行为团团转。所以，当费尔斯通轮胎橡胶公司的首席执行官约翰·内文斯（John Nevins）提出一项具有挑战性的提案时，我们自然有点儿忧虑不安。我以直邮的方式给他写了封邮件，他的回复是"同意"，很明显他应该是在寻找买家。具体谈的时候，他告诉我们他已认真地做过一番分析，而且只会奖励超凡的绩效。他说："在你的行业中，人们通常能因确定一个非常普通的价格而获得一些额外的酬金。"但他提议了一个"以绩效为基础"的酬金奖励计划。换句话说，以每股价格60美元为基准，超过得越高，酬金就越多；低于或者等于60美元，酬金则相对较小。而他公司的股票价格过去一直在50美元左右。

那时我们的公司根基不牢，当时的地位不允许我们放过一个这样的大好机会。除此之外，即使这是一个打破传统的买卖协议，约翰·内文斯的提议也还是体现了公平的美德。

他对股票价格具有独特的见解。每股60美元是合适的。第一个出价的是意大

---

① 后来在任何事情上，盛田昭夫都一如既往是急切的革新者，他邀请我成为一家日本企业第一个美国主管，所以我因产品的重叠而辞去了3M（一家杰出的美国企业）的董事职务。我也一直以高级顾问的身份同索尼集团、美国索尼的首席执行官霍华德·斯特林格（Howard Stringer）以及索尼集团的董事会保持着密切联系，并为索尼引荐了斯特林格，我为此感到自豪。

利轮胎制造商——倍耐力公司。该公司董事会及其股东提出的价格是每股 58 美元。经过一系列的磋商，我们觉得他们的价格最高只能给到 60 美元，不会更高了。

没多久，日本的普利司通公司主动敲开了费尔斯通的大门。他们兴趣颇高，认为报价可以接受，并希望对这家美国老牌企业的收购不会在华盛顿引发政治冲击。

考虑到该收购可能引发的政治关注，我去华盛顿摸了一下底，回应是积极的。至于价格方面，普利司通认为，他们正准备提供一个非常公平且友善的价格，估计费尔斯通及其董事会都将同意。同索尼一样，一笔友善的交易对普利司通来说是至关重要的。我和史蒂夫做出判断，普利司通有可能提供的价格是每股 65 美元，费尔斯通一定会乐于接受这一价格。令我们十分吃惊且格外高兴的是，普利司通报价每股 80 美元。

史蒂夫，一位追求完美的谈判手，从来没有遇到过这种他能快速同意的原始报价。他建议每股 82 美元，这让普利司通的股东们笑声连连。交易价最终维持在每股 80 美元，但当约翰·内文斯的"以绩效为基础的"酬金奖励计划生效后，我们获得的酬金达到了令人惊讶的 1 500 万美元，比当年黑石集团的其他收入总和还高出许多。

后来我们还谈妥了索尼对哥伦比亚影业公司的收购。这些交易使得黑石在不到 4 年的时间里"逐渐壮大"。到 1989 年，它已成为日美并购业界的领跑者。

8 亿 4 000 万美元，精彩的全垒打

我们为索尼和普利司通达成的交易让我们的财务状况有了喘息的空间。我们确实需要这样的机会，越多越好。

当黑石集团刚开始起步的时候，私募股权行业只是一个小型行业。自 1976 年科尔伯格·克拉维斯·罗伯茨公司（KKR）成立以来，还不到 10 年，亨利·克拉

维斯（Henry Kravis）、乔治·罗伯茨（George Roberts）和他们的合伙人不但开创了杠杆收购行业，还成为其中的佼佼者。福斯特曼 – 利特尔公司的泰迪·福斯特曼（Teddy Forstmann）是另一传奇人物，但跟亨利不同的是，他拒绝使用垃圾债券来为收购融资。在这两个案例中，私募股权业务提供了我一直想要的东西——业务的所有权和经营权。

无论是通过支付一次性费用（的确金额不菲）来劝客户选择这种或者那种业务，还是用此费用实现兼并或收购，这都不是在出售你的灵魂和身体。并购业务是有利可图的，但它就像赛狗比赛一样，只要有一次偏离轨道，你就不得不重新开始。但在私募股权的业务中，你能够长期建立重要的价值和财富体系。

然而，筹集私募股权基金没有想象中那样简单。史蒂夫和我都知道应该从哪儿筹募资金，但还有一个小小的问题，我们以前没有这样的投资交易记录。

到目前为止，最大的投资源就是社会和企业的养老基金。显然，养老基金需要经过一个信托过程，在绝大多数情况下，这实质上只是一个谨慎的选择。他们雇用财务顾问审查公司的能力，当然，最重要的是审查公司的投资交易记录。但我们除了微笑的面孔和不顾一切企盼的态度，基本上就没有别的什么可以展示了。最终的结果是，我们的第一批私募股权基金中没有社会养老基金。

我们虚度了一天，甚是沮丧。沿着亚特兰大机场的入境路，我们去寻求德尔塔航空公司的养老基金。起初，我们拿到的甚至是错误的地址，带着手提箱和公文包白白步行了两公里。当时我们有点偏执，甚至还在想是不是被他们故意羞辱了。而当终于到了沉闷的接待区后，喝着史上最难以下咽的售货机咖啡，我们又苦等了一个多小时。结果他们还是没有看我们的私募计划书，并且声称对私募股权基金毫无兴趣，至少对我们而言是这样的。有了这次令人无地自容又发人深省的经历后，我咆哮怒吼："施瓦茨曼，如果再有一次这样的经历，我就个人出钱雇一个你这样的会议组织者。"

德尔塔的惨败经历让我万分难堪，因为受企业圆桌会议的邀请，我得搭飞机赶去华盛顿参加一场报告会，即向里根总统汇报双赤字（庞大的财政赤字和贸易赤字）的会议。我差点儿没能在午饭前赶到白宫参加内阁会议厅的报告会。

我对报告会的情形仍然记忆犹新。

在午饭的时候，我向霍华德·贝克（Howard Baker）和吉姆·贝克（Jim Baker）强调了这种不同寻常的高预算和贸易逆差的规模以及它们的危险性。霍华德·贝克是时任总统里根的幕僚长，此前任田纳西州参议员；吉姆·贝克是时任总统里根的前任幕僚长，在里根总统第二任期内任财政部长。在我们离开白宫用餐厅去内阁会议厅的路上，吉姆·贝克说："彼得，如果能让总统坦诚地听取你的观点，这意义非凡。现在我正要去总统办公室，让他问你一个问题，这样你就可以抓住机会表达你的观点了。但总统有时会忘记提问。所以，待会儿要是发现我们只剩5分钟的时间，而总统还没有问你问题的话，你就示意一下，我会给你提示的。"

里根总统开始了会议，但开会的方式让我有点儿分心。在做会议开场白的时候，他朗读着卡片上印有的大号字，这看起来极为草率。"先生们，我热烈地欢迎你们这些来自商业界的……"随后，会议一直顺利地进行，果然如吉姆所料，应急计划派上了用场。总统并没有问我任何问题，所以我按吉姆的指点，就双赤字问题直率地表露出自己的担忧。尽管我谈话的方式很直接、很唐突，总统先生却仍然表现得大度而亲切，充分展现了他传说中的魅力，甚至还邀请我与他合影。

回来的路上，我们试图找一些日本的投资商。在早期，除了一些日本朋友和熟人可能成为潜在客户外，我们在日本成功找到投资商的概率近乎为零。私募股权基金在当时并不多见，加之日本人绝对信奉全面共识和尽职调查，所以他们需要我们提供强有力的证据来证明公司的实力。因此，在提出国际关系能为我们在日本、北美和欧洲做生意带来机遇时，他们表示强烈的质疑，尤其是得知我们缺乏投资经历之后。

在我看来，日本人永远都是谦恭有礼的，但是当我在日本做冗长的报告时，观众中一些高管的表现却让我觉得事实并非如此。每次做报告，都至少有一个甚至更多的高管沉沉睡去，我都记不清有多少次见到这样的情形了。我想我最好踮着脚走出房间，这样就不会打扰他们睡觉了。若史蒂夫和我一起碰到这样的情况，我会打趣地说："施瓦茨曼，我一个人做报告时从来没有人睡觉。"

但慢慢地，形势开始好转。我们一直坚持不懈地努力，终于有了成绩，就像一场棒球比赛，先是一垒，然后是二垒，最后是一记精彩的全垒打。

我曾和加内特·凯斯（Garnett Keith）一起在雷曼工作过，他是保诚保险公司副总裁、投资业务的头儿。我们约他一起吃午餐，并简单地介绍了我们的公司。正如加内特的一贯作风，保诚将给我们的基金投资一亿美元，这一数目很庞大。保诚无疑是保险业的巨头，并且在日本影响非凡。他们的投资对我们来说意义重大，不仅为我们提供了保险方面的帮助，而且让其他投资者追随其后。后来在去华盛顿参加凯瑟琳·格雷厄姆 70 岁的生日聚会时，我的好朋友、热爱交际且才华横溢的通用电气公司董事长杰克·韦尔奇把我叫到一旁问道："彼得，为什么最近都没有你的消息？"我把我和史蒂夫曾请求通用电气投资一事告诉了他。他说："你明天早上打我电话。"那一通电话又为我们赢得了 3 500 万美元的投资。

在日本旅行的漫长的两周（感觉比两年还要难熬）里，我们拜访过日本最大的两家投资证券公司——野村证券和日兴证券，终于达成了对我们有利的协议。野村集团甚至连我们是谁都不知道，相反，日兴证券的副总裁福田神崎则对我们非常友善，是他告诉我们日兴也正在美国寻找并购合作伙伴的。在我们赶往机场的路上，汽车电话响了。我接起电话，神崎告诉我们日兴已经决定投资，这引得我们一阵慌张，史蒂夫和我在后座悄悄商议着应该要多少钱。我在信笺簿上潦草地写"5 000 万还是 1 亿"，史蒂夫指向"1 亿"。当我回复说我们需要 1 亿美元后，神崎立即答应了，史蒂夫抓着手指，低声说道："见鬼，早知道就要 1 亿 5 000 万了！"结果，日兴证券投资了共 2 亿美元，其中一部分为公司急需的私募股权基金，另一部分用于日美合资企业的并购。

后来，在我们继续为私募股权基金集资的过程中，一些老朋友出了不少力。让我特别荣幸又非常自信的一件事来自书写了新加坡经济奇迹的传奇总理李光耀，他仅用了一代人的时间就让新加坡走出了贫穷，他主持了世界上有史以来最严格且最成功的养老金储蓄项目。李光耀是国际经济研究所的一名成员，曾邀请我去新加坡做演讲。这是一个在经济学领域里探讨重大经济问题的年会，与会人员有高级官员、部长和新加坡的专业人才。我谈论了美国经济的前景和美国经济对世界经济的意义。后来，李总理再次邀请了我、史蒂夫以及黑石集团的丹·伯斯坦（Dan Burstein）参加他在总理府举行的晚宴。晚宴上，我们与新加坡的多名内阁官员一起讨论了美国的经济和外交政策。这些信用提升活动后不久，两家新加坡政府的投资基金就向我们注资了 8 000 万美元。

起初，我将两亿美元作为募集资金的标准，原想着我们能够以此作为今后经营运作的第一笔基金。但到了 1987 年的秋天，在史蒂夫幸运般地推动下，我想得更深远并在不断超越最初的目标，我们已经握有了 8 亿 4 000 万美元的资金，这就是第一批筹集到的收购基金，即黑石资本合伙人。

黑石资本合伙人

第一家黑石资本合伙人基金及时地关门了。我们逃过了一劫，即"黑色星期一"——1987 年 10 月 19 日的股市大崩盘。那天，道琼斯工业平均指数跳水了 508 点，跌幅达 22.6%。这是历史上跌幅最大的一天。美联储赶来急救，第二天道指触底，停止了大跌。然而，如果我们晚一个星期退出股市，我们的一些投资者就有可能退出了。这次纯属运气。

我们担心股市崩盘，但庆幸自己逃过一劫。筹集收购资金的过程也是一次自我辩护，也就是说，我们一定是超级棒的市场营销人员，这才是未来取得成就的好兆头。这也能减少我内心经久不消的担忧——雷曼事件给我带来的不可消除的污点。实际上，我们的许多投资都来自一些朋友，他们都知道雷曼的活力，投资我们只是因私人交情罢了。这是一个很明显的信号，提醒我们，特别是我，应该展望未来，而不是回顾过去。

这炼狱般难熬的两年不仅仅对史蒂夫和我，也是对我的家庭和琼来说，终于结束了。史蒂夫和我整天疲于奔走在国内外各种会议间。我再一次长时间离家，留下琼和孩子们。妻子早已习惯了我威利·洛曼[①]般的全球工作方式。

我仍然在尝试改变生活

在筹集收购基金的两年里，生活并不是一成不变的。1986年6月，我度过了一个令人惆怅的60岁生日。在这天，我们举办的小型聚会标志着这样的事实：我仍然在尝试改变生活。7月30日，就在我60岁生日之后不到两个月，父亲辞世了，他的离去将我的思绪猛地带回到过去。

父亲是在卡尼当地的一家医院去世的，噩耗来得并不突然。父亲已是93岁高龄，并患有充血性心力衰竭，因此丧失了行走的能力，一直坐着轮椅。此外，因老年痴呆症，父亲的认知变得越来越狭窄了。母亲一直不离不弃地照顾着父亲，很多希腊亲戚也力所能及地给母亲提供帮助。但我想知道的是，父亲的脑海是否还存有母亲、那所老房子、时不时去探望的约翰和我，以及如今已长大成人的孙儿们。来参加葬礼的人很多，并且因他为慈善事业做出贡献，人们的赞美之辞不绝于耳，要是知道这些，父亲应该会欣慰许多。一有机会父亲总是用他那最喜欢的"上帝保佑美国"来坚定其信念。

但在父亲去世后的几个月，母亲的生活发生了很大的变化。她变得乐观了，心态也更放松了，笑得也更多了。她也更积极了，经常参加慈善活动。

---

① 舞台剧《推销员之死》的主人公，为了理想他辛劳一生，作为推销员奔波于美国各州。——编者注

就在那之后不久，母亲告诉了我很久以前他们一起度蜜月的事。父亲居然让母亲一直走在马路的另一侧，就因为母亲居然敢自己照相而没有问他。回首母亲跟严厉古板的父亲一起走过的岁月，我不断发现父亲在有些方面着实让母亲深感压抑。然而，母亲深爱着父亲，为父亲奉献了自己的一生，这一点毋庸置疑。

从华盛顿搬到纽约后，我们全家曾回到卡尼，参加父母亲的结婚 50 周年纪念日。

那天举行了盛大的宴会，父亲致了一篇非常长的祝酒辞，但令人沮丧的是，他居然完全没有提及母亲。这不可能是因为疏忽，因为都是父亲提前写好的。我惊呆了。父亲大部分时间都在谈论我，夸奖我是第一个美籍希腊裔的内阁成员，并且加上了他的口头禅"上帝保佑美国"。然后，父亲开始含蓄地批评我的弟弟："我们过去经常说，彼得拥有大脑，而约翰只有头发。"

这有点儿过分了。为了尽可能地缓和这一尴尬局面，我站起来热情地谈论着母亲和约翰。第二天早上，我来到父母亲的房间，责备父亲没有注意到约翰的友好和其他一些让我很嫉妒的优点。我并没打算提醒父亲在他结婚 50 周年纪念日的祝酒辞中完全忽视了他的妻子，因为当时母亲也在场，正专心地听着我们的谈话。然而，母亲非但没有站在我这一边，反而严厉地叱责了我。她说我不该用那样的语气跟父亲说话。而且，母亲认为我完全没有必要为约翰圆场，因为"我们一向比较喜欢他"。这种混乱的状况足以让我躺在治疗师的椅子上接受辅导了。

虽然母亲说她和父亲在一起时生活比较舒适，也不想对生活方式做任何改变，但父亲走后，母亲态度的转变则说明了相反的事实。我发现母亲变化了不少，并且根据年长的希腊亲戚们的回忆，我第一次了解了她。他们常说母亲是一个充满活力、对世界充满好奇、生活中充满笑声的女孩。现在我终于看到这些品质在母亲身上浮现，在母亲余下的人生里，它们会一直陪伴着她。我的孩子们也觉察出他们祖母身上的变化，孩子们非常喜欢她，用希腊文里的"奶奶"的发音叫她。他们与母亲的关系比以往更亲近了。母亲快乐地生活了 6 年多，1992 年 2 月 24 日，母亲在家中静静地睡去，终年 89 岁。我们将她安葬于父亲的墓旁，但如果在选址上有选择的话，我想知道的是，母亲是否更愿意被安葬在妹妹伊莱恩的墓旁。妹妹的去世一度让母亲伤心欲绝。

黑石的腾飞

资金就位后，我们立刻着手为刚出炉的基金寻找商机。1986 年秋天，著名的公司狙击手卡尔·伊坎（Carl Icahn）开始增持美国钢铁联合公司（即著名的美国钢铁公司）的股票。美钢联名字的改变体现了公司发展重心的转移。它依旧生产钢铁，但在收购马拉松石油公司和得克萨斯州石油天然气公司后，它也大量生产能源。当时，其钢铁生产部门因生产过剩、设备老化、国际竞争激烈和一次长达 3 个月的工人罢工而身陷泥潭。

除了能源和钢铁，美钢联的另外一个主要业务就是运输业，包括铁路和航运业。在 1986 年 9 月至 10 月的几个星期里，美钢联的股票在纽约证券交易所中成交最频繁，此时伊坎正大量购买和积聚美钢联的股票，并努力防止它溢价实施回购。美钢联的董事长大卫·罗德里克（David Roderick）一直在试着躲开被收购的风险。

伊坎袭击的结果可能是绿钞讹诈，即金融敲诈，奇袭者的目的就是从猎物那里赚取巨额利润。经营一家集钢铁、能源和运输为一体的联合大企业，伊坎对此全无兴趣可言。美钢联要想摆脱伊坎的"攻击"就需要大量的资金，而当时美钢联就是缺钱。这就是伊坎和他的股东们获得分红的一次特别形式，当然最大的赢家还是伊坎。

为了得到周转资金，美钢联决定出售其运输部门 51% 的股份。这个恰好超过 50% 比例的股份出售可以将分公司的债务状况同美钢联母公司分离。我们急切地想购得它的股份。我们认为，将股份出售给一个友善的合作伙伴对美钢联至关重要，因为它非常依赖运输部门运送煤铁等原材料和公司制成品。一个恶意收购的"伙伴"可能会对美钢联的钢铁业务经营和最终利润带来灾难性结果，并影响到总公司。

我们决定，既从美钢联的经营角度出发，又在长期友好商业伙伴关系的氛围下强调我们达成这笔交易的意愿。我们力图考虑到各种决断，这些决断可能会对双方的合作关系和钢铁业务产生不利影响。例如，如何设定货运价格？怎样让美钢联放心我们会继续大量为更新设备和修建铁路投资，如此我们的合资才能继续提供快速、安全和便捷的交通运输？黑石将来会出售其 51% 的股份吗？如何处理才能保证美钢联的商业和金融利益？更多不可避免的问题将接踵而至。

因此，为了将黑石同其他竞标者区别开来，我们决定先将收购价格搁置不议。在与美钢联第一次会面时，我们从一开始就集中讨论管理和经营上的问题。我们认为这样做可以增加建立长期友好合作关系的机会。从他们的反应中我们看出其他竞标者并没有这么做。自然，我们得到了美钢联钢铁部门管理层的积极响应。

黑石用 5 亿美元购得了运输之星 51% 的股份。运输之星是我们给这家刚拆分出来的公司取的名字。1988 年 6 月 21 日，我们通过财经媒体正式宣告其成立。

运输之星交易的结构值得关注。它解开了许多人心中的谜题，也解释了一些人遭到批评的原因。问题是，像黑石这样的私募股权基金是如何盈利的。批评家们说："你没有制造任何东西，为什么能有如此高的回报？"但我们确实制造东西，我们为企业的发展和改变创造了更多的机会。同时，我必须承认，有些投资远比其他的要难。但运输之星不在此列。

以下要说的就是运输之星的运作，事实上这是一次非常成功的投资。

作为一家公司，运输之星所拥有的种种特点和在我们控股期间健康的金融环境都促使其被我们成功收购。

因为有许多长期合约，运输之星的资金流一直很稳定，设备也相对较新且维护得很好，因而并不需要注入太多新的资金，并且折旧费也高。所有这些都使举债收购成为可能，用于收购的绝大部分资金，确切地说是 95% 的资金都是借来的。而且由于我们在经营和管理上非常灵活创新，所以得以获得一个合理的价格。

此次交易的股本总额仅为 2 500 万美元，仅占收购价的 5%。当然，黑石拥有 1 342.1 万美元，占总额的 54%；剩下的 46% 属于美钢联。稳定的现金流和庞大的商业关系，使我们能够从实际已确立并且稳固的红利报酬及资本调整和其他实际收益中获利，同时，我们还能付清贷款。

在该投资的后期，我们商定将运输之星的股份一分为二。美钢联拿回涉及其主要工厂的公司资产的 100% 所有权，而黑石则获得美钢联常规业务中不太重要的资产的 100% 所有权。这让我们在招募新的管理人员、建立新的企业和以合理的价格出售这些资产上有了更大的自由，并且受美钢联管理上的影响越来越少。这些都充分体现了我们从一开始就倡导的善意收购。

1999 年，即收购这家公司的第 12 个年头，我们出售了手中持有的股份，总收益达 3.446 01 亿美元，我们投资的年回报率高达 129.9%，是我们最初投资额的 26 倍。黑石集团的附带权益收益，合计已经超过 6 000 万美元。

这样说显得我是在自吹自擂，所以我应该添上一个前提：20 世纪 90 年代的投资条件是那么有利于私募股权资金，以至于在精明的计算之后，如果没有成功的话就显得太无能了。90 年代，经济持续强劲增长。低利率使公司有充裕的资金实现拨款偿付债款。而且当时私募股权基金的竞争远不像今天这么激烈。最后，同时也非常重要的一点是，20 世纪 90 年代市盈率大幅上升。90 年代初，标准普尔 500 强公司平均股市收益是其净收益的 15.1 倍。到 1999 年，这个倍数翻了一番，达到了 33.8，这就意味着，在没有任何业务增长的情况下，我们此时出售同一家公司，价格差不多是 1990 年的两倍。

现在，私募股权基金不得不通过大幅提高业务水平，来改造已经缺乏活力甚至是垂死的公司和他们的管理方式，从而在后期获利。但是在运输之星案例中，我们的大部分利润是通过金融工程赚得的，美钢联雄厚的实力使大规模举债经营成为可能。

运输之星给我们带来的丰厚利润固然重要，但用长远的眼光来看，更重要的是，我们同美钢联的合作和对运输之星的管理向企业界发出了信号。它有力地证明了我们仅致力于善意的私募股权投资的主张。

现在黑石已同 35 家企业建立了这样的良好关系，并且在这一领域遥遥领先。

The Education of an
American Dreamer
彼得森的启示录

▷ 曾有心理医师跟我说，在这个世上，没有人能羞辱得了你，除非你甘愿被人羞辱。

▷ 芝加哥大学给我的另一个教诲是：人既要往好处想，也要往坏处想。

▷ 亚当·斯密认为，商业的成功在于把重点放在你比别人做得好的事情上。或者正如他所说的：发挥你的"比较优势"。长久以来，这条建议使我受益匪浅。

15

1 000 个 100 万
华尔街私募之王

我们花了两年的时间建立新基金和新的联盟公司，不断摸索投资之路，才成长为私募股权的大玩家。我始终相信一个机构应该将道德规范放在第一位，从黑石成立的那天起，职业道德和诚信一直就是最重要的。未来的 10 年，我们需要以积极的经营策略而不是简单的金融工程来实现公司的价值。

寻求新挑战

1988 年，黑石公司收购运输之星后，员工人数从最初的 4 名增加到 62 名。公司从西格拉姆大厦搬到了几个街区外的一个更大的办公楼，一年之后，又搬到了公园大道 345 号的一个高层大楼，它的北面是西格拉姆大厦，南面为圣巴塞洛缪教堂。有了第一次私募股权收购的经验，史蒂夫和我决定寻求新的挑战。

我们花费了两年时间不断摸索投资之路，才成长为私募股权的大玩家。不仅如此，我们还运用了其他几条创业原则。我们希望通过找到敏捷的战略性联盟公司来拓展新的业务领域。我们同不了解私募股权基金的公司合作，这会给我们提供许多进入新领域的商机，而这些商机不是单凭我们自己的实力就能挖掘得到的。我们决定寻找最优秀的人才，使他们相信双方能在互惠互利的基础上共同合作。

我们应该去哪儿寻找这方面的专家呢？

据我们推断，在一些更大的公司里，那些有天分的、公司管理的精英和我们一样，更有一种主人翁意识，不仅是在自己的业务范围内，他们甚至可以拥有黑石公司的一部分股份，获得经营"自己"业务的机会。另外，基于在雷曼松散体制下的工作经历，我们也认为，许多精英都希望逃离那种四分五裂的大公司高压政治体制下的官僚主义环境。还有一部分人，不管出于何种缘由，始终在犹豫是否要把自己独立出来。如果这些人加盟我们，他们就能从我们建立的体制环境中获利。同时我们认为，在他们的业务和黑石的业务之间，我们在客户、关系、项目和智力投资方面将会有互惠互利的交流。我们不仅可以帮忙筹集资金，同时还可以提供一些行政和管理上的服务，如后台办公和认证。渐渐地，我们公司就会成为一个能为他们打开市场的可信品牌。并且我们深信，他们会非常欢迎这种同志般的情谊，因为从我们早期的经历就可以知道：小公司经常会感到孤立无援。

联盟制的想法引起了我们极大的兴趣，但是我们必须确保我们是与"合适的"人建立这样的关系。**我始终相信一个机构应该将道德规范放在第一位，从黑石成立的那天起，职业道德和诚信就一直是最重要的。**我们强调，潜在的联盟成员也必须接受统一的规范，对于那些有头脑的人，他们会很喜欢这个规定的。后来，随着安然和世通两家公司丑闻的败露，我们在那个严格的规范上又新增了一条规定，即每个合伙人和员工都必须每年签一次字。意思很明了，光自己不渎职是不够的，他们还有责任揭发任何不当的行为，否则就会被开除。安然和世通之所以因特大丑闻而倒闭，原因就是对渎职等不法行为知情的员工因害怕被报复而不敢揭发。联盟成员使用的是黑石集团的品牌，因此我们决心避免这种可能毁坏黑石品牌甚至是整个公司声誉的错误和不恰当的行为。

除了将严格的道德规范的约束范围扩大到黑石联盟公司，史蒂夫和我还决定不再设立新的分公司，除非这个商业领域非常有前景且这个团队在他们的领域是最棒的。我们清楚地知道，如果联盟成员业绩不好，肯定会影响我们整个公司的声誉。我们不想去担心他们将怎样做或者将做些什么，而是需要对团队有足够的自信并且在他们的运营中投资大量的资金，这样才能帮助他们筹集资金。

我们的第一个也是最成功的联盟公司就是黑石财务管理集团，它主要经营固定资产管理。1988 年，拉里·芬克（Larry Fink ）和拉尔夫·施洛斯特因（Ralph Schlosstein）加入我们，拉里·芬克曾经在第一波士顿银行工作；拉尔夫·施洛斯特因过去为雷曼效力，后来为卡特政府工作过。他们都是杰出的人才，能力互补，都想拥有自己的企业，并且一直都在努力，取得了非凡的成就。沿着这条路线，他们取了黑岩（Black Rock）这个名字，当然这个名字只是源于黑石的文字游戏。黑岩的成功最终导致拉里和拉尔夫想同（当时）比我们资本更雄厚的大公司联盟，所以在 1995 年，我们达成协议，将黑岩卖给了匹兹堡金融服务集团。

没能把黑岩留在黑石集团是我们迄今为止最大的损失，但我知道我们得尊重拉里和拉尔夫的意愿。一次早餐的时候，他们告诉了我他们的想法。平常我都会喝一杯卡布奇诺，可那天我却觉得味道不怎么样。现在，黑岩的管理资本有 1.43 万亿美元，且市场资本总额达 200 亿美元。当初若黑岩和黑石合并的话，我们也许会有更长远的发展！但至少在这笔交易上，我们以很小的投资漂亮地赚到了 7 500 万美元。

黑石另类资产管理公司

1990 年，黑石集团的合伙人认为，他们和公司的大部分资金都被私募股权投资占用着。在他们眼里，私募股权投资是长期且不易变现的资本。现金不仅被占用了，而且其价值还会随股票和证券市场的波动而上下波动。我们认识到，事实上，我们致力于企业的稳定需求，但也需要投资一些与私募股权投资不同的基金投资，因为它容易变现，与传统的股票和债券没有联系（所以才叫另类资产管理），并且能够为股票市场高风险、高回报的变化无常提供避险保护。理论看似很简单，但操作起来绝对不容易。

因此，我们才创立了黑石另类资产管理公司或者说是对冲基金的基金业务。在黑石另类资产管理公司的早期阶段，用于投资的资金大多来自我们自己和黑石的资产。这使得我们格外地谨慎小心，我们一直小心地缓慢前进。我们拥有日兴证券一亿美元的股本金，可以自由支配，也可进行任何投资。但是在采取任何更长远的、让黑石的名字变得更响亮的行动之前，我们必须确保完全掌握它的操作方法，并且要能有一个专业的团队来经营和管理如此繁杂的业务。这个摸索过程花了我们几年的时间，从经验中吸取教训，尽管有些教训是惨痛的。例如，从财务的角度来看，第一年我们损失了 8%，而这些钱大多是我们公司自己的资产。

我们在人事选择上也犯了很幼稚的错误，这个教训是非常沉重的。这个残酷的现实背后就是公司内部存在大量的失误。我们因公司员工流失过频而开始为业内所知。这个"声誉"已经开始影响我们招募新员工的能力。

我一直在想，早些时候我们为什么会犯这些错误？或许是太过着急了，有人说我们太过心急而几乎没有花时间来培养公司的人才。比起培养公司内部的人才，从公司外招募人才的风险要高得多。另外，我们很难弄明白聘用这些人的真正理由是什么。许多人非常擅长通过责备他人来为自己的缺点开脱。**人人都知道，企业非常需要并依赖于精英人才，然而当一些所谓的"精英"出现在人才市场的时候，你需要搞清楚聘用这些人的真正理由。**

在黑石工作确实令我吸取了一些教训。现在我们把重心放在了审查可能成为员工的人，特别是那些可能成为高层管理人员的人身上。我们请来一流的管理评估企业 G. H. Smart 前来指导我们对高水平专业人才进行面试的工作。通过他们密集的尽职调查，我们得以预先了解候选人的优势、劣势和他们离开之前职位或被开除的难以捉摸的缘由。感谢他们，现在我们员工的流失率终于降低了。

雷曼前联合首席执行官、我的好朋友汤姆林森·希尔（J. Tomlinson Hill）有着丰富的阅历。汤姆在 2000 年接管了黑石另类资产管理，同时也是黑石的副总裁。

如今，我们拥有 19 种不同的战略和 19 条不同的客户渠道，都是为满足一些大企业投资者的具体需求，为他们量身打造的。现在黑石另类资产管理旗下的总资产为 330 亿美元，远远超过了 1990 年的原始资产 5 300 万美元。

在成立黑石另类资产管理的时候，我们有坚强的后盾。起初，我们主要的投资者是一些高收入的个人。经历了 20 世纪 90 年代后期和 21 世纪初期的一系列负面事件后，一些大的投资商，特别是公共养老金和企业养老金项目，开始为他们的综合基金寻求避险保护。20 世纪 90 年代初期，黑石投资于此类基金的总额约为 400 亿美元。而到现在，投资额已经猛增至 2.5 万亿美元。他们支付的管理费为黑石提供了大量稳定的收入并巩固了黑石的地位。

进军地产界

20 世纪 80 年代后期，之前受过严格管制的储贷协会在较为宽松的监管背景下运行，储贷危机便随之发生，恰巧当时，黑石正搜寻一家房地产联盟公司合作。危机的发生促使这些储蓄银行提高利率标准，同时也使得它们投身于更具投机性的贷款和投资。为了在房地产业的繁荣时期追求高利率，很多储蓄银行进行了风险放贷。但这反过来让它们吃尽苦头，有几家重量级银行就以倒闭而告终，最终导致这些机构请求纳税人的资金援助，款项总额高达 2 000 亿美金，以美国资产重组托管公司（Resolution Trust Corporation，RTC）[①] 的形式支付。

1991 年，我和史蒂夫关注着 RTC 的房地产业，它是从破产的储贷协会的投资组合中接管过来的，故有着非比寻常的机遇。我们不是干这行的，但是我们看到，储贷危机已经将商业地产界翻了个底儿朝天。过多的房屋供给导致房价下跌，同时又缺乏产权基金和债权基金。很显然，被迫卷进房地产的联邦政府巴不得尽早从中脱身。我曾在政府任职，发现许多联邦政府人才没有专业背景和才干，因而怀疑他们根本不懂怎样对 RTC 的资产进行积极或准确的定价。而且，RTC 的房地产业在

---

① 1989 年由美国国会组建。

出售之初，竞价商寥寥无几。换言之，此时收购恰逢时机。

我们利用各种资本来源，包括我们的个人基金和公司的基金。我把这些早期收购设想成所谓的"示范性投资"。这些投资在某种程度上让我们拥有了成立一个大型房地产基金的经验和信誉，我们并不想亲自运营这个房地产基金，而是希望将它放到一个单独运营房地产的联盟公司中，并由比我们更专业的房地产人才来运作。

我是洛克菲勒中心地产的董事，克劳德·巴拉德（Claude Ballard）是董事长。他曾经领导过高盛公司的房地产投资业务，所以他认识这个行业内每一个值得认识的人。有一天在一个会议上，我问克劳德他是否能帮助我们。

"谁是房地产界最优秀的人才？"我问，"怎样才能说服他加盟黑石？"

"芝加哥的约翰·施雷伯（John Schreiber），"克劳德回答（说得很对），

"但你永远也请不到他。"克劳德前者说对了，后者却错了。

我们建立第一个收购基金所得出的经验就是：不能对一个回应说"不"。否则，我们就无法获得一支精干的团队去领导黑石旗下的房地产公司。或许，我们可以提供一份他无法（或不会）拒绝的薪酬。

史蒂夫签订了第一份令约翰"出乎意料"的合同。我不确定史蒂夫是不是故意使用了一个秘密策略，也不确定那个策略是否能够奏效。他告诉约翰，他正在查阅两个人的资料，他们可以帮助黑石进军房地产界。

两周后，史蒂夫回复约翰说："你就是我们要找的人。"

对此，约翰既好奇又谨慎。他想拥有所有权和自治权，但他不想搬到纽约来，也不想做全职。最后我们达成了一致，让他先试试看。他帮我们建立了房地产业务，同意每年工作40天。40天过后，即1992年10月，他已经工作40天了，那时我就在想，约翰已经被黑石的房地产业务和我们坚持发展友善的企业关系这两

点吸引了。他放弃了只工作 40 天的条件，并说"我要全职工作"。在建立新业务的过程中，他并没有承担创建新公司的费用，但还是成了黑石房地产合伙人基金（BREP）的重要股东。这是理清我们联盟关系的好时机。

在约翰的掌舵下，到 1993 年 12 月，我们完成了 5 笔房地产收购的交易，获得了总计 1.41 亿美元的股权投资。不过，我们还是没有真正的房地产基金，大部分资金都来自黑石集团和其合作伙伴，包括约翰。

很快，约翰就不辱使命，把那支在早期交易中创下 42.7% 年投资回报率的团队管理得秩序井然。这一成功纪录着实令业界震惊。

约翰的领导也给我们赢得了筹资首笔专注于房地产基金的信誉。这让我们与南达科他州退休基金的投资经理史蒂夫·迈尔斯（Steve Myers）签订了合同。迈尔斯掌管的这家基金曾获得极大的成功。

迈尔斯碰巧是康科德联盟（The Concord Coalition）事业的一名热心的欣赏者。这个组织是我协同建立的，专注于财政责任。迈尔斯来到纽约与我们商谈。在这之后，我们一起前往苏福尔斯（美国南达科他州东南部城市），给他所在公司的董事会做了一个颇长的介绍。董事会最终同意了，迈尔斯对我们的团队大为赞赏，史无前例地同意给我们原始的房地产基金投资 50%。但与大多数谨慎的投资者一样，他想确定自己不是在孤军奋战，并要求我们必须再寻找一个愿为房地产基金投资至少 20% 的投资者。

迈尔斯提出的这一考验让我们不得不求助于汉克·格林伯格（Hank Greenberg）及其所在的美国国际集团（AIG）。当时，美国国际集团是个值得信赖的重量级投资者。汉克跟我因为都在外交关系协会，所以彼此非常熟悉。到目前为止，我已经在外交关系协会做了 9 年的主席，而汉克是副主席，也是一名出色的高级合作人。当我们见到汉克时，他邀请我和施瓦茨曼一起去美国国际集团进餐。那次午餐，他以一贯的抉择方式同意投资我们 20% 的房地产基金。这样一来，迈尔斯的要求便得到了满足。

黑石房地产合伙人基金开始运营了，1994 年共筹集了 3.44 亿美元的资金。在千万美元的房地产基金并不多见的时代，这一"战绩"已经相当不赖了。我们早期最成功的交易包括与 IBM 和印第安纳标准石油公司的合作，这些交易充分体现了黑石的风格——在房地产领域也奉行友善的合伙关系。

黑石房地产合伙人基金迅速成长着。我们最突出的一笔交易是 1998 年与洛杉矶殖民地资本公司以 8.66 亿美元联合收购了伦敦萨沃集团旗下声名卓著的超豪华酒店伯克利酒店、克拉里奇酒店、干诺酒店、萨沃酒店和科茨沃尔德（Cotswolds，位于英国西南部）的莱贡阿曼酒店。5 年后，对这些酒店和餐厅的升级进行投资后，我们以 13.7 亿美元的价格将这些业务卖给了位于都柏林的昆兰私有公司。尽管年投资回报率只有 11%，但事实上从我们自身和黑石品牌在欧洲的影响力等角度来看，这个回报已经非常高了。

黑石现在拥有的酒店集团有博卡度假村、怀恩德霍梅国际酒店以及拉金塔饭店，随着对希尔顿酒店的收购，现在我们是世界上最大的酒店拥有者（总计615 000 间客房）。黑石集团也是美国最大的物业公司。

从 1992 年创建直至 2007 年，黑石房地产合伙人基金实现了 39.2% 的年回报率。约翰所起的作用正如他谦虚的说法，就是由黑石房地产合伙人基金的合伙人去主持日常经营，而他只是在这些年轻有为的专家中扮演第三把手的角色。这些资深专家包括 38 岁的乔恩·格雷（Jon Gray），他负责我们在美国的房地产投资，在金融服务业算得上是极有才干的一位主管了。

私募股权的价值

从多方面来讲，20 世纪 90 年代是私募股权的黄金时期。因为那时经济增长强劲，低利率的可用资金充足，市盈率在 10 年内翻了一番，华盛顿的监管态度也比较宽松。

然而 2000 年以来，形势开始变化，我感觉 2007 年是最糟糕的一年。市盈率跌了一半，从 1992 年的 33.8 倍下降到 2008 年的 17.2 倍。经济衰退的出现伴随着增长的急剧放缓，结果出现了住房、能源和次贷危机。稳定低利率的可用资金就成了高杠杆业务的命脉。受次贷危机和信贷危机的影响，2007 年年中到 2008 年，市场上的可用资本已经干涸。黑石在 2008 年的前两个季度里没有重大的私募股权投资项目。

但在经济低迷时期，人人都无法置身事外，经济周期几乎影响着每一个行业，一些最佳的收购时期往往出现在周期的低谷。估价过低且不被看好的公司常常会为黑石的发展和获利提供机遇。此后的 10 年，我们需要以积极的经营策略而不是简单的金融工程来实现公司的价值。

尼尔森集团（前身是 VNU）就是这样一家公司，它是世界上最大的媒介调查和市场资讯公司。2006 年，我们以私募股权财团（共 6 个成员）的身份将其收购。该收购案被称为行业"俱乐部交易"的原因在于，此次交易成本高达 115 亿美元，同时还需 41 亿美元的股本，这对任何一只私募股权基金来说都太多了。

因为在任何这样的交易中，基金公司都要么唱独角戏，要么合作。我们与其他合作伙伴：凯雷集团、KKR 集团、海尔曼·弗雷德曼公司 [①]、托马斯·李（Thomas Lee）、阿尔法投资公司，致力于利用收购前的几个月时间来分析交易的可行性。严格评估使我们可以大幅降低成本，改善并购方式，提高效率，增加收入，提升价值。

一旦我们要完成某项收购，黑石集团投资组合公司的总经理詹姆斯·奎拉（James Quella）便会协助领导黑石集团的业务专家小组，制订此方面的初步计划。第一步是找到一支高级管理团队，最重要的是找个首席执行官，这支团队要筹划并执行提高业绩的战略视野。阅历丰富的通用电气副董事长大卫·卡尔霍恩（David

---

① 公司其中一位合伙人是我在雷曼工作期间的同事沃伦·海尔曼。

Calhoun）进入了我们的搜寻范围，他是美国最优秀的高管之一。他于 2006 年进入黑石董事会，开始领导我们的精英团队。

大卫·卡尔霍恩有了高层职务的最佳人选。他列出的首席执行官候选名单比尼尔森的长得多。最近，我问他是什么原因促使他加盟黑石集团的。他回答道："彼得，作为一家私人企业，我们没必要在季度收入、股东和股票分析师上纠缠不清。我们可以把注意力集中在长远发展上。我也没必要设置官僚式的障碍，而通常这些在大公司里是不可避免的。我也想经营自己的公司，用手上的钱做有意义的投资。"大卫·卡尔霍恩和他率领的小组一共投资了 8 950 万美元，这和黑石投资的一样多。大卫·卡尔霍恩和他的小组早期将重点放在内部运营上。不久，他们认定我们第三年所节省的成本达到了 5 亿美元左右。黑石集团从对公司的投资组合中获得的议价能力给我们节约了不少成本，这在规模经济降低的医疗保健、保险、交通和通信等方面尤其突出。

同时，通过出售之前效益低的资产，并对新媒介这样的高增长业务进行再投资，大卫·卡尔霍恩估测在未来的 5 年内，年收益增长将从并购前的 3%～5% 增加到 15%～20%。据估计，现在尼尔森集团的价值惊人般地增长了 130 亿美元。

这个案例比实现像运输之星这类公司的价值困难得多，但它很成功。尼尔森集团的个案表明，增加公司价值对投资者和经济都有好处。

总的来说，黑石集团旗下的私募股权投资组合公司总收入达到了 1 120 亿美元，拥有 645 640 名员工，税前利润约 227 亿美元。这一数字使黑石集团的投资组合公司成为全美最大的 15 家公司之一。

在公司中找到乐子

虽然公司业务繁忙，既要建立新基金，又要建立新的联盟公司，还要不间断地吸引新投资者和新客户，但我们总能在公司中找到乐子。每个人都平等地享有享受乐趣的权力，大部分是在庆祝会上。由于种种原因，我不能参加，但我会以一个庆祝者的身份出现。也许这是唯一一个抑制敌意的好办法。我承认，我不太能引起旁人的关注。

有一年，在一年一度的圣诞聚会上，一个年轻的员工玩了约翰尼·卡森（Johnny Carson）的"卡纳克神庙"游戏："这就是答案，但问题是什么？"我的一些书涉及了联邦预算赤字，并不是很受欢迎，但却是理想的靶子。一年后，答案是 1 000 000，999 999，1 和 0。问题是什么呢？第一，彼得森的书印刷了多少本？第二，他签售并赠送了多少本？第三，有多少本被买走？最后，真正被读过的有几本？

让我惊讶的是 65 岁的生日聚会，它是由一名杰出的策划者提前一年精心准备的，这个人就是我的妻子。这是另外一个非常"有才"的活动，仍然是一次庆祝会。天才电影导演迈克·尼科尔斯（Mike Nichols）说："彼得森是史宾塞·崔西（Spencer Tracy）和马固先生（Mr. Magoo）的结合体。"西奥多·索伦森（Theodore Sorensen）是肯尼迪总统的杰出的演讲稿撰稿人，他说出了其演讲稿中唯一的冗长而又令人费解的句子。接下来的一句话是："琼，告诉你，我能读懂彼得森，也能领会那句话的谦卑意思。"

我觉得黑石的员工在这位世界级天才面前仍然表现得非常出色。史蒂夫穿着一身和服，用一口标准的日语腔扮演日本一家大型投资基金（当时是我选定的）的主管。罗杰·奥特曼扮演我。

剧本是这样的：

"噢，尊敬的彼得森先生，能接待您这位杰出的美国商人，我万分荣幸。我能为您做点什么吗？"

"谢谢您。我来这儿是想恳求您投资黑石私募股权基金。"

"噢，尊敬的彼得森先生，如果我没听错的话，您这只基金好像还没有投资记录吧？"

"噢，先生，以您丰富的经验应该会知道，除了投资记录，现实中还有很多别的东西？"

"是吗，那您能提供什么呢？"

"我们非常具有国际化视野，公司将在日本、美国和欧洲市场上投资。"

"噢，尊敬的彼得森先生，我懂了。是三边基金（Trilateral Fund）——在全世界都亏本！"

然后是一个滑稽的短剧，是嘲笑我有名的邋遢饮食习惯的。朱利安·尼科利尼（Julian Niccolini）、四季饭店声名狼藉的领班经理扮演自己，他问道："董事长先生，您想把冰茶泼到您的领带上吗？要不我来帮您？"罗杰·奥特曼扮演我，说："好吧，你来泼。"朱利安真的那样做了。我为黑石集团员工们如此生动的演出而鼓掌欢呼。

这绝对是一场精彩的聚会，台词都千真万确。

黑石上市

2007 年年初，史蒂夫向我汇报，说他和汉密尔顿·詹姆斯（Hamilton James）一直在考虑黑石上市的利与弊，并问我有什么想法。汉密尔顿是黑石集团一位能力出众的总裁兼首席运营官，他于 2002 年离开瑞士信贷第一波士顿银行，加盟黑石。

对我而言，具有讽刺意味的是，一家私募股权公司一直在强调私有公司的长期表现会更优，如今却要上市圈钱去了。

上市明显会带来很多好处。如果黑石拿出 10%（之前一直在讨论这个比例）的股份公开销售，那么，在当时 819 人（现在是 1 336 人）的职工花名册中，57 个合伙人就能以手中所持的股份换取现金。这会大大增加黑石的资本金基础，也能为我们的投资提供较大的资金来源。在并购交易中，利用自己的资本金进行投资可以为企业创造 100% 的回报率，而利用别人的资金进行杠杆交易投资，回报率最多只能有 20%。上市为我们提供的资金还可以投放到黑石旗下的基金中。那时黑石的股本总金才不到 2 亿美元，如今这算是小钱了。我们特别想完成一些重大的并购活动，可我们连所需的资本或现金都没有。

但上市同样也有不利之处。我告诉史蒂夫，从我过去担任一家上市企业的首席执行官的经验来看，上市是一个完全不同的领域。要与股票分析师们召开无休无止的会议；要发布季度盈利的估值，从高管薪酬到个人及财务的得与失都要全面披露；还要开董事会会议、年度股东大会等。如果我们决定了要干一场，那就应该竭力调整管理结构，这是上市企业的典型特征。因此，为了尽可能多地保留私有企业的管理机制，我们团队耗费了大量时间建立多方面的注意事项。

而且我告诉他，他将成为公众瞩目的焦点。史蒂夫也许被寄予了厚望，但也时常招来责备。我们于 2006 年年末开始与沃那多房产信托公司进行一场旷日持久的争夺战，旨在收购办公物业投资信托公司（EOP），此举使黑石在公众中声名鹊起。最终黑石出价 390 亿美元取得后来证明是史上最大的一笔杠杆收购案的胜利。提到那笔巨额资金，公众的注意力不可避免地集中在了此收购案的负责人身上。史蒂夫以往从没接受过如此大的调查力度。我还告诉他，他的事业和私生活都将被置于媒体的聚光灯下，他得做好准备。

我没有表明自己的立场。史蒂夫是首席执行官，在他的指引下，黑石发展到了可以合理讨论首次公开招股的阶段。这是个长远决策。那时是 2007 年 2 月，再过几个月我就 81 岁了。我觉得自己精力充沛，还可以参与其中，但我仍指望 2008 年年末退休日的到来。退休以后，我想集中精力专注于自己挚爱的公共政策。合伙协议规定我拥有否决权，但考虑到我年纪已大且有自己的计划，我并不适合再去行使这个权力。

我告诉史蒂夫，如果他对所有事务都经过了深思熟虑，那么不管他做出的是什么决策，我都会予以支持。

当然了，这个决策便是上市。

我曾预测史蒂夫会受到公众和个人力度罕见的审查，到 2007 年 3 月的时候，预测就已成为现实，比我之前预计的来得更快且更为严格。史蒂夫是在情人节那天出生的，2007 年 2 月 14 日标志着他 60 岁了。人们往往要以某种方式去庆祝这个人生极为重要的时刻。富人有钱举办奢华宴会，这通常为平民媒体提供了报道的材料。史蒂夫的生日策划堪称独一无二，而且新闻媒体提前听到了风声。各大报纸集中报道了成为大型欢乐场所的纽约公园大道军械库（Park Avenue Armory），贵宾室里尽是社会名流和金融家，英国歌手罗德·斯图尔特（Rod Stewart）和其他一众明星占据着娱乐新闻的头版头条，如喜剧演员马丁·肖特（Martin Short）、音乐剧《歌舞线上》（A Chorus Line）的作曲家马文·哈姆利奇（Marvin Hamlisch）、著名女歌手佩蒂·拉贝尔（Patti Labelle）、阿比西尼亚浸信会唱诗班（Abyssinian Baptist Choir）。

我与杰克·韦尔奇和莉丝·史密斯（Liz Smith）在同一个饭桌。虽然他俩话语不多，眼神却全然表露。我们只知道，这是我们参加过的最昂贵的一场生日宴会，但我们 3 个人都没想到随后新闻报道会铺天盖地席卷而来。

尽管史蒂夫参与了很多慈善捐赠活动，特别是对艺术品和纽约公共图书馆的捐赠，但正如詹姆斯·斯图尔特（James B. Stewart）在《纽约客》（The New Yorker）杂志中所写的，他"因华尔街贪婪且挥霍的本性而成为批评者容易攻击的靶子"。

时至今日，当评价史蒂夫的时候，人们经常会用那次 60 岁生日宴会来贬损他的成就，对此我感到难过。我见证了他的快速成长之路：从一个年轻有为的并购顾问到办事效率极高的首席执行官。他也是一名伟大的商人和杰出的战略家。

就在生日宴会的前几天，黑石完成了对办公物业投资信托公司的收购，演绎了尽人皆知的完美风暴。此笔收购超过了 KKR 最大收购的总额，史蒂夫因此被美国

《财富》杂志封为"华尔街新王"。那种评价将公众的目光更多地集中到了生日宴会及其费用上。

随着黑石首次公开募股的临近，黑石的估值为完美风暴的上演添砖加瓦。我查看了其他上市公司的市值。贝尔斯登，一家成功上市的综合性服务公司，（因次贷危机而破产）曾拥有 15 500 员工，市值达 210 亿美元。艾弗考尔合伙人公司和格林希尔公司是两家精品投资银行，市值分别为 9.88 亿美元和 18.6 亿美元。拥有 2 200 名员工的瑞德集团市值达 105 亿美元。员工达 29 000 人的雷曼兄弟市值则高达 422 亿美元。

当以摩根士丹利和花旗集团领衔的承销商将黑石的估值定为 310 亿美元的时候，我简直被惊呆了。尽管如此，通过指出黑石的成长轨迹和几项具有发展前景的多元化业务，承销商的定价估值依然比较保守。他们说，预计这些业务将有更迅猛且更可靠的发展后劲儿，因此与很多其他企业相比，黑石的市盈率应该要高得多。

我和史蒂夫都相信，作为合伙人，我俩自创办黑石之初就完全拥有了股份，故在股份兑现上没什么要求。然而，承销商指出，由于史蒂夫长期担任首席执行官，潜在的股票买家会关注他作为总裁的任职时间有多长，因为黑石市值的判断同他持续的领导密切相关。他们认为，黑石上市 3 年后，史蒂夫所持有的大部分股份才能兑换现金。我的情况则完全不同。我的岁数更大，而且我曾宣布过了 2008 年就退休。

2007 年 6 月 18 日，黑石首次公开幕股的日子到来了。我丝毫不相信这真的发生了。因此，我打电话给银行，确保我卖出的那部分股票的钱已经汇到了我的账户上。银行的口头承诺还不够，我要求得到书面形式的保证。几分钟过后，我收到了回复，我的思绪一下子回到了电影《灼热的马鞍》（*Blazing Saddles*，又译《神枪小子》）中马德琳·卡恩（Madeline Kahn）演的那一幕，她用日耳曼式的腔调口齿不清地说："是真的，真的。"我是个亿万富翁了。我收到了 18.5 亿美元的汇款，真是太不可思议了！等缴付了资本所得税（考虑到创办黑石之初，我们投了 40 万美元，这当然是 99.999% 的资本所得）、信托费和委托费之后，我的净收益超过了 10 亿美元。①

我打电话给琼，告诉她午餐时我们将喝珍藏已久的香槟。我多么希望能把父亲也叫上一起庆祝啊！跟我成为美国首位希腊裔内阁官员一样，此事一定会让他感到高兴和骄傲。

现在，是我该再次向前迈进的时候了

20 世纪 30 年代，当还是个正茁壮成长的孩童时，我就听到了所有那些与百万富翁有关的故事，比如约翰·洛克菲勒、安德鲁·卡内基。当意气风发之时，我曾问到 100 万后面有多少个 0。6 个 0! 多得都快看不清了！10 亿后面有 9 个 0，也就是 1 000 个 100 万。小时候，我甚至没想过自己会成为一个百万富翁。

只有政府实施的经济政策才会以 10 亿为量算单位。参议员艾弗特·德克森（Everett Dirksen）曾经说过这样一句关于联邦预算的名言："这儿 10 个亿，那儿 10 个亿，很快就是一大笔钱了。"

该怎样处理手上的 10 亿美元呢？

我知道，在内心深处，我更情愿把这笔钱捐出去而不是花掉。我并不是一个真正会享受巨额财富的人。我也不希望自己成为一个挥霍者。当看到一个 30 岁左右的对冲基金经理开着一辆红色法拉利敞篷车在汉普顿斯的街道上张扬地加快车速的时候，我感受到的更多的是鄙视而非羡慕。

---

① 上市使我被置于更刺眼的灯光下。黑石首次公开募股每股定价 31 美元，我卖出的股份就是这个价。上市几天股价曾一度涨至 38 美元，之后，受次贷危机的影响，包括黑石在内的多只金融股股价下跌。自传写至于此，黑石股票的交易价在 6 美元。因此，有人就认为我是生意老手——高价售出一只被认为股价将下跌的黑马股。其他人则夸耀我具有市场预知能力，甚至可以预测次贷危机。一派胡言！我之所以售出股份，原因在于，我主要的精力将放在重大慈善活动筹集资金上，托尼·詹姆斯知道了这一点，他向公司提议，我应该被允许出售所拥有的 60% 股份。黑石的其他同事可不能享受这么大份额的股票兑现"特权"。为了公平起见，托尼又提议我放弃 15% 的股份。我同意了。我可没什么预见股价走势的方法和魔力。提及黑石的股份，我也有必要指出，黑石的合伙人和员工至今仍持有 74% 左右的股份，我还持有大约 4%。

我一直都记得，对我父亲来说，"挥霍者"是最大的贬义词。父亲依然用他那警惕的眼神监视着我的一举一动。我根本不会考虑去买一艘巨型游艇，更别说一架大飞机了。大多数时候，我搭乘班车去华盛顿。

我不觉得我真需要其他东西。但我仍然痴迷于一个东西：第五大道上那栋带阳台的公寓。我喜欢在户外阅读。琼一直反对我添新房，理由就是：大鸟的创始人、为全美乃至全球的穷孩子提供学习节目的教育家故意炫耀自己的阔气，这有点儿不得体，甚至是不道德的。

那次关于公寓的对话（实际上是单向对话）已经过去许多年了。后来有一天，我们俩参加完一个葬礼，在回来的路上，琼冥思苦想着：如果是参加完她的葬礼，我回来后的所感与所为会是什么呢？她说："亲爱的，你一个人日子过不下去。参加完我的葬礼回家后，你应该会给某个女人打电话去约会。"我回答说："琼，那不公平，但我应该是给房产经纪人打电话。"

这一次才是真正的双向对话。她说："你很想要一栋新公寓，是吧？"我答道："是啊，亲爱的，我非常渴望。"因此，我们现在就有了一栋带阳台的新公寓（位于第五大道上）。我醉心其中，怡然自得。事实上，写到此处时，我正坐在这个精致的阳台上。

在黑石公开上市和史蒂夫在公共场合举办60岁生日名宴结束之后，民粹主义风暴的阴云盘绕在华盛顿上空，越发强烈，涌向私募股权业。政府正在讨论一项关于提高附带权益双倍以上税率的提案，附带权益税是用来描述私募股权经理根据所实现的收益缴纳一部分的税款，通常该比例占其收益的20%，远远高于年收益税率的8%～9%。这让我感到不公平且是一项糟糕的税收政策，理由就是，税率的提高并不适用于成千上万个房地产、石油、天然气、其他能源和家族合伙企业，因为这些企业在结构上与私募股权合伙企业完全相同。无论讨论的结果如何，这都将被证明是一场艰难的、典型的政治较量。

鉴于美国在收入分配上存在巨大的不均衡，我当然理解这种争论：像我这样的有钱人理应多缴纳税款。但问题是，纳税的正确方式何在？

　　中产阶级的担忧和潜在的现实状况使得抗议之声一浪高过一浪，我对此抱有同情。未见增长的实际收入、财富向医疗费用的转移、不断上涨的食品和能源成本、全球化的冲击、对工作和房价的忧虑、抵押品赎回权的丧失、退休储蓄金的暴跌等，都使得工薪阶层产生了财务噩梦。中产工人阶级、劳工联盟及其伙伴们指出，收入分配不均已达到了令人震惊的水平：占美国总人口 1% 的上层阶级所拥有的总收入比例从 1980 年的 10% 猛增至现在的 23%。

　　更严重的一点是，在这 1% 的上层阶级中，排在前 10% 的人（也包括我）跟排在最后 50% 的人拥有的总财富一样多。前美联储主席艾伦·格林斯潘（Alan Greenspan）曾说，这种不均衡"是资本主义制度最薄弱的地方。如果有越来越多的人觉得不公平，那么这种制度就没有存在的必要"。我理所当然地承认两个事实：我们这些华尔街大佬们是老百姓的新敌人，并因财富过多而赢得了这一"殊荣"。

　　我强调增加收入（包括对我们这些有钱人提高边际税收）在原则上要与节省开支相配合，而我的华尔街同行和共和党朋友们却对该观点应者寥寥。我仍相信，与数量庞大的、并且没有资金后备的负债及承诺相关的事宜都必须予以公开，包括增税，这也会让主要的国外借贷者充分相信我们正在使财政秩序恢复正常。

　　我当然希望自己说错了，但我预知，由于投资者正在应对金融资产价值的直线下降、更多的监管、更高的赋税等情况，从短期到中期，彻底重组后的金融服务业的杠杆率和流动性会大幅降低，筹资环境将非常糟糕。这些压力明显使私募股权基金的管理和前景变得非常复杂。

　　很明显，这些约束的形式和力度都远远超过了黑石所能预见或控制的能力范围。黑石所要做的就是，尽可能积极主动地灵活应对。我坚信黑石的管理团队一定能够做好。

　　黑石不只是世界上最大的另类资产企业（主营证券而非传统的股票和债券），还在金融业的其他领域收购或建立了广泛的业务，比如收购了一家专注信贷的公司 GSO，它是杠杆融资业的老大，现由非常有才干的本奈特·古德曼（Bennett Goodman）和帕克·希尔（Park Hill）负责运营。收购 GSO 的想法最初是肯·维特尼（Ken Whitney）和一家为客户筹集了 650 多亿美元资金的企业一起提出的。我认为，这些已使黑石在金融领域内成为业务最多样化且最均衡的企业。

我曾有过这样的想法：为格吕克斯曼的"政变"向他表达深深的谢意？无论我们在雷曼取得了什么成就，它都无法与建立黑石并使其发展到今天这个水平所经历的惊险与成功相提并论。现在，是我该再次向前迈进的时候了，但通往何方呢？怎样向前呢？

The Education of an
American Dreamer
彼得森的启示录

▷ 我始终相信一个机构应该将道德规范放在第一位，从黑石成立的那天起，职业道德和诚信就一直是最重要的。

▷ 人人都知道，企业非常需要并依赖于精英人才，然而当一些所谓的"精英"出现在人才市场的时候，你需要搞清楚聘用这些人的真正理由。

▷ 比起培养公司内部的人才，从公司外招募人才的风险要高得多。

▷ 我们建立第一个收购基金所得出的经验就是：不能对一个回应说"不"。

▷ 在经济低迷时期，人人都无法置身事外，经济周期几乎影响着每一个行业，一些最佳的收购时期往往出现在周期的低谷。

▷ # 谁将借给我们 2 万亿美元
百折不挠的社会改革活动家

我想我们应该不断提醒自己有这样一个永恒不
变的方程式：等号的一边是消费，另一边是储
蓄及对未来的投资。我们可能曾经尝试过，但
却没能成功想出一个在消费的同时又能存储同
样多美元的妙招。所以消费越多，储蓄就越少。

一直以来，我都觉得除了事业，我还可以或者说应当再做些其他事情。此
外，我认为一次只做一件事和无所事事一样不可饶恕。这个观念从孩童时期就与我
相伴。

纽约，一座海纳百川的城市，它为我各种各样的爱好提供了一个特别的疏导孔，
尤其是外交政策、对外经济政策，以及极为重要的美国财政责任和代际公平。值得
欣慰的是，我一直能够安排好自己的事业发展和家庭生活，从而得以充分利用纽约
提供的良机去释放这种强烈的情怀。

美国外交关系协会，思想交流的平台

尼克松可能认为美国外交关系协会是由一群思想肤浅的傻老头组成的。实际
上，它对美国外交政策提出的一些观点正日益成为最强有力且独立的声音之一。

协会本身并不带有任何政策立场，所以它适合囊括诸如前国务卿玛德琳·奥尔
布赖特（Madeleine Korbel Albright）、前副总统迪克·切尼（Dick Cheney）这类人

物，但协会的学者和成员可以自由发表（口头的或书面的）见解。因此，对于我们在全球范围内面临的机遇和挑战，我们可以源源不断地听到不同政治派别的评论。当然，并非所有时候都能保持这种开放、自由、到位的交流，但是我可以骄傲地说，协会能从幕后走到前台，由一个牵制外交政策制定的机构变为一个思想交流的平台，有我的一臂之力。

作为董事会的一员，我曾接手很多筹资项目，我猜这就是我能当选主席的重要原因吧！许多人一想到为慈善机构募集资金，即使不心有余悸，也会避而远之，所以时不时会有人追问我何以轻松成为一名执着的筹款人士。我认为父亲对我的影响颇深。生活在父母膝下时，我们兄弟俩都希望父亲少捐点儿，这样我俩就能多得些，但长大懂事之后，我明白了募捐不仅能给那些不走运的人带来快乐，父亲也同样能够从中得到快乐。我对自己说："如果将募集到的资金捐赠给每一个人，而不管是接受者还是馈赠者都能从中得到如此多的欢乐，那募捐又有什么错呢？"

1985年，大卫·洛克菲勒邀请我主持协会工作，那时的我已过盛年，但这次经历使我又找回了年轻的感觉。

我，一个来自内布拉斯加州乡村小镇的希腊移民后代，能够得到大卫的赏识，对我来说这弥足珍贵。要想做好协会主席，就必须具有熟练的技能、慷慨的作风和谦逊的心态，更别说还要有足够的幽默感了。浮夸有时会在傲慢的行动中滋生，美国外交关系协会就是一个例子。我认为要不惜一切代价抵抗它对我们的侵蚀，幽默是我的一剂良药。

在大卫的退休晚宴上，他将自协会主席一位退下。当时晚宴的气氛庄重得有些让人窒息，发言人的奉承甜得有点发腻。我想出了一个我认为能让气氛变轻松的主意。我走到大卫那讨人喜欢的妻子佩吉跟前。佩吉在纽约城外的农场里养了品质一流的公牛，我问她是否有"守规矩"（佩吉爱牛的名字）的照片。其实协会已经准备了一幅大卫的肖像，但我仍问佩吉是否愿意在大卫和来宾们面前展示"守规矩"

的照片，并把它当作自己最爱的男人来介绍。她找到一张"守规矩"的正面照片，当佩吉为她最爱的男性的画像揭幕时，一张牛脸出现在众人面前。起先大卫惊呆了，但没一会儿他就随着人群一起开怀大笑了。

作为协会主席，除了使协会成员年轻化、多元化之外，诸多事情中有一件是我迫切想去做的，即改变一些人对协会的偏见。如果不能继续被视为自由主义精英，作为中间派机构组织的我们就应该有更大的影响。我并不对极右派中的极端分子会改变想法抱有很大的期望，约翰·伯奇协会就曾指责我和大卫·洛克菲勒，但我还是去尝试了。

当我在某广播节目中做客时，一名来自蒙大拿州民兵团的陌生人打进了电话。他要我承认协会拥有一大批受控于联合国的地下军队。考虑到大卫、我和那么多协会成员的背景，我不知道这类疯狂的理论从何而来。我提醒这名场外人士，我们的协会成员包括许多著名的保守派成员，如当时的副主席珍妮·柯克帕特里克（Jeane Kirkpatrick）、迪克·切尼、乔治·舒尔茨、布伦特·斯考克罗夫特（Brent Scowcroft）、亨利·基辛格等。难道他们也是谋划这场世界霸权阴谋的积极分子吗？还有，顺便问一句，秘密大军藏在哪里呢？听到这里，这个陌生人随即挂断了电话。

1986 年，成员们在一项受协会委托的调查中告诉民意调查专家丹尼尔·扬科洛维奇（Daniel Yankelovich），他们希望协会具有更大的公众影响力。于是，随之而来的是备受赞誉的网站、纪实会议、着眼于讨论重大问题的两党特别小组，其研究成果也被公布在众多人士出席的新闻发布会上。

另一方面，由于中国和印度经济的快速增长，我们应当在外交政策中强化经济一体化概念的重要性。2000 年，协会为此成立了莫里斯·格林伯格地缘经济研究中心（Maurice R. Greenberg Center for Geoeconomic Studies），致力于包括能源、贸易和移民等问题在内的研究工作。

《外交》（*Foreign Affairs*）是一本由协会编辑出版、拥有 4 种国外版本的杂志。在天才编辑吉姆·霍格（Jim Hoge）的领导下，它表现出更趋向于公众化的新动态。这种公众形象必将令协会创始人震惊。

来自世界的挑战

1987 年年初，协会成员们访问了苏联。在那个紧张的时期，罗纳德·里根称苏联为"邪恶帝国"。1985 年，戈尔巴乔夫成为事实上的苏联领导人。由于里根制订了"星球大战"导弹防御计划，1986 年 10 月，在冰岛首都雷克雅未克召开的核军备控制峰会早已失去意义。在冷战依旧格外紧张的时期，我们与戈尔巴乔夫进行了两个小时的会晤。这也是他在该时期第一次会见美国人。

我的朋友大卫·洛克菲勒这次不能和我们一起去，但我们的代表团仍不乏杰出的高层人士。其中有美国当时的国务卿赛勒斯·万斯（Cyrus Roberts Vance）和国防部长哈罗德·布朗（Harold Brown）、亨利·基辛格、前联合国大使珍妮·柯克帕特里克、前美国参谋长联席会议主席大卫·琼斯（David C. Jones）、马里兰州共和党参议员查尔斯·马赛厄斯（Charles Mathias），以及后来任外交关系协会会长的彼得·塔尔诺夫（Peter Tarnoff）。

在戈尔巴乔夫莫斯科的办公室里，会议气氛像俄罗斯的严冬一般令人窒息。他绕过例行的客套问候，直接对我们访问团里的几乎每一名成员都狂轰滥炸了一番。

"你们谁是亨利·基辛格和珍妮·柯克帕特里克？"他问道，"你们是那些发表评论抨击苏联的人，或是其他什么新新人类吗？"

"这跟我想的一样糟吗？"我递给赛勒斯·万斯一张字迹潦草的纸条。

他只写了一个字："是。"

我幸运地逃过了戈尔巴乔夫的言语攻击，可能因为他压根儿不知道我是谁。这也让我有了扭转尴尬局面的机会。"总书记先生，"我说，"我

们可以继续这些话题，但我觉得试着谈点儿别的也不错。请让我给点建

议吧！"之所以这样说，是因为我在早前与勃列日涅夫的谈话中了解到持

续疲软的经济是苏联的致命伤。"在我看来，美苏两国都生存在竞争日益

激烈的全球经济中，"我继续说道，"两国坚持运用各自的方式迎接新的

经济竞争与挑战。我们可以谈谈自己，包括集体和个人，应该如何应对

这些挑战吗？"

　　这个问题似乎让戈尔巴乔夫愉快了起来，他笑着说道："现在这个问

题的确值得讨论！"

　　就这样，原本只有两个小时的会议延长到了三个小时，戈尔巴乔夫倡导改善苏

美关系的新闻也相继出现在各大报纸的头版头条，但里根总统仍旧向戈尔巴乔夫持

续施加压力，更在 1988 年公开呼吁戈尔巴乔夫推倒那堵分离东西柏林的墙。之后

不到一年，老布什和他的国务卿吉姆·贝克（Jim Baker）入主白宫，经过精心策划，

他们利用两德的统一成功实现了从冷战向后苏联时代的过渡。

　　1989 年，也就是在我们莫斯科之行的两年后，协会的一次出访让我至今记忆

犹新，因为它给我带来了极大的心灵震撼。那次我们去了波兰，之前一次我是以商

务部长的身份访问那里的。我们的行程包括参观奥斯维辛和大屠杀纪念馆，它们位

于波兰西南部城市克拉科夫附近的前纳粹集中营。我们的访问团里有一名大屠杀幸

存者——塞维林·比亚勒（Seweryn Bialer），在奥斯维辛集中营时他还是个小伙子，

当时已成为哥伦比亚大学教授的他是我们的随行顾问。

　　每一个来到奥斯维辛的人都会义愤填膺。纳粹惨无人道的种族灭绝和屠杀行径

赤裸裸地展现在这里，激愤的情绪弥漫在空气之中。展出的有新囚照片、成堆的行

李、成千上万副眼镜、堆积如山的人体毛发——用于制造纺织品和填充枕头，更不

必说毒气室和火葬场了。塞维林能活下来靠的不光是好运，还有无尽的勇气。为了

让自己看起来有足够的体力工作，他还将木棍藏在衣服里以支撑自己虚弱的身体

（如果因患痢疾而身体虚弱，那下场就是被送往毒气室）。最终，塞维林通过藏进一

艘开往波兰的大型垃圾船而逃离了奥斯维辛，他在波兰加入了反纳粹地下组织。

下面我讲讲我们参观大屠杀纪念馆时的情景：

> 突然，塞维林尖叫着冲上前去拥抱一名纪念馆的工作人员。他俩紧
> 紧拥抱在一起，泪流满面。我们其余的人怀着敬畏之情静静地看着他们。
> 平静下来后，塞维林向我们介绍了那个跟他一起从奥斯维辛逃离的同伴。
> 他俩自那以后就再未谋面。那次访问我们一行有 21 人，其中包括《华盛
> 顿邮报》的出版人凯瑟琳·格雷厄姆、大卫及其妻子佩吉、正在蜜月期
> 的前副国务卿约翰·怀特海德及其新婚妻子、新闻播音业的先驱之一南
> 希·迪克森（Nancy Dickerson），还有我的女儿霍莉。与塞维林的朋友握
> 手时，我们每一个人都流下了激动的泪水。那是我有生之年亲眼目睹的
> 最感人的场景。

第二年，霍莉再次随协会成员一起参观了波斯湾。沙特是我们此行的重要目的
地，此外我们还将前往科威特和阿曼。大卫和凯瑟琳·格雷厄姆再次随我们的代表
团出行，此外还有房地产业大亨兼出版人莫特·祖克曼（Mort Zuckerman）、前驻
法大使帕米拉·哈里曼（Pamela Harriman）、强生公司执行总裁詹姆斯·柏克（Jim
Burke）。占我们成员人数 1/3 的女性成员一到沙特就引来了一个小麻烦。

法赫德国王禁止女性驾车，派人给我们捎来话，说他更期待一次没有女性参与
的会面。我回绝了他的提议。此外，我还告知他的外交部长，除非国王在这个问题
上做出让步，否则很可能会出现严重的公共关系问题。如果凯瑟琳·格雷厄姆因受
到性别歧视而被拒绝接见，我们难以想象包括《华盛顿邮报》在内的知名媒体会有
什么样的反应。最后国王还是妥协了。

法赫德国王睡觉和工作的习惯都很古怪。我们在午夜后才到达王宫，这显然是
一次典型的重要会议。我让大卫坐在国王的右侧，自己则坐在大卫的右侧。大卫回
绝了这个请求，并坚持要我问第一个问题。前几次在沙特阿拉伯与许多部长级官员

和皇室成员的会面中，他们向我们详细讲述了沙特阿拉伯在 20 世纪 80 年代所取得的成果。于是我向国王陛下询问了在即将到来的 20 世纪 90 年代，沙特阿拉伯有何发展计划和目标。

陛下点了点头，然后就开始滔滔不绝、毫不间歇地谈了近两个小时，又一次回顾了 20 世纪 80 年代的成就，但对 20 世纪 90 年代的计划却只字未提。我的座位在大卫的后面（从国王的角度来看），这让我可以偶尔分分神。霍莉后来回忆说她担心我会遭到鞭打，因为我有时把下巴埋到了胸前，有时又把头仰得很高。大卫却没有这么轻松，他不得不一直睁大眼睛保持清醒。后来大卫告诉我他还得憋着不去上厕所：其间都没有人打断国王以便休息一下！最后，为了保持清醒，我开始数大卫交叉双腿和伸直双腿的次数，他看起来就像在接受常规的物理治疗一样。

时钟嘀嘀嗒嗒，终于到了凌晨两点半。黎明时分，我们总算回到了酒店。伙伴们告诉我他们刚刚集体决定：彼得森不准再提第一个问题了。

协会的行程似乎安排得满满当当，我基本上没有闲暇享受玩的乐趣。凯瑟琳·格雷厄姆曾经说我有不少高中水平的幽默，可她没有指明这是不是好的幽默。

因此我制定了一个惯例：留出一个晚上的时间，大家聚在一起互相嘲笑。我最喜欢嘲笑的是拉里·维茅斯（Lally Weymouth），她是凯瑟琳·格雷厄姆的女儿，也是《华盛顿邮报》的记者。其他人最喜欢奚落的当然就是我了。

最逗人的就是我的朋友米米·哈斯（Mimi Haas）了，她来自旧金山，是美国外交关系协会的强烈支持者。我嘲笑拉里的时间和米米奚落我的时间差不多一样长。我承认我是一个健谈的人，米米还一直提醒我这件事。除了法赫德国王外，在这次旅行中唯一一个比我还健谈的人就是菲德尔·卡斯特罗。[①]因此米米给了我一枚大大的徽章，上面的我跟卡斯特罗的穿着打扮一样，旁边附着一个标题"灰色的哈欠"（Gray Yawn），这是拿我一本关于全球性人口老龄化的书《灰色的黎明》

[①] 菲德尔·卡斯特罗超越了法赫德国王，他居然一直不停地谈到了凌晨 4 点半。

（*Gray Dawn*，又译《老年潮》）开玩笑。为了扩大其影响力，米米甚至印了几百个这样的徽章，并在国内进行分发，范围远超我的预料。第二天，我在去四季饭店吃午餐的时候，碰到了朱利安·尼科利尼，他是拿到徽章的人中最捣蛋的一个，他居然戴着那枚卡斯特罗徽章。这些就是米米拥有的"大规模杀伤性武器"。

在协会的赞助下，我和大卫走访了许多其他国家：中国、越南、南非、俄罗斯、哈萨克斯坦、土耳其、以色列、墨西哥、古巴、利比亚、埃及和印度。但是有一位总统到纽约的访问却掀起了海啸般的争议，矛头直指外交关系协会和我。

这位总统就是马哈茂德·艾哈迈迪–内贾德。内贾德对以色列的威胁和对大屠杀的否认，使其在西方国家眼中是个无赖。2006年9月，当内贾德预期到纽约造访联合国时，伊朗驻联合国大使提议协会的高层与内贾德进行一次会面。

仅是这个会面的建议就已经引起了巨大的争议。当时的美国国务卿康多莉扎·赖斯声称"这个建议真是糟透了"。美国犹太人反诽谤联盟（Jewish Anti-Defamation League）主席亚伯拉罕·福克斯曼（Abraham Foxman）也是协会成员之一，他说他和其他成员将考虑离开协会"以清楚地指出这是多么无礼"。诺贝尔和平奖的获得者埃利·维赛尔（Elie Wiesel）是大屠杀的幸存者，她的大量著作俨然成了犹太人统一的声音。她谈到，针对这次会面，大量犹太籍成员将会辞职。以色列驻联合国大使公开声明同内贾德会面将是一个"可怕的错误"。

这些都是强有力的反对呼声，但我觉得协会应该抵制政治正确性。我们曾经同很多有不同观点的人物会晤过，如卡斯特罗、巴勒斯坦解放组织的亚瑟尔·阿拉法特、津巴布韦的独裁者罗伯特·穆加比，以及爱尔兰共和军的政治组织新芬党的领袖杰瑞·亚当斯。另外，我们的前总统理查德·尼克松和罗纳德·里根，在有机会推动稳定与和平时，也都曾同与我们意识形态有差别的国家，包括中国和苏联举行过会谈。

我想我别无选择，只能同他谈判，这绝对不是对他的景仰和恭维，而是为了直接了解他的本性和所要传达的信息。协会主席、小布什第一任期内的美国国务院政策规划司司长理查德·哈斯（Richard Haass）评价此次会面称："我非常自信地认为，如果这个渠道利用得当的话，将能维护我们的利益。"

我们知道内贾德绝不是个容易屈服的人。杰拉尔德·福特和小布什两位总统的国家安全顾问布伦特·斯考克罗夫特评价内贾德"是一个反击的能手，善于欺骗与制造假象，很会兜圈子"。内贾德总是用更具攻击性的问题来回答别人的提问。这我在电视上见得多了，我总结出：他就是一个天生的煽动者，像许多煽动家一样，对自己的声音和摇滚明星似的地位很着迷，并且很有可能说出猛烈的、毁灭信誉的言辞。我们前往他下榻的酒店与其见面，并决定绝不手下留情。（事实上，我确保每一个可能谈论的重大问题都配有对应的专业人才。）

我们确实没有手下留情。内贾德说话果真名不虚传，他转移并穿插一些话题，他应该去教默罕默德·阿里倚绳战术[①]。我说绝大多数美国人对大屠杀感到震惊，并质问他是否有任何证据证明大屠杀还只是个谜团。他反驳说，他没见过任何关于美国大众对大屠杀态度的研究，并指出这只是我的一面之辞，甚至还质问我凭什么替美国民众说话。当我指出他这种蛮横的态度和言辞将使美伊两国关系的改善变得更加困难时，他反倒说我根本没有站在美国的立场上说话。他还说他很愿意组织一个"资深的"专家团对大屠杀事件展开"客观的"调查。

关于他的大屠杀论断，美国国际集团前首席执行官汉克·格林伯格是他最强有力的对手。他告诉内贾德，他不会相信那些所谓的客观研究和二手信息。他说大屠杀对他来说是活生生的现实，因为他曾是步兵团的官员，帮助解放过第二次世界大战末期的达豪集中营。伊朗总统惊呆了，他问汉克年龄几何。"81 岁。"汉克答道。这次，内贾德无话可说了。

最终，没有任何意外发生，也没有协会成员辞职。结束会议回来后，我先前的

[①] 先让敌人自满，然后打出决定性一击的战术。——编者注

两个猜想得到了证实。我们选择同他会谈是个明智的决定。

让我最自豪的经历之一就是在美国外交关系协会的工作。任期内，我同莱斯利·盖尔布（Les Gelb）的合作很愉快，也取得了丰硕的成果，他是我的好朋友，也是协会的荣誉主席和资深董事会成员。协会会长理查德·哈斯一直做得很好。2007年，卡拉·希尔斯（Carla Hills）和罗伯特·爱德华·鲁宾取代我成为协会的联合主席，我长达22年的主席生涯终于结束了。

彼得·彼得森国际经济研究所

1981年，为了感谢我们对马歇尔计划所做的贡献，德国马歇尔基金会（German Marshall Fund）提议由乔治·舒尔茨和我出任智库（即国际经济研究所）急需的主席。尼克松执政期间与我私交甚笃的同僚弗雷德·伯格斯坦（Fred Bergsten）将成为研究所所长，他询问舒尔茨和我谁愿意担任主席一职。

自共和党人吉米·卡特当选为总统以后，舒尔茨就回归了以前的个人生活，经营贝泰公司。因此，往返于旧金山和华盛顿之间使他对主席一职提不起任何兴趣。作为一个很有说服力的政治家，他说只有我同意担任主席职务，他才愿意加盟研究所。于是我便接受了这一职务。研究所里基本都是全球经济学和金融界的传奇人物，并且在我看来，其他地方的任何一个智库中最有见地的经济思想在该研究所中都能找到。最近，宾夕法尼亚大学对全球的5 465个同类智库进行了排名，国际经济研究所和布鲁金斯学会（该机构的预算是我们的6倍）被列为世界上最顶级的两大智库。

有些智库专注于研究现有的经济状况，可在他们埋头研究之时，这个课题往往已经过时了或者已经由政府在着手处理。而另外一些智库则关注未来5～10年的经济形势。从我在白宫的工作经历来看，我深信，国际经济研究所就像它的名字所显示的那样，应该关注未来1～3年内的经济问题，这样这些问题才可能在总统的一个任期内得到解决。

当今全球化的步伐令人眩晕，因而在经过全球经济发展的这个雷区时，制定一条明确的路线变得越来越重要。美国的消费高于生产，储蓄低于其他发达国家，这种现象甚至有上升的趋势，而且美国面临着严重的不平衡。所以，美国的贸易赤字达到了空前的规模，而这个赤字又使美国持续对外借债。以前美国是世界上最大的债权人，现在美国却成了最大的债务人。

对于如果美国继续向国外借款，那么美国的外债规模在 2020—2030 年会变成什么样子，研究所已经做过一系列的复杂研究了。答案是：在某些情况下，美国将像许多发展中国家一样拥有沉重的外债负担；严重依赖外国资金也会带来庞大的经济和金融风险。除此之外，我们是否已经忘记经济安全、国家安全、在世界上扮演的领先地位（不可否认确实有那么一点）都与它有着关键的联系呢？ ①

现存的国际组织，如国际货币基金组织（IMF）和世界贸易组织（WTO），都需要不断进行评估以指导和刺激自身发挥最大的效力。新机构可能也需要这么做。

由于各国越来越担心其经济前景，在面对"自大萧条以来最大的经济危机"（我同意这一说法）时，反对保护主义和鼓励在双边、地区和国际范围内建立新的开放贸易协定显得越来越有必要。渐渐地，各国在应对现在世界资本市场上的冲击、倒闭和坍塌时，就会出现我们所说的金融保护主义的早期征兆。跟其他保护主义的形式一样，金融保护主义也可能会给世界金融体系带来致命的破坏。

全球开放性贸易显然不能惠及所有人，尤其是在某些行业，工厂因缩小规模或倒闭而使工人丢掉工作。因此这个话题成了美国乃至全球持续争论的热点。研究所在这些争论中扮演了至关重要的角色，它不仅提供了大量关于全球化对美国造成何种影响的分析，还估算出过去 60 年里，由于贸易不断扩张，美国平均每年赚了 1

① 当美国是世界上最大的债权国时，如果有必要，它会利用自己的金融和经济影响力来实现地缘政治上的目标。例如，在艾森豪威尔执政期间，英国和法国出兵干预苏伊士运河危机，这完全同美国的政策相左。因此美国采取了一些经济和金融上的制裁措施，包括威胁英法美国将出售英法两国的债券并限制向西欧运输石油的船只，以此向贬值的英镑施加双重压力。考虑到自己逐渐减弱的经济实力和对美国的依赖，英法迅速撤军。

万亿美元。该分析还显示，如果残存的贸易壁垒完全消除，我们每年就能够再增加5 000亿美元的收入。美国的贸易代表、财政部长、企业领导人和媒体在佐证全球化的优点时，经常引用研究所的这些数据。

研究所还清楚地发现，全球化对美国来说利弊共存，因而提出了详细的对策来应对负面影响。例如，1935年创立的失业保险项目就过时了。这个项目的不足可以从下面3个数据中看出来：

- 实际只有1/3的人领到了失业保险金。
- 平均支付只能弥补工人失业前收入的1/3。
- 在领到失业保险金的人中有1/3在找到新工作之前就已经用掉了所有的保险金。

研究所提出了一个"工资保险"项目，即通过在两年内补偿工人原工作和新工作之间的报酬损失，来鼓励失业工人找到新工作。另外一个项目则集中处理医疗保险的问题。现在90%的员工所享受的医疗保险都是由其雇主埋单。

研究所还提议，当主要的工厂倒闭或搬迁时，调整后的援助范围应扩大到遭受严重损害的社区。

鼎鼎大名的刑事辩护律师克莱伦斯·丹诺（Clarence Darrow）曾经赢过一起官司并拯救了其客户的生命。被告的家属冲上来感谢丹诺，说不知道该怎样才能表达他们内心深切的谢意。丹诺冷冰冰地答道："我还没遇到过不能用钱来表达的情感。"

很高兴我能用钱来表达我对研究所强烈的情感，反过来，研究所执行委员会为了表达对我的感谢，决定将国际经济研究所命名为"彼得·彼得森国际经济研究所"。

德意志联邦银行的前任行长卡尔·奥托·波尔（Karl Otto Pohl）称赞国际经济研究所是"世界上同类研究所中最优秀的"。非营利性世界的三面手弗雷德·伯格斯坦配得上这样的称赞。

财政责任和代际公平

在离开华盛顿之后，我想协助制定公共政策的愿望越来越强烈了。1981 年罗纳德·里根当选为总统，我更是感受到了这种召唤，就像传教士们所说的神的感召一样。

在回应感召的路上我偶然受到了启示。琼和我一直关注着在东汉普顿附近的一栋房子，毗邻海岸后面的一处礁湖乔治卡池。这是我们一个朋友的房子。我们知道她想精减房屋，甚至连价格都设定好了，但到目前为止我们还没能说服她将房子卖给我们。

房子的主人是玛利亚·罗尔夫（Maria Vernicos Carras Rolfe）。跟我一样，她的父母也是希腊人，但是她在埃及出生，在伦敦长大，一直从事国际商务、投资和慈善事业。玛利亚已故的丈夫西德尼·罗尔夫（Sidney Rolfe）是享有盛誉的国际经济学家，我跟他在很多方面看法一致。1976 年他去世后，玛利亚开始经商并传播经济学知识，致力于将妇女引向这个领域的顶端，虽然只是将其介绍给同龄的男性或女性。不仅仅如此，她还做了许多其他事情，比如主持过许多论坛，这让她后来创立了女性经济学圆桌会议。

1981 年，玛利亚开始将圆桌会议扶上正轨，并将其经营成了一个正式的教育和网络化论坛。那时，她邀请我在开幕式午餐会上致辞，她说道："我决定让你来发言。"

同样，我也下定决心要买到她的房子。

作为一名坚持不懈的谈判手，我说："玛利亚，我愿意付出任何代价来买你的房子。如果你同意，我会在午餐会上发表演讲。"显然，玛利亚没有丰富的谈判经验。"成交，但是有一个条件，"她回应道，"你要在午餐会上谈论里根的预算方案，记住我想要的是一份郑重其事的分析报告。"

我们握手成交。当天下午，我打电话给房产经纪人，让他把我们在东汉普顿的房子放到市场上出售。然后，为了履行我和玛利亚的约定，我对里根的预算方案进行了认真严肃的分析。

我为里根拉票，部分原因是，卡特虽然有着令人钦佩的宏图大志，但却是个不幸的总统。在他的任期内，利率飙升，我对经济状况特别是通货膨胀的前景感到非常忧心和不安。我认为里根属于上层保守派，在财政上也会像其他共和党人一样保守。但事实却让我大吃一惊。里根经济学（Reaganomics），也就是所谓的总统预算方案，让我觉得似乎太乐观了，近乎滑稽的乐观。

里根提出通过大量削减税收来刺激经济增长，同时还提出了建立庞大的军事储备，这无疑会增加财政支出，而且不能弥补预算上的任何削减。预算上确有削减支出的提议，但那都只是从一般角度来讨论的，削减的内容并不具体，所以看起来也非常不可信。但在这个削减组合中，不包括最重要的福利项目的削减，如社会保障和医疗保险。但里根经济学认为大规模的减税能够促进经济的增长，预计到1984年，即使是在支出增加且税收减少的情况下，净预算也还是会出现盈余。里根的竞争对手、共和党候选人老布什，在竞选失败后出任里根政府的副总统之前，称里根的预算草案为"巫术经济学"（voodoo economics）。说它是"巫术经济学"一点儿都不假。

我的演说虽然有点儿吹毛求疵。但我确实没有看到政府打算削减预算来弥补税收收入的减少和不断增长的军费所带来的缺口。我仅仅是不相信低税率能够带来这种预测的收入急剧增加的状况。所以，我预计会产生庞大的赤字，并且问题会越来越突出。我认为赤字问题，特别是长期结构性赤字很重要（我现在依然这样认为），我也确实这样说了。

包括《华尔街日报》在内的商业媒体都报道了这篇演讲。可以想象，许多公司和政治团体对此持反对意见。其中，坦率的亨利·福特二世呼吁并希望我能认清形势。

　　"彼得，"他说，"我们共和党好不容易在总统竞选中获胜，你怎么能如此吹毛求疵呢，特别是在这么早的时候？"

　　"亨利，你审查过这份预算吗？"我反问道。

没有，他确实没有。不过即便如此，他还是充满了里根式乐观。

《华尔街日报》的编辑委员会也试图说服我。我接到一个电话，建议我参加供给学派的里根经济政策讨论会，这样我就会很清楚里根政策的情况。与其说那是一场讨论会，倒不如说是在反复吟诵宗教的经文。我将他们比作牧师是因为他们的主张并不是基于认真分析、历史或实证研究，而只是一种信仰。他们却说是我执着于过去。我并不理解"期望经济"的新世界，在那个世界里，大幅削减税收居然能提高生产力和刺激经济增长。当生产力提高、人们开始追逐不可实现的预期时，经济将以更快的速度增长，由此又会增加联邦税收收入。这就是为什么在 1984 年，仅仅在 3 年之后，我们就看见了预算和贸易的盈余，恰恰和里根的预算草案所描绘的一样。

　　我没有喝苦艾酒，也没有犯糊涂。事实上，对错的感觉在我的脑海中交织在一起了。我曾总结说并不只有里根的经济政策对国家的发展不利，并且如果这种形势持续下去，情形会变得更糟。事实上确实是更糟糕。所以，1982 年后期，我说服 5 位前任财政部长同我一起创立两党联合预算上诉委员会（Bi-Partisan Budget Appeal）。其中 3 位是共和党人：华盛顿"朋友"约翰·康纳利（1973 年他换了政党）、比尔·西蒙（Bill Simon）和我。另外 3 位是民主党人：麦克·布卢门萨尔（Mike Blumenthal）、道格拉斯·狄龙（Douglas Dillon）和亨利·福勒（Henry Fowler）。还有 100 多个首席执行官也加入了我们，他们大多是共和党人。另外，我还招募了一些杰出的律师、大学教师和前政府高级官员，和我们一道努力宣传加强财政责任的必要性。我们在主要报纸上刊登了关于预算上诉委员会的两页广告，吸引了无数眼球，还上了一些宣传性的新闻发布会和电视节目。里根政府对此深恶痛绝。

其实并不仅仅是里根政府需要改变观点。许多共和党人似乎也从来没有赞成过税收削减和他们所厌恶的军事计划，但议会中的民主党人依然用极高的热情来维护和推进这些福利项目。

我特别担忧的是美国的福利体系。1935 年，富兰克林·罗斯福创立了社会保障体系来缓解经济大萧条积蓄下来的贫苦，并获得了极大的成功。毫无疑问，社会保障缓解了许多贫困的已退休人员持续遭受的金融压力。但那是因为在早期时候，工人的数量比退休人员要多，也就是说工人从雇主那里得到的钱比社会保障项目在老年人身上的支出要多。很快，社会保障的盈余开始扩大，以至于令人无法接受。政治领导人不仅没有像最开始计划的那样从信托基金中让他们分开，反而把信托基金当成银行，用它为其他非社会保障项目融资。同时，随着退休员工数目的增加、人均寿命的延长、福利金额的不断增长以及工人团体的缩小，这个体系就演变成了一个噩梦。因为没有任何检验的办法，所以不管退休人员是否需要，他们都能拿到社会保障金。再加上救济金是与人们生活的花销和平均工资的增长挂钩的，所以救济金的金额不得不经常上调。

想要有人重视这起"火车事故"几乎不可能，原因种种，其中一点是社会保障在未来一段时间内将继续有年预算结余，而且在华盛顿还有最有力的游说集团为其撑腰。美国退休人员协会拥有 3 800 万的付费成员。在华盛顿没有一个政治家在面对美国退休人员协会或者其他老年人的组织时不会被吓到，这些组织会激励成员给国会寄来不计其数的信和大量的投票。

里根总统在应对预算方案最初的批评时，先是小幅缩减赋税规模，后来又不得不增加税收。在社会保障方面，他还提议将提高生活补贴计划延缓 6 个月执行。但是，当他正准备在未来 5 年内再将社会保障福利缩减 460 亿美元时，他遭遇了刺杀。1983 年，两党联合的社会保障基金委员会（当时艾伦·格林斯潘任主席）提出了一些改革措施。出人意料的是，里根和民主党众议院议长提普·奥尼尔（Tip O'Neill）都同意了这些建议。在敏感的社保金问题上，这真是两党罕有的妥协举措。

然而，看过里根的预算草案，再看看政府对于巨额社保负担不闻不问的态度，我觉得有必要像保罗·李维尔（Paul Revere）一样挺身而出，敲响警钟。所以，我在 1982 年 12 月第一期的《纽约书评》（*The New York Review of Books*）中发表了一篇文章。该文章分为两个部分，指出仅用了 30 年时间，美国社会保障福利支出占联邦预算的比例就从 1950 年的 1% 增长到了 1980 年的 26%！其开支已经超过了美国私人领域厂房、设备和研发的净投资之和。维系美国财富增长的能源供应也面临青黄不接的局面。这将严重影响未来几代人的生活，罪魁祸首之一就是猛增的个人所得税。当时我们这些婴儿潮一代的人数量有 7 800 万，是 20 世纪 80 年代老年人口的两倍，这一代人在世纪之交开始退休时，退休队伍会急剧膨胀。我预计，如果不采取任何措施，这个体系必将坍塌。

在这篇文章中，我提出一项改革方案，分为 5 个部分：

> 暂时停止发放生活补助，随后削减这一开销；对享受福利超过其贡献的人征税；降低高收入人群的最初福利；逐渐将退休年龄提高至少 3 岁；将联邦公务员也纳入社会保障的范围，一方面是为了提高其工作热情，另一方面也是为了逐渐取消成本较高的联邦退休体制。

至于读者方面，因我在《纽约书评》上的哀诉及其大发行量而获得了极大的成功。我的好朋友、《纽约书评》的联合创始人杰森·爱泼斯坦一开始就鼓励我动笔写这篇文章，说他很少看到一篇文章能引起如此强烈的反响。反馈中有不少大众的真知灼见，但大多数回应并非对我赞赏有加。恰恰相反，我被指控为杞人忧天、

危言耸听。这种强烈的抗议使《纽约书评》在另外一期标题为《彼得森回应批评》
（*Peterson Responds to His Critics*）的文章中集中讨论了社会保障问题。这期特别登
载了批判我观点的文章和我对这些指责的回应。

在这些攻击面前，我坚守了自己的观点。针对我提出的减少高收入人群福利
的提议，民主党批评者又故技重施地引用那句话："针对穷人的方案就是没有前途
的方案。"言下之意就是穷人要贿赂富人才能获得应有的帮助。我回应道："但如
果每个人都坐在车上，那么该由谁来推车呢？"我在其他几篇文章中也提及了赤
字和福利问题，有一篇刊登在《纽约时报周日杂志》（*The New York Times Sunday
Magazine*）上，还有两篇在《大西洋月刊》（*The Atlantic*）上。1987年10月，我
发表在《大西洋月刊》上的题为《清晨之后》（*The Morning After*）的文章居然获得
了美国国家杂志最佳公众利益奖。

既然多少有了点儿话语权，我决定继续施压。里根时期的政府赤字、急需兑现
的社会保障和医疗保险资金缺口，仅仅这些挑战就够一大批忧国忧民者忙活的了。
从20世纪80年代早期开始，我在上面花费了自己全部的心血。但我还想做些其他
事情。

黛安娜·索耶（Diane Sawyer）是我在白宫工作时认识的挚友，她戏称我是
"一位百折不挠的社会改革活动家"。里根政府愤怒地注意到许多共和党的商界朋友
也在两党联合预算上诉委员会上签了字。南希·里根同样恼火地发现了这一点。在
国务院的聚餐上，我恰好坐在她的旁边。通常，她都是魅力十足的，后来也是。但
那天，她一句话也没说，只是干瞪着我。假如我的改革真能发挥点儿作用的话，就
不会指望白宫能帮上什么忙了。

协和联盟：唤醒财政意识

20世纪80年代末，里根政府的赤字变得越来越庞大，联邦公共债务占国内生

产总值的比例翻了一番，从原来的 23% 上升到了 45%，经济衰退将公众的目光吸引到财政责任上来。我想这正是开展新一轮基层运动来解决这些问题的最佳时机。在 1992 年的总统竞选中，当民主党候选人保罗·桑格斯（Paul Tsongas）就代际公平和长期财政责任宣传他的主张时，我知道他将成为一位杰出的领导人。格拉姆-鲁德曼预算削减赤字的立法之父沃伦·鲁德曼（Warren Rudman）天生就是一个共和党同僚。因此，协和联盟（The Concord Coalition）应运而生。

协和联盟起初由前参议员保罗·桑格斯和沃伦·鲁德曼担任联合主席，我自己则为创始主席。1997 年，保罗·桑格斯去世后，前民主党参议员萨姆·纳恩（Sam Nunn）出任联合主席。现在前民主党参议员鲍勃·克里（Bob Kerrey）取代了他的位置，同时，为了维持两党共同领导的完整性，共和党人沃伦和他一起出任联合主席，鲍勃·鲁宾为副主席。

协和联盟在早期取得了一些成就，因此，1993 年《60 分钟》栏目组邀请我去做一期电视节目。莱丝莉·斯塔尔（Lesley Stahl）是一个充满魅力的家伙，她说如果我能与来自纽约郊区的 100 多名老年市民对话，了解他们对福利改革方案的看法，那将会是一期"不错的电视节目"。当然，我可以肯定这是很好的节目。但是，对彼得·彼得森来说就远没有那么好了。然而，这是协议的一部分，况且《60 分钟》拥有相当数量的观众。做节目那天，我不再像平时那样自信满满。事实上，我像过去参加公开会议时一样坐立不安。他们会在亿万观众面前朝我扔烂西红柿吗？

在节目中，我不仅举出了老年人福利项目不可持续的客观论据，而且提出了一些可行的改革措施，坦白地讲，就是削减福利。例如，我提出了这样一个问题："将隐蔽的巨额支票留给我们的孩子，或让我们这代人，就像这个房间里的大多数人（当然也包括我自己在内）一样，通过一个所谓的'富裕测试'。哪一个更负责也更公平呢？"让我惊讶且高兴的是，居然绝大多数人都投票支持削减福利的措施。

这让我觉得，如果能够直接同美国百姓对话，而不是同那些有着特殊利益的团体对话的话，我们的改革还是很有希望的。

　　每年协和联盟都会颁发一个"经济爱国者"（Economic Patriot）的奖项给经济界和政治界的杰出人士，他们敢于批判政府赤字横生的现状。获得该奖项的有艾伦·格林斯潘、保罗·沃尔克（Paul Volker）、鲍勃·鲁宾、约翰·麦凯恩、萨姆·纳恩和比尔·克林顿。

　　不久以后，我们发起了一个名为"唤醒财政意识"（Fiscal Wake Up）的旅行活动，截至目前，我们已经造访过36个主要城市。我们同中间偏左的布鲁斯金学会和美国传统基金会（Heritage Foundation）一道传播我们的信息，增强我们的可信度，加强两党间的合作。我们赞助了坐落于纽约时代广场的杜斯特家族（Durst family）国债大钟，它提醒着美国人民公共债务的增长速度是多么迅猛。时任美国总审计长大卫·沃克（David Walker）和我们的执行经理鲍勃·比克斯比（Bob Bixby）是以此次"唤醒财政意识"之旅为题材的纪录片的主角，在这个纪录片中，他俩俨然成了摇滚明星。

　　总之，自1992年协和联盟成立以来，它产生了喜忧掺半的结果。一方面，我们通常被称为给财政状况提供客观信息的主要的无党派资源。另一方面，我想声明的是，虽然我们持续不断地得到了两党领导人默默的支持，但从没有一个政治领导人有公开支持我们提议的打算，如对医疗保险和联邦退休计划的结构性改革（包括社会保障的改革）。这样的做法"绝对有必要"，但同时"在政治上还不太可能"，或许"它们是'无法避免的'但也是'说不出口的'"。政治家们就像其他动物一样，总会优先考虑生存问题。

福利怪物与美国的未来

克林顿－鲁宾时代给了我一些希望，但时常还带着些沮丧。

　　克林顿总统在执政期间一定读到过报纸上关于协和联盟的广告，因为无论何时见到我写的东西，他总是表现出极高的兴趣。当我在1996年5月的《大西洋月刊》

上发表了第二篇封面文章《社会的不安》(*Social Insecurity*)后，白宫的朋友告诉我，总统不但读了那篇文章，而且画线做了记号，然后分发给他的领导班子看。

但是，克林顿在一些问题上对美国人民并不是完全坦诚和忠诚。记得有一年，我听了他在某个复活节"周末"会议上的讲话，他告诉听众们，社会保障信托基金在未来 40 年甚至更久的时间内将继续发挥作用。换句话说，就是现在的体系没有任何问题。

在那次会议后不久，总统参加了纽约市立图书馆的某次活动，那次活动我也参加了，后来他邀请我晚上在图书馆与他会谈。这次谈话的主题是福利问题。他知识的深度和广度简直令人惊奇。我问："总统先生，您没有参与过社会保障信托基金的业务，对吧？"他说："哦，天啊，这不可能，彼得，就像你所写的和我所了解的那样，信托基金只是一种杜撰。它是一种现金流进、现金流出、现收现付的体系。"我回答说："是的，总统先生，我觉得信托基金就像是一种矛盾修辞，它根本不能信任，也不能拨款。这些钱已经被用到了其他项目上。"他笑着表示赞同。

那次会面之后，总统幕僚长里奥·帕内塔（Leon Panetta）打电话告诉我，总统准备筹建两党福利和税务改革委员会。共和党参议员约翰·丹福思（John Danforth）和民主党参议员鲍勃·克里联合担任主席。我愿意加入吗？当然。从委员会的前期状况来看，它大有前途。我们在委员会成员中达成了一致：我们不想在实际操作中起任何争执。但残酷的现实是不可避免的。

在委员会的一次听证会上，美国退休人员协会的代表就他们推崇的新福利政策做了冗长枯燥的陈述，这是他们一贯的作风。那个年代，这些不合逻辑的提议并不让人感到意外。[①]委员会中一个有趣的伙伴艾伦·辛普森（Alan Simpson），他是来自怀俄明州的共和党参议员，对我耳语："彼得，你用激烈的言辞打击他们，我就用软弱的语言再把他们拉回来。"

---

① 今天，我很高兴地说美国退休人员协会主席和首席执行官比尔·诺维利（Bill Novelli）对我们所面临的问题有了更深入的了解。

我们确实那样做了。

我确信提高福利是一个荒谬可笑的建议，说："先生，现在的票数是31：1，几乎每一个国会和参议院的成员对现在的福利项目的评价都是'不可持续'，并且指出截至 2025 年，福利和福利支出将吞噬掉国家整个的预算。你们打算削减什么？你们拿什么来为增长的福利埋单？"他表示异议，但还是会让他们愉快地"和委员会一起工作"。绝对不能松懈，我说了大概可以表示那层意思的话："既然如此，好吧，那就和我们一起工作吧！"他无力的回答证实了我的想法。

虽然克林顿有努力改变这个问题的早期迹象，但他的支持并不长久。1998 年，总统邀请美国退休人员协会与协和联盟在全国范围内联合赞助一些与福利有关的"市政厅"会议，他本人也将出席会议。美国退休人员协会表示，如果是其他人而不是我代表协和联盟的话，他们会感觉更加"自在"。因此，协和联盟的常务董事玛莎·菲利普（Martha Phillips）代替我去了（在两党福利委员会会议后，我不是美国退休人员协会的民间英雄，他们甚至可能把我当成他们的民间敌人）。

第一次市政厅会议是在密苏里州的堪萨斯城举行的，克林顿让我们所有人都吓了一大跳。很显然，他了解更多，会议一开始，他用一张图表展现信托基金在未来几十年内能继续让社会保障体系保持偿还能力。这简直让我难以相信。是我听错了吗？听证会结束后，我立即打电话给玛莎·菲利普，问我是否听错了。她保证说我绝对没有听错。尽管如此，我也不希望同美国总统较量。

最后，尽管总统的两党福利委员会提出福利项目是"不可持续的"，国会也还是没有通过任何改革。而由于"莫妮卡门事件"①，克林顿成功毁掉了自己为两党福利委员会所做的努力。

我只好轻叹："这就是政治。"

---

① 即克林顿总统与白宫实习生莫妮卡·莱温斯基的性丑闻。——编者注

21 世纪初，小布什给美国民众带来了社会保障私人账户的提案，从某种意义上来说，这些提案其实意在最终取代社会保障项目。证据充分地表明：问题在于我们是否能把私人账户增加到有偿付能力的社会保障体系中来，我认为一张社保大网是非常必要的，当然能不能增加进去还是一个很大的疑问，另一个问题是能否为这些账户筹措资金并储蓄更多的钱。他至少需要一些声望才敢提出这样一个有毒的问题。但是建立私人账户需要再额外借上万亿的钱，在我看来，这是一种嘲讽。请允许我同你们分享我现在的担忧：在我对本书内容进行最后润饰时，史上最严重的经济危机袭击了我们国家，事隔"大萧条"仅仅 4 代人的时间，政府债务钟上的空间就将被用完了，这个事实使协和联盟和其他一些主张改革赤字的机构（当然也包括我在 2008 年成立的彼得森基金会）有更多的工作要做。试想一下，政府债务钟可以显示 13 位数的数目和一个美元符号，足够显示的最大数字为 9 999 999 999 999 美元。但在 2008 年 10 月，我们的公共债务高达 10 万亿美元，那可是 10 000 000 000 000 美元，政府债务钟的管理人应该丢掉那个亮着的美元符号，并需要定做一个空隙更大的新钟。

事实上，10 万亿美元仅仅是我们真正债务和无资金支撑的合约的冰山一角。

我们经常挂在嘴边的公开和透明在联邦预算中消失殆尽。今天，我们怀有极大异议的 10 万亿美元的债务还不到未来联邦总债务和无资金支撑的合约总金额（超过 56 万亿美元）的 1/5，其中仅社会保障一项就占了 7 万亿美元，医疗保险占了 34 万亿美元。这个 56 万亿美元的大洞是整个经济规模的 4 倍，这样的债务也无法融资。除非改变方式，否则我们需要一个更大的政府债务钟。

国会的伪善同样势不可当。政治家告诉我们，中产阶级必须减税。为什么他们不干脆告诉我们，如果让社会保障和医疗保险保持原样，施加在中产阶级身上的工资税在子女这一代将会增长一倍。这样的税收增长明显是不能考虑的。

因为一系列的企业丑闻和企业部门有限的财务披露，国会非常愤怒和鄙夷，但为了继续渲染他们的伪善，国会通过了《萨班斯－奥克斯利法案》（*Sarbanes-Oxley Act*）。然而，如果真的按照法案中的要求执行，也就是企业每年为政府的退休福利融资，那么每年将会有 1.5 万亿美元的债务增加，当然赤字也会随之增长至数万亿。如果国会议员是某上市公司的高级职员，那他们将会因为财政披露和胡作非为而面临牢狱之灾。

当想到要喂养福利计划这个怪物时，我们可能会听到那些令人尊敬的人发出的声声呐喊，祈求现在的美国人和美国政府，恳求他们节省更多的钱，以便满足未来投资之用。一直以来，我们都在忽略这种声音，所以我想我们应该不断提醒自己有这样一个永恒不变的方程式：**等号的一边是消费，另一边是储蓄及未来的投资**。我们可能曾经尝试过，但却没能成功想出一个在消费的同时又能存储同样多美元的妙招。所以消费越多，储蓄就越少。

据我了解，领取福利对我们这些老顽固来说不过是一种纯粹的消费形式，而且是与未来没有多大关系的一种开支。因此，我们当中那些声称正在努力奉献、为美国的未来重新注入活力的人，也许该扪心自问，怎样才能让填满福利花费这个怪物的庞大胃口和满足未来的需求之间达到平衡呢？

写到此处，我和两个月大的侄孙女薇薇安打了个招呼，看到我的瞬间，她便尖叫起来。也许是我良心不安，我发现自己产生了幻觉，好像她已经得知了她的联邦"生日"礼物，若是用现在的美元价值来算的话，就是 17.5 万美元的债务。假如你愿意的话，这会是她将继承的一个隐藏得完好无缺的金融窟窿。

当今，考虑到美国人正怀着同样的心情、全神贯注地关注当务之急——眼下的金融危机，许多人觉得这不是一个思量福利改革的好时机。但我们却看见奥巴马总统、财政部长盖特纳和一些国会议员们正催促我们去制服这头福利怪兽，也就是我们所谓的"结构性赤字"。为什么？我的一种推测是：我们满口谈论的 2 万亿美元的年预算赤字能够负担各种各样的经济刺激计划。同时，其他帮助我们融资的国家也在开展空前规模的经济刺激计划。这样问题就出现了：谁将借给我们 2 万亿美元？以什么样的名义借？这还引发了一个新的问题：如果我们担心的是如何借到这些钱，那么究竟我们怎样才能为 42 万亿美元的无资金支撑的福利债务和合约融资呢？答案是：我们最好能够给贷方信心，让他们相信我们确实能够更有效地完成。今天的财政危机也许就是由蹩脚的财务管理酿成的。

在我演讲的问答环节，一些简单又无关痛痒的解决问题的办法像连环炮似的向我袭来，但这些正是诡计多端的政治候选人们想让大众接受的方法。

"彼得森先生，为什么我们不能摆脱这些该死的专项拨款呢？我得知那些方法能够解决我们的赤字和债务问题。"当然也有人说："对于你们这些阔佬们来说，如果我们仅用摆脱这些布什颁布的那些该死的税收削减政策，那我完全确信我们能够办到。"最后还有人建议："如果我们能从伊拉克撤军，这些问题也将迎刃而解。"

不幸的事实在于：即使我们真的把这 3 件事情全办了，包括消除布什全部的税收削减政策，那也只能填补我们金融窟窿的 15%。

在这些长期债务中，医疗保险所占的份额无疑是最大的。不断增长的医疗保险开支不仅会威胁我们的竞争力，而且会拖垮整个经济。同其他发达国家相比，美国的人均医疗保险费用是他们的两倍，但是人们的健康状况并没有优越多少。况且美国仍有 4 500 万人没有医疗保险。美国拥有世界上唯一的开放式成本加成体系和一个不当的费用激励制度，却没有医疗保险预算方案。但在某些方面，我们又完全缺乏费用的激励。这个不当的体系滋生了许多没有必要且昂贵的医疗过程。美国臃肿而异常昂贵的诉讼体系也是世界罕见。请允许我举一个例子——我的背部问题。

我患有狭窄症，简单地说，就是关节炎的一种。一名著名的骨科医生看了我的磁共振成像（顺便说一句，美国人均磁共振成像设备的数量是其他发达国家的 10 倍）后说："彼得，你的背部需要动手术。"我决定向一个不做背部手术的背部专家咨询一下这个问题。他告诉我说："彼得，关于这种类型的手术，调查显示成功率为 50% ~ 60%。你的外科医

师没告诉你可以在硬脊膜上注射可的松的事儿吗？""没有，他没告诉
我，"我急切地问道，"在硬脊膜上注射可的松有什么副作用吗？""没有
任何副作用，它不仅可以减轻痛苦，而且很便宜。只是效果持续时间不
及背部手术持久。在硬脊膜上注射可的松，再加上多做运动，就能解决
你这类背部问题。"值得高兴的是，我选择了后者，并且现在我的背部很
健康。

那么我所说的不当的费用激励制度是指什么呢？背部手术需要花费1.4万美元，
而我通过咨询得知，可的松注射只需 250 美元。手术背后的经济意图显而易见。为
了更深入地说明我们医疗保障体系的不合理，我可以更直白：我真正需要的不是一
个背部手术，而只是在臀部打几针。

这个不合理的体系导致全国的医疗程序都产生了众多令人费解的现象。例如，
在有些地区，背部手术和摘除前列腺的手术数量是其他地区的 6 倍。据我所知，美
国有红州和蓝州之分，但是能叫我们相信美国也有"不健康的背部州"和"不健康
的前列腺州"吗？很明显美国在拥有世界上唯一的开放式成本加成体系的同时，也
拥有了不合理的费用激励体制，这是我们所能预见的一个难以置信的结果。

在生命的最后几个月里的医疗支出约占总体医疗支出的 1/4 ~ 1/3（医疗支出的
无资金支撑的债务和合约是社会保障的 5 倍），远远超过了世界其他国家。然而，
还是发生了特丽·夏沃（Terri Schiavo）[1]这样的惨剧。无疑，这种长期繁杂的医疗
过程导致的并不仅仅是费用上的问题，还有同样严肃的种族和文化问题，不夸张地
说，这是生死攸关的大事。

在参观纽约医院的特护病房时，我惊奇地发现众多处于昏迷状态的 80 ~ 90 岁

---

[1] 美国佛罗里达州圣彼得堡的一名妇女，1990 年 2 月 25 日，她被确诊为因患心脉停止而导致严重的脑损害，
据信原因可能是饮食功能紊乱引起的血液成分失衡，夏沃丈夫坚持移除其生命支持系统的行为导致了一
系列关于生物伦理学、安乐死、监护人制度、联邦制和民权的激烈争论。特丽·夏沃在被拔掉进食管 13 天
后于 2005 年 3 月 31 日因脱水死亡。——编者注

老人，他们得到了非常昂贵的英雄式的生命支撑。关于其他国家是如何处理同类病例的，比如英国，我询问了当时的神经内科主任，也就是我的朋友弗雷德·普拉姆医生（Dr. Fred Plum）。"彼得，"普拉姆医生回答道，"对于这类中风案例，在希望非常渺茫的情况下，英国的神经病学家会把病例转给病人的全科医生，他们会把病人送到疗养所，在那里，病人将会以老人得肺炎的死因死亡，这就是他们通常情况下会做的事。"人们能够想象一下一个美国政治候选人的立场吗？

在叙述这种压抑冗长、不可持续的状况时，我也提到了美国人惊人的消费习性和凄凉的零储蓄比例。由此带来的迅速增长的危险的外债给了其他国家一个"金融断头台"，任何一个不友好的国家都能给美国经济带来巨大的损害，同时也会影响美国在全球地缘政治上的战略利益。简单地说，不管是国家还是个人，我们都必须储蓄更多的钱。

当然还有我们对能源的消耗、对生存环境带来的威胁，这些都极大地增加了我们的外债。自然而然地，我们在一些不友善的能源供应国面前就会变得更加脆弱和不堪一击。另外，在世界科技和经济竞争日益激烈的今天，美国学生在数学和科学方面的低分数也赫然出现在这份名单之中。

我还可以继续朝这份不可持续状况的名单上添加内容，但我想你已经抓住了要点，并且我希望你能耐心读下去。

事实上，我反复述说的长期的财政不负责状况和代际不公平，以及不断逼近的社会保障和医疗保险赤字，都已经成了朋友们取笑的对象。肯尼迪总统著名的演讲稿撰写人泰德·索伦森（Ted Sorensen），已经成了奚落我的人当中最有天赋的一个。关于我之前的一本书，他说："至于彼得的新书……一旦你放下它，就再也不想拿起来了。"

他还讲过这样一个笑话：

我们两个人都在去中东的飞机上。在飞机降落前，恐怖分子控制了整个飞机，并且扬言要把我和泰德杀死，因为我们之前都当过美国的官员，一个是共和党，另一个是民主党。他们问："你们俩在死前还有什么未了的心愿吗？"

"有，"我说，"临死前我想给飞机上的乘客做一场演讲，是关于美国预算赤字问题和美国梦破灭之间的关系的。"

"那你呢，索伦森，"他们问，"你最后的愿望是什么？"

"嗯，我已经听过彼得森所做的演讲了，"他回答说，"所以在他做演讲之前，你们先杀了我吧！"

我的房子都布置得很漂亮，但认识我的人都会礼貌地提出，我最喜爱的一件家具不是古董桌子，也不是传家宝似的柜子，而是一个可靠的临时演讲台。归根结底，关于各种各样的不可持续的状况，我已经花费了很多年的时间来研究，不管详细与否，我已陈述了自己的观点。所以读者在阅读下一章的时候会发现，我还是没有从那个临时演讲台上下来的打算。

The Education of an
American Dreamer
彼得森的启示录

▷ 一直以来，我都觉得除了事业，我还可以或者说应当再做些其他事情。此外，我认为一次只做一件事和无所事事一样不可饶恕。

▷ 当今全球化的步伐令人眩晕，因而在经过全球经济发展的这个雷区时，制定一条明确的路线变得越来越重要。

▷ 为未来负责，对未来投资
慈善，新的江湖

反纳粹神学家迪特里希·潘霍华的至理名言曾
让我醍醐灌顶："要判断一个社会是否道德，就
看它馈赠予后人一个什么样的社会。"今日享受
免费的午餐，而明日让儿女支付沉重的账单，
我感觉这个问题我不能再回避了。

黑石上市后，我以股份换来的 10 亿多美元该怎样处理呢？我可以把它取出来
（不过我不大可能这么做），我也可以先点清，再想法儿让它增值（当下非常流行的
做法），但是我觉得这都很没意义，说实话还很没意思。

我一边掂量着这钱该拿来做什么，以及我以后该做什么，一边提醒自己 2008
年的 12 月 31 日将是我从黑石退休的最后期限。美国外交关系协会那边，我将被授
予荣誉主席的头衔，并被列为创建人之一。我清楚，其实这辈子我从未想过做荣誉
退休主席。

我的理性告诉我，离开黑石的日子快到了。我的感性或者说我的不理智想法却
完全不同。一天，一个在黑石工作的年轻朋友在电梯里遇到我，他问我："嗨，彼
得。你现在还上班吗？"这真是个值得好好考虑的问题。

浮现在我脑海的是我在雷曼担任首席执行官的 10 年光阴和伴黑石走过的

23 年光景。那时候的我可谓是忙得天昏地暗。在雷曼，每天我基本是这样度
过的：

> 几个同事和我一路坐专车去公司，他们在车里向我汇报工作或敲定
> 计划。到办公室后，我和潜在项目的客户代表共进早餐。中午，自然还
> 有商务聚餐。下午晚些时候，我可能需将某位外国领导介绍给外交关系
> 协会的成员们。每天，我要接听 25～30 个电话。当然，还得打出同样
> 多的电话。看牙医的时候我都还惦记着抽空写写演讲稿，有时还得在数
> 百封写给两党联合预算上诉委员会中各位首席执行官们的信件上签字。
> 我一天时间内参加的会议没有 10 个也有 5 个，还不包括各类聚餐会议。
> 每天还有好几名助手围着我高速工作。到了周末，我还要为杂志写文章、
> 给出版社写书。这种生活，用天昏地暗来形容恐怕还不够吧？

在黑石的日子虽然没有在雷曼时那么疯狂，但我的安排仍然十分紧凑。除了日
程被排得满满当当，好像没有哪天我放下过公司或协会的事务。时不时地，我还要
处理来自国际经济研究所或协和联盟的事务，参加美联储纽约分行每周一次的电话
会议和每月一次的董事会会议。

自 2007 年 6 月卸去外交关系协会主席一职，并宣布最迟会在 2008 年年底从黑
石退休以后，我的电话似乎就不再响了。给我的传真和信件也越来越少。我的日程
表常常空空如也。太好了，我解放啦！我自由了。

然而，悲从中来。我很失落，还常失眠，自觉生活无趣，平日的幽默感也不见
了。做事，难以集中精力；看书，常常走神；社交活动也失去了往日的吸引力。朋
友们比以往更喜欢询问我最近可好。大部分朋友对我都很支持，愿意听我没完没了
地倒苦水，滔滔不绝地自言自语。有几个朋友（特别是喜欢开导人但没法开导我的
朋友）则告诫我，我根本没有任何理由感到失落。毕竟，我有一个很棒的妻子，一
个温馨的家庭，一笔丰厚的财富，一段传奇的人生，外加一副凑合的体魄。其实他

们想说的就是——知足吧！但我觉得事情并非如此。

常怀感恩之心是我的驱动力之一

如果没有事业，我将是怎样的一个人？几个月就这么过去了，我开始觉得空虚。为什么？为什么每当《这可能就是春天》(*It Might as Well Be Spring*)的旋律响起时，我会有"莫名的惆怅"？为什么我未能好好享受这空闲，未能花钱做任何我想做的事？

这不仅无医能治，还"无药可救"。回看此生，我披荆斩棘。因而在我看来，日益清闲的新生活是我风光不再、日落西山，或者说大限渐进的写照。我焦虑、忧郁，染上几样并非致命的老年疾病，还摔了两次，而且两次都动了手术。我想我们或多或少都会恐惧死亡吧！

我开始理解别人的"老人言"了：事业的重大转折总会比自己预想的更加难以接受和适应，特别是对一个80高龄但仍精力充沛的老人来说。

于是，我开始探究其他亿万富翁是如何生活的。事实上，那些让我敬仰的富翁都是大慈善家，比如大卫·洛克菲勒，他在很多方面都是我的榜样。比如，麦克·彭博(Mike Bloomberg)、乔治·索罗斯、艾利·布劳德(Eli Broad)，他们每个人都很钟爱慈善事业。于是，我认定这也是我想追求的事业。

但是该做什么领域的慈善呢？

常怀感恩之心是我的驱动力之一。我十分幸运能彻彻底底地实现我的美国梦，对此我常怀感激。倘若我不是出生在美国，倘若我的父母是别人，很难想象我还能有今日的成就。可是我觉得按照现今社会的运行轨迹，美国梦正面临严峻的挑战，当然，面临严峻挑战的还有美国的未来。

让人遗憾的是，生平第一次，我发现超半数的美国人跟我一样开始感叹：如果社会这样发展下去，我们的下一代将无法超过我们这一代。事实上，不少人认为我们的下一代甚至会不及我们。这无疑击中了美国梦的软肋。

在前面，我谈到了美国遭遇的一些无法回避、难以解决、会造成社会不稳定的"挑战"（政客的提法）——数以万亿计没有保障的社会福利金，对外国资本的过度依赖、低得可怜的国民储蓄率、恶性增长的医保开支以及我们无节制的能源消耗。借用一位知名人士、美联储前主席保罗·沃尔克的话说："相比我曾经历过的各种糟糕困难的境况，我们现在的处境有过之而无不及。而我经历过的糟糕境况不计其数。"

凡我认识的专家都相信这各种各样的结构性赤字是无以维系的。赫伯特·斯坦（Herbert Stein）① 在尼克松政府时期是以"幽默"闻名的白宫笔杆子（如果你不介意他有时说话不打草稿的话）。他曾如是发表评论：**无法继续前进的东西自然会停下来**。他还说："如果你骑的马死了，那你最好还是别骑它了。"

但事实上，我们常会赖在这匹马身上不走。

我们急需一个维护未来利益的团体

在这些难以应对的挑战背后，隐藏的是一个混乱不堪的政治体系，不分黑白、盲目袒护自身阵营是不好的风气之一，但不正之风还不止这些。

和我们国父曾经憧憬的政治体制相比，我们现在的政治体制已完全变味儿。他们的理想是，政治代表能把议院看作一个为达成特定目标而举行集会的临时场所。开完会后，大家继续各司其职。农民继续做农活，律师继续办案子，商人继续跑生意，也就是我们所说的自动生成的任期限制。但而今，我们的政治代表们并没有把

---

① 曾任总统经济顾问委员会的主席。——译者注

这些工作看作临时性的，而是把它当成了事业，且为了保住自己的事业，他们不惜向公众撒谎。

正因如此，我们的政治领导者关心的不是下一代人，而是下一届选举。每当问题影响广泛且无法回避时，政客们就想法子麻醉民众思想、误导民众判断、转移民众视线，可谓无计不施。总之就是不会明明白白、老老实实地向民众交代我们正面临何种挑战、我们该如何解决，也不会愿意带领民众共同应对这些挑战。他们以为，我们是一群贪心不足、急功近利之人。我们想拥有一切，我们想马上拥有一切。我们不愿舍弃，也不愿意付出。很多时候这些政客并不像国家领导人，倒更像教唆分子、阴谋家，他们让我们被蒙蔽双眼、被掐住喉舌，并从此在欺骗中生活、在沉默中渴求。

撒切尔夫人可谓是发达国家中唯一一位成功改革社会保障体系的国家领导人。我曾经请教她：为何七国集团中的其他发达国家未能取得类似的成功？这些国家领导的脑子在想些什么？他们都经历过怎样的政治生涯？她干脆地回答我说，他们的态度就是"我们何必鹬蚌相争，而让渔翁得利"。在美国的民主政治中，对这种投资大、收效晚、费力不讨好的事，我们取了个代名词——"无果花"，即任何在任期内的改革都是只开花、不结果的无果花。

今天，还有各种各样的特殊利益团体把华盛顿压得喘不过气来。它们基本就只会喊一个口号"这不够，我还要"，哪怕这意味着为这些庞大的隐性负债和赋税埋单的将是我们的下一代和下下一代。这就是"无代表不纳税"的经典诠释。如果被写入宪法，它应该被归于不道德行为之列。

我们的下一代没有被代表，我们的未来没有被代表。很明显，我们急需一个新的特别利益团体——一个维护未来利益的团体，一个代表我们下一代和下下一代利益的团体。

遗憾的是，对政客和大多数人来说，应对这些挑战无法一蹴而就。但是我们必须找到方法。并且不论何种方法都涉及一个东西，那就是牺牲。在这个时代，"牺牲"恐怕是美国政治语言中最难出现的词汇了。

另外，我们总倾向于把责任全归咎于政客们。我们指责他们没有勇气带领我们创造美好的未来。然而，作为民众的我们（也就是你、我、他）其实也亟待成为有领导能力的被领导者。如果领导人不比选民更加高瞻远瞩，那我们选民就必须想办法让他们站得更高。我们必须改变现在的政治制衡体制。我们必须想办法确保我们的领导人在解决社会问题上采取主动。如果他们想无为而治，那后果就是吃不了兜着走。

我还十分关切美国人的民族性格和我们民族的思维方式。而我看到的是一个急功近利的国家完全沉浸在当下的生活——对未来的考虑鼠目寸光还不可一世，对拥有的一切不怀感恩反觉受之无愧（这是我最讨厌的行为之一）。

我开始沉思，过去美国是否曾战胜过任何现在看来也可被称为"不稳定的因素"的东西？历史是否可以给我们任何借鉴？

50多年前，美国人还清了历史上最沉重（这么说绝不过分）的一笔债，颁布了《美国退伍军人权利法案》（*G. I. Bill*），推出了马歇尔计划和一项浩瀚的工程——洲际高速公路。越南战争期间，林登·约翰逊总统因"要民生，也要战争"而备受非难。他一边负担着一场代价高昂的战争，一边着手实现"伟大社会""消除贫穷"的宏图，还推出了"联邦医疗保险"这样巨型的无资金支撑的国民开支项目。在这段时间，我参加过一次总统办公室举行的商务集会。水深火热之中的总统片刻未停地给我们解释、讲道理、摆理由。而今，我们竟想超越林登·约翰逊。我们听到有人说我们可以同时享受"民生、战争和减税"，真是今非昔比啊！曾经的美国人面临的仅是两个选择——"战争"还是"民生"，而且至少是没让他们埋单的"民生"。

再往前回顾，乔治·华盛顿未曾想把打独立战争欠下的债留给后人偿还。他

说："不然我们的后代就得因我们的不负责任而担负重担。"1961 年，艾森豪威尔
总统在他的离职演说中同样就这个话题谈了不少："当我们窥视未来的时候，我们
和我们的政府必须抵制只为当下而活的冲动，抵制为获得安逸便捷生活而劫掠明日
资源财富的行为。如果我们拿属于下一代的物质财产做抵押，那我们留下的政治文化
遗产就会贬值缩水。我们希望民主能被后世永享，而不想让民主变成欠了一屁股债的
幽灵。"

我们曾经成功过，为什么现在我们做不到？如果有人说我们已经自私自利到毫
不关心这个留给儿女的危机四伏的未来，那我肯定不信。

不作为根本就不是出路

反纳粹神学家迪特里希·潘霍华（Dietrich Bonhoeffer）的至理名言曾让我醍醐
灌顶："**要判断一个社会是否道德，就看它馈赠予后人一个什么样的社会。**"今日享
受免费的午餐，而明日让儿女支付沉重的账单——这个道德问题我不能再回避了。
有道义、有担待的先人似乎已经在我们视线中消失良久了。

作为一名身经百战的老战士，我决定教育、引导、激励美国民众通过行动共同
克服这样那样的未来挑战。

所以我建立了一个特别的基金会。它的宗旨就是关注可能危及美国和美国家庭
未来的重要挑战。关注国计民生的基金会已经不胜枚举，但这个基金会不会仅是一
个智囊团性质的机构。很多挑战其实已有可行的应对方案，但问题是，方案不少、
想法很好，但却实践不了。

这个基金会应该是一个决策果断、行动迅速、没有官僚作风的机构。正如你
在这本书中看到的，我对基金会还是有一点认识的。基金会的工作都是有意义
的，但是说到公共基金会的管理，我发现不少基金会都运作缓慢、决策过程官僚气

浓重。

然而，公共基金会都能享受税收优惠。基金的捐赠人可以获得不错的税收减免额。我手持的黑石股份也可因此享受减免，不过换作私人基金，我就无法获得税收优惠了。但是私人基金在管理上少了很多法规限制。所以，我选择了私人性质的组织结构，董事会就我和我的妻子琼、我能干的儿子迈克尔3人。

下一个问题是：投入多少钱到这个基金里呢？我知道我们的使命十分艰巨。在这些几乎看不见、摸不着、极难解决、关乎未来稳定发展的挑战上，已有的投入甚少。

当我还在思索"投多少"的问题时，两件事闪过脑海。伟大的小说家库尔特·冯内古特（Kurt Vonnegut）曾讲过一个故事，用这个故事来形容现在的境况再合适不过了。

一名阔绰的对冲基金经理在他位于汉普顿海滩的豪华别墅里举行派对。汉普顿海滩是夏日的消暑胜地，位于富人、名人聚集的长岛。库尔特和约瑟夫·海勒（Joseph Heller）一同参加了这个派对。库尔特和海勒都写过影响颇广的生活讽刺文学作品，库尔特写有畅销小说《五号屠宰场》（Slaughter house-Five）和《冠军的早餐》（Breakfast of Champions），海勒作有别具一格的《第二十二条军规》（Catch-22）。在派对现场，库尔特在巡视四周后，问海勒："你从《第二十二条军规》全球销量中得到的版税还不及这屋主一天的收入，你会不会觉得不平衡？"

海勒想了片刻，回答道："不会觉得不平衡啊！我有他没有的东西。"

"你怎么可能有他没有的东西呢？"库尔特反问道。

"我知道什么叫'知足常乐'。"

父亲曾试图教给我"知足常乐"的道理。我曾问他为什么我们买不了新车，为什么我不能换一辆新单车，他会说："儿子啊，这些旧东西足够我们用的了。有些人连这些旧物件都还没有呢！"我敢说他从未读过威廉·布莱克（William Blake）[①]的作品，威廉·布莱克曾写道："欲知何者为足够，须先知何者为多余。"然而，20世纪的希腊移民和18世纪的英国修道士在这个问题上的理解竟然如此惊人地相似。当我还是小男孩的时候，我觉得自己没有拥有足够的东西。而今天，我意识到，**即使黑石没有上市，我也已经拥有足够多的东西**。

我决定了，投资10亿美元。这差不多是我从黑石上市中所获得的大部分收益。我想，投入大不仅能扩大影响力，而且能吸引愿意投身这一事业的优秀管理者，我觉得这一点很重要。

这个战略部署最后被证明是正确的。我们最终招到了大卫·沃克。不论是过去还是现在，事实证明，他确实是基金的最佳管理人。他原来在美国审计总署任审计长，是国家资金流动的总监、为财政平衡而斗争的英勇战士。和他谈过之后，我妻子琼说："这家伙很矛盾。他是个有魅力的会计师。"

对于如此巨额的投入，我知道有人会质疑。你是不是太狂妄、太意气行事了？难道你没有意识到摆在面前的巨大困难吗？其实这些我都想过。我知道成功的可能性渺茫得让人生畏。不过我的朋友、曾在芝加哥大学执教的乔治·施蒂格勒教授曾说过的一番话至今仍回响于我的耳际："如果人无须作为，那他也就无须沮丧。"我自问：如果现在我不作为，10年、20年后的某天，突然发现美国人雄风不再、美国梦无迹可寻，那时我的心境恐怕就会更沮丧吧？不作为根本就不是出路。

未来奋斗的"实践者"

我们想发起一个以关注青少年为主题的运动。沉寂的美国人中，青少年占一定的比例。有一个流传已久的笑话专门调侃青少年在公共事务中的低参与度。一位哲

[①] 英国诗人兼艺术家，18世纪最伟大的诗人之一。——译者注

学教授问学生："无知与冷漠，何者更可悲？"一个坐在教室背后昏昏欲睡的小孩嘟哝着回答道："我不知道，也无所谓是否知道。"

这也不能全怪小孩。下一代没有见识过真正糟糕的经济，并且在我们那一代，还有可以信任的领导者（包括公共部门和私人部门）。今天下一代信心丧失，我们能怪罪他们吗？不管怎么说，他们将是最终的受害者，因为未来是他们的。在现实无法改变的情况下，我们该如何教会下一代勇敢面对各类危机？尤为重要的是，我们该如何号召他们付诸行动？我有一个想法，也许有人会说是幻想，我想召集5万、10万或者更多年轻人，以及他们的父母、祖父母，号召他们一起走上华盛顿的街头，像电影《电视台风云》（Network）中那样吟唱："我已经忍无可忍，我受够了。"

但首先，我们必须尽心负责地帮助下一代。那么，我们应该如何教育、激励那些沉默的美国青年和家长呢？

年轻人去哪里，我们就去哪里：新兴媒介、博客、YouTube、Facebook、MySpace、社交网站、电玩以及以后将被发明的网络手段。我们已经批准了一个重大的MTV项目，它面向的群体是几百所美国高校。我们将举行青年峰会，让青年人有机会指点江山。

我们将招募一些商界领袖，让他们参与这项事业。《纽约时报》的托马斯·弗里德曼（Thomas Friedman）形象地将我们称作未来奋斗的"实践者"。

我们正在尝试倡导型广告，这种广告形式并没有作为教育工具被广大基金会使用，比如我们在《纽约时报》和《华盛顿邮报》上刊登过的整版广告（见下页）。

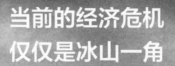

当前的经济危机
仅仅是冰山一角

56 万亿美元

483 000 美元 / 每户美国家庭

　　我们还必须关注一个更严重、更为隐蔽威胁，即我国的债务、退休金和医保拨款缺口总额达 56 万亿美元（483 000 美元 / 每户美国家庭），对外国贷款人依赖过度，这对我国都构成了威胁。

　　幸运的是，奥巴马政府以及越来越多的国会领导人认识到，我国迫切需要解决津贴、财政和税收改革等方面的难题。我们相信找出一种可靠的方法是必要的，即成立一个注重实际行动的两党委员会。这个委员会将使美国民众能够参与问题的解决，考虑所有的选择，提出可以付诸国会表决的合理建议。对于总统的财政责任峰会来说，支持成立一个这样的委员会将是一个极佳的目标。

　　诚然，应对当前的挑战极为重要，但这些结构性难题的解决对于为我们的后代创造更美好的未来至关重要。

Peter G. Peterson
Foundation
Our America. Our Future.

我们将资助一些电影的拍摄，向大众告知美国面临的危机。戈尔曾成功地通过《难以忽视的真相》（*An Inconvenient Truth*）以夸张的手法传达了全球变暖的信号，对此我十分钦佩。我们的基金会进入电影业后，推出了一部一片定乾坤的作品——《债务美国》（*I. O. U. S. A.*）。这是一部围绕我们的债务问题展开、博得评论界称赞、具有获奖潜力的影片。

得到了有志有识青年、人民群众和商业人士的支持后，最重要的就是要有一位尽心尽责、不负众望、能团结两党力量的总统。奥巴马致力于改革福利制度的举动就相当令人鼓舞。

基金会最早的集体会议议题之一就是平衡收支和储蓄赤字，以及由此导致的爆炸式增长的海外负债。彼特森国际经济研究院准备了一系列总结性论文。我们邀请了保罗·沃尔克、鲍勃·鲁宾、乔治·舒尔茨、乔治·索罗斯、艾伦·格林斯潘等知名人士。他们都接受了邀请，并积极地参与其中。新闻界大篇幅地报道着我们的"号召能力"。我不赞成这一提法，并发表意见说，这表明两党一致承认这些危机客观存在，并且具有危害性。正因为如此，我更加确定这是我的努力方向。这件事激励我更多地付诸行动，而且我们前进的方向得到了肯定。

对一个人工作的肯定是一剂神药。

明天比今天更重要

回顾让我拥有美国梦的那段教育历程，我意识到它固然能让我时刻有所收获，但是它仍然没能阻止我犯错，特别是在我的个人生活方面。

我知道我比别人交过更多的狗屎运。我还知道我最最幸运的地方在于我有这样的父母。小的时候我自然没有认识到这一点。大一点儿的时候，我后悔过去总是怨恨他们。我觉得他们根本不了解美国，不知道成为美国人意味着什么。但最后证明，他们对此的认识比我更充分。

　　他们明白，美国梦是这个国家赋予其国民的特别恩赐，抓住这些机遇就得勤奋工作，也就是奉献。所以，我们要为自己的未来负责，为未来投资，为未来、为教育、为晚年储蓄。除了抓住机遇赢得一个美好的未来，他们不会觉得自己有资格干别的事。总而言之，他们让我知道，明天比今天更重要。

　　也正因为他们知道结果的差异往往是运气的问题，所以知恩图报十分重要。这样，曾经帮助你的人也能得到会心而永久的快乐。

　　没错，我感恩的方式比我父母更多点儿现代味道、更多点儿知识分子意味。但这种方式符合我的特点。因为面对任何情况和问题，我都会不由自主地去分析研究。我很享受这种工作。我喜欢自认为自己对此很擅长。不过让我成为慈善事业护航人的，是我父母发挥的榜样作用，他们无时无刻不在发挥着的榜样作用。

　　毕竟，在我还是一个 8 岁大的儿童时，我会倚在自家经营的咖啡厅门口，惊奇地看着父亲如何直接对抗一些想法偏执的人，并告诉他们什么才是真正的美国人。

　　改革运动，顾名思义，就是一场战斗或一系列战斗，在这一过程中能形成类似战友情的关系。在战斗中，如果和他人共享同样的信仰和目标，你就能收获友谊，那是不同于商业合作关系的友谊。这种友谊更为稳固、更为可靠。我自己就在职业生涯中收获了很多这样的友谊。享受和同事、搭档或其他人之间的这种感情联系是我经商历程中最大、最有建设性的快乐之一。

　　所以，在 83 岁的时候，我开始了新的改革运动——建立我所说的这个基金会。我尽我所有微薄的力量，努力给我的儿辈、孙辈同样的机会去实现这个美国梦，真正成为拥有美国梦的寻梦人。

　　虽然我已经是八旬老人了，但我并不想全身而退。一句话，我希望总有打给我的电话。偶尔打一次高尔夫能让人精神气爽，但是每天都打高尔夫就会乏味无趣。我的女儿开玩笑说，如果哪天我真的驾鹤西去，那离开的时候我肯定是躺在办公桌前，脑袋耷拉在我的演讲稿上，试图解释为什么我觉得社会保障基金会（Social Security Trust Fund）是一个入不敷出的弱智机构。我希望她是对的，并希望稿子里会有很多PPT图表。换句话说，黑石上市后我收到的那笔巨额电汇并没有阻止我继续游戏的愿望。

现在我又重回江湖，加入了我这个基金会的战斗。我热爱工作，并且绝不愿意轻易放弃！像我父母一样，我为工作而生。当我承认我和他们有多么相像时，我才认识到我是一个多么真实的美国人。

The Education of an American Dreamer
彼得森的启示录

▷ 常怀感恩之心是我的驱动力之一。

▷ 明天比今天更重要。

▷ "欲知何者为足够，须先知何者为多余。"

▷ 我知道成功的可能性渺茫得让人生畏。不过我的朋友、曾在芝加哥大学执教的乔治·施蒂格勒教授曾说过的一番话至今仍回响于我的耳际："如果人无须作为，那他也就无须沮丧。"

黑石的选择：我人生的 7 堂课

我曾开玩笑地说，大多数自传最形象的书名都应该是《向我看齐》，但这个书名不适用于这本书。不过人们经常问及我的事业，有商业上的，也有公共政策方面的，似乎我的经历中蕴涵着某些宝贵的经验。

在商业方面，很多人都感兴趣的一个问题是，为什么年仅三四十的我就能在一些看似毫无关联的领域谋得要职，比如广告业、制造业以及金融领域，我是如何做到的？也许大家还有一个隐藏未说出的问题：如何成为亿万富翁？

在公共政策领域，如果说我所热爱的公共事务是我的第二事业的话，我还经常被问到，我是如何在不怠慢原有事业的同时投入这第二份事业的？

我的第一个答案（并非我胡诌）就是，我的某些成功是因为走狗屎运。我确实有过不少很好的运气。但是编辑觉得这个回答太敷衍了事了。他说，这就引申出一个问题：为什么年纪轻轻，就有诸多高级职位寻我而来。而且我没有回答，在机会接踵而至的时候（不管它们如何到来，为何到来）应该如何回应？对我而言，坦慕尼协会（Tammany Hall）有名的老板乔治·华盛顿·普拉克特（George Washington Plunkitt）的回答很精辟："**我看到了我的机遇，**

我便抓住了它们。"

为了避免令这个部分渐变成职业生涯咨询，让我多说一句。我们的兴趣、爱好、能力、资源、优势以及劣势，都各不相同，所以"如何"进行职业生涯规划没有统一的标准。至少对我来说，这个标准是没有的。我强调我从未给自己规划过什么长期职业路线，无疑，我也不可能为你规划一条。我能帮助你的就是，当你读到这些主题或指导原则的时候，把它们当作连接我各类事业的纽带，然后问自己：哪些在我身上适用？哪些和我的兴趣、能力、激情挂得上钩？

第1堂课：发挥你的比较优势

也许我学到的第1堂课是：**不要被某个工作牵着鼻子走，如果它仅仅是薪水高、福利好、地理位置好或给你大办公室坐**。集中关注这份工作是否能让你利用优点，发挥你的比较优势。我的第一份工作，也就是零售业的那份，体现的就是我的相对劣势，所以惨败。在那之后，我学会拒绝不适合我的工作机会，不管它多么诱人。最后，我发现我事业的好坏确实取决于我在工作岗位上的表现，也就是说充分发挥我的优势。亚当·斯密的学生将牢记他几个世纪以来一直适用的至理真言：发挥你的比较优势。我发现这句话对人也好，工作也好，都同样适用。

第2堂课：思想上不能懒惰

当我将自己的比较优势付诸实践后，我学到了重要的第2堂课：思想上不能懒惰。**常常思考一下你的公司、你所处的行业，还有整个经济环境的具体状况是怎样的吧！**

在广告业，不是被叫作天才就可以高枕无忧了，还要思考：广告是什么，广告可以是什么，广告应该是什么。

在我两个领域的事业中，我发现我自己不仅仅被一些微观的问题所吸引，即每个人每天都要做好的具体的事物，还有很多宏观的问题能够激起我的兴趣，即一些抽象的问题。我喜欢细小而又宏大，具体而又抽象。

第 3 堂课：最重要的是投入，并试着采取实际行动

我不满于仅仅知道我所知道的，或者我以为我所知道的。我想要去记录它们、谈论它们，甚至向他人传播它们。在实践的过程中，我遇到的人，一个比一个聪明，一个比一个热诚、投入。他们不仅改造着我的思维，还扩展了我的思维。于是，在我写作稿件、草拟演讲稿或别的讲座稿的过程中，我感觉到，思考和记录好点子是不够的，至少对于我来说是这样。

这就是第 3 堂课：对我来说，最重要的是投入，并试着采取实际行动。**这就意味着尝试改进或改善我认为值得努力的境况，并尝试改变我认为需要被改变的事情**。这就是为什么我花了如此多的时间去各种机构工作，或者建立各种机构。这些机构极大地扩大了我的交际圈，帮助我遇到了很多和我有思想共识的人。我致力于公民权利、财政责任、代际公平、国会行为规范、慈善机构改革、长期的以个人绩效为基础的奖励制度。

所以，在我人生的关键时刻，我发现不时会有人为我预备着某个董事会的职位，不管是营利性还是非营利性组织；或者为我的公司带来新的业务，因为在上述这些领域中，他们曾经和我并肩作战。而且，他们显然信任我的观察和决断。一个典型的例子就是 20 世纪 80 年代的两党联合预算上诉委员会，我和 5 位财政部长以及数百家企业的首席执行官一起呼吁政府内部财政职责的实现。

之前我根本没有料到，业余活动也能成为我事业的功臣。这堂课的一个要点是：**别因为它能助你一臂之力才参与这些活动**。我的参与源自我的兴趣。兴趣有了，其他的自然就水到渠成。

第 4 堂课：结合个人需要谨慎选择你的奋斗领域

当一些不能挣钱的机会摆在我面前时（这种事经常接踵而至），我得做出艰难的选择。我应该将机会全揽下，揽下大部分，还是选择其中几个？当我想法活跃，对感兴趣的事跃跃欲试、摩拳擦掌的时候，我知道这些兴趣最后可能会导致三心二意、急于求成，也就是做事一会儿东，一会儿西。所以，我最终只选择其中的一二。**我的一个原则特别简单，就是跟随自己的激情。或者像哲学家约瑟夫·坎贝尔（Joseph Campbell）说过的，"追寻你的直觉"**。

在自己感兴趣的领域工作是多么幸福的事啊！我时常会为了建立更好的人际关系网而被某个知名机构的董事会席位所吸引，但如果这不在我的兴趣范围之内，我会拒绝。

因为我对某些领域的事情特别有激情，而且愿意花很多时间在上面，我不仅会十分乐意在这些机构的事务上花上大量的时间和精力，而且会愿意参与它的管理和它的筹资活动（这点很重要）。

再一次地，我有意外的收获。偶尔，我会被邀请担任主席一职，该职位的首要任务之一就是筹钱，而这个任务反过来又帮助我和更多美国政、商界要人建立了亲密的关系。

不好的意外之事不胜枚举，但是我渐渐明白了，仍有不少好的意外之事。我在一个领域的努力（比如加强财政职责）会使其他领域的工作受益，比如为自己公司赢得更多的业务或者结交一群新的朋友。

第 5 堂课：忠于自己的原则、自己的内心、自己的道德标准

接下来的第 5 堂课尤为重要。它关乎我们的人生之路应该如何去走。

父母让我知道，忠于自己的原则、自己的内心、自己的道德标准是多么重要。正因他们的教导，我才敢于对不值得我付出的人说"不"。**虽然这几个"不"明显会带来一些短期损失，但是一般情况下，长期收益最终会出现。**

我希望我能说我一直能恪守自己的原则，但是有两次我却没有做到这一点。一次是在麻省理工，我盗用了罗伊·科恩的论文。我的借口很蹩脚：我感叹这个来自内布拉斯加州的乡村男孩终于能拥抱纽约赋予的新社交生活，并且我还狡辩说我其实没有"真正"抄袭他的论文，因为我还另外加入了"很多"自己的东西。我曾发誓不仅要对他人诚实，而且要对自己诚实。这次我明显违背了这个原则，也为此付出了代价，而且十分惨痛。

另一次是在雷曼兄弟，我长期默默容忍了几个合作人的一些不该被容忍的行为，因为我顾及的是"和平相处"、维护短期利益。

　　在这两个事件中，都存在短期利益和享受，或者可以避免一些短期痛苦，但它们都以牺牲一些重要的长期利益为代价。

　　相反，在我坚守誓言、恪守原则的时候，即使当下不好受，长期利益却可能获得满足。我此生的经历无一例外地印证了这一点。

　　在我人生的一系列重要转折点，我能干脆地说"不"。我感觉我有充分的理由说"不"，这可能是道德因素的唆使，也可能是直觉告诉我主管人或决策者的品格有缺陷，或项目的可行性值得商榷。

　　举个例子，麦肯有个老板，他侵蚀公司的养老基金，不顾大局购买超大型专用飞机，偷窃我的工作成果，唆使初生牛犊的我谋取公司总裁一职。但是我毅然决然地辞职了，虽然当时我还没有找到后路。这在当时是个十分艰难的决定，但我从未后悔过。

　　在尼克松政府时期，我坚持保持自己的独立人格，拒绝像棋子一样被总统无情地利用。我可能因此没能经历一些非同寻常的事件，但是我却得以在"水门事件"爆发前脱身。

　　当时我会懊恼自己的一些决定。我担心恪守原则会导致我前途没落，我工作不稳定，甚至还在公众面前出过丑。但是在人们心中我仍然很正直。不过之后我遇到了更好的工作机遇。

　　这么说吧，当时我对尼克松说的那些"不"字表面上把我推入了万丈深渊，但事实上却并非如此。我其实因此而浴火重生。

　　在尼克松入主的白宫中，我发现与没有共同价值观的人共事比我想象的要难得多。现在我学会了"轻松上阵"，也就是在工作中避免背上一些心理包袱，避免让自己无法独立行动、无法坚守自己的道德标准。举个例子，尼克松时期，白宫里那些围着霍尔德曼转的年轻工作人员就因他僵硬的意识形态、松散的道德规范而背上了心理包袱，以至于没法根据自我思想而行动，他们中的一部分人最终被送进了监狱。

　　轻松上阵实施起来有时候比我想象的要难。但是看远点儿，我知道这样做是正确的。

第 6 堂课：在事业和个人生活中寻找一个令你健康快乐的平衡点

天啊！在这个方面，我的经历基本上都是没找到平衡点的负面教材。我经历过两次离婚，因为我除了工作和成就什么都不看重。

某些时候，重新找回自己的生活意味着青云直上的事业轨迹将放慢速度。拿我自己来说，我知道拒绝担任黑石首席执行官意味着丧失更多的收入。然而，这也意味着我可以花更多的时间在琼和孩子们以及我的朋友和各种公共事务活动上。我也正是这样做的。

无论我们做何种具体的调整，最重要的一个基本原则都是：如果没有深思熟虑，不会自我剖析或者不知道轻重缓急，在必要时就不会取舍。对于大多数人来说，平衡的生活得之不易。**我们需要考虑以下问题：对你来说，平衡的生活意味着什么，以及在制造不平衡的生活上花了多少时间？你愿意为了平衡的生活改变或放弃什么？**

第 7 堂课：选择长远利益

第 7 堂课的内容是职业生涯建议。我的亲身经历告诉我：**不要没有搞清状况就被一个工作机会诱惑。**你不能仅仅是找一个能发挥你相对优势的工作，你还要考察企业文化的不足之处。因为这些不足像地雷一样潜伏着，随时可能摧毁你的事业。事先对未来雇主做全面的考察可以带来巨大的红利，还可以避免很多风险。如果我在进雷曼之前也做了这样的工作，那我很可能一开始就不会选择加入它。

在考虑担任某高级职务前所做的全方位考察工作中，有不少需要注意的地方。大家通常要考虑以下几点：这家企业的目标和价值是什么？这里的政治氛围是否浓厚？这种政治意味存在于哪些方面，以怎样的形式存在？除了高层外，你是否还和同级的员工交流过，他们是如何看待你的工作的？员工们对你的加入有什么看法？这个企业执行官的调换率是高是低，如果很高，原因何在？这家企业的财务状况是否健康稳定？该企业是否有其他遗留的重大法律纠纷未处理完？

回望过去，我遇到的机会最后都成了二选一的题目——眼前利益还是长远利益。而我的选择都是——长远利益。

平心而论，在我翻译过的作品中，没有哪一部比这本自传更令人震撼，更令人鼓舞，更令人深受启发。记得在翻译这本书的时候，我总有一种莫名的动力，总会被作者带入那个时代，带入他的童年和他的成长史，一种感同身受的激情贯穿翻译始终。在读这本书的时候，相信读者也会发现作者赋予这本书的情感，发现书中的睿智，发现一个全能型人才是怎样炼成的。

开篇彼得森就介绍了自己的家庭背景。令人震撼的是，腰缠万贯、声名显赫的彼得森家族居然来自希腊的一个偏僻山村——一个连道路、自来水等基础公共设施都相对缺乏的村子。他的父亲后来远渡重洋，前往美国寻梦。一切都是那么艰辛，那么坎坷。在彼得森的笔下，他的父亲是一个全身心投入工作、忽视家庭生活的人。而后来，彼得森本人也表现出同样的性格和工作特性，导致家庭生活受到影响，两度离婚。彼得森还毫不避讳地谈及年幼的妹妹因病早逝以及这对他和母亲带来的精神影响。彼得森小时候过得并不富裕，甚至可以说是贫困，但即使是在这种情况下，他也还是刻苦学习，用心生活，努力进取。

很小的时候，他就表现出了对数字的敏感，8 岁他就能在父亲的咖啡厅负责收银工作。后来因为学习出色，他又获得了奖学金，并得以从当时那个落后的中部小镇动身前往位于繁华东部的麻省理工学院求学。对于许多中国读者来说，美国的大学生活总是蒙着神秘的面纱，在这本自传中，彼得森透露了许多发生在他自己身上的大学故事，甚至包括后来他因抄袭论文被麻省理工学院开除一事。

可以想象，被名校开除对一个家境一般的大学生来说意味着什么。常人可能会意志消沉、自暴自弃，而作者非但没有消沉，反而斗志满满地迎接人生的这一巨大挑战。机缘巧合，之后他又被商学气氛浓厚的西北大学录取，得以体会与麻省理工学院不一样的大学生活。

这本书会让读者明白，要想成功，就一定要有足够强的适应力、毅力和创造力。作者的从业历程很好地诠释了这些品质。作为一个除了自身品质外一无所有的年轻人，他在工作中表现出了惊人的适应力，先是从广告业跳槽到陌生的电影设备制造业，后来又转而投身政界，担任总统经济顾问、商务部长，再后来又来个180度大转弯，回到商界，并在华尔街绽放，打造了一个商业奇迹。

无论从事什么行业，他都如此成功，这让我想到了中国春秋时期的范蠡。我深深地体会到，成功的道路有很多，成功的方法也不尽相同，但是成功者背后的品质总有出奇的相似之处。当然，彼得森的生活并非尽善尽美。由于他对工作过于专注，以致家庭一再出现裂痕，为此他也深感内疚。书中，他还坦诚谈论了一些个人生活问题，并披露了当时尼克松政府的内部分歧和黑幕。

他从不是一个向名利低头、扭曲人生价值观的人。在商场如此，在政界更是如此。他为黑石定下规矩，绝不进行恶意收购。在担任商务部长期间，他也兢兢业业，总是在处理公事中表现出最正直的一面。他始终相信财富应该取之于民，还之于民。为此，他积极投身公益事业，还与比尔·盖茨等富豪一道，承诺在死后捐出大部分财产。企业家风范尽显无遗！

我认为，这本书不但能给我们的工作和生活带来许多启发，而且能让我们深刻理解什么是成功者应该具备的品质，让我们明白工作中遇到再多的困难和障碍，心中也要始终保有一份刚强和坚毅，坚守自己的价值观。

最后，翻译过程中，感谢以下朋友的帮助：程亮、曹玉、李敏、时红云、张苏、张惠、肖一石、程玉鹏、高明霞、樊荣荣、柯洁、俞春霞、包汪芳、魏秀兰、钟爱萍、张如停、王莹、薛琳娜、陈高霞、聂小霞、方宇、刘奥、王娟、雷伦慧、单甜甜、杨方昕和杨莹。

未来，属于终身学习者

我这辈子遇到的聪明人（来自各行各业的聪明人）没有不每天阅读的——没有，一个都没有。巴菲特读书之多，我读书之多，可能会让你感到吃惊。孩子们都笑话我。他们觉得我是一本长了两条腿的书。

——查理·芒格

互联网改变了信息连接的方式；指数型技术在迅速颠覆着现有的商业世界；人工智能已经开始抢占人类的工作岗位……

未来，到底需要什么样的人才？

改变命运唯一的策略是你要变成终身学习者。未来世界将不再需要单一的技能型人才，而是需要具备完善的知识结构、极强逻辑思考力和高感知力的复合型人才。优秀的人往往通过阅读建立足够强大的抽象思维能力，获得异于众人的思考和整合能力。未来，将属于终身学习者！而阅读必定和终身学习形影不离。

很多人读书，追求的是干货，寻求的是立刻行之有效的解决方案。其实这是一种留在舒适区的阅读方法。在这个充满不确定性的年代，答案不会简单地出现在书里，因为生活根本就没有标准确切的答案，你也不能期望过去的经验能解决未来的问题。

湛庐阅读APP：与最聪明的人共同进化

有人常常把成本支出的焦点放在书价上，把读完一本书当做阅读的终结。其实不然。

时间是读者付出的最大阅读成本
怎么读是读者面临的最大阅读障碍
"读书破万卷"不仅仅在"万"，更重要的是在"破"！

现在，我们构建了全新的 "湛庐阅读"APP。它将成为你"破万卷"的新居所。在这里：

- 不用考虑读什么，你可以便捷找到纸书、有声书和各种声音产品；
- 你可以学会怎么读，你将发现集泛读、通读、精读于一体的阅读解决方案；
- 你会与作者、译者、专家、推荐人和阅读教练相遇，他们是优质思想的发源地；
- 你会与优秀的读者和终身学习者为伍，他们对阅读和学习有着持久的热情和源源不绝的内驱力。

从单一到复合，从知道到精通，从理解到创造，湛庐希望建立一个"与最聪明的人共同进化"的社区，成为人类先进思想交汇的聚集地，共同迎接未来。

与此同时，我们希望能够重新定义你的学习场景，让你随时随地收获有内容、有价值的思想，通过阅读实现终身学习。这是我们的使命和价值。

湛庐阅读APP玩转指南

湛庐阅读APP结构图:

- 12+图书订阅服务
- 纸质书
- 有声书
- 电子书

读什么

湛庐阅读APP

泛读:一书一课
通读:通识课
精读:精读班

怎么读

作者、译者、专家、推荐人和阅读教练

跟谁读

优秀的读者和终身学习者

与谁共读

三步玩转湛庐阅读APP:

读一读▼

湛庐纸书一站买,
全年好书打包订

书城

听一听▼

泛读、通读、精读,
选取适合你的阅读方式

精读班 一书一课 **通识课**

扫一扫▼

买书、听书、讲书、
拆书服务,一键获取

扫一扫

使用APP扫一扫功能，
遇见书里书外更大的世界！

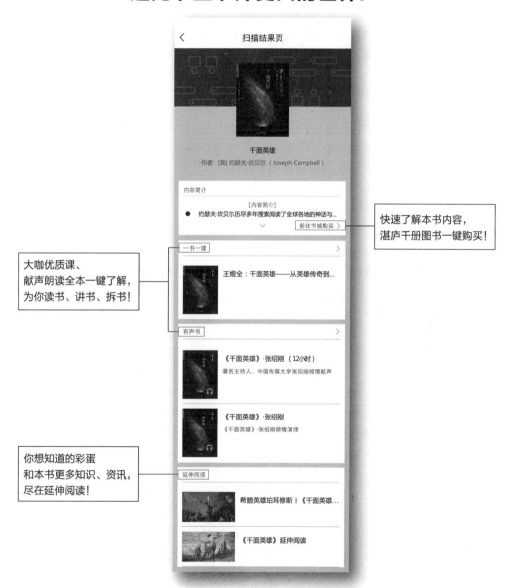

快速了解本书内容，
湛庐千册图书一键购买！

大咖优质课、
献声朗读全本一键了解，
为你读书、讲书、拆书！

你想知道的彩蛋
和本书更多知识、资讯，
尽在延伸阅读！

延伸阅读

《资本之王》

◎ 全球私募之王黑石集团成长史，展现黑石创始人史蒂夫·施瓦茨曼叱咤风云的私募传奇。

◎ 一段创造者与掠夺者的风雨传奇，一场私募股权业并购的饕餮盛宴，一部透视黑石集团运作内幕的巨作！

《跳着踢踏舞去上班》

◎ 一部让巴菲特在股东大会上大跳踢踏舞的书。一部比尔·盖茨号召所有人逐字逐句精读的书。一部媲美《穷查理宝典》的巴菲特箴言录。

◎ 巴菲特"黄金搭档"卡萝尔·卢米斯倾力操刀。比尔·盖茨、邱国鹭、但斌 倾情推荐！

《投资中不简单的事》

◎ 2018 年不可错过的投资佳作！

◎ 邱国鹭、孙庆瑞、邓晓峰等包揽14 座金牛奖的全明星投资团队，超过 30 万字的投资实战经验，道出对简单理念不简单的坚守！

《鞋狗》

◎《纽约时报》畅销书，比尔·盖茨特别推荐，"股神"巴菲特读过最好的书之一！

◎ 耐克创始人菲尔·奈特写心力作，优客工场创始人毛大庆倾情翻译。

◎ 还原耐克"从 0 到 1"的创业史话，巨献创业和管理的标杆！

THE EDUCATION OF AN AMERICAN DREAMER

Copyright © 2009, Peter Peterson

All rights reserved.

本书中文简体字版由作者授权在中华人民共和国境内独家出版发行。未经出版者书面许可，不得以任何方式抄袭、复制或节录本书中的任何部分。

版权所有，侵权必究。

图书在版编目（CIP）数据

黑石的选择 /（美）彼得·彼得森著，施轶译 . —
杭州：浙江人民出版社，2018.7
书名原文：The Education of an American Dreamer
ISBN 978-7-213-08826-1

Ⅰ.①黑… Ⅱ.①彼… ②施… Ⅲ.①投资公司−企业管理−经验−
美国 Ⅳ.① F837.123

中国版本图书馆 CIP 数据核字（2018）第 150792 号

**浙江省版权局
著作权合同登记章
图字：11-2018-377 号**

上架指导：经营管理 / 商业

黑石的选择

［美］彼得·彼得森 著
施 轶 译

出版发行：浙江人民出版社（杭州体育场路 347 号 邮编 310006）
市场部电话：（0571）85061682 85176516
集团网址：浙江出版联合集团 http://www.zjcb.com
责任编辑：尚 婧
责任校对：戴文英 王欢燕
印 刷：河北鹏润印刷有限公司
开 本：720mm×965mm 1/16 印 张：24.5
字 数：325 千字 插 页：11
版 次：2018 年 7 月第 1 版 印 次：2018 年 7 月第 1 次印刷
书 号：ISBN 978-7-213-08826-1
定 价：99.90 元